T0244503

Biografía de la luz

PABLO d'ORS

Biografía de la luz

UNA LECTURA MÍSTICA DEL EVANGELIO

Galaxia Gutenberg

Publicado por
Galaxia Gutenberg, S.L.
Av. Diagonal, 361, 2.º 1.ª
08037-Barcelona
info@galaxiagutenberg.com
www.galaxiagutenberg.com

Primera edición: febrero de 2021
Segunda edición: marzo de 2021
Tercera edición: septiembre de 2021
Cuarta edición: enero de 2022
Quinta edición: abril de 2022
Sexta edición: noviembre de 2022
Séptima edición: mayo de 2023

© Pablo d'Ors, 2021
© Galaxia Gutenberg, S.L., 2021

Preimpresión: Maria Garcia
Impresión y encuadernación: Sagrafic
Depósito legal: B 143-2021
ISBN: 978-84-18526-13-8

Para Franz Jalics, mi maestro

*Aquello que sucede en la vida de Cristo,
sucede siempre y en todas partes.*

C.G. Jung

Índice

Prólogo

Todo lo que se cuenta en los evangelios, y que creía saber de memoria, comenzó a resonar en mí de forma distinta hace unos años. En mi infancia, los escuchaba o leía como cuentos o mitos; de joven, aprendí a leerlos en clave teológica e histórico-crítica; más tarde, convencido de su inmensa riqueza, lo hice desde una perspectiva moral y pastoral. Siendo útiles y necesarios, estos tres tipos de lectura del texto sagrado admiten y hasta piden una cuarta: la simbólica, sapiencial o mística. Quiero decir que leer desde el interior –y ya veremos qué significa esto– es lo que de verdad nos alimenta. Ésta es la razón por la que he escrito este libro: una interpretación muy personal de la figura y del mensaje de Jesús de Nazaret.

Claro que todo lo que pueda decirse o escribirse sobre Jesús y su evangelio estará cargado siempre, necesariamente, del peso de la tradición y de la fe. Por ello, toda aproximación literaria a Jesús debe ser modesta. Es el caso, desde luego, de esta *Biografía de la luz*: un ensayo escrito para todos aquellos a quienes interese la búsqueda espiritual.

La clave para entender esta *Biografía de la luz* es, evidentemente, la luz; pero no sólo la de quien se definió a sí mismo como Luz del mundo, sino también la de todos sus seguidores y, más inclusivamente, la de todos los hombres y mujeres hambrientos de espíritu. Esta óptica tan amplia ha sido para mí siempre capital, persuadido como estoy de que todos estamos llamados al despertar, por lejos que podamos sentirnos todavía de algo así. Me ha interesado lo que los evangelios dicen de nosotros hoy. Porque el evangelio es la historia de nuestra propia vida: una guía para aprender a ser quienes somos y para tener el coraje de vivir de otra manera.

Las perspectivas que han guiado mi escritura han sido tres: la existencial (los dilemas vitales que el texto plantea), la meditativa (el evangelio como mapa de la consciencia) y, por último, la artística (sus principales metáforas e imágenes arquetípicas).

Lectura existencial significa que la pregunta ¿quién soy yo?, está detrás de cada uno de mis comentarios. No se trata, evidentemente, de una pregunta que admita respuestas definitivas, acaso ningún tipo de respuesta: no es un dilema que haya que resolver, sino más bien un horizonte con el que hemos de convivir. Mantener esta pregunta viva es ya empezar a responderla. Como ningún otro texto del mundo (al menos que yo conozca), el evangelio presenta de mil y una maneras –con evocadoras imágenes, historias iniciáticas y sentencias inolvidables– esta eterna e irresoluble pregunta. Nunca he leído un texto que, como el evangelio, me abra tanto a las paradojas de la vida, que son la puerta para maravillarnos de su grandeza.

Sobre la lectura meditativa quiero advertir que esta *Biografía de la luz* no se plantea de forma meramente temática (parábolas, milagros, encuentros…) y hasta cierto punto cronológica (infancia, vida pública, pasión, pascua…), sino que pretende ser algo así como la semblanza íntima de todo meditador: una suerte de plantilla para entender la propia experiencia contemplativa. Porque una vez que se inicia la aventura del silencio interior, una vez que se vislumbra el horizonte y se disciplina uno para caminar hacia él, con lo que todo meditador se encuentra es con la oscuridad que tiene dentro. Sólo sorteando las trampas de su mente y acogiendo en su corazón esa palabra que nace del silencio, llegará ese meditador, tras mil y una peripecias, al descubrimiento del Yo soy. Confío que esta vertiginosa síntesis haga comprender, al menos a quienes ya están en el camino, que este libro ha sido pensado como un itinerario interior. Este planteamiento es seguramente singular, en la inabarcable bibliografía sobre Jesús.

Ni decir tiene que hay otros autores que han leído e interpretado el evangelio desde una clave similar o complementaria. Abundan hoy los manuales de cristología y, sobre todo, las aproximaciones al Jesús histórico, cada vez mejor documentadas. Su valor es indudable, pero mi punto de vista es otro: una aproximación al Jesús místico y, sobre todo, al Cristo interior, faro de luz para todos. Lejos de mi intención, sin embargo, querer quedarme sólo con el Cristo de la fe. Quien crea que pierdo o difumino la particularidad de la figura auténtica de Jesús de Nazaret, no habrá entendido en absoluto el propósito de esta obra.

Con lectura artística, apunto a mi deseo de que la *Biografía de la luz* sea también algo parecido a un manual poético de la interioridad. De ahí que presente algunas de las imágenes para mí más evocadoras del evangelio –de las miles que contiene. Al fin y al cabo, Jesús no fue sólo un profeta, sino un extraordinario poeta que captó como pocos las aspiraciones y oscuridades del corazón humano y que supo expresarlas con admirable belleza.

La práctica de la meditación que ha ido colonizando mi vida –y que cuajó en su día en la escritura de la *Biografía del silencio*, un breve ensayo que tuvo una muy buena e inesperada fortuna– se sedimenta ahora en esta nueva biografía, continuación natural de la anterior.

Es poco menos que imposible que un sacerdote que sea escritor no se decida a vérselas, antes o después, con la figura de Jesucristo. El desafío ha comportado para mí, ciertamente, algunos riesgos: ahora, por ejemplo, puedo decir que conozco a Jesús mucho mejor que hace cinco años, pero también que me he dejado atrapar más por su misterio y que, por ello, necesito de más silencio. Yo siempre queriendo seguir mi camino, mi propia consciencia, hasta que he descubierto –¡oh, sorpresa!– que ese camino es el suyo y que Él es la Consciencia.

Para terminar, diré que, como casi cualquier otro libro, éste puede ser leído de principio a fin, pero también abriendo el libro al azar, por episodios sueltos. Todos los pasajes, sin embargo, han sido ordenados por temas y con un criterio mistagógico (de iniciación a los misterios), lo que permite que cada uno de los doce capítulos pueda leerse de forma relativamente independiente. Lo ideal, en cualquier caso, es una lectura espiritual, es decir, orada, meditada y compartida, sea con un acompañante o con un grupo. Sólo este tipo de lectura ayudará de forma significativa al crecimiento espiritual.

Biografía de la luz es un testimonio modesto, discutible, limitado, pero me ha parecido que también lo suficientemente hermoso como para compartirlo. En ningún momento he querido ofender a nadie con mis interpretaciones, pues creo que la fe de los sencillos debe ser preservada. Los pequeños y sencillos nos hacen ver cosas que, ciertamente, no veríamos sin ellos. Por gratitud, he procurado ser fiel a la Tradición, que más respeto y amo cuanto mejor la conozco. Así que ésta es la buena noticia que os anuncio: una invitación a mirarnos por dentro y, como consecuencia, a cambiar por fuera. El futuro dirá hasta qué punto he conseguido mi propósito.

EL AUTOR

I

Iniciación a los Misterios

1. El enamorado

La cuestión eres tú

*El nacimiento de Jesús el Mesías sucedió así. Su madre, María, esta-
ba prometida a José y, antes del matrimonio, resultó que estaba encinta, por obra del Espíritu Santo. José, su esposo, que era honrado y
no quería infamarla, decidió repudiarla en privado. Ya lo tenía decidido, cuando un ángel del Señor se le apareció en sueños y le dijo:
José, hijo de David, no tengas reparo en acoger a María como esposa
tuya, pues lo que ha concebido es obra del Espíritu Santo. Dará a luz
un hijo, a quien llamarás Jesús, porque él salvará a su pueblo de sus
pecados. [...]* CUANDO JOSÉ SE DESPERTÓ DEL SUEÑO, HIZO LO QUE
EL ÁNGEL DEL SEÑOR LE HABÍA ORDENADO *y acogió a su esposa.
Pero no tuvo relaciones con ella hasta que dio a luz un hijo, al cual
llamó Jesús.* (Mt 1, 18-21; 24-25)

Un hombre ama a una mujer que, según parece, le ha sido
infiel. Es así como empieza todo. Este hombre, un judío
llamado José, se encuentra en una difícil disyuntiva: o repu-
dia a su prometida –que es lo que las leyes de su época le
ordenan– o la acoge –desobedeciendo lo que le han enseñado desde niño. ¿Debo ser fiel a lo que creo –que se recoge en
las Sagradas Escrituras– o debo más bien tomar por esposa
a la mujer a la que amo –a quien, según lo prescrito, debería abandonar? ¿La religión o el amor, lo objetivo o lo sub-
jetivo, lo razonable y prudente o lo que dictan las vísceras y
el corazón? José está dividido entre lo que le rompe por
dentro y lo que inevitablemente le convertirá en un margi-
nado social. Su drama –como todos los dramas– es una es-
cisión.

Con dificultad podemos hoy hacernos cargo de este dilema, puesto que en nuestros días nadie identifica la vida con la ley, por mucho que ésta se pueda respetar. Para nosotros, el espíritu y la letra pueden ir unidos o no; pero no son, ciertamente, lo mismo. En la época en que nació Jesús de Nazaret, en cambio, la Ley se amaba y respetaba por encima de todo. La Ley era lo que mejor representaba a Dios. La Escritura era el Absoluto, creían totalmente en la Palabra.

Nosotros ya no somos así, hace siglos que rompimos con esa mentalidad: realidad y palabra están separadas a nuestro entender. Nuestros problemas de conciencia son –en apariencia– muy diferentes a los que tuvo José. Claro que una cosa es decir que hemos roto con la ley –algo de lo que nos vanagloriamos– y otra muy distinta romper de verdad. No, definitivamente no es fácil liberarse de la ley y del sentido del deber. Nos los han metido muy dentro y, aunque a menudo nos pese, nos identificamos con normativas e instituciones, que necesitamos más de lo que nos gustaría. El niño teme no ser aceptado por su clan si no cumple con lo establecido. El joven o adolescente está en el polo opuesto: necesita romper con lo que ha recibido para encontrarse consigo mismo. Los adultos sabemos que, si aboliéramos esa ley –ese marco externo que nos da seguridad–, nuestra vida tomaría un rumbo inimaginable. Es por eso que normalmente nos resistimos con uñas y dientes: no queremos cambiar o, lo que es lo mismo, no queremos asistir a ese cambio permanente que es la vida.

A ojos del enamorado y creyente José, María era la compañera que el propio Dios había puesto en su camino. ¿Cómo es que Dios me ha dado a esta persona –tuvo que preguntarse– para luego quitármela? Su tortura interior era, por tanto, sobre el concepto de Dios. Porque su corazón se le partía ante la idea de tener que separarse de María; pero también, y tan desgarradoramente, sólo de pensar que defraudaría a Dios si es que no la repudiaba. Por eso, cuanto más pensaba en toda esta situación, menos la comprendía y más sufría. Así hasta que un día, harto de dar vueltas al asunto, decidió no pensarlo más y le pidió fervientemente a Dios que fuera Él quien lo resolviera. Según se nos cuenta, aquella misma noche tuvo un sueño. *Al despertar*, José supo que había obtenido la respuesta a su dilema.

Se te ha muerto un hijo, ¿cómo elaboras esa pérdida? Tienes la ocasión laboral que llevas años buscando, ¿saltas a lo desconocido? Te diagnostican una enfermedad de mal pronóstico, ¿qué haces cuando te dicen que te queda poco? El evangelio está lleno de dilemas de este género. Fueron protagonizados por hombres y mujeres de otro tiempo, pero el corazón humano es siempre el mismo. De modo que las respuestas que ellos dieron en su día iluminan ahora nuestras preguntas. Es por esto que nos interesa el dilema de José y cómo le hizo frente tras aquel sueño.

José no solucionó su problema con la mente –pensándolo mucho–, sino con el espíritu. Es probable que nunca llegase a comprender lo que realmente le había sucedido a su mujer; pero eso no le impidió vivir tranquila y felizmente con ella. Obedeciendo la voz de su sueño, José la tomó consigo y la llevó a su casa. El amor por su compañera estuvo para él por encima de cualquier convención y de cualquier argumentación. Sí, pero ¿cómo fue capaz? ¿De dónde sacó las fuerzas para inclinarse por sus sentimientos, a sabiendas de lo que se le venía encima? ¿Se estaba haciendo cargo que optar por ella justificaría la exclusión total de su clan? Un libro sobre la luz debe empezar por aquí: no hay elección espiritual sin conflicto social.

Elegir a María por encima de todo revela que José antepuso su propia conciencia a cualquier otra cosa –también a la religión. Contra lo que pudiera parecer, esta elección no supone en rigor una crítica a la religión, puesto que es la propia experiencia religiosa de José la que le transmite que la verdadera religión debe morir a sí misma por fidelidad al núcleo más íntimo de la persona. Es evidente que José no llega a esto por sí solo, sino por medio de un ángel que se le presenta en un sueño y que le ayuda en su discernimiento. Gracias a esta presencia angélica podrá José afrontar la soledad que comporta vivir con un secreto.

El camino por el que José llegó a esta reconciliación con los hechos requirió de cierto tiempo. No fue algo que pudiera ventilar en unos cuantos días. José tuvo que trabajarse mucho por dentro y por fuera. Y su mente no le sirvió de nada a este efecto. Todavía más: si la dejaba volar, su mente le llenaba de miedos, obsesiones, razonamientos... Era todo eso, precisamente, lo que aquel hombre debía acallar. Porque sus pensamientos eran recurrentes y, con ellos, crecía su sensación de lo injusto que Dios había sido con él y, en consecuencia, de su inmensa desgracia.

Nosotros somos capaces de leer bibliotecas enteras para responder a nuestros dilemas. Somos capaces de hacer retiros muy largos o de recitar mantras día y noche. Pero todo eso es en vano. No nos damos cuenta de que para salir de nuestros dilemas bastaría con que pusiéramos amor y atención a lo que tenemos entre manos a cada instante. Y eso fue justamente lo que hizo José. José abordó su situación esmerándose al máximo en su trabajo como carpintero. Se esmeró cuanto pudo aserrando, cepillando y barnizando, porque empezó a comprender que la mente le dejaba de molestar cuanto más a fondo se empleaba en su trabajo. Cuanto más se entregaba a su obra hasta desaparecer en ella. Fue así, gracias a su entrega al trabajo manual, gracias al amor que ponía en sus quehaceres cotidianos, como aquel dilema tan acuciante se fue diluyendo hasta que, como por ensalmo, terminó por desaparecer. Su mirada a María se había limpiado de toda animosidad. En su alma ya no había peso alguno. Volvía a sentirse contento y ligero, como antes de tener noticia del embarazo. El cuerpo le había redimido del fantasma de su mente. Así que –y ésta es la conclusión–, gracias a su trabajo –manual y espiritual a un tiempo–, José pudo ir descubriendo su identidad y su misión en el mundo: acompañar la vida y guardarla en el corazón.

El corazón se prepara con el cuerpo. Esto es lo que enseña la meditación y el evangelio. Tanto la palabra como el silencio muestran que un cuerpo erguido y elástico es signo visible de un corazón recto. Un cuerpo inquieto o abotargado, por el contrario, suele expresar un corazón encastillado y endurecido. Nos guste o no, lo externo es un reflejo de lo que llevamos dentro.

Todos somos José alguna vez, todos debemos atravesar este conflicto entre el espíritu o la ley, lo privado o lo público, la propia consciencia o estar a bien con la sociedad. No se puede vivir conscientemente sin este dilema. Vivir sin él significa que no hay consciencia.

Son muchos los que hoy viven más o menos embotados de activismo y ruido, incapaces de escuchar esa voz interior que nos impele a elegir entre soledad o gregarismo, entre plenitud o simple bienestar y, en último término –aunque a algunos les asuste–, entre el mundo o Dios. Donde digo Dios, podemos, ciertamente, leer espíritu o consciencia. Eso ahora no importa.

¿Dios o el mundo?, resulta crudo formularlo en estos términos. Porque entre el espíritu y la ley, todos tenemos claro qué es lo que elegiríamos. Pero ante la disyuntiva del mundo o Dios –aunque sea la misma– dudamos como seguramente dudó el propio José, puesto que nadie puede solventar esta cuestión simplemente pensándola.

Fue *al despertar* de un sueño cuando José tomó su determinación, no gracias a un largo y sesudo proceso de reflexión.

Nada de lo que luego le sucedió podría haber sucedido si José hubiese permanecido dormido, sin hacer la aventura interior. Sólo despierto pudo este hombre poner en práctica lo que el ángel –su voz más íntima– le había prescrito.

El mensaje de ese ángel creo que hoy podría formularse así: ten con todo una relación íntima –de amado y amada– y acógelo en tu hogar, pero no lo profanes, es decir, mantén con todo siempre una relación desinteresada, más allá del ego. No te desentiendas de tu novia, no la sacrifiques por tu conflicto, no te sacudas el problema –que es lo que solemos hacer casi todos cuando afrontamos una situación compleja. Es más: convierte a esa chica en tu esposa, esto es, vive con tu problema, sacrifícate tú, date cuenta de que tú eres siempre la cuestión. Atrévete a ser uno con el problema: míralo a los ojos cada mañana, camina con él por la tarde, acuéstate a su lado por las noches. Date cuenta de que tu problema no es algo externo a ti, sino que eso eres tú. Tú eres el amor que sientes por María y las dificultades que experimentas para vivirlo.

José obedeció su conciencia: no huyó de lo oscuro, sino que lo abrazó. Por eso pudo tener un hijo, que fue su luz. Esto es hermoso: no es el conocimiento lo que nos hace fecundos, sino la fecundidad la que nos da conocimiento. La verdad es fruto del amor, no puede haber verdad si no hay amor.

2. La virgen
Nuestra naturaleza original

Entró el ángel a donde estaba ella y le dijo: Alégrate, favorecida, el Señor está contigo. Al oírlo, ella se turbó y discurría qué clase de saludo era aquél. El ángel le dijo: No temas, María, que gozas del favor de Dios. Mira, CONCEBIRÁS Y DARÁS A LUZ UN HIJO, *a quien llamarás Jesús. Será grande, llevará el título de hijo del Altísimo, el Señor Dios le dará el trono de David, su padre, para que reine sobre la Casa de Jacob por siempre y su reinado no tenga fin. María respondió al ángel: ¿Cómo sucederá eso si no convivo con un varón? El ángel le respondió: El Espíritu Santo vendrá sobre ti y el poder del Altísimo te cubrirá con su sombra; por eso, el consagrado que nazca llevará el título de hijo de Dios. Mira, también tu pariente Isabel ha concebido en su vejez, y la que se consideraba estéril está ya de seis meses. Pues nada es imposible para Dios. Respondió María: Aquí tienes a la esclava del Señor, que se cumpla en mí tu palabra. El ángel la dejó y se fue.* (Lc 1, 28-38)

El alma siempre es virgen, saberlo y vivir en consecuencia es lo que llamamos espiritualidad. Claro que lo más probable es que ese territorio virgen que somos haya quedado más o menos dañado tras los muchos embates de la vida. Hemos perdido –es de suponer– mucha de la inocencia que teníamos cuando niños, y la oscuridad se ha ido adueñando de nosotros en sus diversas formas: la indiferencia ante el destino ajeno, el encerramiento en lo propio, la indolencia, la vanidad... Nadie puede negar tener pensamientos oscuros o emociones tóxicas. También, probablemente, hábitos perniciosos y comportamientos egoístas.

Sin embargo, por extendidas y arraigadas que puedan estar en nosotros todas estas tinieblas, es casi seguro que en algún rincón de nuestro ser persiste algo inmaculado y virgen: un punto, aunque sea minúsculo, en el que se mantenga nuestro ser puro y original. Pues bien, ese lugar inviolado es la María que todos llevamos dentro. No, definitivamente todo no ha sido profanado: nos queda un reducto sagrado. Ésa es la esperanza de quien practica la meditación: llegar a ese punto virgen y descubrir que ésa es su naturaleza original.

Esta naturaleza original, pura e inocente, se nos ha olvidado hasta tal punto que necesitamos que alguien nos invite a mirarnos por dentro para poder descubrir lo que somos. Necesitamos de alguien que nos explique que sufrimos porque hemos dejado de creer en la belleza y en el bien. Alguien que nos recuerde que nuestra identidad más profunda es como la de María, virgen y fecunda, vacía y plena. Ese alguien es el ángel, la imagen de lo invisible, el arquetipo de lo espiritual.

La dimensión espiritual del ser humano –su ángel– se reconoce por su carácter inasible, su irrupción repentina y su capacidad de tocar a las personas en su centro más íntimo. Así es como se comporta el ángel de la Anunciación en su visita a María de Nazaret. *Te saludo*: dimensión terapéutica (el espíritu nos da salud). *El Señor está contigo*: dimensión trascendente (el espíritu nos abre al misterio). Sostenida en el tiempo, vivir desde esta presencia conduce a la experiencia de la confianza *(No tengas miedo)*, de la alegría del ser *(tú gozas del favor de Dios)* y de la fecundidad vital *(concebirás y darás a luz un hijo)*.

María es la llena de gracia –así lo expresa la tradición– porque antes se ha vaciado de sí misma, ésta es la cuestión. Concibe y da a luz porque ha hecho vacío. De modo que hablar de plenitud y vacío es poco más o menos lo mismo que hablar de maternidad y virginidad, de dar y recibir, de entrar en la virtuosa circularidad de la acogida y la donación.

Ni que decir tiene que María no comprende por qué ha sido escogida: *¿Y cómo será eso, si no convivo con un varón*, si yo no soy nadie…? Pero lo acepta. Aceptar la dimensión espiritual de la existencia sólo es posible porque hemos muerto, en buena medida, a las otras. Porque nos hemos vaciado de cualquier otro interés y estamos totalmente abiertos, sin la menor reserva. Eso es lo que representa María. Ella está tan conectada con la vida que tanto su cuerpo como su mente se doblegan con indescriptible alegría ante lo que le llega. Por eso dice *fiat*, hágase, me entrego. Ésta fue su virtud: dijo sí a todo lo que le llegó, también a lo que no entendía. No se resistió. Se alegró de formar parte de algo más grande que ella. Ese olvidarse del ego para empezar a existir como canal, ese perderse para que exista otro –para que exista todo–, es lo que se conoce como iluminación. *Iluminarse es eliminarse*, se ha escrito.

Cumplido su cometido de anunciar, el ángel se retira: *la dejó y se fue*, dice el texto. Y María se quedó sola, sin ese apoyo, sin esa certeza íntima. Hay que pensar que María era sólo una adolescente que, inesperadamente, había recibido una misión sobrehumana, ¿no se lo estaría inventando todo? Su encuentro con el ángel, ¿no habría sido, después de todo, una ensoñación juvenil? ¿Se abrumaría la Virgen ante semejante panorama, tendría pesadillas, proyectaría el futuro…? Porque ella tenía que saber que, de enterarse, su gente condenaría su embarazo y, al tiempo, sabía que nada de lo que le había sucedido empañaba su amor por José. La tradición –muy sobria– sólo nos dice que guardó la palabra: no la analizó, no formuló objeciones, no extrajo conclusiones, no hizo un trabajo mental con esa palabra, sino sólo se nos dice que la guardó. El verbo «guardar» resume como ningún otro toda la vida contemplativa propia de la fe cristiana.

El sí de María al ángel de su anunciación es un hecho paralelo y opuesto al de Adán ante la serpiente del jardín del Edén. Un acontecimiento redime al otro, colocando las cosas en su sitio: la desobediencia de la primera mujer, Eva, su separarse de Dios y de un mundo en armonía, es sanada por la obediencia de otra, María, quien vuelve a unir cuerpo y espíritu.

Este paralelismo entre el Antiguo y el Nuevo Testamento –clave para la interpretación de tantos pasajes de la Escritura–, nos interesa porque es una pista para una lectura global de nuestra propia biografía. La persona se realiza por etapas y en cada nueva etapa es invitada a pasar a un nivel de mayor hondura en la comprensión de sí misma.

En cada una de las etapas de una *biografía de la luz* se plantea, aunque a distintos niveles, el dilema existencial de María: ¿Cómo hacer algo de la nada? ¿Cómo es posible que nazca algo del vacío que soy? ¿No será el vacío –como lo entiende el libro del *Génesis* cuando dice que Dios crea precisamente de la nada– el único territorio verdaderamente fecundo?

Así como un niño nace del encuentro amoroso entre un hombre y una mujer, así nace una obra de arte de su creador: de una visión del amor. La creatividad humana, al igual que la divina, requiere dos condiciones: la salud o dimensión psicofísica *(te saludo)* y la gracia o dimensión espiritual *(el Señor está contigo)*. La energía que se moviliza en el proceso creador es la de la alegría *(¡favorecida, llena de gracia!)*: una alegría que supera todo temor *(no tengas mie-*

do) y que da paso al alumbramiento *(darás a luz un hijo).* Esa luz, sin embargo, no nace sino tras un largo proceso de concepción y gestación (éste es el trabajo interior) y de alumbramiento (éste es el exterior). Así que esto es lo que todo creador en general y todo artista en particular debería preguntarse ante su trabajo: ¿nace esta obra de la alegría, es decir, de la comunión celebrativa con el mundo? ¿Nace para la alegría –me pregunto– esta *Biografía de la luz*?

3. El sacerdote
Entrar en el propio templo

Una vez que, con los de su turno, oficiaba ante Dios, según el ritual sacerdotal, le tocó entrar en el santuario para ofrecer incienso. Entonces, mientras la masa del pueblo quedaba fuera orando durante la ofrenda del incienso, se le apareció un ángel del Señor, de pie a la derecha del altar del incienso. Al verlo, Zacarías se asustó y quedo sobrecogido de temor. El ángel le dijo: No temas, Zacarías, que tu petición ha sido escuchada, y tu mujer Isabel te dará un hijo, a quien llamarás Juan. [...] Zacarías respondió al ángel: ¿Qué garantía me das de eso? Pues yo soy anciano y mi mujer de edad avanzada. Le replicó el ángel: Yo soy Gabriel, que sirvo a Dios en su presencia. Me han enviado a hablarte, a darte esta buena noticia. Pero mira, quedarás mudo hasta que esto se cumpla, por no haber creído mis palabras, que se cumplirán a su debido tiempo. El pueblo aguardaba a Zacarías y se extrañaba de que se demorase en el santuario. CUANDO SALIÓ, NO PODÍA HABLAR, *y ellos adivinaron que había tenido una visión en el santuario. Él les hacía señas y seguía mudo.* (Lc 1, 8-13; 18-22)

Solemos tardar mucho hasta que comprendemos que recibimos en la medida en que ofrecemos. De jóvenes entramos en la vida esperando que nos lo den todo y, si no lo recibimos, para pedirlo. De adultos, en cambio, si el ego se ha colocado al fin en su sitio, dejamos de ser tan autorreferenciales. Nos hemos ido desgastando en lo que nos parecía merecer nuestro esfuerzo (una familia, una casa, un trabajo, un ideal...) y poco a poco, quizá demasiado poco a poco, hemos ido muriendo a nosotros mismos.

Empezamos entonces a darnos, a vivir sacerdotalmente, podríamos decir, sacrificialmente… A entrar en el nosotros y a descubrir que todos somos uno.

Un sacerdote es alguien que dedica toda su vida al misterio de lo invisible. Esta dedicación es lo que se conoce como culto. Y este culto, tanto en la época de Jesús como todavía en la nuestra, se realiza mediante ofrendas rituales. Claro que no se trata tan sólo de ofrecer cosas, sino de ofrecerse a uno mismo por medio de esas cosas. Eso es lo que convierte –o debería convertir– toda vida sacerdotal en una permanente ofrenda.

Zacarías era un viejo sacerdote que había vivido siempre de manera irreprochable, cumpliendo todos los mandamientos y las observancias rituales. El adjetivo *recto* o *justo* con que las Escrituras le califican apunta a quien vive la ley desde dentro, no meramente desde la letra. Aquel hombre había sido un buen sacerdote, quizá incluso ejemplar. Pero no había tenido experiencias místicas. Pese a todo, no se había rendido y había mantenido la antorcha encendida: rezando con devoción, cumpliendo el ritual, sirviendo en el altar.

Esto es importante porque todos tenemos un Zacarías dentro: un viejo cansado de la vida y un poco decepcionado de sí mismo: alguien que, con todo y eso, no acaba de claudicar.

También nosotros nos cansamos. A veces, sobre todo cuando uno empieza a cumplir años, no puede evitar formularse preguntas como éstas: ¿Consiste la vida en esto? ¿Cabe para mí alguna anunciación más como la que tuvo Zacarías en su día cuando también él estaba cansado y tenía sus dudas? ¿Puedo esperar todavía a un ángel que me visite y desestabilice, algo que me deje mudo y me redima de mi esterilidad?

Aunque ya en aquella época fuese mayor, también Zacarías necesitaba algo nuevo que le ayudara a renovarse.

Es lo que nos pasa a todos: o nos renovamos o morimos. Mientras estén en este mundo, también los viejos necesitan soñar, amar y renovarse. La cuestión está en cómo esperar con fundamento, no estúpida o ingenuamente, una renovación.

Si todavía estamos vivos, todas estas preguntas nos resultan acuciantes y encuentran, en cada etapa, nuevas formulaciones. Por ejemplo: ¿Es sensato continuar creyendo que voy a vivir en plenitud? ¿Llegará algún día en que conozca el verdadero amor? Mi mejor obra…, ¿está todavía por hacer? ¿No es todo esto que ya tengo, después de todo, la iluminación? Llevamos veinte, treinta, cuarenta años esperando… Hemos sido hacendosos y pacientes, y quisiéramos, como este viejo sacerdote judío, vernos recompensados: que sucediese algo maravilloso con lo que más amamos, que se abriera una esperanza en medio del declive. Un signo que nos confirmase lo que hemos estado haciendo. Una pista para poder continuar en el camino. Una puerta. Pues bien, ése era el punto en que se encontraba Zacarías cuando le sucedió lo inesperado.

En el templo se respiraba aquella tarde el aroma del incienso, que subía y se perdía en las alturas, como metáfora de la oración. Algo sucedió de repente, imposible precisarlo. Fue algo indefinido y, sin embargo, inequívoco: una presencia, un cortocircuito… ¿Qué tuvo que sentir aquel viejo sacerdote, en medio de aquella aromática bruma, al oír que también él podía engendrar un hijo? ¿Yo?, exclamaría, sin acordarse de que nacer de padres estériles era en su tradición una clara muestra de la elección divina. Pero ¡si ya soy un viejo decrépito! Pero ¡si mi mujer ya no puede! ¿Cómo podríamos educarle con nuestras escasas fuerzas?

Los magos de Oriente no reaccionaron en absoluto de este modo ante su visión: ellos se pusieron en camino en cuanto vieron la estrella. Cuando estuvieron ante el Niño lo reconocieron de inmediato y cayeron de hinojos, para adorarlo. Zacarías, en cambio, dudó y se resistió. De lo contrario, no se habría quedado mudo al término de su misteriosa visión.

Cuando algo nos impresiona mucho, nuestros sentidos se embotan y dejan de responder con normalidad: no vemos lo que tenemos delante, tartamudeamos, ralentizamos el paso… La sensibilidad queda trastornada porque han cambiado nuestros puntos de referencia. Zacarías se quedó sin poder hablar. Ahora que por fin tenía algo que contar…, ¡se queda mudo! Se habla o se escribe para relatar lo que nos ha roto y, de esta manera, nos ha abierto, insospechadamente, a una dimensión nueva y superior. Nadie habría esperado que algo así le sucediese a un sacerdote, a un viejo, a un hombre como él.

El silencio es probablemente la mejor respuesta a la manifestación de Dios. El silencio nos da tiempo para asumir lo que sucede, para conservarlo en el corazón, para no sacarlo fuera de inmediato, corriendo el riesgo de profanarlo con interpretaciones injustas.

Un sacerdote es alguien que trabaja con la voz, anunciando la Palabra y celebrándola. Para un sacerdote, enmudecer es tanto como quedar invalidado como tal. Debe replantearse su vocación, es decir, su voz interior, dado que ya no puede proyectarla. Debe cuestionarse su ministerio: ya no basta con que acuda al templo, debe entrar en su propio templo, en su consciencia. Tampoco basta ya con que haga sus ofrendas rituales, debe ofrecerse a sí mismo.

Tiene que ser duro quedarse mudo, pero más duro todavía debe ser no haberse quedado mudo nunca –pues eso significaría que jamás hemos permitido que algo grande nos trastocara. Que hemos vivido encerrados en nuestras seguridades y que, por ello, no conocemos la visita del ángel –cuya misión es ponerlo todo patas arriba. ¡Bendito enmudecimiento, si nos obliga a escuchar nuestra voz más profunda!

Para poder experimentar algo tan grande como lo que vivió Zacarías, hay que entrar a diario en el templo; hay que soportar la visita de un ángel –es decir, la irrupción de nuestra identidad más profunda–; hay que fastidiarse quedándose mudo –incomunicado, incomprendido, señalado...–, y, sobre todo, hay que correr el riesgo de ser fecundo y de tener un hijo. Un hijo: una misión, un futuro. Todo esto nos aterroriza y paraliza; y es comprensible, puesto que un ángel es algo así como una enorme concentración de energía pura, desconocida y desestabilizadora. No podemos ver a Dios y seguir vivos. No podemos meditar –hacer la experiencia de nuestro yo profundo– y pretender que nuestra vida no se haga pedazos.

4. La madre
Viajar para encontrar espejos

Entonces María se levantó y se dirigió apresuradamente a la serranía, a un pueblo de Judea. Entró en casa de Zacarías y saludó a Isabel. CUANDO ISABEL OYÓ EL SALUDO DE MARÍA, LA CRIATURA DIO UN SALTO EN SU VIENTRE. *Isabel, llena de Espíritu Santo, exclamó con voz fuerte: ¡Bendita tú entre las mujeres y bendito el fruto de tu vientre! ¿Quién soy yo para que me visite la madre de mi Señor? Mira, en cuanto tu saludo llegó a mis oídos, la criatura dio un salto de gozo en mi vientre. Dichosa tú que creíste, porque se cumplirá lo que el Señor te anunció.* (Lc 1, 39-45)

En cuanto sabe que también su prima espera un hijo, María corre a visitarla: necesita un espejo en el que reflejarse, un igual con quien dialogar para comprenderse. Todos viajamos para encontrar espejos que nos ayuden a entender quiénes somos. Buscamos lo familiar en lo desconocido, mucho más que lo desconocido en lo familiar. Esta segunda búsqueda, la de lo extraordinario en lo ordinario, es propia de la madurez.

Es fácil imaginarse a María y a Isabel felices en su encuentro, ignorantes del dramático destino que se cierne sobre sus hijos. Lo único en que piensan es que ambos serán valiosos en el futuro y en que ellas, por pura gracia, habrán servido a una buena causa. Tras quedarse atónitas ante lo ocurrido, saben que están habitadas, que están iluminadas y que van a ser –ya lo son– fuente de luz. Su alegría es tal que no piensan en nada ajeno a esa alegría de la que disfrutan. Así es la verdadera alegría: no piensa en el mañana. Por eso las dos mujeres ríen y danzan juntas.

¿Quién soy yo para que me visite la madre de mi Señor?, se pregunta Isabel. No es cuestión de modestia, es que cualquier experiencia espiritual verdadera nos hace preguntarnos por nuestra identidad.

Luego, excitadas y atropelladas por la emoción, la dos comparten sus procesos de gestación y concepción milagrosas. Se cuentan cómo fue su anunciación, cómo reaccionaron en aquel primer momento, cómo están preparándolo todo llenas de ilusión... Se comunican sus iluminaciones sin saber todavía hasta qué punto ambas forman parte del mismo proyecto de luz. Maravilladas por la afinidad de su experiencia, descubren entre ellas un hermanamiento aún más profundo que el de la sangre. Este vínculo o hermanamiento no se obtiene por mera afinidad o empatía, sino por comunión: esa experiencia de unidad que se hace cargo de las diferencias pero que no se queda en ellas.

El encuentro entre estas mujeres resulta tan fluido gracias a lo que cada una de ellas lleva en su seno: Juan en el caso de Isabel, Jesús en el de María. Es siempre la dimensión más íntima, normalmente también la más anónima y fecunda, la que posibilita la verdadera comunión entre las personas. De hecho, el evangelista nos dice que Juan da un salto en el vientre de su madre. A Isabel se le mueven las entrañas cuando está ante María, su espejo. Se ha conmovido el cuerpo antes de que hayan podido llegar las palabras, que sólo sellan lo que el cuerpo ya sabe.

Sólo deberían proferirse palabras así –capaces de llevarnos a la acción–, palabras como las que se dirigen María e Isabel en este pasaje. Las palabras que no nos mueven tienen el aspecto de palabras, pero en realidad no lo son. Todos estaríamos bien vivos y despiertos si oyéramos palabras como las de esta escena, conocida proverbialmente como la Visitación. Pero hay que estar preñado para escucharlas. Hay que estar gestando la luz.

Para que cualquiera de nuestros encuentros fuera tan pleno como éste entre María e Isabel, todos deberíamos acoger antes a nuestro ángel, consentir un proceso de gestación y acallar en lo posible el incansable reclamo de la autoafirmación. El problema es que hoy nadie cree en los ángeles. Nadie tiene verdadera fe en que el ego pueda ser realmente vencido. Por eso, cuando conocemos a alguien que empieza a hablar de ángeles, cuando viene alguien que dice haber tenido visiones o sueños premonitorios, todos, de un modo u otro, nos burlamos o le despachamos con sonrisas más o menos escépticas o indulgentes.

Al regresar de un retiro de meditación, en particular si ha sido largo, no es extraño que experimentemos un profundo desnivel entre lo que sentimos y sabemos y aquello que saben y sienten quienes nos rodean. Esta falta de sintonía nos suele desanimar, como es natural, haciéndonos ver que somos diferentes, en particular cuando nuestros familiares y amigos ironizan, explícita o subrepticiamente, sobre nuestro camino espiritual. ¿Por qué actúan así? No es porque no lo entiendan, como solemos decir, sino más bien porque constatan que nos hemos alejado de ellos y porque temen perdernos. Porque saben que esa misma llamada también podrían escucharla ellos, aunque bajo ningún concepto estén dispuestos a responder.

La iluminación, aunque sea modesta, comporta por fuerza una buena dosis de soledad. Existe una suerte de conjura para permanecer dormidos, y lo triste es que quienes mayormente alimentan esa conjura son nuestros seres más próximos.

Como tantos otros, este fragmento evangélico es una lección –escueta pero densa– sobre el arte de meditar. Lo primero a tener en cuenta es que María se puso de camino. Es precisa nuestra colaboración: levantarse, buscar, iniciar la marcha… Lo segundo es que fue aprisa a la montaña. Como en tantos otros libros sagrados, las revelaciones bíblicas siempre se producen en una montaña: lejos de lo mundano, lo espiritual se hace más audible. Y tercero y último: María saludó a Isabel. El encuentro con Dios nos viene siempre mediado por alguien. Todos somos discípulos y maestros de otros. La dinámica espiritual funciona por transmisión.

Juan y Jesús entran en contacto antes de nacer: nuestra historia ha empezado a escribirse mucho antes de que nosotros llegáramos a este mundo. Nos suceden muchas cosas, incontables, antes de que nuestra madre rompa aguas y salgamos a la luz. Por eso, conocer lo que se pueda de nuestro propio proceso biológico de gestación y alumbramiento, así como detalles de la vida de nuestros antepasados –sus aspiraciones, sus circunstancias…–, nos ayudaría mucho a conocer más a fondo de dónde parte nuestra búsqueda espiritual y por qué ha ido tomando esas derivas que ha tomado.

5. El niño
El nacimiento del espíritu

Estando ellos allí (en Belén), le llegó la hora del parto y dio a luz a su hijo primogénito. Lo envolvió en pañales y lo acostó en un pesebre, porque NO HABÍAN ENCONTRADO SITIO EN LA POSADA. (Lc 2, 6-7)

Todos preferimos alojarnos en un gran hotel, con todo lujo de comodidades, antes que en una gruta desolada y fría en cuyo interior quién sabe con lo que podríamos encontrarnos. Nos disgusta –y hasta nos indigna– si por cualquier razón nos rechazan y, con frecuencia, ponemos el grito en el cielo si no nos dan el trato que creemos merecer. Ahora bien, para encontrar al niño que fuimos y somos, para recuperar nuestra naturaleza original, hemos de soportar esos atropellos. Toda búsqueda espiritual comporta –ya lo he dicho– incomprensión y hasta rechazo. En este mundo no hay lugar para que pueda abrirse paso el yo profundo, que siempre debe nacer extramuros.

Una persona auténtica es siempre una amenaza, una *rara avis* a la que se podrá admirar o rechazar, pero a la que inevitablemente se señalará y mantendrá aparte –no vaya a ser que haya otros que se contagien y quieran imitarle.

El mundo suele estar enredado en asuntos demasiado importantes –o eso cree– como para prestar atención a un par de forasteros que quién sabe lo que harán por ahí, a esas horas de la madrugada. El mundo está en el rendimiento laboral, en las responsabilidades familiares, en las cosas materiales y tangibles, en lo pragmático... No puede permitirse perder el tiempo en sentimentalismos. De modo que sus puertas siempre se cerrarán al nacimiento del espíritu. Lo más grave, sin embargo, es que también se cerrarán, probablemente, las puertas de nuestro interior: resistencias, prejuicios, cautelas, miedos... Presionados por nuestras supuestas e incontables «obligaciones», aseguramos no tener posada ni para nosotros mismos.

María y José emprendieron un viaje muy largo a sabiendas de que su hijo nacería antes de que estuvieran de vuelta y, por ello, sin garantías de condiciones adecuadas para el parto. La única explicación posible a este acto temerario es que su confianza en Dios era absoluta. No dudaban de que las cosas serían como tenían que ser y, en consecuencia, que allí donde su hijo naciese sería sencillamente el mejor de los lugares posibles.

Ese lugar fue una cueva muy oscura, sólo tenuemente iluminada por las estrellas. Antes de acomodarse entre la paja –para preparar el inminente parto–, María y José perciben que no están solos del todo en medio de aquella tiniebla. Junto a ellos están la mula y el buey, aunque sus ojos tardan en habituarse a las sombras para poder reconocerlos. Es de suponer que los animales se han sobresaltado un poco ante esta inesperada visita.

La oscuridad que encontramos en nuestra mente cuando nos sentamos en silencio a meditar es muy parecida a la que reina en esa cueva de Belén. No se trata normalmente de una oscuridad terrorífica, aunque a veces pueda imponer. Es más bien una oscuridad en la que hay algo que respira. Eres tú mismo, por supuesto: el animal que hay en ti, la vida orgánica, lo más instintivo o primordial, lo que sostiene todo lo demás.

En lo más profundo de la mente, lo que nos espera son nuestros animales interiores, que suelen darnos mucho miedo. De hecho, pocas cosas hay que nos aterroricen tanto como nuestros instintos. Reconocerse en la mula y en el buey –más allá de la imagen candorosa que de ellos nos ha transmitido la cultura y la religión–, comprender que en el fondo somos muy parecidos a ellos en nuestra búsqueda de calor y de seguridad…, todo eso es ya, ciertamente, un gran logro. El animal que llevamos dentro es lo primero con lo que conviene familiarizarse para emprender el camino espiritual. Todo lo intelectual y lo emocional desaparece cuando se llega a esas profundas cavernas del ser.

Así que los animales fueron los primeros testigos del nacimiento de Cristo, conocido como el Mesías. El cuerpo es siempre lo primero. Si no se entra por el cuerpo, no se va a ninguna parte. Primero vienen los animales, sólo luego los pastores y, por último, al final de todo, los grandes sabios. Lo divino, aunque sorprenda, nace en nosotros junto al animal.

Éstas son las claves para que el niño que llevamos dentro pueda nacer. Sin entrar en la propia cueva y sin acompañar la respiración de los animales, no hay nada que hacer.

Nuestro niño interior nace también de la Virgen y de san José, su esposo. Porque todos llevamos una Virgen dentro –ya lo he explicado más arriba–: un territorio interior en el que todavía y casi inexplicablemente pervive la inocencia. Ese punto virgen siempre está preñado, es decir, en proceso de gestación, preparándose para alumbrar. Nuestro ser originario está destinado a ser el escenario de un nacimiento y de una plenitud. Todos tenemos dentro una criatura que quiere nacer: un proyecto, una idea, una misión… Lo puro, lo oculto e invisible, es fecundo, ése es el mensaje. Vaciamiento y alumbramiento, virginidad y maternidad, pobreza y belleza…: el cristianismo se articula en estos y otros tantos binomios paradójicos.

El ángel de la anunciación apenas da explicaciones, se limita a cumplir su cometido de informar. De María se espera que acoja esta insólita noticia y que, sin más, la incorpore a su vida, éste es aquí el verbo justo. Porque el papel que tuvo María en esta *biografía de la luz* fue esencialmente corporal: su cuerpo empezó a sufrir transformaciones, había quedado encinta.

El dilema existencial de José fue la propia María: un misterio que no entendía y que aprendió a contemplar. José es, en este sentido, el testigo y, por ello, nos representa a cada uno de nosotros. José es la consciencia, llamada siempre a contemplar un mundo que no comprende. Él tuvo que fiarse de su inconsciente para que naciera el niño, nuestro maestro.

De modo que lo espiritual (el Niño) es el inesperado fruto de un trabajo contemplativo con el cuerpo (María) y de un trabajo contemplativo con la mente (José). María, José y el niño son, por tanto, el cuerpo, la mente y el espíritu, lo que significa que la sagrada familia es nuestra permanente aventura interior: María, la creación; José, la consciencia; el niño, el fruto, la luz.

Pero hay dos condiciones para que el niño pueda nacer también en cada uno de nosotros: José y María. José: entrar en lo más profundo de nuestra mente, en nuestra cueva interior. Y María: descubrir, cuando vamos a dar a luz, que en esa cueva sólo están la mula y el buey, esto es, el cuerpo, lo animal. De este encuentro entre mente y cuerpo nace el espíritu.

El espíritu es como el niño, un torrente de vida impredecible. Un niño aparece donde no había nada y, con lo pequeño que es, logra –antes incluso de nacer– que todo gire en torno a él. El niño lo llena absolutamente todo con sus gritos y reclamos. Se quiera o no, es siempre centro de atención. Llena la habitación con su voz, colma de sentido el corazón de quienes le crían. Desordena la vida de sus padres y, aunque nadie lo diría al verlo dormir, desde que viene a este mundo, al menos hasta que crece, consigue ser el rey.

Mientras tanto, en el cielo de Belén, tímida pero visiblemente, ha empezado a brillar una estrella. Esto significa que todo lo que nos pasa por dentro, por oculto o modesto que parezca, tiene una repercusión universal. La luz del alma tiene su correspondiente en la luz del cielo: ambas están ahí para iluminar e irradiar, es decir, para servir de guía a otros. Éste es el sentido del alumbramiento de nuestro niño interior: colaborar a la iluminación general.

6. Los pastores
El misterio está en lo pequeño

Había unos pastores en la zona que velaban por turnos los rebaños a la intemperie. Un ángel del Señor se les presentó. La gloria del Señor los cercó de resplandor y ellos se aterrorizaron. El ángel les dijo: No temáis. Mirad, os doy una buena noticia, una grande alegría para todo el pueblo. Hoy os ha nacido en la ciudad de David el Salvador, el Mesías y Señor. Esto os servirá de señal: Encontraréis un niño envuelto en pañales y acostado en un pesebre. (Lc 2, 8-12)

La verdad viene al mundo, pero no hay sitio para ella en la posada: nadie quiere la luz, todos –en Belén, como en todas partes– prefieren continuar en sus plácidas tinieblas. ¿Por qué? ¿Cómo es que no hubo ni un solo hogar, en aquella población, que se apiadara de ellos y les dejara entrar? ¿Es que eran allí todos malvados e insensibles? No creo que se trate de una mera cuestión moral. Jesús no fue recibido porque era un ser celeste. Es una cuestión espiritual: lo mundano no es sin más compatible con lo divino.

Donde hay riqueza material (la posada), no hay sitio para la riqueza espiritual (el niño). Sólo los pastores la pueden recibir, los ricos tienen las manos demasiado llenas. Querámoslo o no, los bienes materiales nos van dando una seguridad ficticia y, al tiempo, endureciendo el corazón. Y un corazón duro no es capaz de oír que están llamando a su puerta. A menudo, quizá casi siempre, ni siquiera sabemos que nos han llamado. No nos hemos dado ni cuenta de que podríamos haber tenido un niño. Yo no soy de esos –argüimos–, olvidando que nos equivocamos siempre que nos distanciamos de los demás.

El misterio del nacimiento es el que abre la puerta de todos los demás. No sólo es el primero, sino también la síntesis de todo lo que seguirá. Ésta es la puerta por la que se invita a pasar a todos aquellos que quieran emprender un camino espiritual. En esa puerta está escrito: eres más grande de lo que pareces, puedes realizar obras inimaginables, la realidad –bien mirada– es toda ella misteriosa, te invito a que la reconozcas y agradezcas. El ser humano está hecho para ese reconocimiento y para ese agradecimiento. Ese reconocimiento y ese agradecimiento es lo que se llama adoración.

María tuvo que sentir algo parecido a lo que siente cualquier hombre o cualquier mujer que estrena su paternidad o maternidad. ¡Esto es un regalo, esto es increíble, esto es algo milagroso!, tuvo que exclamar. Porque hay obras humanas (y el misterio del nacimiento de una criatura es el mismo, en último término, que el de cualquier creación humana) que no parecen obras de manos humanas. Hay en ellas un plus de misterio y de gracia, algo inaprensible que las hace maravillosas y únicas. ¿Cómo entenderlas? ¿No es estúpido querer entenderlas? ¿No es más sensato ponerse simplemente de rodillas y empezar a adorar, es decir, a reconocer y a venerar el misterio?

Todo lo real debe ser adorado, es decir, respetado como misterio. Respetar significa que no se pretende comprender, y mucho menos utilizar o sacar provecho de ello. Todo conocimiento teórico o especulativo, así como toda técnica o aplicación práctica del mismo, violenta sus objetos de estudio y de manipulación si antes que nada no son respetados y amados. Esto es, o debería ser, la religión: una escuela de respeto y de amor a lo que hay.

En el cristianismo no se relata todo esto con grandes discursos persuasivos, sino poniendo ante nosotros, en un humilde portal, a un niño. Ése es el signo.

Quien con el tiempo se convertirá en buen Pastor nace entre pastores. Quienes primero acudieron a adorar a ese Niño envuelto en pañales fueron unos pastores que dormían al raso, sólo luego vinieron los magos. No puede ser casual que fuera la gente más inculta y analfabeta de aquella época los que primero vieran la gloria. Algo quiere decirnos este hecho: quizá que mucha letra embota. O que tener la cabeza con grandes ideas nos impide ver lo que tenemos delante. O que un corazón sencillo vale más para la vida que todas las explicaciones juntas.

Encontraréis un niño envuelto en pañales y acostado en un pesebre, les había dicho el ángel a los pastores. *Esto os servirá de señal.* ¿Cómo puede ser una señal un niño ceñido en pañales? ¿De qué es eso señal? ¡Eso no puede ser un signo más que de la vida ordinaria! Sí, de ahora en adelante, a Dios hay que buscarle y reconocerle en lo más cotidiano. ¡Mirad al niño! –dice cada página del evangelio–, entrad en el misterio de lo ordinario, que siempre es pequeño.

María y José tuvieron que sentirse muy felices ante la inesperada visita de aquellos pastores. Ellos, que habían sido rechazados en todas las casas a cuyas puertas habían llamado poco antes, eran ahora agasajados por aquel grupo de pastores, atraídos por un resplandor. Lo que María y José habían vivido hasta ese momento de forma discreta y escondida, ahora, de repente, se hacía público y festivo. No es que buscasen ninguna clase de reconocimiento, pero los astros y los pobres les hacían la justicia que poco antes les habían negado los humanos.

Nadie reconoce a nadie, todos llevamos demasiadas caretas como para ser reconocidos. Nuestra naturaleza original suele estar demasiado oculta tras la máscara de la apariencia social. Aquí, sin embargo, en los pastores ante el niño, hay un reconocimiento claro: esto es lo que estaba buscando, ésta es la cuestión, aquí está la vida que puede darme vida.

De este pasaje me gusta muchísimo que los pastores vayan al portal, adoren al niño y luego se marchen sin más. Que no se queden ahí, al calor de la gloria descubierta. Los pastores no son como esas visitas pesadas que nunca se acaban de marchar. No: vienen, se arrodillan, cantan uno o dos villancicos y se van. Esto es maravilloso: no recrearse en la iluminación, no darle tanta importancia ni revestirla de solemnidad: reconocerla, disfrutarla y partir a la vida cotidiana, que es donde se juega la verdad.

Los magos, por su parte, harán más adelante lo mismo: llegan, entregan sus regalos y parten poco después. Pero llegan bastante más tarde que los pastores: la mente llega siempre después que el corazón. Si llega antes, el corazón corre el riesgo de no llegar.

Lo importante es aquí que tanto los pensamientos (los magos) como los sentimientos (los pastores) palidecen y se postran ante la vida. La vida es mucho más grande que un pastor (lo que más rechazamos y nos acompleja) o que un sabio (aquello de lo que nos enorgullecemos). Un pastor y un sabio pueden ser realmente lo que son si se inclinan y reconocen el potencial de lo pequeño. Así que lo que más rechazas de ti (los pastores) es lo que Dios prefiere; y lo que más admiras de ti (los sabios), en cambio, es muy secundario. Ese niño a quien pastores y magos adoran simboliza el universo entero, que está ahí para ser admirado y cuidado por la mente y por el cuerpo. Para ser amado.

7. Los magos
La sabiduría se postra ante la fragilidad

De pronto, el astro que habían visto surgir, avanzaba hacia ellos hasta que se detuvo sobre el lugar donde estaba el niño. Al ver el astro, se llenaron de un gozo inmenso. Entraron en la casa, vieron al niño con su madre, María, y ECHÁNDOSE POR TIERRA, LE RINDIERON HOMENAJE. *Después abrieron sus cofres y le ofrecieron como dones oro, incienso y mirra.* (Mt 2, 9-11)

Cuando los magos emprenden su camino, desde sus lejanas tierras de Oriente, no saben que van a adorar a un niño. De haberlo sabido, lo más probable es que no se hubieran animado a emprender un viaje tan largo y azaroso. ¡Un niño!, habrían dicho. ¡Para eso no hace falta viajar tan lejos! Pero ¿habrían visto de verdad al niño si no hubieran dejado su tierra? Salir en busca de lo desconocido, alentados por una promesa, es el punto de partida adecuado en los caminos del espíritu. Al principio, no puedes tenerlo todo claro.

Los magos no eran en aquel tiempo esos simples prestidigitadores en que hoy se han convertido, que realizan trucos para alimentar lo ilusorio. Los magos de entonces eran personas de cultura que estudiaban lo trascendente e invisible, lo misterioso. Por eso mismo, no puede extrañar que se dejasen guiar por las estrellas, es decir, por lo de arriba. No permitían que les influyese sólo lo terreno, lo de abajo. Siempre miraban a lo alto, que es tanto como decir dentro: buscaban en el cielo algunas claves que les ayudasen a entender la tierra. Buscaban en el universo alguna llave con que abrir la puerta de lo humano. Creían en el milagro, es decir, en lo que escapa de lo meramente sensible y racional.

Los magos representan la búsqueda espiritual de todos los pueblos. Por eso son paganos, no judíos, lo que muestra la universalidad de este mensaje. Lo propio no se entiende sin lo ajeno. Necesitamos del forastero para llegar juntos a la vida de verdad. Entender estas palabras bastaría para erradicar cualquier fundamentalismo.

En cuanto están ante el Niño, los magos lo reconocen y exclaman: ¡Maravilla de maravillas! ¡Aquí está nada menos que la verdadera humanidad! Y caen de hinojos, rendidos ante la evidencia. Pero ¿cuál es exactamente la maravilla? ¿Por qué se ponen de rodillas? Ésta es la pregunta clave para entender esta legendaria escena.

La sabiduría se postra ante la fragilidad y reconoce que sólo ahí está la vida. Los magos no son meros intelectuales que buscan comprender; son sabios, es decir, personas que saben ver y recibir. Son permeables, receptivos; es por eso que pueden ser calificados de sabios. Son vulnerables, están abiertos a la vida, en eso consiste la sabiduría.

Revestimos la iluminación de tanta solemnidad y grandilocuencia que apenas resulta creíble que suceda ante la visión de algo tan pequeño y cotidiano como un niño. Un niño..., ¿parece pequeño? Pues la iluminación puede acontecer gracias a realidades aún más pequeñas: una gota que cae del grifo, por ejemplo, o un abrir y cerrar de ojos, un traspié que te hace caer de bruces, una llamada de teléfono...

Los magos son hombres de conocimiento, no reyes u hombres de poder –como se ha empeñado en sostener la tradición. Por eso lo entendieron todo enseguida. Porque la iluminación no la da el poder, sino el conocimiento, el co-nacimiento: nacer con lo que tenemos delante, nacer siempre a nosotros mismos ante cualquier realidad. Así que una vida consagrada por entero al estudio y a la investigación culminaba para ellos en aquel instante. Todo el misterio insondable sobre el que tanto habían leído y conversado se condensaba ahora, en medio de una noche silenciosa, en un recién nacido. Todo estaba y está en el amor de un hombre y una mujer. Ése es el verdadero templo: un hombre, una mujer y su niño, el misterio de la familia.

La vida siempre está ahí, aunque pocas veces la reconocemos. La vida estaba palpitante en aquella noche santa, pese a que la estampa de la sagrada familia –porque forma parte de nuestro imaginario cultural– pueda parecernos inmóvil. Pero no, nada de eso: José tiembla de emoción; María tiembla de amor; el Niño, como todos los recién nacidos, se mueve sin parar, descubriendo el milagro de estar vivo. El niño está adaptándose a su cuerpo, reconociéndolo, familiarizándose con él. Podríamos decir que María, José y Jesús están en un estado de meditación profunda, totalmente presentes: arrobados por el amor, sorprendidos por el milagro e iluminados en medio de la noche por una estrella enorme e inolvidable.

Aquel astro luminoso se había colocado justo encima del portal de Belén, ese había sido para los magos el signo. Entre el niño y la estrella había una especial unión que los magos fueron capaces de percibir: siempre hay un vínculo, invisible pero real, entre lo de arriba y lo de abajo, entre el cielo y la tierra. El niño y la estrella, ¿quién determina el destino de quién? Pensamos que nacemos bajo el signo de los astros, pero he aquí que nace un niño de quien, según se dice, depende la suerte de los astros. Éste es el mensaje: lo pequeño es espejo de lo grande y, más aún, lo determina: existe entre ambos y a cada instante una mágica y perfecta alineación. Toda la buena noticia se escribe, desde los comienzos, *bajo el signo del grano de mostaza.*

Las ofrendas de oro, incienso y mirra que los magos ofrecen al Niño resumen simbólicamente todo el camino espiritual. El oro simboliza que le reconocen como hombre; el incienso que le reconocen como Dios; la mirra, que le reconocen como sanador. En el primer cofre está la humanidad; en el segundo, la divinidad; en el último, el camino para ir de una a otra. Hombre, Dios y Cristo: éstos son, en definitiva, los tres tesoros. Y esto es, al fin y al cabo, lo que todos nosotros buscamos: lo mundano, lo celeste y el camino de sanación que necesitamos recorrer para ir de uno a otro.

8. El profeta

Quien de verdad ve algo, lo ve todo

Había en Jerusalén un hombre llamado Simeón, hombre honrado y piadoso, que esperaba el consuelo de Israel y se guiaba por el Espíritu Santo. Le había comunicado el Espíritu Santo que no moriría sin antes haber visto al Mesías del Señor. Movido, pues, por el Espíritu, se dirigió al templo. Cuando los padres introducían al niño Jesús para cumplir con él lo mandado en la ley, Simeón lo tomó en brazos y bendijo a Dios diciendo: Ahora, Señor, según tu palabra, puedes dejar a tu siervo irse en paz, porque mis ojos han visto a tu Salvador, luz para alumbrar a las naciones y gloria de tu pueblo Israel. El padre y la madre estaban admirados de lo que decía acerca del niño. Simeón los bendijo y dijo a María, la madre: Mira, éste está colocado de modo que todos en Israel o caigan o se levanten, SERÁ UNA BANDERA DISCUTIDA y así quedarán patentes los pensamientos de todos. En cuanto a ti, una espada te atravesará el alma. (Lc 2, 25-35)

Lejos estaba Simeón de suponer lo que le esperaba aquella mañana en el templo, al que había acudido para oficiar una ceremonia de presentación. Aquél era un ritual que había celebrado muchas veces. En esta ocasión, sin embargo, al tomar al niño entre sus brazos, conforme prescribían las rúbricas, supo que para él todo se había cumplido. Ya me puedo morir tranquilo, exclamó. Esto es –y sus ojos se nublaron de emoción– lo que he estado esperando ver toda la vida. Fue un chispazo fulminante, algo así como un éxtasis. Pero ¿podremos llegar a ver en este mundo algo que deje nuestro corazón definitivamente tranquilo?

Lo más probable es que ninguno de nosotros haya experimentado una iluminación así; y nadie, desde luego, la formularía hoy en esos términos. Pero no hay que descartar que muchos, o al menos algunos, hayamos tenido momentos tan plenos que nos hayan llevado a pensar que todo lo vivido hasta entonces había valido la pena, aunque sólo fuera para aquel instante. Quizá fueron sólo unos segundos de gloria, pero los suficientes para gozar y darnos cuenta (dos cosas que rara vez van juntas). Simeón no vivió algo así hasta que fue un anciano. Algunos, la mayoría, no lo viven nunca. ¿Es cuestión de fortuna, es un privilegio? ¿Qué fue en concreto lo que este sacerdote judío vio? ¿En qué consiste realmente ver?

La iluminación de Simeón no fue una mera revelación interior. Este sacerdote pudo ver, quizá por primera vez en su vida, lo que tenía delante. Ver, tan sólo ver: algo que parece que todos hacemos todo el rato y, sin embargo, un hecho bastante insólito. Todo camino espiritual busca arrancar los velos que nos impiden hacernos cargo del esplendor de la realidad.

En cuanto ve, Simeón se da cuenta de que es al mismísimo Salvador a quien tiene delante. No podemos ver algo de verdad y no comprender que nos hace bien. Lo que hay nos salva, sólo nos salva lo que hay. Ver bien algo o a alguien es distinguir su fondo, y el fondo de todo y de todos es eso que los creyentes llamamos Dios. Pues eso fue, precisamente, lo que aquel hombre vio en el niño que le estaban presentando: a Dios.

¿Y qué sucede cuando se ve a Dios en alguien o en algo de este mundo? Que se reconoce que esa luz de la que se disfruta no puede ser sólo para uno. Simeón supo de inmediato que aquel niño no era sólo para él y los suyos, sino que era una luz para todos sin excepción. Ninguna luz puede ser privada. La verdad nunca es excluyente. La inclusión es, precisamente, el criterio de la verdad. Más aún:

quien de verdad ve algo, lo ve todo. En cada partícula o fragmento de realidad late la totalidad de lo real. El universo entero en un niño, en una mosca, en una mota de polvo… Quizá sea ésta la mejor definición de mística: yo soy eso, cualquier cosa es todo.

He aquí que este niño ha venido –dice entonces Simeón, tras bendecirle– para que muchos caigan o se levanten. Esta criatura será una bandera discutida, un signo de contradicción. A decir verdad, todos estamos en este mundo para que otros caigan o se levanten: porque de hecho ayudamos o perjudicamos a los demás, porque somos para ellos –lo queramos o no– ocasión para la luz o para la oscuridad.

Fue un segundo mágico. Como si Simeón hubiera visto en aquel instante todo lo que le iba a pasar a Jesús a lo largo de los años, todo lo que iba a pasar en el mundo por causa de Jesús, este sacerdote se convierte de repente en profeta y ve el futuro del niño o, mejor, ve encarnado en esa criatura que el futuro de la humanidad dependerá de la actitud que se tome ante lo frágil y mortal. Ve el bien y el mal unidos, la contradicción hecha carne.

Nosotros no entendemos nada de todo esto, naturalmente. Para nosotros las cosas suelen ser blancas o negras, buenas o malas: no concebimos que en el fondo del mal se esconda el bien, y viceversa. Todo esto suele parecernos muy sutil y abstracto, pese a que sabemos cómo nos ha hecho sufrir lo que tanto hemos amado, o cómo nos ha ayudado haber pasado por el dolor y la devastación. Cielo e infierno se tocan, deberíamos saberlo. Separamos, siempre separamos, pero en la vida las cosas van juntas, y eso fue lo que Simeón, más lúcido que nunca, vio en aquel niño que habían puesto en sus manos.

Cristo, el Ungido, viene al mundo como signo de contradicción. Primero, como signo, es decir, para ser visto, para interpelar. El Cristo que tenemos dentro –nuestro yo profundo– tiene una ineludible dimensión pública: debe exponerse, mostrar su tesoro, correr el riesgo de la crítica, de la deformación, de la interpretación errónea...

Y no es un signo cualquiera, sino de contradicción, es decir, suscita incomodidad, puesto que destapa nuestra polaridad y nuestra permanente lucha interna. Es bandera discutida porque pone a las claras que no siempre estamos bien, que no es oro todo lo que reluce, que a veces vivimos tan por debajo de nosotros mismos que apestamos.

Contradicción porque este niño tan pequeño será muy grande. Porque viene a sembrar la paz, pero traerá guerras. Porque es el Señor, pero actuará como siervo. Porque su fuerza se manifiesta en la debilidad. Signo de contradicción porque destapa nuestra propia contradicción: deseos mundanos que conviven con anhelos espirituales, cielo y tierra indisolublemente unidos.

A veces, como Simeón, también nosotros vemos con claridad la contradicción en la que vivimos. A veces llegamos incluso a sacar a la luz del día esa contradicción que somos. Pero todos se escandalizan en cuanto lo hacemos. La vida escandaliza por fuerza. No sería vida verdadera si no escandalizara.

Nosotros habríamos preferido que todo fuera ordenado y perfecto. Que todo cupiera en el disco duro de un ordenador, en una fórmula matemática, en una hermosa teoría. Habríamos preferido vivir sin problemas, ser buenos y ya está, escribir sólo lo que edifica, cumplir con las ordenanzas, encontrar la palabra justa, sellar el asunto y pasar a otra cosa.

¿Quién puede decir que ha domesticado sus contradicciones más íntimas? ¿O que vive sólo para el amor, sin dolor? ¿O que ya no se busca a sí mismo, aun en medio de la actividad más altruista o desinteresada? ¿Quién puede decir que sabe con seguridad lo que va a dar de sí este día? Con el niño entre sus brazos, el sacerdote y profeta Simeón tuvo que sentir algo de todo esto. ¿Quieres que te atraviese el alma una espada?, éste es nuestro inevitable dilema. ¿Estás dispuesto a, indisolublemente, sufrir y gozar?

No se puede vivir sin que una espada nos atraviese el alma. El verdadero conocimiento es aquel que estigmatiza, que escuece y cura al mismo tiempo. Que penetra hasta el fondo, dejándonos sobrecogidos ante una sensación en la que se funden el placer y el dolor. Siempre hay un antes y un después de esta experiencia del alma atravesada por un puñal, es decir, de esa interioridad despertada por un rayo del saber. Porque el saber espiritual es fulminante y nos toca en lo más íntimo. Y porque si esto te sucede no es para que se quede en ti, sino para que ilumine a los otros. Para que ponga luz en los conflictos y ayude a discernir, para que destape las mentiras y haga comprender que estamos lejos, sí, pero que también podemos estar cerca.

Todos estamos llamados a ser heridos y salvados por la sabiduría. Nos iluminamos para los demás. Nuestra luz es para alumbrar lo que está oscuro, calentar lo que está frío, orientar a quien se ha perdido… No se enciende una lámpara para guardarla luego en un cajón.

9. El peligro
Proteger y promover nuestro tesoro

Un ángel del Señor se apareció en sueños a José y le dijo: LEVÁNTATE,
TOMA AL NIÑO Y A LA MADRE, *huye a Egipto y quédate allí hasta que
te avise, porque Herodes va a buscar al niño para matarlo. Se levantó, tomó al niño y a la madre todavía de noche y se refugió en Egipto,
donde residió hasta la muerte de Herodes.* (Mt 2, 13-15)

El Antiguo Testamento ayuda a entender el Nuevo, porque
el pasado ilumina el presente: todo lo que sucede tiene
siempre un precedente en lo que sucedió, y conocerlo nos
ayuda a comprender lo que tenemos entre manos y a vivirlo
con mayor profundidad.

La figura de José, por ejemplo, se comprende mucho
mejor si se pone en relación con ese otro José del que habla
el libro del Génesis: un hombre que fue arrojado, por sus
propios hermanos, a un pozo en medio del desierto. Toda
la historia de la salvación comienza cuando alguien entra
en lo más profundo y oscuro de sí mismo, pues eso es lo que
representa el pozo.

Gracias a esta experiencia de perdición y oscuridad
–cercana a la muerte–, podrá José, más adelante, interpretar los sueños del faraón, es decir, tener luz para comprender lo más hermético y arcano. Es su caída en lo profundo
de un pozo lo que más tarde le habilitará a ocupar un trono
y a ser ensalzado como rey. Las analogías con la historia de
Jesús no son difíciles de extraer.

El segundo José, el de Nazaret, también tiene sueños, que es el modo –junto a la meditación profunda– en que lo inconsciente aflora para darnos mensajes. José no se limita a apuntar sus sueños en una libreta o a contárselos a sus amigos –para que le ayuden a interpretarlos–, sino que los secunda y pone en práctica. Porque este sueño en particular ha sido bastante explícito al comenzar con un ineludible *¡levántate!* Esta expresión tiene una larga y clara tradición bíblica: también Abraham, Jacob, Ezequiel, y tantos otros, escucharon algo similar. Es una interpelación urgente y necesaria, puesto que en la vida estamos a menudo postrados o abatidos por algún revés. De hecho, casi siempre estamos recomponiéndonos de nuestras «heridas de guerra», que solemos pasar décadas lamiendo, sin llegar a curarlas jamás.

En el sueño se le ordena a José tomar al niño (es decir, nuestro fruto, nuestra misión), tomar también a la madre (es decir, a nuestro maestro o a nuestra tradición) y partir. A salir de la propia tierra. A escapar de lo consabido. A desinstalarse y comenzar de nuevo. Pero no se trata de un punto y aparte –como si todo lo anterior no hubiera existido o no valiera para nada–, sino de un punto y seguido, puesto que José debe llevarse consigo al niño y a la madre. Es nuestro futuro y nuestro pasado lo que también nosotros hemos de meter en la mochila si deseamos emprender el camino: lo que hemos recibido y lo que vamos a dar, la tradición y la renovación, la fidelidad y la creatividad; y con eso, partir rumbo a lo desconocido.

El problema radica en que casi todos preferimos quedarnos donde estamos: ya no somos tan jóvenes –nos decimos–, aquí estoy, al fin y al cabo, bastante a gusto. ¿No lo estropearé todo si me muevo? Y, más aún: ¿No es mejor lo malo conocido que lo bueno por conocer? Podríamos como máximo –argumentamos– introducir algunas variantes, pequeñas mejoras o algunos parches. A eso sí estamos dispuestos como muestra de nuestra buena voluntad.

Esta actitud inmovilista, tan extendida, es letal para la vida espiritual. Apenas podemos hacernos cargo de hasta qué punto. Si José no hubiera obedecido su sueño y no hubiera emigrado con su familia, el resultado habría sido el homicidio del niño. Herodes, el rey, lo habría asesinado, como a todos los demás niños de esa edad, los llamados santos inocentes. Los inocentes mueren si no escapan del peligro, aunque los hay tan frágiles que ni siquiera tienen fuerzas para escapar. Nos morimos si no introducimos periódicos éxodos en nuestras vidas.

Nuestra generación ha perdido hasta tal punto los modelos de referencia que no son pocos los que efectivamente parten, aunque sin abandonar su comodidad. No se llevan consigo a su *hijo* (un horizonte concreto, una tarea) ni a su *madre* (el legado del pasado) ni a su *cónyuge* (su compromiso presente). Pero ningún viaje puede ser calificado de espiritual si no es para proteger y promover nuestro tesoro particular.

Quien no huye de lo convencional, pone en grave peligro su alma, su singularidad. Ese tesoro personal que cada uno de nosotros guarda en su interior es algo sumamente delicado. En realidad, basta poco para profanarlo, arrinconarlo y olvidarnos de él. Al cabo de pocos años, llegamos incluso a dudar si verdaderamente existió. Los muchos reyes Herodes de este mundo acaban normalmente con él: lo desvirtúan con sus estrategias sistemáticas para dejarnos ciegos y sordos, lo pervierten o minimizan, convirtiéndolo en un residuo del pasado o en un recuerdo infantil. Se diría que hay una conjura mundial para acabar con el tesoro interior de cada uno; y se diría también –y no quiero ser catastrofista– que esa conjura sale casi siempre victoriosa.

Cuando expongo este punto de vista, lo más habitual es que me encuentre con esta objeción: Tienes una idea demasiado negativa del mundo. ¡Aquí no hay conjura que valga, esto no es una película de malos y buenos! Yo lo veo de otra forma: el mal siempre hace creer que no hay mal ni bien, sino simple relativismo y ambigüedad moral. Los hechos, sin embargo, son incontestables: ante el nacimiento de un nuevo rey, Herodes teme ser suplantado. El ego siempre teme ser desplazado por el verdadero yo. De ahí su pelea a brazo partido, y de ahí también su incansable resurgir de sus cenizas.

Hasta ahora todo había sido muy bonito en la infancia de Jesús, poblada de ángeles y anunciaciones, magos y estrellas, mujeres que se quedan embarazadas y pastores que cantan villancicos. El nacimiento del héroe, sin embargo, va siempre acompañado de amenazas de muerte. No puede ser de otra manera: no hay esperanza que se abra sin que antes o después sea amenazada, puesto que siempre hay quien duda, quien no quiere, quien tiene otra propuesta... Siempre hay alguien que lucha para que todo quede como está.

¿Qué teme Herodes en realidad? Perder el trono. ¡Que se lo quite un niño! ¡Un mocoso! ¿Y qué teme el niño, qué temen sus padres? Esa amenaza oscura que el evangelio llama Herodes. El nacimiento de nuestro niño interior siempre es peligroso. Prepárate si no lo sabes, relee la profecía de Simeón y recuerda cuando todo va bien que una espada afilada atravesará tu alma.

¡Un niño me desplazará y se reirá de mí! ¡Todo lo que he construido en estos años se caerá como un castillo de naipes por algo insignificante, por una estupidez! Eso es poco más o menos lo que pensaría Herodes. Eso es lo que todos pensamos cuando somos Herodes. ¡Pobre Herodes! ¡Por fin empezaba a darse cuenta de la debilidad de los cimientos de su imperio! ¡Qué destino tan miserable el de los reyes de este mundo, eternamente amenazados por sus enemigos!

¡Qué tragedia la del poder, por todos admirado y repudiado al mismo tiempo!

Los inocentes mueren porque el ego es amenazado. Todo lo que hay de inocente dentro de nosotros es arrasado en cada acto de autoafirmación. Devastamos nuestra inocencia primordial. Nuestro Herodes interior mata permanentemente a todos los niños que nos habitan. ¿Cuántos niños nos quedan todavía dentro? En la batalla que se libra sin cesar en nuestra conciencia entre el rey y los niños, ¿quién saldrá al final vencedor?

También nosotros tuvimos que marcharnos a Egipto cuando éramos niños, pero muchos no lo hicimos. Nuestra familia prefirió la seguridad, y la seguridad es siempre la puerta de la muerte. O sí que partimos, pero regresamos demasiado pronto. O partimos ya de mayores, cuando nuestra alma ya estaba malherida y dentro nos quedaban pocos niños vivos.

10. Los doctores
Hora de exponerse y de arriesgar el rechazo

Por las fiestas de pascua iban sus padres todos los años a Jerusalén.
Cuando cumplió doce años, subieron a la fiesta según costumbre.
Al terminar ésta, mientras ellos se volvían, el niño Jesús se quedó en
Jerusalén, sin que sus padres lo supieran. Pensando que iba en la
caravana, hicieron una jornada de camino y se pusieron a buscarlo
entre parientes y conocidos. Al no encontrarlo, volvieron en su bus-
ca a Jerusalén. Al cabo de tres días lo encontraron en el templo,
sentado en medio de los doctores, escuchándolos y haciéndoles pre-
guntas. Y todos los que lo oían estaban atónitos ante su inteligencia
y sus respuestas. Al verlo, se quedaron desconcertados, y su madre
le dijo: Hijo, ¿por qué nos has hecho esto? Mira que tu padre y yo
te buscábamos angustiados. Él replicó: ¿Por qué me buscabais?
¿No sabíais que yo tengo que estar en la casa de mi Padre?
Ellos no entendieron lo que les dijo. Bajó con ellos, fue a Nazaret y
siguió bajo su autoridad. Su madre lo guardaba todo en su corazón.
(Lc 2, 41-51)

Jesús da un paso de riesgo cuando abandona la caravana de
su clan y se dirige a solas al templo, en medio del torbellino
de las calles de la ciudad. En cuanto presiente que tiene una
misión que cumplir, lo primero que hace es ir a hablar con
los representantes de la autoridad. Todavía es un adolescente, pero ya se ha dado cuenta de que la clase sacerdotal
es la más sabia y poderosa. Es con ellos con quienes se debe
confrontar. Además, es la primera vez que está solo en una
gran ciudad, los reclamos serían incontables y muy bien

podría haberse entretenido en cualquier tienda o jugando con otros chicos de su edad. Pero no: él va directo a su objetivo, donde sabe que más duele. Se cree muy mayor, probablemente, aunque no puede por menos que escuchar los agitados latidos de su corazón. ¿Qué le dirán los doctores cuando le tengan delante? ¿Qué les dirá él a ellos? ¿Sabe a ciencia cierta lo que pretende o más bien está siguiendo un impulso irracional? Lo importante es que va al centro, donde en unos años se jugará para él la partida definitiva. Eso ya lo dice todo de él.

En el templo, Jesús habla y se confronta con los maestros, tratándoles como a iguales. Podría tratarse de la consabida inconsciencia y osadía de los jóvenes, que creen que ya no hay nada que tengan que aprender. O tal vez sea que Jesús se está midiendo a sí mismo, deseoso de saber hasta dónde es capaz de llegar. Necesita comprobar cómo suena su voz ante los demás, qué credibilidad tiene, hasta qué punto puede hacerse respetar. Es un ensayo, una prueba, un experimento, un adelanto. Lo de siempre se confronta con lo novedoso, eso es lo que simboliza la escena de Jesús ante los doctores, el presente ha de vérselas con el pasado.

Es difícil conjeturar sobre la consciencia que Jesús podía tener de sí a los doce años; pero pensemos en la que teníamos nosotros a esa misma edad. ¿No se anunciaba ya todo lo que la vida iba a depararnos desde esa edad tan temprana? ¿No soñábamos entonces con cosas que luego, de otro modo –como es natural–, se han acabado por realizar?

En nuestra conciencia hay un niño que instruye a unos adultos, en apariencia muy sabios. Ese niño nuestro tiene mucho que enseñar a todos esos viejos cascarrabias y resabiados que llevamos dentro. Por ello, haríamos bien en resucitar a nuestros niños interiores: atrevernos a jugar, aburrirnos, silbar, hacer preguntas tontas y perder el tiempo. Ahora bien, para que todo esto sea posible hay una sola condición: ese niño debe despegarse de su familia, separarse del clan y salir de ese círculo de protección que lo tiene asfixiado y sometido.

Si mantenemos escondido a nuestro niño interior, nunca podrá confrontarse con la tradición y mostrar en la plaza pública todo lo que sabe. No hay vida sin cortar el cordón umbilical, que en nuestra sociedad se extiende, increíble e irresponsablemente, hasta más allá de la treintena. Ha llegado la hora de exponernos y, en consecuencia, de arriesgar el rechazo.

Tras este mano a mano entre Jesús y los doctores, todos apostaríamos que su vida pública estaba a punto de comenzar. Pero no. Tras este episodio, tan revelador, Jesús sale de la escena hasta que tiene treinta años. Es demasiado tiempo sin referencia histórica alguna, lo que justifica que se haya especulado tanto sobre lo que pudo suceder en ese intervalo. Pero toda gran obra va precedida siempre de un gran vacío: un nacimiento tras meses de gestación, la publicación de un libro tras años de silencio de su autor...

Lo más probable es que hasta que aparece por el Jordán, Jesús haya vivido entre los suyos como uno más. Entró en la escuela de la humanidad: la vida en familia y en el trabajo en una pequeña aldea judía. Vio y vivió las reyertas entre los vecinos, el cuidado del ganado, la cocción del pan, el culto de los sábados, la fiesta anual de la pascua, los paseos por el campo con los jóvenes de su edad... Parece sensato creer que fue en la vida ordinaria donde Jesús se entrenó para su misión.

La fragua de una persona es así. Toda vocación, por grande que sea, debe confrontarse con lo concreto y lo cotidiano. Es importante saber esperar hasta que llegue el momento justo. No precipitarse ni adelantarse, pero tampoco dormirse en los laureles y dejar pasar la oportunidad. Esa oportunidad la encontró Jesús a los treinta. Algunos la encontraron antes, otros más tarde. La adolescencia y la juventud son una preparación para este salto.

Los padres de Jesús, angustiados por no saber de él en varios días, no entendieron la respuesta que les dio su hijo en el templo de Jerusalén: *¿Por qué me buscabais? ¿No sabíais que yo tengo que estar en la casa de mi Padre?* ¿No sabéis que yo voy a ser, que soy ya, el nuevo templo de la humanidad?, podría haberles dicho. ¿Podían intuir José y María que aquella contestación no era la clásica rebeldía juvenil frente a la autoridad paterna en busca de la autoafirmación personal? Estamos tan acostumbrados a identificar maduración personal con ruptura en orden a la autonomía, que nos cuesta pensar en la configuración de una personalidad que no se haga rompiendo, sino ahondando. El caso fue que Jesús se volvió luego a Nazaret con sus padres sin rechistar, no insistió en quedarse entre los doctores en Jerusalén. Un verdadero rebelde se habría resistido a que todo quedase como estaba. Habría protestado o presentado resistencia. Pero no. Jesús obedece, aquella escapada había sido un mero experimento.

¡Qué pronto les llega a María y a José el dolor que Simeón, el sacerdote, les había presagiado! Eso fue lo que tuvo que pensar María en aquel momento. Porque aquella ausencia de Jesús durante tres largos días es un presagio –resulta evidente– de esa otra gran ausencia, también de tres días, tras su pasión y muerte. No es posible seguir a Jesús sin introducirse desde el principio, y cada vez con mayor hondura, en el misterio de su pasión. La pasión por su misterio se disuelve en el misterio de su pasión.

Aunque lo más probable es que María y José no entendieran una palabra de lo que su hijo les había explicado, ninguno de ellos se puso a razonar o a debatir. María –y es de presumir que también José– se limitó a guardar estas palabras de su hijo, tan aparentemente insolentes, en su corazón. Las guardó como años antes había guardado las del ángel Gabriel: en el mismo espacio íntimo, con la misma confiada actitud. ¿Y qué es, con exactitud, lo que allí tenía que custodiar? El misterio de la libertad, que es el mismo que el de obedecer a la conciencia, donde se expresa la voluntad de Dios.

La vocación de Jesús –como la de todos– es lo que le distingue de los demás. Toda vocación es siempre estrictamente personal: es la propia voz, la llamada íntima. Nadie tiene la misma misión que nadie; siempre hay en cada uno un reducto intransferible, único y original. Si es así como están las cosas, no puede extrañar que la consecuencia inevitable de la fidelidad del hijo a su propio camino sea el desasosiego familiar. Quizá por eso, ésta fue la primera vez que Jesús se sintió solo. Se sometió a sus padres y volvió con ellos como se lo habían pedido; pero en ese viaje de vuelta tuvo que cavilar mucho sobre lo que había sentido ante todos aquellos doctores. Sobre lo que le estaba pasando mientras regresaba a su pueblo con los suyos. ¿Quién era en verdad su familia? ¿Debería abandonar su clan para siempre? ¿Debería buscarse una muchacha y tener hijos, como sin duda harían todos los demás?

Fue en aquella caravana de vuelta donde comenzó la verdadera historia de Jesús. Hasta entonces había sido un niño, a quien le habían dado todo hecho. Ahora era por fin un hombre, alguien que podía y debía decidir por sí mismo. Este primer capítulo de la *Biografía de la luz* debe terminar aquí, en esa caravana, con Jesús junto a los miembros de su clan, pero en verdad lejos de ellos: mirando el horizonte y soñando con el mañana.

II

Pruebas del Testigo

11. El viento

Retirarse es lo primero

Por entonces se presentó Juan el Bautista en el desierto de Judea proclamando. [...] ¿Qué salisteis a contemplar en el desierto?, ¿una caña sacudida por el viento? ¿Qué salisteis a ver?, ¿un hombre elegantemente vestido? Mirad, los que visten elegantemente habitan en los palacios reales. Entonces ¿qué salisteis a ver?, ¿un profeta? (Mt 3, 1; 8-9)

Una luz siempre es anunciada y preparada por otra luz. La vida pública de Jesús empieza con su encuentro con Juan el Bautista, su precursor. También nuestra propia historia de salvación (nuestra búsqueda espiritual, preferimos decir hoy) ha empezado con un Juan: alguien que nos recordó la plenitud a la que podíamos y debíamos aspirar y que nos mostró el camino para alcanzarla. Nunca hay Jesús sin Juan: no hay iluminación sin preparación. Jesús (la luz) no puede nacer en un corazón donde no haya un Juan (la tierra, el agua).

Juan el Bautista fue un hombre que, harto del mundo y de sus falsas promesas, eligió un estilo de vida alternativo: rompió con su pasado, abandonó a los suyos y salió como un lunático en busca de la verdad. No quiso dejarse engañar por más tiempo con sucedáneos.

También dentro de nosotros hay un personaje lúcido que todavía no ha envejecido y que sigue creyendo en los milagros. Es nuestra versión más osada, capaz de tomar decisiones, de romper con lo consabido y de apostar por la aventura. Lo sepamos o no, en el interior de cada uno vive un terapeuta que puede sanarnos, un profeta que proclama la verdad y un mistagogo –o pedagogo del espíritu– que nos predispone a la vida auténtica. Si preparamos nuestro corazón y afinamos nuestro oído espiritual, podremos escuchar a este Juan interior.

Enamorarse, irse de retiro, construir una casa, empezar una relación, cambiar de trabajo…: todo eso, como tantos otros emprendimientos e iniciativas, es posible sólo porque hemos escuchado a nuestro Juan particular. Dar crédito y espacio a esta formidable fuerza que todos poseemos es la tarea espiritual por excelencia. Pero no resulta fácil, puesto que en nuestros adentros reinan también otras fuerzas que no quieren que ese Juan nazca. Son demasiadas las voces que escuchamos como para distinguir la mejor. En nuestra mente todo es tan turbio y banal, tan truculento en ocasiones, que a menudo procuramos evitarlo mirando hacia fuera, escapándonos de nosotros mismos.

Sin embargo, en medio de nuestra huida, periódica e inesperadamente se nos aparece un bautista: agua en la tierra, una esperanza. Se nos aparece para zarandearnos e impulsarnos. Para sacarnos de nuestra comodidad. ¿Cómo es que ha venido a visitarnos? ¿Qué ha sucedido para que la vida nos haya brindado, de repente, esta oportunidad?

Lo que ha sucedido es que te has quedado vacío, has entrado en el desierto sin saber cómo, te has dado de bruces con tu soledad. Nada hay grande en este mundo que no haya nacido de la soledad. Es ahí donde empieza todo lo bueno, pues sólo ahí puedes escuchar la voz de tu profeta interior, de tu poeta interior, de aquel que te dice que las cosas son hermosas, aunque ya no lo creas.

Juan es la poesía que aún no hemos logrado abatir. Juan es la música que nos dice que Dios existe. Que existen la Belleza y la Bondad. Juan es el impulso al que obedecen los artistas cuando se encierran a crear en sus despachos o gabinetes. Es a Juan a quien escuchan los atletas cuando acuden a sus entrenamientos, dispuestos a conducir sus cuerpos al máximo de sus posibilidades. Es a Juan a quien escuchan los creyentes cuando se encierran a solas en una habitación para orar. Así que Juan es el asesor invisible de científicos y filósofos, de los estadistas, de los promotores sociales... Juan, siempre Juan: siempre hay un bautismo antes de una iluminación.

Sin saberlo, a este Juan interior le hemos dado cancha cuando nos hemos ido al campo, al mar o a la montaña, para detener el ritmo galopante de nuestras actividades. Necesitamos respirar –nos decimos–, tomarnos el pulso, desconectar del ritmo ordinario y reconectar con lo esencial. Estábamos empezando a olvidar que teníamos un corazón y un propósito por el que vivir, un horizonte.

El retiro es la necesidad fundamental del hombre contemporáneo. El retiro es el primer paso de toda vida espiritual, tras el que siguen todos los demás. Es preciso apartarse y tomar distancia para ver desde lejos y darnos cuenta de las muchas tonterías con las que nos hemos ido dejando enredar. Sin distancia, la proximidad es casi siempre agobiante y opresiva. El arte de estar juntos implica –lo queramos o no– una cierta armonía entre distancia y proximidad.

Cuando decidimos hacer un parón y nos vamos de retiro, nuestro Juan interior nos pregunta: ¿Qué fuiste a ver al desierto? ¿Qué pretendes encontrar aquí? ¿Imaginabas que sería bonito, agradable, que habría fuegos artificiales por las noches? Ninguna de sus preguntas es para responder, sino para pensar.

Si has dado el primer paso de retirarte, puedes dar el segundo, que es empezar a mirarte por dentro. Mirarnos es todo un desafío: lo más habitual –incluso cuando estamos de retiro– es entretenernos con lo de fuera. Por eso Juan nos advierte del peligro de adornar o acomodar el desierto para que así nos resulte menos duro. De reproducir la ciudad en el campo, para que de este modo no podamos vernos ante el espejo que la naturaleza nos pone delante. Nuestros desiertos y lugares de retiro son hoy tan confortables que en la práctica los hemos convertido en palacios, Juan nos lo advierte. Cuidado con salir de un círculo de confort para meterse en otro aún más peligroso y aletargante.

En el desierto de verdad, por contrapartida, lo exterior es pobre y salvaje. El desierto es un lugar con polvo en el que reina un frío glacial por la noche y un sol abrasador por el día. Es un sitio inhóspito y está bien que lo sea, puesto que si estamos físicamente demasiado cómodos no podemos estar espiritualmente despiertos. Ésa es la ley. Un rico no aguanta mucho en el desierto: o se marcha o lo convierte en un vergel. Sólo esta pobreza, sólo esta pureza, incita al hombre a entrar en lo más hondo de sí mismo.

A esta austeridad, aunque sepamos que durará pocos días, solemos resistirnos con uñas y dientes. Porque una vida plena o realizada para el mundo no es lo mismo, ciertamente, que una vida plena o realizada según el espíritu. Aceptar esta antítesis es nuestra principal resistencia, de ahí que nuestro sueño sea Las Vegas, por decirlo con un símbolo. Las Vegas es un desierto domesticado: un paraíso –infernal– construido sobre la nada.

¿A qué viene tanta resistencia, de qué tenemos miedo en concreto? Intuimos que en el desierto nos encontraremos con un gran vacío. Algo nos dice que el desierto es una gran nada que nos hará pensar en el todo, y que eso nos abrumará. El desierto: una pobreza que es fuente de riqueza, una bienaventuranza incomprensible para el mundo.

Lo que tememos en el desierto es escuchar la voz que grita en nuestras conciencias, que denuncia nuestras falsedades y que nos anuncia quiénes somos en realidad –y quiénes estamos llamados a ser. Así que al desierto se va –los que van– a escuchar la propia profecía.

No vas allí para quedarte, sino que vas de paso. Vienes de un territorio tan abundante y confortable que ha terminado por embotarte los sentidos y endurecer tu corazón, poniéndote en un serio peligro. Y vas a un sitio verdadero, vivo: un espacio en el que puedes empezar a vivir gracias al peso que te has quitado de encima.

Si te decides a emprender la aventura del desierto, una vez allí, como a todos los que te han precedido, te acechará la desilusión. Estás advertido. Temerás haberte equivocado respondiendo a la llamada del vacío. Te preguntarás para qué demonios (nunca mejor dicho) has venido a ese retiro. Sospecharás que eres un ingenuo por seguir buscando a Dios, a tus años, por seguir buscando un norte, como si fueras un muchacho, por continuar creyendo en lo que no se toca ni se ve.

Seamos conscientes o no, al desierto vamos para encontrarnos con Dios. Pero a Dios –ésa es la verdad– lo más probable es no encontrarlo jamás. No hay de qué extrañarse: Él es el invisible e inaprensible, el inefable. Lo más que podemos encontrar en el desierto es una brisa que nos lo recuerda y que nos trae la nostalgia que tenemos de Él, o a algún profeta medio loco que nos asegura, casi siempre con mirada ardiente, que hemos de fiarnos de esa brisa que, después de todo, es el camino para llegar a Él. Lo que encontramos en el desierto –y ésta es la gran metáfora– es que somos una caña agitada por el viento.

¿Qué es una caña? Una carcasa, un envoltorio frágil dentro del cual no hay nada, sólo vacío. ¿Y qué es el vacío? Nada sabríamos de él de no ser por esa caña tan frágil que nos permite descubrirlo. Ser caña es el único modo de sentir el vacío, de saberse vacío. De ser el vacío en el que pueda sonar la música del espíritu.

Como muchos de quienes nos precedieron, también nosotros habíamos acudido al desierto para pensar y ordenar nuestras ideas, para leer algunos libros que teníamos pendientes y para resolver nuestras periódicas y recurrentes crisis. Pero ningún desierto ofrece fórmulas mágicas para los males que nos afligen. En el desierto no se encuentran estrategias concretas para conseguir lo que tanto deseamos. Ahí no funcionan los planes de trabajo, las líneas de futuro, las programaciones con objetivos... Nada de eso. Al desierto se acude precisamente para separarse de las palabras y aparcar los trabajos, para alejarse del rendimiento y de la productividad. Ahí no hay nada que hacer, sólo ser.

Es el desierto mismo el que va haciendo en nosotros el trabajo propio de este lugar, casi siempre por medio del viento, que nos lo va arrancando todo. Tienes mucho todavía, no tienes idea de lo que el desierto te puede llegar a quitar. Hasta el consuelo de la palabra *desierto* debe desaparecer para entrar a fondo en el significado de esta experiencia de desnudez.

En el desierto, el viento se cuela en la caña que somos hasta que, de pronto, saca de ella una melodía. Sí, nadie lo habría dicho, pero en nuestro interior escondemos melodías. Son melodías que casi nadie escucha, puesto que sólo suenan en lo más profundo. Pero suenan, ¡vaya que si suenan!, pues, de lo contrario, ¿a qué habrías venido al desierto sino a escuchar esa música? ¿Qué crees que te ha impulsado a ponerte a leer estas páginas sino esa música sutil y remota?

Nunca podrás saber de dónde viene el viento o adónde va, qué va a hacer contigo, adónde te conducirá... A Dios no hay manera de verle, es el inefable; pero sí puedes rastrear algunas de sus huellas en la naturaleza, particularmente en el viento. Hay algo en el viento que despierta en el hombre el recuerdo de Dios. Y, ¿qué es, después de todo, el viento sino el sonido del vacío? Y, sobre todo, ¿quién oye el viento que se cuela en la caña?

12. El camino
Desprenderse de todo lo accesorio

Éste es el testimonio de Juan, cuando los judíos le enviaron desde Jerusalén sacerdotes y levitas a preguntarle quién era. Él confesó sin reticencias que no era el Mesías. Le preguntaron: Entonces, ¿eres Elías? Respondió: No lo soy. ¿Eres el profeta? Respondió: No. Le dijeron: ¿Quién eres? Tenemos que llevar una respuesta a quienes nos enviaron, ¿qué dices de ti? Respondió: Yo soy la voz del que clama en el desierto: Allanad el camino del Señor *(según dice el profeta Isaías). Algunos fariseos de los enviados dijeron: Si no eres el Mesías ni Elías ni el profeta, ¿por qué bautizas? Juan les respondió: Yo bautizo con agua. Entre vosotros está uno que no conocéis, que viene detrás de mí, y yo no soy quién para soltarle la correa de la sandalia. Esto sucedía en Betania, junto al Jordán, donde Juan bautizaba.* (Jn 1, 19-28)

Sólo después de una larga temporada en el desierto, cuando siente que el viento y la brisa le han curtido y tiene ya las ideas más claras, ese asceta que fue Juan se atreve a predicar y a bautizar, es decir, a anunciar con dichos y hechos que es posible una vida mejor. Él se ha purificado (ha predicado con el ejemplo) y quiere ayudar a otros a iniciarse en este camino.

El término *camino* es muy importante en toda búsqueda espiritual. No en vano a los primeros cristianos se les conocía como a aquellos que estaban en el camino.

No se trata de un camino cualquiera, desde luego, sino del camino del Señor, es decir, de aquel que conduce a la vida de verdad. Juan invita a quienes empiezan a escucharle a preparar bien ese camino, a enderezarlo, pues no es infrecuente que lo podamos torcer. Sí, a menudo tomamos el camino equivocado. Cabe incluso llegar a perder nuestra condición de caminantes. Les ha pasado a muchos, no seríamos los primeros. Quizá también nosotros nos hayamos despistado y ahora vayamos errantes, sin un destino concreto. Pero todavía no es tarde. Podemos rectificar: podemos levantarnos, aprender del error y volver a empezar.

Con esto del camino hay que andarse con cuidado, puesto que tendemos a pensar que hemos de ir a quién sabe dónde y hacer quién sabe qué cosas raras. El camino eres tú. Eres tú mismo lo que debes recorrer para llegar a lo que llamamos Dios. El camino del Señor y el tuyo son el mismo. Lo que Él quiere es que tú vivas.

Lo único a lo que debe exhortar un maestro o guía espiritual es a recorrer el camino o, lo que es lo mismo, a irse desprendiendo de todo lo que no es imprescindible. Todo verdadero maestro da siempre dos órdenes. Una: ve al desierto. Dos: mantente en él. No lo llenes. No lo conviertas en lo que no es. Retorna a lo esencial y deja de buscar fuera lo que ya tienes dentro. El verdadero maestro invita a ser, sólo a ser, sin aferrarse al poder, al placer o al tener, que tanto nos alejan de quienes somos. ¿Quieres ser, sólo ser? Ésta es la pregunta de tu Juan interior. ¿Te atreves a vivir desnudo, sin entretenerte en lo anecdótico o circunstancial?

Porque Juan el Bautista no sólo había dejado atrás su casa y propiedades (es decir, su seguridad material), sino también a su familia y amigos (es decir, el mundo de los afectos) y, sobre todo, el templo (esto es, la religión oficial). ¿Cómo te sentirías tú sin una religión oficial, o sea, sin un libro que leer, sin un grupo con el que celebrar y compartir, sin un programa que desarrollar, sin unas imágenes que te alimenten y calienten por dentro...? Sin todo eso, ¿te mantendrías aún en pie? ¿Serías aún tú sin lo que ahora constituye tu vida?

Dejar atrás las propias ideas no es fácil. Dejar atrás el propio pasado no es fácil. Dejar atrás los proyectos y las ilusiones, así como las pequeñas alegrías y los placeres cotidianos, no es nada fácil. Y si además es para meterse en un gran vacío y ver qué sucede, entonces requiere, ciertamente, un gran coraje. Requiere mirar a Juan a los ojos y fiarse. Requiere soportar condiciones de vida a veces espartanas: una alimentación precaria, por ejemplo, o unas condiciones climáticas cambiantes; también una soledad abrasadora, el paso lento e inexorable del tiempo… El desierto, cuando se vive en él, no es amable. ¿Qué intensidad debe tener la llamada interior para que uno pueda abrazar todo esto y, sobre todo, mantenerlo?

Pero si el espíritu ha de nacer el cuerpo, debe curtirse. Uno debe trabajar su propio templo si quiere descubrir quién es el huésped que lo habita. En ese trabajo por lo esencial –quienes lo han practicado así lo atestiguan– hay un momento en que todo estorba: padres e hijos, maestros y discípulos, trabajos y amores, esperanzas… Suena radical, pero todo eso son fruslerías. ¡Todo lastre! Todo fantasmas de apariencia imponente, pero sin consistencia real. Todo menudencias que se nos adhieren al corazón como pesadas cargas, impidiendo cualquier progreso espiritual. No es que la familia, los proyectos, la vocación… no sean importantes; es que sólo son medios –si es que lo son– para ir a donde realmente importa. Para ir al centro, hay que abandonar la periferia del mundo, aunque luego sea el mundo, el verdadero mundo, lo que encontremos en ese centro. En ese centro está el Amado. Ese centro es el Amado. Sabes que es el Amado si por Él lo has dejado todo. Todo es nada ante el Amado, por eso precisamente es nuestro Amado.

Como a todos los profetas, también al Bautista se le somete a un interrogatorio. Son los sacerdotes y levitas quienes le interrogan, es decir, la clase social religiosa y culta. Siempre son ellos –los hombres del culto y de la cultura– quienes preguntan. Lo que les ha ido llegando de Juan les pone en cuestión y desestabiliza. ¿Quién eres?, le dicen, aunque muy bien podrían haberle dicho: ¿quién te crees que eres para hablar como hablas y hacer lo que haces?

Juan capta enseguida el nerviosismo de sus interlocutores. Para que no haya malentendidos, aclara desde el principio que él no es el Cristo. No quiere que le tomen por el núcleo de la cuestión, sino sólo por su preámbulo. Se pone a un lado para que pueda distinguirse lo central. Es preciso que él mengüe para que Otro crezca. Por eso insiste en que él no es digno ni tan siquiera de desatar la correa de las sandalias de Aquel a Quien anuncia. Al contrario, es él quien –como ya lo hicieron Josué y Moisés– debería descalzarse por pisar terreno sagrado.

Su improvisado tribunal, sin embargo, no queda saciado y sus preguntas se suceden cada vez más deprisa: ¿Eres tú Elías? ¿Eres tú el profeta? Sus examinadores quieren relacionarle con las figuras más famosas de su pasado (Elías, los profetas…): pretenden leer la singularidad de una persona desde el arquetipo de otras, buscan someterle a un patrón que le haga inteligible, situarlo en la historia. Preguntas todas ellas que, como casi siempre, quieren atrapar, encerrar, dominar la realidad.

Un Juan inspiradísimo sale entonces al paso con una metáfora. Yo soy una voz que clama en el desierto, dice. Se define como una voz, poniendo a las claras que la cuestión crucial es siempre la escucha. Y no una voz que simplemente profiera o afirme, sino una voz que clama, esto es, que entrega un mensaje acuciante. El hombre es el mensaje –esa es la cuestión–, y el desierto es el escenario para que ese mensaje pueda descifrarse. ¿Cuál es tu propia voz, cuál tu mensaje, tu escenario? ¿Tienes las condiciones externas básicas para poder escucharte?

Ahora bien, resulta que la voz de Juan apunta a otra voz, la de Jesús: el fundamento de la identidad es la alteridad. Nuestra voz más profunda es la Suya.

Como era de esperar, la clase sacerdotal e intelectual no queda conforme con esta respuesta tan poética. No es de extrañar: los intelectuales nunca quedan satisfechos; siempre quieren precisar, matizar, encontrar flecos sueltos, saciar su curiosidad. Ellos se dedican profesionalmente a los sacrificios y a los ritos, de modo que le preguntan a Juan por el aval de sus bautismos: Si eres sólo una voz –le increpan–, ¿a qué viene meter a la gente en el Jordán? ¿Por qué, si no eres el Cristo, te atreves a limpiar los pecados? ¿No te estás excediendo? ¿Cuáles son tus credenciales? ¿No estarás creando una secta? ¿Quién eres?

Yo bautizo con agua –responde Juan–; pero Él bautizará con fuego. Yo preparo la experiencia (sé que no bastan las palabras, que hace falta también un rito que marque un antes y un después), pero Él es la experiencia a la que yo preparo. Fue así como Juan superó la principal tentación de todo maestro: retener a los discípulos consigo. Supo quitarse de en medio para que quienes estaban ante él vieran la verdad.

Quitarse de en medio no suele resultar nada fácil. Creemos tener derechos y prerrogativas especiales con nuestros cónyuges e hijos, con nuestros alumnos y amigos... Soltarles, permitir que hagan su camino –distinto del nuestro– supone poseer una gran madurez. Juan sale del escenario reconociendo con humildad que él no es el protagonista. Tuvo la dignidad y sensatez de retirarse: la elegancia de desaparecer para que otro tuviera su propio espacio.

El verdadero maestro se reconoce porque nunca se apunta a sí mismo, sino al maestro interior que todos llevamos dentro. Un verdadero maestro se aparta siempre. Sólo así evita que su discípulo proyecte en él sus expectativas.

Al verdadero maestro se le identifica por esta triple misión: propicia el desasimiento y la experiencia directa del misterio (es un mistagogo); experto en la tradición, dibuja un sencillo y sugerente itinerario formativo (es un pedagogo); desaparece para que aparezca la vida (es un místico).

Sólo en medio de ese paisaje inconmensurable que es la propia consciencia, puede descubrirse –conducidos por el maestro interior– la verdadera proporción de las cosas. Todo lo que habitualmente ocupa nuestra mente y nuestro corazón se desvanece cuando entramos en nuestro desierto. Por eso, justamente, no queremos entrar: porque no queremos ver que hemos estado durante décadas entretenidos en naderías. En esa soledad desértica, desenmascaradas nuestras idolatrías y finalmente desapegados de lo circunstancial, descubrimos que somos y qué somos. Y somos al fin, sin aditivos. Ser consiste en sabernos señores de nosotros mismos. Por eso el camino al que invita Juan es el del Señor. Estamos llamados a ser señores o reyes de ese reino que es nuestra consciencia.

13. El cordero
Asumir el destino común de la humanidad

Al día siguiente ve acercarse a Jesús y dice: Ahí está el Cordero de Dios que quita el pecado del mundo. *De él dije yo: detrás de mí viene un varón que existía antes que yo, porque está antes de mí.* (Jn 1, 29-30)

Un cordero es un animal que, después de cebarlo bien, se lleva al matadero. El cordero confía en que los humanos le lleven al campo a pastar, como todos los días; pero, cuando se da cuenta de que está en una cinta que le conduce a un precipicio, comienza a sospechar que es inminente un gran peligro. No es que sea muy listo. Ve a otros muchos corderos junto a él, en su misma situación, precediéndole o siguiéndole en esa misma cinta transportadora, más allá de la cual todo es un misterio oscuro. Huele el miedo de sus iguales y, como es natural, también él empieza a sudar y a mirar hacia todos lados, a ver si encuentra una salida. Pero no hay salida. Está en una cadena de producción y consumo. No le queda mucho para ser triturado por unas máquinas y, poco después, despedazado por unos carniceros. Nunca imaginó que su vida terminaría así. Ni siquiera ahora lo imagina, su cuerpo se lo dice.

También nosotros creemos a menudo haber engañado a nuestros animales domésticos, engatusándolos con algún señuelo; pero ellos, a su modo, saben siempre la verdad. La verdad no puede ser ocultada a los animales, puesto que ellos se mueven en un registro diferente al

81

nuestro. El suyo es un registro en el que la mentira, sencillamente, no existe.

La expresión «Cordero de Dios» significa que Dios se sube por voluntad propia a esa cinta transportadora. Que se deja llevar al matadero, asumiendo un destino terrible y desconocido.

También nosotros podemos montarnos en esa cinta. O podemos recorrerla con los ojos y oídos bien cerrados, negando que exista. O incluso podemos luchar por romper su inexorable dinamismo e intentar buscar otra cinta. Pero una persona cabal –ésa es la cuestión– es aquella que se sube consciente y solidariamente a esa cinta, uniendo su destino al de los demás. De hecho, lo sepamos o no, nos subimos a esa ineludible cinta cada vez que nos sentamos a meditar o, por decirlo con mayor precisión, cada vez que nos sentamos a meditar nos hacemos conscientes de que viajamos en esa cinta –y secundamos voluntariamente ese viaje. El seguidor de Cristo camina hacia ese abismo de carniceros y trituradoras, a sabiendas de que esa terrible noche ya ha sido vencida.

Lo extraordinario de Jesús es que no le quitan la vida, sino que él la da por propia iniciativa, convirtiendo un acto inevitable (su muerte) en un gesto de entrega soberana y solidaria. ¿Solidaria? Sí, porque Jesús sabe que fuera del arca de Noé, sólo hay diluvio; sabe que quien abandona a los otros para salvarse a sí mismo se está entregando al vacío. Sabe que el verdadero abismo de carniceros y trituradoras… ¡está fuera de esa cinta!

En los últimos metros, poco antes de precipitarse entre las cuchillas que lo traspasarán y convertirán en despojos, es posible que el animal, aterrorizado, se haya puesto a balar. No ha podido evitarlo: su balido lastimero le ha salido de las entrañas. Ni él mismo sabía que podía llegar a balar así, tan desgarradora y desaforadamente. También el Cordero de Dios –según recoge la tradición– grita, suda y llora antes de su final; pero eso no le quita un ápice de mansedumbre ni de valentía. Manso no es quien calla, sino quien asume su destino como mejor puede. Y eso fue precisamente lo que Juan el Bautista vio en Jesús de Nazaret cuando le tuvo frente a él: he aquí un hombre que asume lo que es ser hombre. He aquí una persona cabal. Éste es el hombre, podría haber dicho también. *Ecce homo.*

Es de locos subirse consciente y voluntariamente a una cinta transportadora que conduce a la muerte, dirán algunos. El asunto es –claro está– en qué cinta estamos subidos nosotros. ¿Cómo vives tú ser cordero? ¿Aceptas tu destino? ¿Has conocido alguna vez a alguien de quien hayas podido decir: éste es el hombre, he aquí alguien que asume la realidad?

La mansedumbre es la virtud que posibilita aceptar lo inevitable. La realidad no tiene siempre un aspecto agradable o atractivo: sólo los mansos miran eso sin ponerse nerviosos. ¿Cómo lo consiguen? Anclándose en una realidad más profunda. Su edificio se tambalea, naturalmente, puesto que no en vano son humanos; pero su cimiento es firme. A nadie se le van a ahorrar los sinsabores y el espanto. Pero a todos se nos permitirá llorar, llorar de verdad, sin fractura entre nuestro llanto y todo lo demás. Sólo experimentar hasta el fondo esa vulnerabilidad te permite saber que eres un cordero. Sólo esto te hará entender que tu destino es el de tus semejantes, y podrás sentir verdadera compasión por ellos.

La mansedumbre y la humillación pueden ser la puerta. Nosotros no querríamos ni oír hablar de todo esto, eso no hay ni que decirlo. Pero quizá la mansedumbre ante la humillación sea, después de todo, nuestra puerta.

Vamos ahora con lo de que ese Cordero quita el pecado del mundo. Esto significa que, contra toda apariencia, sólo el bien puede vencer al mal, que el dolor puede ser derrotado únicamente con amor, que la mansedumbre o no violencia –la aceptación sin resistencia– son el único modo para hacer frente a la oscuridad. Sólo cuando eres manso, cuando no hay fractura entre lo que eres y lo que hay, llegas a ser verdaderamente tú. Sólo así ayudas verdaderamente a los demás y redimes el mundo, esto es, pones luz donde hay oscuridad, compañía donde reina la desolación, fe en medio del escepticismo.

Esto no se lo cree nadie, por supuesto: toda evidencia muestra que lo débil no puede vencer a lo fuerte. Basta ver cómo los poderosos se comen a los indefensos. Por eso éste es el gran dilema, la gran cuestión, la gran metáfora, la razón que motivó que Siddharta –como tantos antes y después de él– saliera de su palacio en busca de una respuesta al sufrimiento humano. La razón por la que Cristo murió en una Cruz. Frente al mal del mundo, la respuesta cristiana es ser corderos para luego, tras ser degollados, convertirnos en palomas.

Me gusta mucho que para hablar de Dios la biblia utilice una metáfora animal. Los animales tienen una presencia y una inmediatez de la que carecemos los seres humanos. Me gusta también que no se haya comparado a Dios con un tigre o con un elefante, sino precisamente con un cordero y –más adelante– con una paloma: animales modestos que no evocan temor o admiración. Para hacer justicia a ese Dios, estas metáforas deberían leerse siempre en correlación, nunca aisladas. Estamos invitados a hacernos corderos, pero para más tarde volar como palomas. El Hijo no puede entenderse sin el Espíritu.

Quienes nos sentamos a meditar en silencio lo hacemos como corderos, trabajando en nuestro interior la mansedumbre, la aceptación de lo que hay. Pero en la confianza de levantarnos algo más tarde como palomas, con la visión justa de lo real.

14. La paloma
Ponerse a la fila y arrodillarse ante el maestro

Por entonces fue Jesús desde Galilea al Jordán y se presentó a Juan para que lo bautizara. Juan se lo impedía diciendo: Soy yo quien necesito que me bautices, ¿y tú acudes a mí? Jesús le respondió: Ahora cede, de este modo conviene que realicemos la justicia plena. Ante esto accedió. Jesús se bautizó, SALIÓ DEL AGUA Y, AL PUNTO, SE ABRIÓ EL CIELO, *y vio al Espíritu de Dios que bajaba en forma de paloma y se posaba sobre él; y se oyó una voz del cielo que decía: Éste es mi Hijo amado, en quien me complazco.* (Mt 3, 13-17)

Lo primero que sabemos del Jesús adulto es que acude al Jordán y que allí se pone a la fila, como uno más, para recibir el bautismo de manos de Juan. No se sitúa el primero, no busca distinciones. Se suma a una fila de pecadores, está con los demás. Es allí donde quiere estar.

La visión de una agrupación en el Jordán, sumergiéndose en sus aguas para confesar sus pecados e invocar el perdón de Dios, tuvo que conmover a Jesús. ¿Quién y cómo habría despertado en toda aquella gente el deseo de una vida mejor? Entre la muchedumbre congregada había todo tipo de personas, pero no había sacerdotes ni escribas: los hombres religiosos y los intelectuales no estaban ahí, eran los únicos con reservas, siempre es así. Quienes más amigos deberían ser del espíritu son con frecuencia quienes le oponen mayor resistencia.

También en nuestro interior hay un Jordán, y a él acudimos cada vez que nos sentamos en silencio a meditar. Porque meditar es aproximarse a ese río, mojarse los pies, meterse en el agua, sumergirse al fin y salir al cabo a la vida, limpios y abiertos, tonificados.

Jesús no quiere dejarse bautizar porque tenga heridas que sanar o errores que subsanar, sino porque desea correr el mismo destino que sus semejantes. Sabe que, para ser pastor, primero hay que ser cordero. No busca una santidad que le separe del resto. Intuye que la plenitud a la que se sabe llamado es unión con todos y en todo (menos en el pecado –dice la tradición–, que no es otra cosa que desunión).

No es de extrañar que el escenario en que todo esto acontece sea un río, es decir, un paisaje acuático donde todo fluye. Juan el Bautista no es ni mucho menos el inventor de los baños sagrados y de las abluciones, una larga historia le precede. Porque todos necesitamos purificarnos: el tiempo nos llena de traumas y sombras, y llega el momento en que nos damos cuenta de que es necesario barrerlo y limpiarlo todo para volver a empezar. Para volver a fluir. Los ritos de purificación son una necesidad existencial si queremos que el mal no se enquiste en nosotros y caer en esa desesperanza a la que conduce un malestar continuado.

Es entrando en el agua como se va a posibilitar la experiencia de la luz y, a la larga, una biografía luminosa. El agua nos purifica, nos limpia, nos prepara; pero el fuego arde, nos quema, nos consume. Si uno no muere, si no arde en llamas, no podrá renacer, ésa es la ley.

Lo que Juan sintió al ver a Jesús dispuesto a recibir el bautismo de su mano tuvo que ser parecido a lo que experimentó en el vientre materno cuando su madre, Isabel, recibió la visita de su prima María: entonces saltó de gozo, llenando a su madre de una dicha desconocida; ahora, en ese nuevo seno materno que es el Jordán, vuelve a conmoverse de raíz. Tiene ante sí a quien ha estado anunciando desde hace meses y le reconoce de inmediato. Es como un flechazo, no alberga la menor duda. También nosotros tenemos momentos así: instantes de extrema lucidez en que comprendemos qué hacemos aquí, adónde vamos, cómo actuar, por qué está en marcha el mundo, cómo resplandece todo...

En aquel segundo mágico, Juan entiende que la misión para la que ha nacido se acaba de cumplir. Que ha llegado al término de su carrera y que puede pasar el testigo. Descubrir a tu sucesor es casi tan decisivo como saber quiénes son tus antepasados. De pronto hay un futuro, pero tú no eres su protagonista y eso te deja tranquilo.

Lo más sobrecogedor de todo fue para Juan cuando a Jesús le llegó su turno y se inclinó ante él, como haría cualquier buen discípulo ante su maestro. ¿No es absurdo que yo bautice a un iluminado?, tuvo que preguntarse Juan. ¿Es posible dar algo a quien ya lo tiene todo? Esta postración de Jesús ante Juan no es algo que este último consienta con facilidad. Se lo dice expresamente, intenta incluso levantarle para evitar un gesto que juzga inapropiado y hasta escandaloso. No soy digno, le dice a Jesús para disuadirle. No soy nadie. No esperaba que algo así pudiera sucederme. ¡Claro que no somos dignos! ¡No es cuestión de méritos! ¡Por supuesto que nunca tenemos ni idea de lo que nos va a suceder, no es cuestión de planificación! Pero siempre aparece un camino cuando se prepara el camino.

A cualquiera que tenga el corazón en su sitio le impondría ver que alguien se arrodilla ante él. Porque nadie ha sido hecho para ponerse por debajo de nadie. En el Jordán, sin embargo, aquella mañana había un hombre que, por voluntad propia, se estaba poniendo por debajo de otro: un maestro que pedía la bendición de su discípulo, un padre que se inclinaba con todo respeto ante su hijo. En esto consiste, precisamente, ser padre o maestro: en no retener al hijo o al discípulo, en darle autoridad y libertad.

De este primer movimiento de abajamiento va a depender todo lo demás. Nada de lo que sucederá a continuación sucedería si Jesús no se hubiera inclinado para recibir el agua de la purificación. Bajar es el movimiento espiritual por excelencia: la humildad es la ineludible credencial de la verdad. Una verdad que no sea humilde no pasa de ser doctrina.

Lo que sucede cuando Jesús sale de ese río en el que poco antes se ha sumergido –según explica el texto, que adquiere aquí tintes legendarios–, es que las puertas del cielo se le abren, es decir, que su percepción se hace de repente absoluta.

La apertura de los sentidos se escenifica aquí con una misteriosa voz y con la aparición de una paloma, que es símbolo del espíritu. Porque el espíritu, que es invisible cuando necesitamos de purificación, se hace visible una vez purificados. De manera que lo que se llama Dios no es una mera experiencia interior, sino también una evidencia exterior. Dios es, en cierto modo, visible y sensible, puesto que se acomoda a la humanidad que realmente quiera verle y sentirle.

Vamos a imaginar por un momento que una paloma sobrevoló de verdad el Jordán en aquel momento. ¿Qué pensarían quienes la vieron? ¿No sería la paloma de Noé, que reaparecía ahora tras dejar el arca, milenios después? Si el asunto discurrió como se nos relata, ¿no habría para todos los presentes un antes y un después de todo aquello?

Esa paloma es nuestro yo, por eso vuela libremente. Lo que debe hundirse en las aguas es nuestro ego. A todos debe sucedernos algo definitivo para que nuestro yo salga a flote y empiece a volar. No podemos pasarnos toda la vida como si no tuviéramos una paloma dentro. Necesitamos con urgencia un bautismo, una iniciación. Debemos situarnos lo antes posible en alguna fila de pecadores: querer positivamente compartir el destino de los demás. Debemos arrodillarnos ante algún maestro o nunca escucharemos nuestra voz interior. Nunca experimentaremos que somos amados y que podemos confiar si no hacemos nada de todo esto. No se trata de ser o no cristianos, sino de saber leer la sabiduría que encierran estos textos.

Todo esto son metáforas –eso no hay ni que decirlo–, no podemos hablar de nada que se refiera a la vida interior sin metáforas. La poesía es el mejor lenguaje para la verdad, acaso el único. Por eso la verdad se hizo poesía, y eso es precisamente lo que simboliza Jesús.

Junto a la visión de la paloma, la audición de una voz que dice: *Tú eres mi Hijo, el amado*. Tú eres de mi familia, de la familia divina. Saberse hijo significa darse cuenta de que la confianza tiene un fundamento: que no es estúpido sino sensato confiar en lo que hay. ¿Por qué? Porque se ha experimentado que lo que acontece no es arbitrario o caprichoso, sino que obedece a un designio amoroso y providente. Al confiar hacemos la experiencia de unirnos al otro y al mundo, y en eso consiste la mística. El mensaje cristiano, como el de la mística en general, podría reducirse, a fin de cuentas, a esta tesis: merece la pena confiar en lo real. Si hay un Padre, es decir, un motivo para la confianza, la consecuencia es que eres hermano de todo y de todos. La pretensión universal del cristianismo se fundamenta en esta inclusión total.

Hemos de volver a las raíces, y esas raíces, en Occidente, están en las aguas del Jordán. Es ahí donde para nosotros empieza todo. Si no nos metemos en el río, ninguna puerta se abrirá, ninguna paloma descenderá del cielo y no resonará ninguna voz. No haremos, en definitiva, la experiencia espiritual y el mundo continuará siendo mudo y hermético.

Nuestro principal problema es hoy, probablemente, la pérdida de la experiencia de filiación. Hemos ido matando a los padres uno a uno y, en consecuencia, somos una generación de huérfanos. Carecer de padres, no sentirse hijos, romper con el pasado es el fundamento de la desconfianza y, en última instancia, del terror. Si, por el contrario, aprendiéramos a escuchar, comprenderíamos que la consciencia nos dice una y otra vez lo único que necesitamos oír: eres amado, puedes confiar, eres hijo, hay alguien que vela por ti.

El espíritu que revoloteaba por encima de las aguas en el día de la Creación –según se nos relata en el Génesis– es el mismo que revoloteaba en el Jordán, y el mismo también que revolotea en el día de esta nueva creación que es hoy. Todos sin excepción podemos renacer en esas aguas y responder a esa voz interior que nos dice quiénes somos. Que nos dice: en ti me complazco, es decir, me alegro de que seas como eres, me alegro sencillamente de que seas.

15. El diablo
Encontrarse con lo oscuro es un regalo

Jesús, lleno de Espíritu Santo, se alejó del Jordán y SE DEJÓ LLEVAR
POR EL ESPÍRITU AL DESIERTO *durante cuarenta días, mientras el dia-*
blo lo ponía a prueba. (Lc 4, 1-2)

Jesús no va al desierto por su propia voluntad, sino conducido por el Espíritu, es decir, impulsado por una fuerza mayor.
Al desierto no se va porque a uno le apetezca, o porque le
hayan invitado a hacer una experiencia. Se va porque no se
tiene más remedio: hay algo poderoso que tira de nosotros y
que, al final, nos ha hecho comprender que hemos de parar
y ponernos de una vez por todas a escuchar. Que hemos de
volver a empezar. O, simplemente, empezar de verdad, puesto que todo lo anterior ha sido un mero preámbulo.

Este Espíritu, al que Jesús obedece con alegría, está representado en el imaginario cristiano por una paloma. Todos tenemos una paloma interior que nos guía –o que al
menos lo intenta– a nuestro propio centro. Claro que el
camino hacia ese centro no es siempre un camino de rosas: esa paloma no siempre nos conduce a lugares bonitos
o agradables –como nos gustaría–, sino también a sitios
desapacibles y hasta inhóspitos que, por alguna razón que
inicialmente no comprendemos, nos convienen. Es una
paloma de la que es bueno fiarse, si bien habrá ocasiones
en las que nos pesará haberla obedecido.

El desierto, como imagen, es la otra cara del jardín. Si
aquí, en el Edén, todo es armonía y placer, allá, en el de-

sierto, es donde el mal acostumbra a presentarse. Es comprensible: en el mundo suele haber demasiado ruido como para que el mal se pueda distinguir (lo que no significa que no esté presente). En el mundo todos solemos ser víctimas inconscientes de espíritus malignos, que juegan con nosotros, poniéndonos fácilmente a su merced. En el desierto, en cambio, al no reinar ahí las prisas ni la confusión, es donde podemos desenmascararlos y hasta vencerlos, alejándolos de nosotros durante una temporada, casi nunca para siempre.

De modo que la paloma, que es quien nos ha conducido al desierto, es la responsable de nuestro encuentro con la sombra. Dicho de otro modo: encontrarse con lo oscuro, identificarlo, es un regalo del espíritu. Nadie lo imaginaría de entrada, pero darse cuenta de las tinieblas que reinan en el mundo y en nuestro corazón es el mejor indicio de que el camino espiritual ha comenzado. Nuestra *biografía de la luz* empieza con la consciencia de la sombra.

Quien tiene una misión tiene también ante sí posibles y peligrosas desviaciones. No hay nada sin obstáculos. Una meta sin obstáculo no es una verdadera meta. Siempre hay algo que conseguir, aunque tan sólo sea la consciencia de que no hay nada que conseguir. Una misión dinamiza a la persona, la pone en movimiento y en la positiva tensión del cumplimiento.

Siguiendo el ejemplo de su primo Juan, para discernir bien cuál es exactamente su misión y cómo desarrollarla, Jesús se aleja de todo y de todos durante algunas semanas. Para no ser distraído por nadie ni por nada, decide ir solo y ayunar. Soledad y sobriedad –piensa–, me ayudarán en mi discernimiento vital.

Como esta fase preparatoria requeriría de cierto tiempo, Jesús partió sin fecha de regreso. Todos los retiros deberían ser así: uno no debería volver hasta no haber cumplido el propósito que le impulsó a partir. Puede uno calcular que un discernimiento o una purificación le van a llevar una semana, pero puede luego encontrarse con que necesita dos o –también esto es posible– con que ese asunto que le llevó al desierto se ha resuelto inesperadamente en pocas horas. Lo normal, en cualquier caso, es que todos necesitemos de bastante tiempo para limpiar, sobre todo si se trata de un discernimiento vocacional.

Para ilustrar la necesaria extensión de este tiempo de examen o de prueba, la biblia utiliza el número cuarenta: el diluvio universal, por ejemplo, duró cuarenta días y cuarenta noches; Israel pasó cuatrocientos años (40 x 10) esclavizado por Egipto, otro ejemplo más. Pero hay muchos otros: Jonás predicó en Nínive durante cuarenta días. Cristo, además de los cuarenta días que se retiró al desierto, pasó entre los hombres –según los evangelistas– otros cuarenta tras su resurrección, antes de su ascensión definitiva. Sólo un tiempo prolongado acrisola una vocación, que para su clarificación y fortalecimiento debe ser necesariamente puesta a prueba.

Cuarenta días con sus noches –y todos ellos sin comer– es, desde luego, un ayuno muy largo. Una verdadera prueba de resistencia. El candidato debe mostrar sí o sí la madera de la que está hecho. El cuerpo se pone al límite precisamente para que el espíritu se manifieste. Porque el vacío de alimento (material) predispone y refuerza el vacío de ideas (mental) y de apegos (afectivo o sentimental). Todo trabajo espiritual es sobre el cuerpo y sobre la mente, no puede ser de otra forma. Todas las tradiciones religiosas contemplan el ayuno y la meditación como sus prácticas espirituales más beneficiosas. Los buscadores espirituales de todos los tiempos han entendido que entrenarse es la única forma para afrontar con posibilidad de éxito el combate contra lo oscuro.

Si la naturaleza del *sím-bolo* es unir –como revela su etimología–, la del *dia-bolo* –que es como la tradición cristiana llama al espíritu maligno– es precisamente separar.

Al diablo se le representa como a un ser con cuernos y cola porque nos gustaría creer que es alguien muy diferente a nosotros y alguien que está fuera. Pero eso es escaparse de la cuestión. El diablo está dentro (todo está dentro) y, además, se parece tanto a nosotros que a cualquiera podría confundir y hacer creer que somos nosotros. Esto es lo más desconcertante de todo: que entre nuestro diablo y nuestro ángel la diferencia es mínima, aunque de consecuencias gigantes. Los padres y las madres del desierto –la primera corriente de espiritualidad cristiana– han reflexionado prolijamente sobre la naturaleza del diablo o espíritu del mal, así como sobre sus procedimientos más habituales. Resumo en tres sus principales enseñanzas.

Primera: al diablo nunca hay que convocarle, pero sí estar preparados para su visita, pues antes o después vendrá. Esto es lo primero que conviene saber: que el combate debe librarse y que tú no serás exonerado. Siempre hay resistencias que vencer, nudos que desatar y tinieblas que atravesar. El camino nunca es simplemente recto y llano, sino más bien largo y sinuoso.

Segunda: el diablo ataca siempre por nuestro flanco más débil. Es un enemigo tan malintencionado y astuto que presenta como atractivo y amable lo que al final se revela como decepcionante. Da al mal apariencia de bien. Llama vida a lo que sólo son sucedáneos. Y da en razón de quién es el que recibe. Así, por ejemplo, si eres un intelectual, te hará brillantes razonamientos. Si eres un artista, te prometerá la gloria. Si un político, el poder. Si un hedonista, evidentemente, el placer. Si eres un espíritu cultivado, te tentará con sutileza. Si eres un espíritu simple, por el contrario, lo hará con grosería. El diablo, como león rugiente –puede leerse en la biblia–, ronda siempre buscando a quién devorar, es decir, tratando de sacar al hombre de su camino hacia sí mismo. Su misión es tentar. Una tentación no es otra cosa que una distracción biográfica, así como una distracción no es sino una tentación mental.

Y tercera y última: al diablo, como al ángel, se le reconoce por los frutos que proporciona. Si el bien genera paz; el mal, en cambio, inquietud e insatisfacción. El ángel engendra amor; el maligno, aislamiento e indiferencia. Uno, alegría y levedad (esto es lo que simbolizan las alas); el otro; tristeza y pesadumbre. Parece sensato, por tanto, escuchar las lecciones de los maestros, si es que pretendemos adentrarnos en un desierto y salir vivos de él.

16. El pan y la palabra
No *separar el cuerpo del espíritu*

El diablo le dijo: Si eres el hijo de Dios, di a esta piedra que se convierta en pan. Le replicó Jesús: Escrito está: No sólo de pan vive el hombre, sino de toda palabra que sale de los labios de Dios. (Lc 4, 3-4)

Si eres... Así comienza la primera tentación, con un cuestionamiento sobre la propia identidad. Pero Jesús ya sabe quién es, lo ha descubierto en su bautismo. Allí ha elegido identificarse con eso –el espíritu–, más que con su cuerpo o con su mente. El saber, sin embargo, debe ser probado. No puede quedarse en lo teórico, y ésta es la oportunidad que a Jesús se le ofrece para demostrarlo. Demostrar que es hijo de Dios, es decir, que tiene confianza en que alguien cuida de él: que él no es la referencia absoluta de su vida, sino que hay en su corazón algo más allá de su yo individual. Éste es siempre el núcleo de toda tentación: hacer que la persona se crea autosuficiente y, de este modo, apartarla de la referencia a un más allá.

A lo que el diablo incita a Jesús en esta primera prueba es a romper el orden natural, puesto que convertir las piedras en pan supone violentar la naturaleza. Ésta es la tentación primordial: no querer que el mundo sea como es, sino que se ajuste a nuestro capricho o a nuestra necesidad. No dejar que las cosas sean sencillamente lo que son.

El diablo comienza tentando con lo más básico: el hambre, los instintos. Con eso nos identificamos todos sin excepción. Comienza tentando con lo que Jesús se identificará más tarde –el pan de vida–, con aquello por lo que será reconocido –partir el pan. Parece lógico pensar que, tras cuarenta días de ayuno, Jesús tenía que estar hambriento; pero, al mismo tiempo, si había aguantado tanto tiempo sin comer, ¿no cabe presuponer también que se sintiera sostenido por una enorme fuerza interior? ¿Iba entonces a perder todo su trabajo ascético, cuidadosamente sostenido durante semanas, por un miserable mendrugo? Evidentemente no, por eso no vacila.

La respuesta de Jesús va precedida con un *escrito está*, es decir, con una referencia a la Sagrada Escritura: apela al pasado como mapa para entender el presente.

La principal defensa frente a la tentación diabólica, el escudo que puede pararla, es para la tradición judeocristiana la biblia. Porque no sólo de ésta, sino también del resto de las tentaciones sale Jesús airoso esgrimiendo la Escritura, esto es, su propia tradición cultural. Escuchar su yo profundo no supone para Jesús alejarse de la sabiduría de sus mayores, sino entenderla en profundidad. Esto nos da una pista fundamental: la escucha de la propia consciencia no prescinde de la cultura, sino que, al contrario, la acoge y redimensiona.

Con este propósito rezaban los padres del desierto con salmos y manducaban sin cesar la Palabra –por decirlo a su modo–, en forma de jaculatorias. Éstas les protegían del ataque de cualquier emoción tóxica o pensamiento oscuro. Estos ataques demoníacos –desesperanza, pereza, duda…– podrían sobrevenirles en cualquier momento, también por las noches, quizá sobre todo por las noches. De ahí su apasionada búsqueda de una oración continua y su empeño por sincronizarla con el ritmo respiratorio: in-corporar la palabra al cuerpo.

Ésta es, probablemente, una de las principales enseñanzas del magisterio del desierto: si el corazón está en su sitio, también la mente y el cuerpo lo estarán y dejarán de ofuscar al hombre con sus reclamos. Guardar el corazón –por decirlo como esta corriente de pensamiento– es el camino para someter la constante tiranía de las ideas y de los instintos. Por eso, si nuestra mirada está en lo esencial, tanto lo de arriba (las ideas) como lo de abajo (los instintos) se colocarán en su lugar.

Dado que Jesús estaba centrado y vivía desde su centro, desde el corazón, pudo afrontar las tentaciones como de hecho las afrontó. No dudó. No se concedió un segundo para valorar lo que se le estaba proponiendo. Sabía que dudar es empezar a perder, como se enseña en las artes marciales. Sabía que por la duda se cuela el maligno. El propósito del entrenamiento espiritual es precisamente aprender a no dudar nunca y a vivir siempre confiados. Aprender una lúcida –no estúpida– ingenuidad, una segunda inocencia.

Decir que *no sólo de pan vive el hombre, sino de toda palabra que sale de los labios de Dios* es tanto como afirmar que el hombre no es sólo cuerpo, sino también espíritu. Se trata de una invitación a tomar consciencia de que el espíritu, como el cuerpo, se atrofia y hasta se muere si no se le alimenta. De modo que esta respuesta de Jesús –el abc de la espiritualidad– podríamos traducirla hoy poco más o menos así: *No vivas sólo para lo externo, cuida tu interioridad.*

Pero ¿cómo? Lo primero es solucionar el hambre del mundo, arreglar lo que no funciona –dicen muchos, casi todos–, ya habrá tiempo para rezos, meditaciones y ceremonias. Lo primero y lo decisivo es el pan, ya veremos luego lo de Dios. Esto, sin embargo, no es en absoluto lo que Jesús parece estar diciendo. Él afirma más bien: no sólo pan, lo primero es también la palabra. Todos estamos de acuerdo en que una religión que no se confronte hoy con el problema del hambre en el mundo pierde por completo su credibilidad. Pero ¿la perdería de igual modo si no se confrontase con la sed de Dios? Habrá pan para todos –parece estar diciendo Jesús– si hay consciencia de un Padre común, sólo así. La salvación sólo es posible si lo que Dios ha unido –el pan y la Palabra, el cuerpo y el espíritu– no lo separa el hombre.

17. El mundo
Estar en el mundo sin ser de él

Después lo llevó a una cima y le mostró en un instante todos los reinos del mundo. El diablo le dijo: Te daré todo ese poder y su gloria, porque a mí me lo han dado y lo doy a quien quiero. Por tanto, SI TE POSTRAS ANTE MÍ, TODO SERÁ TUYO. *Le replicó Jesús: Está escrito. Al Señor tu Dios adorarás, a él sólo darás culto.* (Lc 4, 5-8)

Para tentarle por segunda vez, el diablo coloca a Jesús en lo más alto, allí desde donde pueda verlo absolutamente todo. Le da la visión del mundo.

¡Es tuyo!, le dice entonces. ¿No decías que querías ser el mesías, que querías ayudar al pueblo, que tenías vocación de servicio…? ¡Pues ahí tienes a tu gente! Te los pongo en bandeja. Olvídate de lo que estás tramando: llamar a unos cuantos, constituir una pequeña comunidad, ir poco a poco, corazón a corazón, avanzar con modestia, dejar libertad de elección… Todo lo tienes aquí, de golpe, basta un clic de ratón para que la pantalla se configure como quieras…

El diablo ha insistido tanto porque no las tiene todas consigo. Está muy satisfecho con su intervención. Todo le ha salido bien, tanto la escenografía como la recitación de su papel. Le parece haber hecho una propuesta que no es posible rechazar.

Desde la cima en que ambos se encuentran, lo que Jesús ve es a una inmensa muchedumbre. Ésta es precisamente la tentación: creer que para existir se necesita de la multitud. Creer que se depende del reconocimiento ajeno.

Aquel espejismo fue probablemente la obra maestra del diablo. Se empleó a fondo en esta seducción, lo dio todo. Jesús, sin embargo (no diría que imperturbable, pero sí centrado), supo desenmascarar todo aquel montaje. Nada de todo esto estará para siempre –podría haber dicho en aquel instante, apuntando a lo lejos. Lo único que perdurará es lo que no se ve, pero que hace que podamos ver –podría haber añadido, cual filósofo. Pero Jesús no cae en la trampa de argumentar. Para vencer le bastó una palabra: no.

¡Cuán fuerte debe ser una experiencia (interior) como para resistir una tentación (exterior) de semejante envergadura! Porque todo, absolutamente todo lo que un hombre puede desear, lo tenía Jesús en ese momento ahí, a su disposición. Pero él dijo no. Ese no, poder decirlo, es lo que permite que también nosotros podamos algún día no ya simplemente seguir a Cristo, sino realizarlo: ser Cristo, ser espíritu para el mundo. Lo que nos construye no es únicamente el sí que podamos dar a la realidad, también el no que hemos de dar a la ilusión. Claro que ése no es a menudo muy difícil de dar. ¡Las ilusiones son tan reales y apetitosas, tan irresistibles! Debe uno estar totalmente en su centro para poder dar ese no, sin desplazarse de él ni un milímetro.

Todos padecemos de un modo u otro esta tentación del mundo. ¡Son tantas las cosas magníficas y apetecibles que esta vida puede brindarnos! ¿No es más lógico –argüimos, lo hemos escuchado cientos de veces y lo hemos hecho nuestro– aferrarnos a lo que se nos presenta hoy y olvidarnos de una posible vida futura, sobre la que, al fin y al cabo, sabemos tan poco? Los reclamos mundanos son tan numerosos y deseables que, aunque a menudo vayan enmarañados con dolorosas y hasta catastróficas contrapartidas, no resulta fácil dejarlos atrás para seguir por nuestra senda.

La principal dificultad que tenemos en el camino espiritual es que pretendemos meter a Dios en nuestra vida, no meternos nosotros en la suya. Solemos organizar nuestras vidas según nuestros criterios para luego, cuando ya está todo organizado, ver cómo encajar la espiritualidad. Mientras que lo espiritual sea compatible con lo que hemos organizado, todo marcha bien; pero cuando comprobamos que nos obliga a cuestionarnos y que nos desorganiza lo que tan cuidadosamente hemos preparado, ¡ah, entonces nos rebelamos y protestamos!

Entre el mundo y Dios –dicho de otra manera– es minoría la que elige a Dios. Por supuesto que Dios es compatible con el mundo (son muchos los que le rinden culto en medio de la sociedad), pero sólo si primero se desapega uno del mundo y se le elige a Él.

Desapegarse del mundo en aras de lo espiritual es un paso de gigante. Pero pensar que el mundo vaya a renunciar a nosotros porque nosotros hayamos renunciado a él es, seguramente, de una pasmosa ingenuidad. Porque el mundo seguirá llamando siempre a nuestra puerta, aunque nosotros pensemos que lo hemos dejado atrás. Del mundo –ésa es la verdad– hay que desapegarse una y otra vez, cada día. Y en la medida en que lo hacemos cobra fuerza en nosotros lo espiritual. Sólo quien renuncia al mundo lo goza bien. Siempre estamos escogiendo entre el espíritu y el cuerpo, entre la palabra y el pan. El mundo nos lanza siempre sus tentáculos, de ahí nuestra necesidad de retirarnos periódicamente. Quien se va de retiro, lo sepa o no, está diciendo: Estoy en el mundo, pero no soy de él.

Adora al Señor tu Dios y a él solo darás culto. Esta respuesta de Jesús apunta a que nadie puede realizarse por la vía del ego, sino precisamente superando esa tendencia humana, tan arraigada como nefasta, a la apropiación y a la autoafirmación. Adorar a Dios quiere decir dejar de vivir desde el pequeño yo (sólo el pan, sólo el cuerpo y la mente) y dar paso al yo profundo y auténtico (también la *palabra*, el espíritu). La adoración –la práctica meditativa– es la única medicina sensata frente a la idolatría del ego. Tú no eres el centro del mundo, sal de ti: éste es el mantra que nos protege de esta tentación.

18. La reputación
Reconocer que todo es un milagro

Entonces el diablo lo condujo a Jerusalén y lo colocó en el alero del templo, y le dijo: Si eres el hijo de Dios, tírate abajo desde aquí, pues está escrito que ha dado órdenes a sus ángeles para que te guarden en sus palmas y para que tu pie no tropiece en la piedra. Le replicó Jesús: Dicho está: No pongas a prueba al Señor, tu Dios. *Concluida la prueba, el diablo se alejó de él hasta otra ocasión.* (Lc 4, 9-13)

Ser indiferentes a la idea o a la impresión que otros puedan tener de uno mismo resulta mucho más difícil que renunciar al pan (los bienes materiales) y al mundo (la autoafirmación). Resulta extraño, pero en general soportamos mejor la pobreza (primera tentación) y el fracaso (segunda) que la conmiseración. Casi todos prefieren pasarlo mal a que se vea lo mal que lo están pasando. Por eso, más que al dolor o a la desgracia que a cada cual le toque padecer, lo que más tememos es esa secreta alegría que ese dolor o esa desgracia podrían suscitar en quienes pudieran tener noticia de las mismas (también y sobre todo entre los más cercanos). Esto es terrible. Esa secreta alegría que muchas personas experimentan ante el infortunio de los demás es la mejor prueba de la victoria del mal en el corazón del hombre.

Volarás si te arrojas al vacío desde estas alturas, promete aquí el diablo. El mundo entero te verá volar y caerá rendido de admiración. Todos quedarán estupefactos, todos sin excepción se postrarán ante ti y te adorarán. Dicho en estos términos, es probable que nos veamos bastante lejos de una tentación similar. No obstante, quizá mucho de lo que hacemos y decimos sea en última instancia para ser aprobados y agradecidos: ser queridos, aceptados, valorados, admirados... Que se nos tenga en consideración. Que se cuente con nosotros. Que al menos no nos olviden. Que no nos dejen siempre para el final. Que nos consulten, nos escriban, nos miren. ¡Eh, estoy aquí! –nos decimos sin parar unos a otros–, no me olvides. ¿Podrías llamarme por teléfono, escribirme un mensaje, dedicarme unos minutos…? Déjame existir en ti para que yo pueda existir un poco. Esta tentación es permanente, nuestras existencias se reducen a menudo a una descarada –y hasta patética– búsqueda de reconocimiento.

En algunos meses, Jesús tendría la admiración del pueblo, el respeto de los poderosos, el amor de las mujeres, la entrega incondicional de sus discípulos... Iba a tener casi todo a lo que puede aspirarse y, por ello, es tentado con tenerlo todavía más, en una proporción desorbitada: una aclamación mundial, una demostración irrefutable, una victoria total. ¿No quisieras convertirte en el predicador más popular?, pudo preguntarle el diablo. ¿En el presidente de los Estados Unidos del mundo? ¿En el deportista más admirado, el héroe más aclamado, el artista más genial? No, no, no. ¿Cómo que no? Imagínate volando. Imagínate cómo se quedarían todos boquiabiertos allá abajo. Imagínate cómo caerían todos a tus pies. No, yo sólo quiero ser yo mismo. Nada de todo eso que me propones serviría para nada.

El diablo no imaginaba que su presa fuera a resistírsele hasta ese límite. No quiero nada, le dice al fin Jesús, casi compadecido de su enemigo. Lo tengo todo –añade, haciendo un movimiento circular con el brazo. ¿Qué puedes darme, después de todo, que no tenga?, y gira sobre sus pies para comenzar a descender. La biblia hebrea pone en lo alto de un monte a Moisés con Dios; ahora, en el evangelio, pone a Jesús en lo alto de un templo ante Satán. Este Satán, impotente, ve con venenosa melancolía cómo Jesús se va alejando, solo, sencillo, soberano. El aire no se mueve en ese instante, pero se oye, de fondo, como un tambor. Es, probablemente, el corazón de Dios, emocionado ante la mansedumbre de su hijo.

Al rechazar esta tercera propuesta diabólica, Jesús decide no imponerse, tener paciencia, hacer su camino con discreción, ser una persona de verdad, no un diosecillo revestido con ropajes humanos. Decide ser un verdadero hombre, un auténtico hijo de Dios.

Jesús muestra aquí cómo puede el poder destruir la fe, cómo la alianza entre religión y política (¿hemos aprendido ya esta lección?) es siempre una tentación diabólica. Claro que nadie piensa hoy que la Iglesia vaya a salvar materialmente al mundo, pero son muchos los que justifican a las iglesias sólo si contribuyen al bienestar y a la convivencia en el mundo.

La seguridad y el bienestar tientan, quién lo duda; pero esa imperiosa necesidad que todos tenemos de ser reconocidos y queridos nos tienta, si cabe, todavía más. Y quizá aún más en una sociedad como la nuestra, de muchedumbres solitarias. Nuestra búsqueda de afecto y nuestros calculados pactos para tenerlo destruyen, a veces fatalmente, nuestra confianza en Dios. Porque Dios no puede entrar en el corazón de un hombre blindado con las triquiñuelas afectivas con las que camufla su deseo esencial.

A lo largo de toda su vida a Jesús se le pedirán pruebas, la exigencia de credenciales acompañará su ministerio público de principio a fin. Se piden milagros porque no se ve el gran milagro que es la vida. Se demanda una evidencia total, sin posible ambigüedad, porque no se acepta ni desea el misterio de la libertad.

No pongas a prueba al Señor tu Dios significa que Dios no está al servicio del hombre, sino más bien éste al suyo. Si los seres humanos son sus criaturas, y Él, en cambio, el Creador, ¿no resulta absurdo, y hasta ofensivo, pedir pruebas cuando todo lo que hay y lo que sucede es, bien mirado, una prueba más que evidente de Su amor? Querer probar a Dios significa juzgarle y, en último término, desconfiar de la vida. Cuestionar a Dios es una flagrante demostración de hasta qué punto hemos perdido el sentido de la proporción. Si existes –le decimos también hoy a Dios–, demuéstranoslo, cayendo una vez más en la misma tentación.

Las tres tentaciones que se relatan en los evangelios son una expresiva muestra, en un lenguaje mítico, de las principales dificultades del camino espiritual. Porque todos somos tentados a cada instante, es decir, sometidos a propuestas de realización humana que, finalmente, se revelan como caminos falsos. Estas pequeñas o grandes trampas se reconocen porque nos separan de nuestro destino y, sobre todo, porque nos alejan de los demás.

Las tentaciones con las que escapamos del ser son estas tres: el placer, el tener y el poder. Primero, el placer: comerás, beberás, estarás a gusto, tranquilo, calentito, satisfecho... Segundo, el tener: poseerás una gran casa, un jardín, una playa particular, una finca, un descapotable, un anillo de brillantes, un yate, una isla a tu nombre, un elefante, un jaguar... (lo que puede llegar a desear el ser humano es infinito). Por último, el poder: no soportarás peso alguno, te servirán, te alabarán, te reconocerán, destacarás como una estrella en el firmamento y todos querrán tener un souvenir tuyo, hacerse un selfi contigo, pedirte un autógrafo...

Todos tendemos a apegarnos demasiado a los bienes de este mundo, es decir, a olvidar nuestra condición de peregrinos. La olvidamos por la idolatría de los sentidos y el consecuente descuido del alma (el placer), por depositar nuestra seguridad en los bienes materiales (el tener) o por la búsqueda del prestigio o reconocimiento, autoafirmándonos sobre los demás (el poder).

La respuesta de Jesús a estas tres tentaciones primordiales es siempre servir y adorar, es decir, abandonar el ego y poner la mirada en el otro (servir) y en Dios (adorar). Servir y adorar pueden conjugarse en un solo verbo: amar. *Ama a Dios sobre todas las cosas y al prójimo como a ti mismo*, a esto –a fin de cuentas– se reduce todo. La calidad humana de una persona se mide por su nivel de servicio y de adoración: tanto más servimos y adoramos, tanto más nos humanizamos. Dicho de otra manera: somos felices si cuidamos nuestro interior y si ayudamos a los demás. En dos palabras: sabiduría y compasión, gracia y misericordia. La ecuación es inequívoca: recibir + dar = ser.

Jesús acomete su misión en el mundo desenmascarando clara y rotundamente desde el principio lo que podía desviarle de su camino: la reputación ante las personas y el apego a las cosas. Estas dos tentaciones podrían muy bien resumirse en una: el olvido de Dios o, lo que es lo mismo, la falta de confianza en la vida. Esta tentación se supera aceptando que nuestro camino, sea el que sea, siempre será frágil: sin piedras que se convierten en un abracadabra en panes, sin fulgurantes demostraciones de poder, sin masas que aplaudan frenéticas o que caigan rendidas de admiración. La lección del desierto es la de la fragilidad humana. Esa fragilidad, vivida con amor, llena el corazón del hombre de la verdadera alegría.

19. La misión
Éste es tu momento

Fue a Nazaret, dónde se había criado y, según su costumbre, entró
un sábado en la sinagoga y se puso en pie para hacer la lectura. Le
entregaron el rollo del profeta Isaías. Lo desenrolló y dio con el
texto que dice: El espíritu del Señor está sobre mí, porque él me ha
ungido para anunciar la buena noticia a los pobres, me ha envia-
do a [...] dar la vista a los ciegos, a poner en libertad a los oprimi-
dos, a proclamar el año de gracia del Señor. Y enrollando el libro, se
lo dio al ministro, y se sentó. LOS OJOS DE TODOS EN LA SINAGOGA
ESTABAN FIJOS EN ÉL. *Y empezó diciéndoles: Hoy se ha cumplido*
esta Escritura ante vosotros. (Lc 4, 16-21)

Nadie debería guardar para sí lo que ha recibido para el
bien de todos. Toda experiencia espiritual debe confrontarse con la expresión cultural y religiosa de su tiempo: dialogar con ella, ponerla en cuestión, renovarla para que tenga
vida. Una vez que su experiencia iniciática del bautismo
había sido probada en el desierto, Jesús se presenta en la
sinagoga ante su comunidad religiosa. La iluminación nunca deja a su protagonista encerrado en su vida privada o en
su mundo particular, sino que le conduce a exponerse a la
vida pública.

Nosotros no vamos a ninguna sinagoga, no frecuentamos las plazas públicas, nos asusta confrontar con otros
nuestra andadura. Preferimos más bien quedarnos en el
calor de nuestros hogares, donde nadie nos haga preguntas difíciles o comprometedoras. Donde nadie ponga en

tela de juicio nuestros grandes o pequeños descubrimientos. Si alguna vez cometemos la osadía de entrar en un lugar público, lo que nunca se nos ocurre es tomar la palabra para comprobar qué suscita nuestro punto de vista. No callamos por timidez (otro de los muchos disfraces del ego –los tímidos son egocéntricos anónimos–); mucho menos por humildad (que siempre presupone un camino espiritual), sino por cobardía: tememos que se ponga de manifiesto que no somos tan valiosos como parecíamos. Tenemos miedo de la verdad.

En esta escena programática, lo más revelador es que Jesús no diga nada nuevo, sino que se limite a leer, ante su gente, un pasaje del profeta Isaías, es decir, un venerable texto de su tradición. Desenrolla el pergamino y comienza su lectura. Todo verdadero maestro es siempre un hermeneuta: ayuda a examinar las propias escrituras, la propia historia. Utiliza el pasado para comprender el presente. Esto indica que ni siquiera la experiencia espiritual más íntima y profunda, a la hora de entenderla, a la hora de comunicarla, puede prescindir de la cultura. El espíritu se dice en la cultura. La cultura es –o al menos debería ser– la expresión literaria, plástica, teórica, musical, litúrgica... del espíritu.

Cabe suponer que Jesús se emocionó al proclamar: *el Espíritu del Señor está sobre mí, puesto que me ha ungido.* Él era el ungido, el protagonista de lo que allí se estaba contando. Está descubriendo en ese preciso momento, ante su auditorio, que la Palabra de Dios puede y debe leerse en clave personal, personalísima. Está comprendiendo que historia y sentido van imbricados, y que repitiendo lo que había sucedido, resignificándolo, adquiría una dimensión más honda, genuina e insospechada. Porque, como al profeta Isaías, también a él se le había ungido para tareas muy concretas. Primera tarea: anunciar la esperanza a los pobres.

Segunda: dar la vista a los ciegos, iluminar. Tercera: liberar a los cautivos, ayudar y quitar sufrimiento. Éstos son, en resumidas cuentas, los tres carismas por excelencia: la palabra: escucharla y anunciarla; la visión: ver y enseñar a ver; y la sanación: atravesar el dolor y redimirlo.

Los pobres a los que Jesús se refiere no son sólo, evidentemente, los miserables y menesterosos, víctimas de la pobreza material (aunque ellos también), sino todos los que se sienten oprimidos y humillados, los olvidados, los sedientos... Pobres son todos los que tienen hambre y sed. Sin sed, no hay nada que hacer. Nada puede hacer Jesús por quienes no lo desean.

Ciegos, por otro lado, no son sólo quienes no ven lo de fuera, sino sobre todo lo de dentro. El verdadero problema es que no vemos, que no escuchamos. Jesús es maestro precisamente porque enseña a abrir los ojos y los oídos. Porque nos saca de nuestra cerrazón.

Cautivos, por último, no son sólo los juzgados, condenados y encerrados por algún delito, sino todos los que somos víctimas de alguna dependencia o algún apego que nos ha robado la libertad. De modo que estamos en este mundo para ver y enseñar a ver, para escuchar y anunciar, para romper cualquier tipo de cadena (¡no para ponerlas!).

Tras su lectura –pausada y conmovedora–, Jesús enrolla el pergamino. Me imagino que se toma su tiempo y que, tras hacerlo, mira uno a uno a los presentes, quienes a su vez le miran de hito en hito. Todos están sentados, sólo él se mantiene en pie. Me imagino a la asamblea estupefacta ante la intrépida autoridad de aquel hombre, casi insolente. Jesús hace una pausa larga que genera una gran expectación. El silencio se mastica. Está a punto de suceder algo: lo mejor de este episodio.

Esto que acabo de leeros –dice al fin Jesús, hablando muy despacio– se cumple en este momento. Aquí y ahora es cuando se está realizando. Acto seguido, Jesús mira más lejos, mucho más lejos, donde estamos nosotros, y sigue diciendo: No hace falta que sigas leyendo libros, no es preciso que sigas escuchando música o viajando a quién sabe dónde para entrevistarte con quién sabe qué gran figura del pensamiento, de la ciencia, de la espiritualidad… Hoy es el tiempo de la gracia: el viaje eres tú, la figura eres tú, el libro es tu propia vida, sólo necesitas sentarte y estar atento.

También hoy –mientras escribo estas palabras, mientras tú las lees– es tiempo para buenas noticias. Puede resultar increíble, pero es ahora –y no después– cuando puedes despertar, éste es tu momento para liberarte y liberar. Éste es tu año de gracia, el día que estabas esperando, el instante en el que confluyen todos los instantes de tu historia.

Como Jesús cuando leyó a Isaías ante su comunidad, así cada uno de nosotros está llamado a decir: *El Espíritu está sobre mí.* Tengo una misión que cumplir y voy a cumplirla.

En el primer capítulo de esta *Biografía de la luz*, dejábamos a un Jesús adolescente en la caravana de su clan, mirando al horizonte y pensando en su futuro. En este segundo, Jesús ya es un hombre hecho y derecho que se ha preparado concienzudamente para su misión y que va a empezar a cumplirla. El momento en el que un hombre toma una decisión y se pone en camino para hacerla realidad es, sin duda, de los más hermosos que una vida pueda brindar.

III

Promesas de plenitud

20. La boda

Comienza a ser aquello para lo que has nacido

Al tercer día se celebraba una boda en Caná de Galilea; allí estaba la madre de Jesús. Jesús y sus discípulos estaban invitados a la boda. Se acabó el vino, y la madre de Jesús le dice: NO TIENEN VINO. Le responde Jesús: ¿Qué quieres de mí, mujer? Aún no ha llegado mi hora. La madre dice a los sirvientes: Lo que os diga, hacedlo. Había allí seis tinajas de piedra para las abluciones de los judíos, con una capacidad de setenta a cien litros. Jesús les dice: Llenad las tinajas de agua. Las llenaron hasta el borde. Les dice: Ahora sacad algo y llevádselo al maestresala. Se lo llevaron. Cuando el maestresala probó el agua convertida en vino (sin saber de dónde procedía, aunque los sirvientes que habían sacado el agua lo sabían), se dirige al novio y le dice: Todo el mundo sirve primero el vino mejor, y cuando los convidados están algo bebidos, saca el peor. Tú has guardado hasta ahora el vino mejor. (Jn 2, 1-10)

Una boda es la celebración de la unión de un hombre y una mujer, de las ideas con los instintos. Si la cabeza y las vísceras no pelearan entre sí, estaríamos en el paraíso. Al menos en ese sentido, a todos conviene casarse, es decir, vivir unidos, no fragmentados.

Una unión de este género únicamente puede realizarla el corazón. Toda boda celebra que el corazón ha unido la mente con el cuerpo. Porque la mente sin el corazón es puro intelectualismo o, lo que es lo mismo, simple ideología y, en último término, alienación. El cuerpo sin corazón, en cambio, es pura animalidad, o sea, expresión sin intencionalidad. Sólo desde el corazón podemos tener las ideas justas –ajustadas a la realidad– y los instintos humanizados, orientados a una finalidad.

La celebración de estas bodas de la unificación humana sólo es posible cuando Cristo llega a la fiesta, que es lo mismo que decir cuando el corazón –normalmente endurecido o disperso, víctima de infinitos reclamos– se despierta y se centra. Faltaba el vino en la fiesta, faltaba Él: faltaba ese espíritu que hace que todo tenga sentido y adquiera el color justo y la temperatura adecuada. Participamos en demasiadas fiestas tristes: la mente y los instintos se reúnen, sí, pero falta el espíritu que movilice el corazón. Falta el vino.

Ahora bien, el vino no aparece sin más: alguien tiene que pedirlo y traerlo. Éste es el papel de María, la misión de nuestra virginidad interior, de nuestra inocencia primordial. María es siempre quien reconoce la carencia *(no tienen vino)* y quien pone en marcha la fiesta *(lo que os diga, hacedlo)*. Así que, sin María, no hay Cristo; sin inocencia, no hay fiesta. Debemos, pues, admitir que nos falta espíritu y pedirlo; y pedirlo de verdad no es cómodo: requiere concebirlo, gestarlo y alumbrarlo. Todo muy bonito, por supuesto, pero también laborioso.

¿Qué quieres de mí, mujer? Los exégetas y comentaristas de todos los tiempos han debatido sobre esta respuesta de Jesús a la observación que le hace su madre, atenta a los comensales. *Todavía no ha llegado mi hora*, añade Jesús, como rechazando implicarse.

¿Qué tengo yo que ver con esto?, nos preguntamos nosotros a cada rato, ante cualquier situación que la vida nos presenta. ¿Qué querrá de mí esta persona, esta situación…? ¿Me involucro o me quedo fuera? ¿Es ésta mi batalla? Porque ésta es, a fin de cuentas, la gran cuestión que se nos plantea a cada rato: ¿Salgo o me quedo? ¿Guardo silencio o intervengo en esta conversación? ¿Voto en las próximas elecciones? ¿Le digo a ese tipo que eso no se hace? ¿Me presento voluntario? ¿Merece la pena que me meta en ese charco? ¿En cuántos charcos estoy metido? ¿Soy un maestro en esquivar el compromiso?

María, que ha posibilitado la entrada biológica de Jesús a este mundo, le da ahora la entrada espiritual. Empieza tu trabajo, es como si le dijera. Empieza a repartirles vida, que eso es lo que significa el vino. Comienza ya a celebrar la eucaristía para la que has nacido.

En este episodio Jesús no llama a su madre por su nombre, sino *mujer*. ¿Qué tengo yo que ver con los hombres y las mujeres de mi tiempo? ¿Qué es lo que he venido a hacer a este mundo? ¿Así que ya se ha acabado mi época de formación, de iniciación? ¿Ya estoy preparado para exponerme, para empezar la pasión, para responder al dilema del dolor?

Jesús se resiste (todos nos resistimos); pero, al cabo –y en eso marca la diferencia–, supera sus prevenciones y se pone en acción: su hora ha sonado, efectivamente. Es la hora de que convierta el agua en vino, la hora de mostrar que las tinajas de piedra –que representan las tablas de la Ley– están vacías y que, por tanto, ya no sirven para nada. La hora de dar cabida en el mundo a la nueva ley del vino y del amor.

Se nos informa de que aquellas tinajas fueron llenadas de agua «hasta el borde», es decir, poniéndolo todo, confiando sin reservas. Nadie quiere ser amado a medias, sino hasta el extremo. El amor a medias no existe. Amar es siempre hasta los bordes, esto es, con riesgo de desbordamiento. Sin riesgo, no hay amor; sin confianza, no hay oración.

Toda el agua se convierte en vino: no se queda un poco de agua sin convertir: el espíritu afecta al hombre entero, de arriba abajo, desde el principio de su historia (su pasado queda sanado) hasta su fin (su futuro queda liberado de cualquier temor). Ahora bien, para que haya vino, debe haber agua: debemos estar purificados para sentir la alegría del espíritu.

Caná es una metáfora del mundo: no tenemos vino, nos falta espíritu.

Pero Caná es también una metáfora del camino espiritual: reconocer la realidad *(no tienen vino)*, llenar las tinajas hasta los bordes (purificarnos), y ponernos confiadamente en Sus manos *(Lo que os diga, hacedlo)*.

Un buscador espiritual es quien asume la responsabilidad de que el mundo sea una fiesta. Un buscador espiritual es quien no se cansa de decir: Ésta es la hora –de abrir los ojos–, éste es el momento –de purificarse–: el Reino de Dios está cerca y dentro: es preciso posibilitarlo y sólo hay una forma: prepararse, cuidar y cuidarse, ponerse en marcha...

El mundo se alegrará gracias a esta puesta en marcha de los buscadores espirituales, pero –y esto no hay que olvidarlo– no se lo reconocerá. La mayoría ni siquiera se dará cuenta de que han sido ellos los artífices de esa alegría de la que ahora gozan. No siembras alegría para ser reconocido, disfrutar de la alegría de los demás es ya el premio de tu cosecha.

21. El reino
El mundo sólo cambia si cambias tú

El Reino de Dios está cerca, CONVERTÍOS Y CREED EN LA BUENA NUEVA. (Mc 1, 15)

Todo buscador espiritual tiene dentro una palabra que le moviliza y da sentido, una palabra que pide ser gestada y alumbrada para el mundo. Para Jesús de Nazaret, esa palabra fue Reino. *Reino de Dios* —decía él–, apuntando al Espíritu como fundamento de todo. A esta expresión añadía a menudo *y su justicia,* indicando que la fe religiosa (la confianza en ese fundamento) va íntimamente vinculada a una praxis de convivencia humana de respeto y promoción de la persona. No sólo Dios basta: para Jesús también era necesario que los hombres vivieran en paz y armonía. La fe que no se traduce en amor es sólo ideología.

Esta metáfora del Reino surgió en la mente y en el corazón de Jesús desde muy joven, así como la idea de que para que ese Reino comenzara a instaurarse (pues era claro que, por cerca que estuviera, no se identificaba sin más con el mundo) había que cambiar de vida y apostar por lo invisible. *Convertíos y creed* fueron de hecho los dos primeros verbos de su predicación. Convertirse y creer fueron para él dos llamadas para poner en movimiento cuerpo y mente, y de este modo despertar el alma: una exhortación al cambio y otra a la confianza.

El orden de esta propuesta no es irrelevante: es la conversión o cambio vital lo que permite al ser humano ver la bondad y belleza de este mundo (y eso es tener fe en la buena noticia). Lo primero, por tanto, es cambiar. Si no movemos ficha, si no introducimos alguna variación significativa en nuestros hábitos y comportamientos, nada interesante nos sucederá. Solemos pensar que cambiaríamos si confiáramos, pero es exactamente al contrario: confiamos cuando empezamos a cambiar. El matiz es importante, puesto que casi siempre estamos esperando a que suceda algo que, por fin, nos haga movernos de donde nos encontramos. No te preguntes qué puede darte la vida –podría haber dicho Jesús–, sino qué le puedes dar tú a ella. Este cambio en la orientación fundamental es la base del descubrimiento de la dignidad humana.

Cambiar es morir a lo de antes y renacer a algo nuevo. Cambiar es reinventarse, recrearse, trabajar en uno mismo hasta dar con una fórmula que se ajuste más a quienes somos. La conversión de la que aquí habla Jesús implica un movimiento de rotación total sobre el eje de la propia vida, de forma que, quien rota, regresa a la posición inicial, sí, pero habiendo contemplado todo desde otras perspectivas. Este giro completo –para volver a donde estábamos, pero de otra manera– nos resulta difícil sólo si no escuchamos nuestro interior, donde siempre resuena una voz que –tímida o imperiosa– nos dice que todo está al alcance de la mano si realmente lo deseamos.

Tres son, en sustancia, nuestras posibilidades existenciales: la di-versión, la per-versión y la con-versión. Divertirse supone desoír la voz interior y vivir hacia fuera, buscando estímulos externos, dado que no los encontramos dentro. Es probable que buena parte de nuestros días los pasemos buscando cómo entretenernos para sortear el aburrimiento.

Pervertirse, en segundo lugar, supone acallar la propia consciencia y vivir en contra de uno mismo, cultivando un germen de autodestrucción. Algo siniestro puede desatarse y se desata de hecho en ocasiones en el corazón del hombre, que a menudo es incapaz de detenerlo, colaborando de este modo en su propia ruina.

Convertirse, por último, implica el doble movimiento de vivir hacia dentro y hacia los demás, ahondando en la propia riqueza interior y compartiéndola. Ya no entreteniéndonos, sino intra-teniéndonos –digámoslo así–, sosteniéndonos y ayudando a sostener a los otros. Convertirse no es pasar de lo malo a lo bueno, sino de una situación determinada a otra mejor. Esto es importante: aquí no se trata de una cuestión moral, sino de una dinámica de crecimiento.

Jesús comenzó a hablar de todo esto en la llamada Galilea de los gentiles, es decir, en el mundo pagano. Pero también habló de ello en las sinagogas, que era el centro del poder judío. No empezó a predicar en Galilea por casualidad, sino a sabiendas de que, por su ubicación y características, en aquel lugar su palabra podría tener un efecto y una expansión mayores. Así que Jesús quiso positivamente llegar a mucha gente: a los de dentro y a los de fuera, a los religiosos y a los no religiosos. No comienza poniéndose límites, sino abriendo al máximo el radio de su influencia. Eso es tener fe, eso es creer en la posibilidad real del cambio.

Con este propósito, *recorría toda Galilea, enseñando en sus sinagogas, proclamando la Buena Nueva y curando toda enfermedad y toda dolencia en el pueblo* (Mt 4, 23). Según este testimonio, Jesús fue algo así como un peregrino (sabemos que vivió desarraigado y que recorrió grandes extensiones a pie), un curandero (aliviaba o sanaba a los sufrientes que encontraba por el camino) y un predicador (consciente de que la semilla era la Palabra). Así que Jesús fue una suerte de médico y orador itinerante. No se desplazaba de un sitio a otro arbitrariamente, guiado por los vientos del azar; pero tampoco es que hiciera un detallado programa de sus viajes, diseñando cada etapa y previendo sus necesidades. Simplemente sabía adónde quería ir y por qué, obedecía un mandato interior. Sin ceder a la improvisación ni a la programación, Jesús caminó, predicó y curó con una intención determinada. Caminar: los ojos que miran el horizonte y los pies que conducen hasta él. Predicar: la boca, las palabras. Curar: las manos, las obras. Pero todo ello precedido del *convertíos y creed*: la confianza en que todo empieza con un cambio personal. El mundo sólo cambia si cambias tú.

22. La llamada
Escuchar la voz del maestro interior

> *Mientras paseaba junto al lago de Galilea, vio a dos hermanos –Simón, apodado Pedro, y Andrés su hermano– que estaban echando una red al agua, pues eran pescadores. Les dice: Veníos conmigo y os haré* PESCADORES DE HOMBRES. *Al punto dejaron las redes y lo siguieron.* (Mt 4, 18-20)

Jesús no se puso a buscar discípulos o colaboradores que le ayudaran en su misión, sino que, sencillamente, los encontró. Les distinguió a lo lejos mientras caminaba por la orilla y, sin pensarlo ni un momento, les llamó. Es importante esto de ver y llamar, sin la mediación del pensar. No hay ningún planteamiento que hacer, la cosa cae por su propio peso.

También es importante que sea el maestro quien llame al discípulo, y no al revés. Nosotros podemos buscar cuanto nos venga en gana, pero lo cierto es que hasta que no escuchemos la voz de nuestro maestro interior, diciéndonos *ven y sígueme*, hasta ese momento nada relevante sucederá. El asunto está, por tanto, en escuchar esa voz y, naturalmente, en dejar de inmediato las redes que tengamos entre manos, sin pensar.

Tal vez no escuchemos esa voz porque las redes no son ya para nosotros un trabajo, sino una trampa: porque nos hemos enredado en el trabajo, y ahora es él el que nos domina.

¿Por qué llama Jesús precisamente a dos parejas de hermanos (Pedro y Andrés, por un lado, y Santiago y Juan, por el otro)? ¿No podría haber llamado a otros?, cabría preguntarse. ¿Por qué algunos escuchan la llamada a la búsqueda espiritual o a la vida interior y otros no? Aquí se abren dos posibilidades de respuesta.

Una: Dios llama a quien quiere, nadie puede entender sus criterios.

Y dos: Jesús llamó precisamente a estos pescadores porque vio que trabajaban bien con sus redes, sin enredarse: que no estaban agitados por la presión del rendimiento, que no se comparaban con los demás, que disfrutaban de su tarea, esmerándose en hacerla lo mejor posible. Que se olvidaban de sí mismos mientras la realizaban. La obra bien hecha predispone a la vida interior, al igual que la vida interior desemboca en que se hagan bien las cosas.

La expresión *vocación religiosa* o *elección divina* suele suscitar ciertas reservas, pues pareciera como si Dios discriminase y hubiera para Él, entre sus seguidores, distintos rangos o categorías. Esta impresión se debe, en primer lugar, a nuestra confusión entre diferencia y discriminación, que no son evidentemente lo mismo; pero también porque de los dos movimientos que supone la elección –segregar y destinar– sólo atendemos al primero. En efecto, la llamada de Dios comporta, se quiera o no, una cierta segregación: alguien, o algunos, es o son entresacados de un determinado grupo. Pero –y esto es lo importante–, en el evangelio queda claro que tal extracción no es por méritos personales, ni siquiera por afinidad sentimental o preferencia afectiva, sino en orden a una misión. Los discípulos reciben un encargo espiritual (estar con Él) y un encargo pastoral *(id y anunciad a todo el mundo)*. Jesús les llama, entre todos los candidatos posibles de su tiempo, para vivir polarizados por la misión evangelizadora.

Esta llamada marca la existencia del elegido de forma determinante: en adelante, su corazón estará –o debería estar– colonizado por Cristo; en adelante, no podrá regir su propio destino desde criterios puramente individuales; en adelante, deberá sentirse corresponsable de toda la humanidad. No podrá ya vivir simplemente para sí, sino para Cristo y para los demás. Desde esta perspectiva, no parece que la llamada apostólica sea básicamente un privilegio.

Tampoco hay que olvidar que Jesús llama a pescadores, es decir, a trabajadores manuales y gente ordinaria, no a personas religiosas o a intelectuales ya muy preparados. La misión espiritual no es necesariamente para quienes son muy religiosos o tienen muchos estudios. Más bien al contrario: la mucha formación libresca y la mucha religiosidad suelen revelarse como impedimentos para la realización de un camino espiritual. Porque tanto la mente como el corazón, sin espíritu, tienden a degenerar en intelectualismo y en sentimentalismo. Quien cae en las redes de las ideas o de las emociones, se aleja de la verdadera vida del espíritu.

Estar con Él y pescar a los hombres: contemplación y acción, diríamos hoy, o comunidad y misión, interioridad y exterioridad, recibir y dar.

Esta encomienda de pescar hombres tiene relación con lo de pescar peces, que es a lo que estos cuatro hombres se dedicaban. La misión espiritual siempre está relacionada con los talentos naturales de cada cual (el oficio o la profesión, el temperamento o el carácter), aunque profundiza, desde luego, esos talentos o dones naturales para llevarlos a su plenitud.

Resulta sobrecogedora la inmediatez con que estos cuatro primeros discípulos aceptan la invitación de Jesús y le siguen. Esto es para mí lo mejor de todo: no hay dudas, no hay preguntas (¿adónde?, ¿quién eres?, ¿qué pasará con mi familia?...), sólo acción pura.

23. La respuesta
De lo que eres puede salir algo muy bueno

Jesús se volvió y, al ver que lo seguían, les dice: ¿Qué buscáis? Respondieron: Rabí (que significa maestro), ¿dónde vives? Les dice: Venid y lo veréis. Fueron, pues, vieron donde vivía y se quedaron con él aquel día. Eran las cuatro de la tarde. [...] Felipe encuentra a Natanael y le dice: Hemos encontrado al que describen Moisés en la ley y en los profetas, Jesús, hijo de José, natural de Nazaret. Replica Natanael: ¿DE NAZARET PUEDE SALIR ALGO BUENO? (Jn 1, 38-39; 45-46)

Eran las cuatro de la tarde: se echa la vista atrás para reconstruir el momento, se hacen cálculos horarios... Queremos atrapar la vida en números, pero, evidentemente, se nos escapa. En el corazón guardamos fechas y horas memorables para que el tiempo no las destruya. Una existencia temporal, por supuesto, pero una aspiración de eternidad.

Aquellos hombres ya seguían al maestro, sólo que aún no se habían atrevido a abordarle. Quizá no tuvieran la certeza total de que aquél era el hombre que iba a convertirse en su guía. Su cuerpo ya lo sabía, pues le seguían; pero aún no su mente, que necesitaba de la conversación.

La primera pregunta del Maestro no puede ser sino *¿qué buscáis?*: se trata de la gran cuestión, la única realmente determinante. ¿Qué busco en este momento de mi vida, si es que busco? ¿A quién sigo, si es que no tengo mi confianza arruinada? ¿Cuál es mi sed esencial? Todo nace de esto.

¿Voy tras algo o tras alguien que me ayude a vencer la oscuridad? Jesús les interroga directamente porque no quiere que se lleven a engaño. ¿Buscas reconocimiento social, matar el tiempo, abrigo emocional..., o le buscas a Él, más allá de tus indigencias?

La pregunta por lo que buscamos no se escucha de una vez por todas, sino periódicamente, a lo largo de nuestro viaje al centro de nosotros mismos. Cada día, cada hora, cada minuto incluso está resonando. Si estamos atentos, la escucharemos siempre. De nuestra respuesta dependerá nuestro progreso espiritual. Avanzaremos si de verdad queremos estar con Él. Vemos en la medida en que vamos.

Los discípulos no le responden que buscan la iluminación, o la paz del mundo, o la plenitud personal... No dicen que quieren ser felices, solucionar sus problemas, contribuir a la justicia social o al bienestar común... Dan con la única contestación que un maestro puede aceptar de su discípulo: ¿dónde vives?, es decir, quiero estar contigo, te busco a ti, puesto que tú me vas a abrir el camino hacia mí mismo. Buscamos al maestro interior, buscamos al Señor de nuestra conciencia, buscamos el núcleo más profundo: es allí donde queremos vivir.

La historia de todo buscador espiritual comienza con un testimonio: oímos hablar a alguien sobre el silencio, por ejemplo, sobre sus beneficios y su poder transformador o sobre la compasión como sentido último de la vida; leemos un libro o un artículo que nos fascina o descoloca; conocemos a alguien que, por alguna razón, toca nuestro núcleo más íntimo; asistimos a un encuentro donde todo parece regirse por otra lógica... Un testimonio despierta en nosotros la inquietud y nos suscita la pregunta. Al principio preguntamos siempre desde la mente: preguntamos porque sospechamos que ese camino –el del espíritu–, tal vez podría abrirnos a algo diferente. También preguntamos porque tememos –y en el fondo deseamos– romper con lo que nos ha guiado hasta ese momento para abrirnos a algo más verdadero. Es así como comienza nuestra propia *biografía de la luz*. En esta fase inicial, más que al mensaje, solemos prestar atención al mensajero. En los comienzos, llama más la atención lo externo que lo interno: ¿Quién es este maestro?, nos preguntamos. ¿De dónde viene? ¿A qué secta o religión pertenece? ¿Qué experiencia le respalda? Necesitamos credenciales, tememos ser víctimas de un fraude más.

Los discípulos necios pasarán mucho tiempo formulando preguntas necias; hasta que no vayan al desierto, no escucharán la voz que acalla todas esas preguntas –tan mentales– y no obedecerán esa voz que dice: *Ven y lo verás*, ven y lo escucharás. Mira al profeta Elías, al apóstol Pablo, al misionero Claret, al ermitaño Charles de Foucauld...

A ese *¿dónde vives?*, Jesús no responde con un lugar concreto, sino con un imperativo *(venid)* y una garantía *(lo veréis)*. De lo que se trata, por tanto, es de ponerse en marcha, de empezar a caminar, de arrancar; luego vendrá la visión, la misión y todo lo demás.

Ponerse manos a la obra supone la superación de un primer obstáculo: ¿Yo? ¿Con lo que yo soy? ¿A estas alturas? Pero ¿puede salir algo bueno de mí?

Estamos infectados por el virus de la desconfianza: hemos vivido mucho y ya sabemos –o creemos saber– lo que las cosas pueden dar de sí. Ya me he visto en otras parecidas –nos decimos–, algo he aprendido del pasado, no me fío, no me quiero ilusionar...

Frente a todas estas reservas, tan paralizantes, sólo hay una respuesta: *Ven y lo verás*. Debes venir; de lo contrario, no podrás verlo. Si no te pones en movimiento, no hay nada que hacer. No te pido que creas, sino que te muevas. Sólo te pido que vengas y abras los ojos.

Cuando por fin cedo y voy, lo que veo –para mi decepción– es al hijo de José, del pueblo de Nazaret, es decir, una realidad muy concreta, prosa pura. Así que, si emprendes el camino espiritual no esperes ver fuegos de artificio ni milagrosas maravillas. Lo que vas a ver es lo que aparentemente ven todos. Ahora bien, si no te cansas de mirarlo, si mantienes la mirada, en ese hijo de José –y ésa es la cuestión– vas a ver a Aquel de quien escribieron la ley y los profetas. Vas a ver a Cristo en Jesús, tu alma en tu cuerpo, la poesía en la prosa. No te lo vas a inventar, lo vas a ver. Casi todo es invisible a primera vista.

Ver la ley y los profetas en Jesús, ver eso en alguien o en ti mismo, es ver la esperanza. La esperanza, como el amor, puede verse realmente. La esperanza no es ni mucho menos una simple idea o una mera ilusión –como piensan todos los que no la viven–, sino que existe en carne y hueso en algunos hombres y en algunas mujeres.

Tú no eres, desde luego, un fenómeno aislado, sino que hay una ley y unos profetas dentro de ti, es decir, un pasado prometedor y, por ello, un futuro que cumplir. Hubo personas que creyeron en ti, quizá fuiste el sueño de algunas (de tus padres, de tus amores…), levantaste un mundo de sentimientos y emociones, acaso algunos turbios o inmanejables, pero seguramente también loables y hermosos. De ti salió algo bueno, recuérdalo siempre. Ven y verás cómo puede seguir saliendo de ti la belleza y la bondad.

Esta lección de vida se la da Felipe a Natanael, un discípulo a otro, dos compañeros: Felipe ha visto y ha oído; por eso ahora es testigo. La esperanza depende del testimonio. Pasa de persona a persona, es una transmisión, una tradición, un relevo. La fe llega por el oído, por la vista, por una relación. Alguien te invita y tú vas. Escuchas algo y te fías. Ves y comprendes que ahí hay algo que es de verdad. No hay espiritualidad que no pase por los sentidos.

¿De Nazaret puede salir algo bueno? Ésta es una pregunta que –aunque no lo sepas– te formulas de un modo u otro cada día. ¿Puedo dar algún fruto todavía? ¿Sirve para algo lo que hago? ¿Tiene sentido que aún esté aquí, entretenido con esto que tengo entre manos?

Todos necesitamos escuchar que Jesús es el Cristo, es decir, que cualquiera, tú mismo, aunque no lo creas, eres luz. Que la realidad no es sólo lo que parece. Que nuestros padres –esa ley interior– nos dejaron un legado que podemos desplegar. Que nuestros sueños –el profeta que tenemos dentro– no andaban, después de todo, tan desencaminados. De Nazaret, esto es, de lo que somos, puede salir definitivamente algo muy bueno.

24. La aventura
Poner el corazón en su sitio

> *Vio Jesús a un hombre llamado Mateo, sentado a la mesa de los impuestos. Le dice: Sígueme. Mateo* SE LEVANTÓ Y, DEJÁNDOLO TODO, FUE TRAS ÉL. (Mt 9, 9)

El funcionario Mateo fue mirado por Jesús. Eso bastó para que su vida diera un vuelco. No es posible permanecer igual tras haber experimentado una mirada que no atiende a lo externo o circunstancial, sino que sólo mira tu interior, a quien realmente eres. Una mirada así, tan desprejuiciada, es la que todos deseamos siempre y la que tan pocas veces se nos concede. Es una mirada tan libre de prejuicios que no hace acepción de personas: prescinde de la condición social, sexual, económica, cultural, ideológica y religiosa, puesto que sólo atiende al corazón. ¿Es capaz alguien de mirar así?

Jesús miraba así y Mateo lo experimentó, cambiando de inmediato el rumbo de su corazón y colocándolo repentinamente en su sitio. Fue un instante, bastó un instante. Basta un segundo para la iluminación y para que la propia vida se parta en dos. Hay un antes y un después de esa mirada. Un antes y un después de Jesucristo.

Mateo no sólo se dejó mirar por Jesús, sino que también escuchó su voz. Oyó una palabra, un imperativo: *¡Sígueme!* Y *dejándolo todo* –se nos cuenta–, *fue tras él*, subrayando su obediencia inmediata, sin fisuras. A nosotros, todo esto nos parece poco menos que inverosímil. ¿Puede una palabra, sólo una, cambiar radicalmente la senda de un hombre?

Nosotros reflexionamos tanto que conseguimos que el pensamiento nos paralice. A lo que aquí estamos asistiendo, sin embargo, es a un hombre que se ha levantado (este verbo es importante: levantarse) y que ha dejado para siempre lo que tenía entre manos. Imagino con nitidez las monedas sobre la mesa del cambista, algunas apiladas en ordenadas torres, otras desparramadas... También veo los billetes, doblados y precintados en fajos de distinto color. Todo ese dinero, poco antes tan custodiado, ha perdido ahora por completo su valor.

Se desvirtúa el evangelio cuando se arguye que una radicalidad semejante no es para todos, sino sólo para sacerdotes y consagrados. *Sígueme*, sin embargo, no significa más que «te invito a la vida»; y la vida, ciertamente, es para todos. Te invito a que no pongas resistencias a lo que sucede, a que no te apegues a las cosas, a que te relajes y acojas lo que viene. Ésa es siempre la única invitación: Ven, únete.

Tal es la autoridad con que Jesús se ha dirigido a él, tal su poder de persuasión, que Mateo no duda: abandona todo lo que ha estado haciendo hasta ese momento y empieza una vida nueva y una vida verdadera. Se ha tirado de cabeza a la piscina, se ha lanzado a la aventura. Esta inmediatez irreflexiva y visceral es lo que no entendemos y lo que nos asusta; pero eso es porque no hemos sentido la mirada previa que la posibilita. Ante un verdadero maestro, si estás abierto, lo natural es obedecer, por difícil que desde fuera pueda resultar lo que se te ordene.

¿Quién es este hombre que llama así, tan taxativamente? Nosotros lo divinizamos o lo humanizamos demasiado, no nos hacemos cargo. No nos damos cuenta de cómo resplandeció por su sobrecogedora integridad, por su simplicidad y lucidez, por su llamativa ternura y por su insobornable autoridad. Escuchaba y tocaba a quienes le rodeaban. Su mera presencia resultaba sanadora. ¿Quién es éste?, se preguntaron muchos de los que se cruzaron con él. ¿Cómo es que habla con tal autoridad? La luz que Jesús irradiaba a su paso fascinó a muchos, que le siguieron, pero también molestó a otros. No fue definitivamente alguien que resultara indiferente: o estabas a su favor o en su contra. Era una pregunta viva, una interpelación directa. Entre lo exterior y lo interior, en él no había fractura: ésa era su provocación.

¡Sígueme! Y dejándolo todo fueron tras Él. Empezaba entonces para los discípulos –para ellos y para todos los que vendrían después– la gran aventura.

25. La felicidad
Etapas del camino espiritual

BIENAVENTURADOS LOS POBRES DE ESPÍRITU, *porque de ellos es el Reino de los cielos. Bienaventurados los que lloran, porque ellos serán consolados. Bienaventurados los mansos, porque ellos poseerán en herencia la tierra. Bienaventurados los que tienen hambre y sed de justicia, porque ellos serán saciados. Bienaventurados los misericordiosos, porque ellos alcanzarán la misericordia. Bienaventurados los limpios de corazón, porque ellos verán a Dios. Bienaventurados los que buscan la paz, porque ellos serán llamados hijos de Dios. Bienaventurados los perseguidos por causa de la justicia, porque de ellos es el Reino de los cielos. Bienaventurados seréis cuando os injurien, os persigan y digan toda clase de mal contra vosotros por mi causa. Alegraos y regocijaos, porque grande será en los cielos vuestra recompensa, pues así persiguieron a los profetas que hubo antes que vosotros.* (Mt 5, 3-12)

Tras llamar a sus discípulos, Jesús sube con ellos a una montaña. Lleva ya algún tiempo como profeta y curandero, pero él se sabe también maestro y, como tal, necesita y quiere ofrecer sus enseñanzas. La gente ha ido poco a poco tomando asiento en la ladera; el puñado de sus discípulos, en una tribuna preferente, le rodean en una especie de cátedra improvisada.

Como un nuevo Moisés, Jesús comienza entonces a pronunciar el llamado *Sermón del Monte*, que es algo así como su autorretrato: una detallada descripción de las distintas etapas de su propio camino espiritual (pobreza, llanto, mansedumbre, justicia, misericordia, pureza, paz, persecución y alegría). Las bienaventuranzas son también, por extensión, una descripción de sus discípulos y seguidores. Porque ellos son, al fin y al cabo –o al menos deberían ser–, los mansos, los puros, los alegres, los pacíficos... Ellos son los llamados, en medio de las contradicciones de este mundo, a llevar adelante una *biografía de la luz*, planteada desde el principio como una inversión de los valores socialmente aceptados.

Al leer las bienaventuranzas como las nueve fases de un recorrido místico –cuya última meta es Dios mismo–, se constata cómo cada una de ellas está trabada con la siguiente y con la anterior, y cómo todas juntas conforman un conjunto muy revelador. Sólo así, entendidas como un itinerario formativo o como un programa de vida, pueden entenderse en plenitud. *Venid y lo veréis*, había respondido Jesús a quienes querían seguirle. Ahora, a quienes han acudido, va a mostrarles adónde pretende conducirles.

Bienaventurados los pobres de espíritu, porque de ellos es el Reino de los cielos. La primera bienaventuranza no es sólo la primera, sino la esencial: aquella en la que se resumen y condensan todas las demás. Según Jesús, son felices quienes no se apegan a las cosas, personas, ideas, creencias, proyectos, recuerdos... Son de verdad felices quienes no viven desde la seguridad que todos estos bienes del mundo pueden proporcionar, sino desde la confianza en que cada día trae lo que se necesita y más. Esta confianza es la raíz de la felicidad.

No tener previsión para el día de mañana y vivir completamente inmerso en lo que traiga cada día es, desde luego, una disposición muy difícil. Como también lo es no agarrarse a ningún planteamiento teórico ni a ninguna práctica concreta: a nuestra visión del mundo, por ejemplo, o a nuestro estilo de vida, a nuestra experiencia de Dios, a nuestros hábitos más arraigados... Porque todo eso forma parte de nosotros hasta tal punto que nos identificamos con ello, lo que significa que sentimos que la vida nos va en ese asunto, que ésa es nuestra identidad.

El vacío (ésta es la propuesta, aparentemente loca de Jesús) se erige aquí como la senda para la plenitud. Pero hay vacíos y vacíos, por supuesto; y algunos de ellos son tan oscuros y fríos que conducen a sentimientos muy cercanos a la desesperación.

En esta bienaventuranza de la pobreza puede resumirse, seguramente, todo el cristianismo. De ahí que se haya escrito tanto sobre sus posibles significados.

Bienaventurados los que lloran, porque ellos serán consolados. Es necesario llorar por todo lo que nos hace sufrir y por todo lo que hacemos sufrir a los demás. Por las injusticias, pérdidas y enfermedades que padecemos, pero también por nuestros errores, nuestra cerrazón y nuestro egoísmo estructural. Por el horror o la banalidad que sembramos sin darnos cuenta. Llorar nos purga, nos redime y nos sitúa en una visión certera. Llorar forma parte del proceso de la clarividencia, puesto que supone sacar las penas fuera, impidiendo que permanezcan dentro y que nos amarguen o envilezcan. Llorar es dar cuerpo físico a una tristeza, permitiendo que el alma drene. Desatamos así el nudo con que el sufrimiento suele amarrarnos el corazón, dejándolo amordazado y entumecido.

Es triste llorar por lo sufrido, pero más triste es no llorar en absoluto, pues eso significa que no se ha amado. Quien llora, expresa desesperadamente su amor: su amor a la vida, a sí mismo, al ser que ha partido, a la luz ensombrecida por la adversidad… Quien llora, suelta su dolor, y es así como se consuela. Lo deja ir. Permite que fluya y que no se estanque.

No podemos tomar consciencia de lo que hay y no llorar. Pero llorar no es, desde luego, lloriquear o quejarse lastimeramente, sino descubrir que formamos parte de ese cuerpo doliente que es la historia. Quien está despierto y llora, descubre que en el fondo de cada llanto resuenan todos los llantos de la humanidad. Éste es el punto, ésta es la consolación. Darse cuenta de que en la herida propia resuena la del mundo nos saca del pozo del propio dolor abriendo una ventana a la compasión.

Por eso, quien no llora es simplemente un egoísta que no quiere compartir su pena. Es un soberbio que no quiere que se sepa que está en el mismo barco que los demás. Quien no llora no armoniza lo de dentro con lo de fuera, sino que ensancha el abismo de la separación. Llorar es comulgar sensible y dolorosamente con el mundo. Nunca podremos sentirnos verdaderamente acompañados si encapsulamos nuestro dolor y no consentimos que se exprese.

Bienaventurados los mansos, porque ellos poseerán en herencia la tierra. Manso es quien ha llorado tanto que ha limpiado sus ojos y, finalmente, ve la realidad. Manso es quien, en virtud de esa purificación e iluminación, permite que la realidad sea lo que es. Manso es quien no impone su criterio –pretendiendo que todo se ajuste a lo que, según él, deberían ser las cosas. Manso es quien ha entendido la no-violencia, la no-resistencia, quien fluye con el agua de la vida, dejándose conducir allá donde la corriente le lleve.

Cristo es el manso por excelencia. No se trata de sumisión o de cobardía, sino de saber que la realidad pone todo en su sitio antes o después. De saber que la lucha genera siempre más lucha. El poder de la mansedumbre consiste en recibir la vida así como viene, para luego, tras haberla trabajado por dentro y haberse dejado trabajar por ella, devolverla al mundo.

Lo que se promete a los mansos es que heredarán la tierra. No puede ser de otro modo, puesto que sólo ellos la acogen tal cual es. Cuando veas de verdad, te darás cuenta de que tú eres eso que estás viendo. Esto es a lo que apunta la mansedumbre, que hoy preferimos designar con el término *aceptación*.

Bienaventurados los que tienen hambre y sed de justicia, porque ellos serán saciados. Sólo cuando te das cuenta de que esta tierra es efectivamente tuya (de que tú eres eso), te dolerá –¡y cómo!– la injusticia que reina en ella. Tanta más luz tengas, tanta mayor consciencia tendrás de la oscuridad. Sólo la visión de nuestras propias sombras nos da la visión justa de las ajenas. (Y sólo la visión de las sombras ajenas nos da la visión justa de las propias.) El hambre de justicia es el deseo de que todas las cosas sean lo que tienen que ser. Esta bienaventuranza habla de la imposibilidad de ser feliz en medio de la infelicidad ajena. Y de la plenitud que experimentamos –en medio de la zozobra– cuando nos ocupamos de aliviar las penurias de quienes nos rodean.

Bienaventurados los misericordiosos, porque ellos alcanzarán la misericordia. Misericordia significa tener la miseria ajena en el propio corazón: no olvidarse de ella y, más que eso, hacerla propia para que sea menos dolorosa para quien debe padecerla. Esta bienaventuranza se dirige a quien se pone en acción para que esa justicia se realice, cargando él mismo con la injusticia. El único modo para descubrir que tenemos corazón (para alcanzar misericordia) es meter a los demás en el propio corazón. Es imposible que un corazón que está en su sitio no sea solidario. Pero no es posible meter a los otros en el propio corazón sin haberlos perdonado y sin habernos dispuesto para que nos perdonen. Perdonar es la clave.

Perdonar primeramente a nuestros padres, por el inmenso mal que nos hicieron sin darse ni cuenta. Perdonar a nuestros maestros y profesores, sobre todo por su incompetencia, pero también por su dejación y crueldad, vengándose en nosotros de su frustración. Perdonar a nuestros amigos –también a ellos–, puesto que a menudo no fueron verdaderos amigos. Y a nuestros hermanos de sangre, porque compitieron incansablemente contra nosotros. A nuestras parejas, cónyuges o amantes, porque llamaron amor a lo que no era amor. O porque permitieron alevosa o estúpidamente que una historia amorosa se malograra. Perdón para nuestros compañeros o colegas, puesto que hicieron lo imposible para que no brillásemos. A nuestros hijos, que reprodujeron con sobrecogedora fidelidad nuestros defectos. A nuestros discípulos, que nos traicionaron uno tras otro. A nuestros enemigos, que se ensañaron contra nosotros, poniendo nuestra alma en peligro. Es urgente que perdonemos a nuestros gobernantes por su egoísmo, por su torpeza, por su vanidad. Que perdonemos a nuestra comunidad religiosa por su indiferencia, por su intolerancia, por su frivolidad. Que sobre todo nos perdonemos a nosotros mismos, principales causantes de todos nuestros males. Perdonarse a uno mismo supone dejar de juzgarse, de condenarse, de sacarse punta; supone dejar de exigirse, de mirar insistentemente al pasado, de figurarse una y otra vez cómo podría haber sido todo. Perdonarse a sí mismo es reconciliarse con lo que uno ha sido y es.

Hasta que no se perdone absolutamente todo, no hay nada que hacer. Perdonarle todo incluso a Dios, que ha pensado para nosotros algo que no entendemos y que nunca habríamos elegido. Perdonarle incluso Su amor, ante el que nos sentimos abrumados. Lo que más dificulta nuestro camino espiritual es justamente no perdonar. Por eso, si tenemos algo contra alguien, o alguien tiene algo contra nosotros, lo primero de todo es hacer las paces. Deja ya de leer esta página y ponte a perdonar. Si perdonas, antes o después serás perdonado, quizá de la forma más insospechada. Perdonado al fin, estarás limpio; y sólo el limpio puede ver a Dios.

Bienaventurados los limpios de corazón, porque ellos verán a Dios. Dios es lo que se ve cuando uno está limpio. Suena duro decirlo así, pero el ateísmo y el agnosticismo son, desde esta perspectiva, el resultado de nuestra suciedad. ¿Y qué es lo que se ve cuando nos limpiamos? Lo que se ilumina… ¡es el mundo! Es la luz del mundo, que por fin puedes distinguir, la que te hace comprender que estás iluminado. Iluminarse es tomar consciencia de la luz que hay.

Luz también para el propio pasado: no se trata simplemente de dejarlo atrás; tampoco de volver obsesivamente sobre él, extrayendo de lo vivido quién sabe cuántas enseñanzas. Se trata de amarlo, de reconciliarte con lo que has sido para otros y con lo que otros fueron para ti. Se trata de comprender el vínculo entre lo que fuiste y lo que eres, entre lo que eres y lo que probablemente serás. Sin heridas al fin, reconciliado gracias a esa luz purificadora, lo que se ve es a Dios, puesto que Dios es la salud misma. Sin oscuridad, la luz sólo puede ser una evidencia.

Bienaventurados los que buscan la paz, porque ellos serán llamados hijos de Dios. Purificado e iluminado al fin, irradiarás paz. La paz es armonía contigo mismo y con el mundo. No se trata aquí de la simple calma o tranquilidad que dimana de la inacción, sino de la acción-pasión justas: recibir lo que realmente hay y hacer lo que uno debe nos otorga el don de la paz.

De modo que no todo termina ni mucho menos con la iluminación. Con ella más bien comienza la misión de irradiar y de construir un mundo en paz. Construir la paz es una tarea social y política (algunas traducciones hablan aquí de artesanos o albañiles de la paz, sugiriendo cómo la paz comporta el sudor de la frente y el del alma). Pero también y sobre todo es una misión espiritual: hacer descubrir la paz que hay dentro de nosotros, hacer ver que esa paz proviene de la experiencia de ser hijos, es decir, de que podemos confiar puesto que el universo entero está a nuestro favor. Quien ve a Dios está en paz, y el pacificado es un espejo de Dios.

Bienaventurados los perseguidos por causa de la justicia, porque de ellos es el Reino de los cielos. A primera vista resulta extraño que quien está lleno de paz sea perseguido por la justicia. Pero la causa de Dios siempre agoniza en este mundo, que devora todo lo que siente como amenaza a su mundanidad. Así ha sucedido con buena parte de los justos que han vivido y luchado sobre la tierra: fueron condenados y ejecutados, como el propio Jesús.

Las personas luminosas y pacíficas son toleradas sólo cuando no hacen ruido. Los santos están siempre de hecho al borde del martirio. No hay iluminado que no haya sido criticado o puesto en ridículo. La mayoría de ellos fue calumniado y vejado: la paz con que soportaron esas mofas, calumnias y vejaciones es el mejor signo, precisamente, de su santidad.

Toda la sociedad suele ensalzar con el tiempo lo que antes, a veces escandalosamente poco antes, ha denostado. Por eso, mantenerse fieles a la propia visión, por encima de las conveniencias o de las modas, es la mejor prueba de la dignidad personal. Esa dignidad à prueba de bomba es ya un germen o anticipo del Reino. El santo se mantiene en su camino, haciendo oídos sordos tanto a las críticas como a los halagos. Sabe que los insultos le fortalecerán y que las mentiras se desvanecerán. Sabe que su buen nombre o prestigio no tiene la menor importancia. Los golpes que recibe le curten, esto es, le alejan de lo efímero y le aproximan a lo esencial. Nadie puede detenerle, puesto que posee una fuerza que desconoce el mundo. Tiene su punto de mira en la diana hacia la que se encamina; todo lo demás, para él, es nada.

Bienaventurados seréis cuando os injurien, os persigan y digan con mentira toda clase de mal contra vosotros por mi causa. Alegraos y regocijaos, porque grande será en los cielos vuestra recompensa, pues así persiguieron a los profetas que hubo antes que vosotros. Resulta muy extraño que, en medio de la mofa y el escarnio, en medio de la marginación o del acoso, pueda uno, según Jesús, sentirse alegre. Es así, misteriosamente es así: nos hacemos fuertes ante la incomprensión y violencia de los demás. Esa fortaleza ante la persecución y la injusticia proporciona a quien la experimenta una paradójica alegría. Esta comunión en el dolor, este compartir el mismo destino que su maestro, el injuriado y flagelado por excelencia, suscita en quienes llegan a esta novena etapa del camino esa inequívoca alegría que sólo puede dar el amor. No se trata de masoquismo. Amar es querer vivir lo que vive el otro, ser el otro, unirse a su suerte hasta hacerla propia. Esto se conoce como la alegría del ser: de ser por fin lo que se es, de parecerse, tras mil y un ensayos, a lo que Dios había pensado para nosotros.

Ni decir tiene que todo este camino, con cada una de sus etapas, nos produce una fuerte resistencia interior. Porque nosotros quisiéramos vivir y disfrutar, eso nos parece lo natural, lo debido incluso. Pero aquí hay una propuesta clara y articulada que va más allá de todo eso, contraviniendo la opinión dominante y el sentir general.

Quien se vacía de sí mismo, llora; quien llora, limpia sus ojos y ve la realidad; quien ve mansamente lo que hay, ve también la sombra y la injusticia; quien ve esa sombra e injusticia, puede cargarla compasivamente y perdonarla; quien perdona, se limpia; quien se limpia, está por fin en paz; el pacífico participa del destino de su maestro; esta comunión de destinos, como bien saben quienes la han vivido, conduce a la beatitud.

Bienaventurados los que van al desierto; los que cuidan su cuerpo; los que entran en su cueva; los que vacían su mente; los que entregan su ego; los que descubren su yo; los que atraviesan sus sombras; los que se saben unidos; los que vuelven al mundo con lo único que el mundo necesita: compasión.

26. La oración
Retirarse, relajarse y recogerse

Cuando oréis, no hagáis como los hipócritas, que aman rezar de pie en las sinagogas y en las esquinas para exhibirse a la gente. Os aseguro que ya han recibido su paga. Cuando tú vayas a rezar, entra en tu cuarto, cierra la puerta y reza a tu Padre en secreto. Y tu Padre, que ve lo escondido, te lo pagará. CUANDO RECÉIS, NO DIGÁIS MUCHAS PALABRAS, como los paganos, que piensan que a fuerza de palabras serán escuchados. No los imitéis, pues vuestro Padre sabe lo que necesitáis antes de que se lo pidáis. (Mt 6, 5-8)

Uno de los rasgos más característicos de Jesús era su voluntad pedagógica, de maestro, y ello casi desde el principio de su vida pública. Jesús entendió enseguida que, además de anunciar, debía enseñar. Al gentío que se congregaba cuando llegaba a una población le ofrecía discursos o sermones, pero a quienes veía más interesados se los llevaba a un aparte y los aleccionaba más despacio. Conforme pasó el tiempo, sobre todo a partir de que su mensaje comenzará a chocar con los fariseos, Jesús se circunscribió a círculos pequeños.

Tras la proclamación de las bienaventuranzas, Jesús quiere hacer comprender que esa auténtica humanidad de la que ha hablado sólo es posible a partir de Dios. Que ser persona consiste sustancialmente en relacionarse con Dios, y que Dios habita en nuestro interior.

Las enseñanzas de Jesús sobre la oración fueron casi siempre breves y sencillas, en el sentido que todos podían entender lo que decía, si bien a distintos niveles de profundidad. Eran mensajes y parábolas que, por lo general, engarzaban con situaciones concretas que todos podían identificar sin dificultad. Él no solía argumentar o elaborar teorías. Más bien al contrario. Partía siempre de alguna imagen, era un artista. Los lirios del campo, por ejemplo, o un banquete de bodas. La limosna en el cestillo del templo. Los capisayos de los doctores. La moneda perdida. La simiente del grano. El labrador y sus hijos. Los pájaros, el manto, la levadura, las redes en la orilla... Todas sus palabras eran imágenes; es por eso que su predicación no se olvidaba fácilmente y ha podido pasar a la posteridad.

No es que Jesús buscase con qué comparar el Reino de Dios –que era de lo que siempre hablaba. Más bien cabría decir que veía ese Reino en la red, en la moneda, en la simiente, en la boda, en las barcas que salían a pescar... Veía en todas esas formas el fondo de la cuestión, y luego, entusiasmado, lo contaba con tal vivacidad que contagiaba a muchos de su visión. Veía un árbol y en el árbol –no detrás de él– veía la vida. O veía un pájaro y ese pájaro... ¡era la vida misma! Todas las criaturas estaban para él tan vivas que traslucían a su Creador. El mundo era para él un espejo del amor y él, simplemente, lo relataba.

Todos necesitamos relatos así, tan transparentes: historias que nos ayuden a ver las cosas de nuevo como son. Como seguramente las veíamos cuando éramos niños. Imágenes que hagan patente que Dios no está lejos o fuera, sino dentro y aquí.

La oración, según Jesús, es un asunto privado que tiende a desvirtuarse cuando se realiza en público. Porque en público somos vistos, y entre ser visto y desear ser visto –es preciso reconocerlo– hay a menudo una frontera muy fina. La oración debe ser pura, es decir, limpia del deseo de ser tenidos en consideración. Si en la oración nos condiciona qué es lo que pensarán otros al vernos, si nos enamoramos de la imagen de nosotros mismos haciendo oración, entonces ya hemos recibido nuestra paga. Sólo si nos aseguramos que nadie nos observa tendremos la certeza de estar expuestos a una mirada única. No pretendas, pues, tener la atención de Dios cuando lo que buscas es la de los hombres.

También Buda dejó el palacio de sus padres y cruzó a la otra orilla en soledad. Abandonó el espacio común para encontrar el propio. Y se rapó el pelo para simbolizar este tránsito.

La primera y revolucionaria conclusión de este novedoso planteamiento de Jesús es que la oración no necesita templos o iglesias, puesto que el templo somos nosotros mismos: nuestro cuerpo es el santuario donde se produce eso que llamamos oración. Es en el cuerpo donde se verifican las aventuras del alma.

Si para orar no es preciso el templo –segunda conclusión–, tampoco son necesarios los sacerdotes y la asamblea. El culto y el rito exigen de templos, sacerdotes y asambleas, pero no así la oración, que reclama, por contrapartida, un espacio y un tiempo secretos, privados, íntimos… Cerrar la puerta es capital. La puerta se cierra a lo de fuera para que pueda abrirse a lo de dentro. No hay de qué extrañarse: la relación entre el amado y la amada exige intimidad.

Mateo recoge las claves que Jesús ofrece para conseguir esa intimidad. Primera: entrar en el aposento. Segunda: cerrar la puerta. Y tercera: orar al Padre.

La primera clave se refiere al cuerpo: entra en tu propio cuerpo, contáctalo, sé consciente de él recorriéndolo de arriba abajo, ayudándote para ello de la respiración.

La segunda clave apunta a la mente: cierra la puerta a los sentidos, aparta los estímulos externos, sosiega tu pensamiento y no te aferres a tus imágenes interiores.

La tercera, por último, atañe al espíritu: ora al Padre, es decir, escucha y mira, permite ser mirado y escuchado. No mires ni escuches hacia fuera –el mundo– ni hacia atrás –el pasado–, sino hacia dentro y hacia Él, que al final viene a ser lo mismo. Si vas adelante por esta senda, llegará el punto en que no debas escuchar ni mirar en absoluto, sino sólo estar ahí, ser con lo que hay. Y, más adelante todavía, el punto en que serás el oído y la mirada misma.

En la habitación silenciosa de tu cuerpo aquietado y de tu mente silenciada está esa Fuente que te saciará si vas a ella como peregrino.

Hay una última advertencia de Jesús, de no poca importancia: orar –asegura– no consiste en hablar ni en pedir mucho. Porque las palabras, cuando no nacen de lo profundo, tienden a interferir en el flujo de la vida hasta bloquearlo; y porque cuando pedimos es siempre porque tenemos algún interés personal. La oración no va por ahí. Es así como en lugar de ser un medio, las palabras puedan convertirse a menudo en un obstáculo, a veces insalvable.

El silencio, por contrapartida, carente de ideas y de emociones, es el marco en que escuchamos y somos escuchados, en que miramos y somos mirados; y en eso, precisamente, consiste la oración. El silencio nunca puede ser un obstáculo, es demasiado discreto y desnudo como para poder obstaculizar nada. El silencio es estructuralmente humilde. Nadie puede enorgullecerse por callar mejor que otro. Por eso mismo el silencio es el ámbito en el que el espíritu puede revelarse con mayor claridad.

Ese espíritu lo podemos llevar continuamente con nosotros: no es preciso estar siempre en el acto de orar, podemos ser oración, incorporarla por medio de la consciencia, de modo que todo lo que hagamos o digamos sea en espíritu y verdad, esto es, un homenaje a la vida.

27. El padre
Todo es uno y ese uno es amor

Padre nuestro que estás en los cielos, SANTIFICADO SEA TU NOMBRE; VENGA TU REINO; HÁGASE TU VOLUNTAD *así en la tierra como en el cielo. Nuestro pan cotidiano dánosle hoy; y perdónanos nuestras deudas, así como nosotros hemos perdonado a nuestros deudores; y no nos dejes caer en tentación, mas líbranos del mal.* (Mt 6, 9-13)

La oración silenciosa no siempre es fácil y, con frecuencia, para alimentar la intimidad con lo trascendente necesitamos del soporte de algunas palabras e imágenes. En este sentido, la plegaria comunitaria y oficial puede apoyar y acompañar la más íntima o personal.

Cuando es preguntado a este respecto, el propio Jesús enseña a sus discípulos el modo más apropiado para dirigirse a Dios. El Padrenuestro ha sido tan reverenciado a lo largo de la historia que, en la liturgia, suele venir precedido por la expresión «nos atrevemos a decir». Esto revela hasta qué punto ha sido la Iglesia consciente de la familiaridad que Jesús propone para el trato con Dios y, consiguientemente, de la osadía que supone recitar esta plegaria.

Cuando oréis –comienza diciendo Jesús (es decir, cuando queráis contactar con lo más íntimo de vosotros mismos)–, decid *Padre*. Éste es el orden correcto para comenzar un itinerario místico, Él tiene la prioridad. Claro que decir que Dios es Padre es, evidentemente, una metáfora: la imagen que utiliza Jesús para iluminar la invisibilidad de Dios. Decir Padre es tanto como, por expresarlo metafóricamente, apuntar a una fuente o a un manantial del que brota todo. Por expresarlo conceptualmente, decir Padre es creer que tener confianza es algo sensato, no un mero deseo de bien o un loable acto de la voluntad. En lo que se confía al orar y al llamar a Dios así es en que el universo no es neutro –ni mucho menos adverso– a nuestro destino, sino que está decididamente a nuestro favor. El creyente que tiene esta experiencia la formula diciendo que Dios le cuida. Que no es un Dios vengativo o justiciero, sino más bien materno, atento y acogedor.

La disyuntiva que se le presenta a quien mira más allá de lo inmediato es entre el destino ciego o la providencia, entre el designio o el azar, la casualidad o la causalidad. Aunque todos estemos un poco en los dos bandos, dependiendo del momento y de las circunstancias, lo cierto es que es muy diferente vivir creyendo que en el origen está el amor o que no hay nada.

Un hijo es aquel que se sabe engendrado y cuidado por unos padres. De forma análoga, la persona contemplativa sabe (lo constata cuando contempla) que el fundamento de su ser no está en sí mismo, sino en algo más grande que él mismo: el Ser, con mayúscula (que la tradición cristiana llama Padre). Sentirse cuidado por el universo (no dejado de la mano de Dios), conduce necesariamente a la humildad: el principio de todo no eres tú, hay Algo-Alguien que te precede y sostiene. La humildad es, pues, el punto de partida de la oración. De cualquier forma de oración. Al tomar conciencia del desajuste entre nuestro modo de vivir y lo que de hecho somos, se conjuran humildemente todas las fuerzas para salir de esa paradoja; y es así como comienza una *biografía de la luz*. Amar es la dinámica entre el dar y el recibir, pero el recibir tiene la prioridad: primero se recibe el amor (de Dios, de la vida, del universo –que nos crea y cuida–) y sólo luego podemos devolverlo, posibilitando su circulación.

Por eso, no es casual que de las siete peticiones que contiene el Padrenuestro, las tres primeras se dirijan a Dios, y sólo después se orienten las cuatro últimas a nosotros, siempre atribulados y necesitados de ayuda. Ser Dios significa precisamente que la primacía le corresponde a Él, que Él es el soberano (si bien esa preeminencia y soberanía no es, ciertamente, como la entiende el mundo). De modo que lo primero es el Reino y su justicia –así lo decía Jesús–, lo demás viene (más tarde y) por añadidura (Mt 6, 33). Sin Él, nada es bueno, nada es. Éste es el abc del monoteísmo: la confianza en que todo es uno y en que ese uno es amor.

En sus enseñanzas, Jesús no dice que a Dios haya que llamarle simplemente Padre (origen, manantial, principio...), sino Padre *nuestro*. Si hay un Padre común (una Fuente del ser), la conclusión es que todos somos hermanos (y ello con independencia de que seamos o no conscientes de esta fraternidad universal). Que la palabra *Padrenuestro* se escriba toda seguida significa que la experiencia de Dios como Padre y la del prójimo como hermano es en esencia la misma: descubrirse unido a Dios es descubrir que todos somos una familia.

Claro que hoy hemos *matado* a nuestros padres y profesores, nos hemos independizado de ellos, poniendo en crisis la institución familiar y cualquier principio de autoridad. La consecuencia es que casi nadie se siente en estos tiempos hijo o discípulo, es decir, que apenas existe un verdadero reconocimiento de la sabiduría de nuestros mayores. Más que al pasado –que enterramos con facilidad–, la mirada se dirige hoy hacia el futuro, en especial hacia los nuevos descubrimientos científico-técnicos, que presumiblemente nos conducirán a una vida mejor. Hoy se asocia ser hijo o discípulo con depender más que con amar. Pero si no somos hijos, lo cierto es que no podemos, evidentemente, ser hermanos. Y es así como el olvido del origen nos convierte en una

sociedad que se precipita hacia el futuro a un ritmo creciente y vertiginoso. Esto es lo que nos incapacita para ver y
escuchar de verdad, y para sentir y comprender que todos
somos uno porque todo empezó con Uno.

Aclarado el horizonte y sentido de la oración (*Padre* –esto
es, Dios–, y *nuestro* –humanidad–), esta plegaria dibuja la
trayectoria y los efectos de la meditación. Vamos a verlo.

Lo primero es *santificar el nombre*, es decir, adorar o
rendir culto a Dios. Santificar significa reverenciar, postrar-
se en señal de respeto, inclinarse ante el misterio. Al incli-
narme, mi cuerpo le informa a mi alma de cómo en ese
momento no pretendo comprender, y mucho menos mani-
pular, sino simplemente reconocer y agradecer. Reconocer
y agradecer es siempre la actitud más sabia ante la realidad.

Los meditadores cristianos adoran mediante la recitación de un mantra, con frecuencia el nombre de Jesús o la
palabra *Maranathá* (entre otros mantras posibles). Tener
un nombre para Dios, por definición el innombrable, nos
da la posibilidad de dirigirnos a Él. Claro que no se trata
de un nombre cualquiera o inventado, sino de un nombre
que se nos ha dado: *Padre* es el nombre que da Jesús, posibilitando de este modo que su misterio nos resulte más
accesible.

Ahora bien, quien se hace accesible se hace también vul-
nerable. Es lo propio y lo arriesgado de una relación: que lo
que una parte diga o haga, o simplemente lo que sea, influ-
ye en la otra. Al nombrar a los animales –tal y como se
cuenta en el Génesis–, Adán los incluye en su mundo. Al
nombrar a Dios –tal y como Jesús invita a sus discípulos–,
incluimos a la divinidad en lo humano. Pero hay una diferencia: aunque todas las personas tengamos un nombre, lo
cierto es que todavía no somos ese nombre del todo. La
fractura entre lo que somos de hecho y nuestra voz interior
–aquello que estamos llamados a ser– no está del todo sal-

vada. En Dios, en cambio, el nombre y su persona coinciden. Él es plenamente su nombre y, por eso mismo, a la hora de definirse, puede decir, simplemente, «Yo soy». Para Él no hay diferencia entre el yo y el soy, el yo es soy. Ser en acción presente es su identidad. Dios es el que es, por eso podemos encontrarlo. Sin Él, con lo que nos encontramos es con que no somos. Es muy difícil vivir sin ser, es una contradicción que nos hace sufrir lo indecible.

Lo extraordinario del camino místico es que santificando Su nombre es como encontramos el nuestro. Su nombre es la llave mística que abre el mundo, también el mundo de nuestra identidad. Así que el nombre es la puerta del Reino.

Con la petición *venga tu Reino* lo que se está pidiendo es entrar allí donde Él es Rey, es decir, donde no hay fractura ni división, donde resplandece la unidad. Decir *venga tu Reino* significa que el Reino debe ser invocado, que no se realiza sin nuestra participación.

El Reino de los cielos es, pues, el escenario de su voluntad: allí donde todo y todos están ya transformados. En ese Reino no hay nada que hacer, sólo ser. Lo que se pide en el Padrenuestro es que lo de aquí –lo terreno– sea como lo de allí –lo celeste–, que no haya separación entre lo de arriba y lo de abajo. *Que se haga tu voluntad* es tanto como decir: moldéame cuanto sea necesario para que pueda hacer la aventura de la unidad.

El pan nuestro de cada día, dánosle hoy. Al igual que a la palabra *Padre*, a la palabra *pan* sigue el término *nuestro*, lo que significa que también pedimos pan para los demás.

Pedimos el pan para nuestra supervivencia y para nuestra transformación, pero –¡atención!– sólo el pan que hoy estamos en condiciones de recibir. Porque si recibiéramos el pan de mañana –como tantas veces pretendemos–, abortaríamos toda confianza en el futuro. Nos instalaríamos entonces en la seguridad, y la seguridad, como debería saberse, no es uno de los nombres de Dios. El riesgo, en cambio, sí que es una vía de entrada al Reino del que habla Jesús.

Si pedimos el pan de hoy –por otra parte–, es que somos pobres; no lo pediríamos si no lo fuéramos. Si no somos pobres –ésta es la consecuencia–, no podemos rezar el Padrenuestro. Esta pobreza estructural del discípulo tiene, desde luego, muchas implicaciones. Porque no se trata únicamente de que almacenar el pan del mañana quita a tu prójimo el de hoy (lo que ya es reprochable de por sí), sino que tener el futuro en tus manos impide que disfrutes del presente. De modo que un pan que no sea de hoy no es bueno. La consciencia es del presente; del futuro no hay consciencia, sólo proyecto e ilusión.

En esta petición del Padrenuestro no clamamos sólo por lo material, como habitualmente se entiende, sino también por lo espiritual. Porque además del pan de trigo, a diario necesitamos de otros alimentos, por no decir que necesitamos del universo entero –del que formamos parte, y que por eso pedimos. Pedir el pan es pedir el universo. Pedir es reconocer confiadamente nuestra condición indigente. Es aceptar que no somos completos ni autosuficientes. Alegrarnos porque podemos recibir o, lo que es lo mismo, porque hay alguien que nos precede y que nos da. La única petición que Dios atiende es la que pide para hoy.

Perdónanos nuestras deudas, así como nosotros perdonamos a nuestros deudores. El pan de nuestra transformación debe limpiarnos de todo lo que nos impide una transformación completa. No podemos ser uno con el universo mientras tengamos sombras, de modo que hemos de purificarlas, es decir, amarlas para redimirlas. Todo lo que no amo se convierte en algo nocivo para mí. Todo lo que rechazo (mis padres, mis enemigos, mis complejos, mi sexualidad...) es lo que necesita de mi perdón (es decir, de mi abrazo amoroso). Pero perdonar no es sólo reconocer, es amar a la persona que está detrás de ese determinado y supuesto fallo: ver cómo su flaqueza (o la tuya) ha sido camino para él (o para ti). Ver cómo la imperfección, en la medida en que es amada, pierde su veneno y se convierte en posibilidad.

No nos dejes caer en la tentación. La tentación es el ego, desde luego: colocarse en el centro, desplazar a Dios de ese centro, hacerte dios. Ésta es la tentación primordial, tal y como se nos cuenta en el mito de la serpiente en el paraíso: serás como Dios o, lo que es lo mismo, dejarás de ser tú. Líbrame, Señor, de la tentación de no querer ser quien soy, podríamos rezar aquí. La tentación es poner la atención en el fruto, no en el camino que conduce a él. Quien atiende predominantemente el fruto al que aspira no disfruta del camino que le lleva hasta él. Ésa es la tentación: salir del presente, violentar mi identidad con una idea.

Líbranos del mal, es decir, límpianos no sólo de las sombras en las que ya nos hemos adentrado, sino de aquellas que nos puedan sobrevenir. Si el *perdónanos* subraya la sombra que ya tenemos dentro –y que Dios cancela totalmente, como si nunca hubiera existido, sanando el pasado de raíz–, este *líbranos* pone el acento en la que puja por entrar.

El mal del que pedimos ser liberados en el Padrenuestro es el de olvidarnos de la luz: creer que no existe, considerar que es un cuento de niños, sonreír con indulgencia ante quienes todavía creen en ella, apagarla cuando se enciende en algún corazón. Este olvido de la luz que somos es el gran mal; mantenerse en esta ignorancia es la gran tentación.

Amén: Vuelvo a la vida cotidiana tras la oración, con el convencimiento de que todo es y será, hoy y siempre, tal y como lo he formulado. Salgo de la plegaria diciendo: Te doy gracias, Padre, porque me has escuchado. El amén que sella el Padrenuestro es la invitación a no olvidar lo rezado, sino precisamente a cumplirlo, a vivirlo. Amén significa que estas palabras sean vida.

28. La multiplicación
Asumir lo ajeno como propio

Después de esto, se fue Jesús a la otra ribera del mar de Galilea, el de Tiberíades, y mucha gente le seguía porque veían las señales que realizaba en los enfermos. Subió Jesús al monte y se sentó allí en compañía de sus discípulos. Estaba próxima la pascua, la fiesta de los judíos. Al levantar Jesús los ojos y ver que venía hacia él mucha gente, dice a Felipe: ¿Dónde vamos a comprar panes para que coman éstos? Se lo decía para probarle, porque él sabía lo que iba a hacer. Felipe le contestó: Doscientos denarios de pan no bastan para que cada uno tome un poco. Le dice uno de sus discípulos, Andrés, el hermano de Simón Pedro: AQUÍ HAY UN MUCHACHO QUE TIENE CINCO PANES DE CEBADA Y DOS PECES; pero ¿qué es eso para tantos? Dijo Jesús: Haced que se recueste la gente. Había en el lugar mucha hierba. Se recostaron, pues, los hombres en número de unos cinco mil. Tomó entonces Jesús los panes y, después de dar gracias, los repartió entre los que estaban recostados y lo mismo los peces, todo lo que quisieron. Cuando se saciaron, dice a sus discípulos: Recoged los trozos sobrantes para que nada se pierda. Los recogieron, pues, y llenaron doce canastos con los trozos de los cinco panes de cebada [...]. Al ver la gente la señal que había realizado, decía: Éste es verdaderamente el profeta que iba a venir al mundo. Dándose cuenta Jesús de que intentaban venir a tomarle por la fuerza para hacerle rey, huyó de nuevo al monte él solo. (Jn 6, 1-15)

Todo comienza aquí gracias a que Jesús cruza a la otra orilla: desplazarse físicamente de un lugar a otro es una invitación a desplazarse también a un lugar mental diferente. No sólo: hay que cruzar el río, es decir, atravesar un montón de sentimientos, pues eso es lo que simboliza el agua. Más tarde también habrá que sumergirse en ese río para conocer los monstruos que nos habitan. Habrá que explorar esos abismos para fraguar nuestro destino mientras que otros –ajenos a la aventura de ser personas– toman tranquilamente el sol en la superficie.

El cuerpo y el corazón deben ir preparando la iluminación, pero el trabajo espiritual no está aún hecho hasta que entra en juego el alma y se sube a la montaña. La montaña es el paisaje que mejor representa la cercanía del cielo a la tierra. Así que Jesús se encarama a la cima para que quienes entonces le escuchaban (quienes le escuchan todavía hoy) suban a un nivel de comprensión superior. Como cuando expuso su programa de actuación en el sermón de las bienaventuranzas, Jesús sube ahora de nuevo a un monte, sólo que en esta ocasión está dispuesto no sólo a la enseñanza verbal, sino también a realizar una acción simbólica.

El texto especifica que estaba próxima la pascua –la fiesta de los judíos–, lo que explica que allí se hubiera congregado una muchedumbre. El maestro no podía desaprovechar esta oportunidad para exponer cuál es la verdadera pascua a la que todos, judíos o no, estamos invitados. La pascua es siempre el contexto de la iluminación, puesto que iluminarse es pasar (pascua) de lo ilusorio a lo real, de la muerte a la vida.

Cierto que toda aquella gente no estaba ahí, probablemente, para participar en ningún rito ni para recibir ninguna enseñanza. Por lo general, nadie quiere ceremonias ni teorías, sino resultados. Todo eso está muy bien –nos decimos–, pero ¿para qué sirve? Jesús parece convincente, de acuerdo, pero ¿qué hay de lo mío?

No habríamos comenzado el camino espiritual (ni estaríamos leyendo estas páginas) si antes, en algún momento, hace muchos años, o quizá sólo unas pocas semanas, no hubiéramos reconocido que estamos enfermos. Es la sed la que nos lleva al agua, la enfermedad la que nos pone en estado de búsqueda. La enfermedad es nuestra principal maestra. ¿Me sanará este predicador de mi psoriasis, de mi reflujo gástrico, de las piedras de mi riñón? Esta quinesióloga, este osteópata, este quiropráctico..., ¿será un charlatán más, otro episodio en mi ya larga y atribulada historia de mi artrosis? Todos dicen cosas bonitas, pero las cosas bonitas no nos sanan, dijo probablemente uno de los presentes. Pero entonces –le contestó otro–, ¿a qué hemos venido aquí sino a escuchar que lo bonito es posible y que lo nuestro tiene solución?

La mirada del maestro es siempre tal y como queda reflejada en este fragmento: ¿cómo alimentaremos a todos estos? Jesús ve la necesidad de la gente, siente compasión por ellos, se hace cargo del mundo, no vive como si lo ajeno no fuera con él. Desde lo alto de ese monte, Jesús está viendo a personas que toman somníferos y ansiolíticos; a hombres que engañan a sus esposas; a mujeres desesperadas con sus hijos porque toman caminos equivocados... Desde su atalaya, distingue a jóvenes que malgastan su juventud, a comerciantes que buscan cómo engañar a sus clientes; a escépticos que se creen muy listos; a pobres diablos que no tienen para llegar a fin de mes; a señoronas que sólo están ahí para poder decir más tarde que han conocido al nazareno; a sacerdotes espías, que han acudido para informar a sus superiores; a intelectuales que ya han sacado sus cuadernos para ir tomando nota de lo que vaya a decir; a mujeres que se han enamorado de él y que le miran con ojos arrobados... Jesús ve todo esto con suma claridad, ya está acostumbrado a leer en el alma humana.

Entre los presentes no está, posiblemente, la gente que a él le habría gustado que ese día le acompañara; pero están ahí los que han escuchado su invitación y quienes, por un motivo u otro, se han puesto en marcha: abogados, carpinteros, especialistas en marketing, diseñadores, terapeutas, ingenieros de minas, actores... En realidad, nada ni nadie es ajeno a Jesús. Quizá sea esto lo que más le caracteriza: que el drama de los otros, sean quienes sean (ricos o pobres, buenos o malos...), es siempre el suyo. No es indiferente a nada ni a nadie, ni mucho menos inconsciente. ¿Qué puedo hacer yo?, ésa es la pregunta que siempre le suscita la visión de la humanidad.

Los discípulos (que por eso son todavía discípulos) no tienen una mirada tan profunda. Ellos se limitan a ver lo de fuera, lo material: cinco panes y dos peces; no ven más allá, no están entrenados a distinguir en la hondura, se quedan en los hechos brutos y tozudos.

Y no sólo: se sacuden los problemas, como si con ellos no fuera el asunto: habrá que despedirles –llegan a decir–, habrá que decirles que se vayan a sus casas. Sacudámonos este muerto, escapémonos de este compromiso, digamos algunas palabras para quedar bien y que nos dejen en paz. La mirada puramente materialista desemboca siempre en la falta de compromiso y en la irresponsabilidad. La mirada contemplativa, por contrapartida, supone hacerse cargo de lo que hay y asumirlo como si fuera propio, puesto que verdaderamente lo es.

Cinco panes y dos peces: el asunto en juego es la alimentación. La alimentación es siempre el asunto que está en juego en primera instancia: llenar la barriga, llenar la mente, llenar la agenda, llenar el corazón... Necesitamos alimentarnos para vivir: pan material para sobrevivir corporalmente y pan espiritual para que sobreviva el espíritu.

Y ¿quién nos alimenta? Ésa es, después de todo, la gran pregunta. *Dadles vosotros de comer*, responde Jesús. Es revelador que, ante una situación tan perentoria, la primera respuesta del maestro no sea recurrir a Dios, sino precisamente a sus seguidores. Pero ¿cómo hacerlo? Ésa es la segunda cuestión. Porque cinco panes y dos peces, se mire como se mire, es muy poco. Pero es lo que hay. El milagro es siempre a partir de lo que hay. Lo propio de los comienzos es que haya poco, pero ése es siempre el punto de partida. Todo empieza modestamente, lo característico de cualquier inicio es su modestia. La modestia es la clave para vaticinar un desarrollo esplendoroso. El milagro consiste en mostrar cómo lo que parece poco es en el fondo mucho o, mejor aún, demasiado, pues termina sobrando. Es la fe en lo poco lo que luego posibilita mucho.

Para que ese poco se multiplique, para que se muestre lo que puede llegar a hacerse con lo que casi siempre despreciamos por su pobre apariencia, es preciso primero que la multitud se siente y, segundo, que Jesús dé gracias, es decir, que por un lado el cuerpo se disponga y por el otro que la mente y el corazón vayan a su centro. Los dones sólo se multiplican si los agradecemos, es decir, si los reconocemos como dones: como regalos que nos hace la vida, no como simples resultados de nuestros esfuerzos de planificación y ejecución.

Es así como Jesús estimula la generosidad de los presentes, es decir, invitándoles a ver más allá de sus propios intereses y a dejar de lado su preocupación por el futuro. El verdadero milagro es que, con la predisposición adecuada, el egoísmo queda vencido y la comunión deja de ser un mero deseo y se hace realidad. Nadie se queda con hambre porque nadie acapara sus bienes. Compartir nos hace como Dios, nos hace Dios mismo, es decir, uno con los otros, sin separación.

Así que el asunto del milagro está aquí muy claro: lo primero es sentarse (sentarse en la postura de meditación), recostarse (tumbarse y dormirse para soñar), es decir, querer recibir lo que tenga que decirnos el inconsciente. Luego, sentados o recostados –eso es lo segundo–, la cosa consiste en bendecir y agradecer, es decir, en reconocer con gratitud lo que hay. Éstas son las dos actitudes que sacian el alma. Y la sacian hasta el punto que la desbordan: sobra pan, sobran peces, la vida es sobradamente generosa, ¡es excesiva!

Este exceso o sobreabundancia es una clara huella del Espíritu: un perfume caro es derrochado por una apasionada mujer a los pies de su maestro, leeremos más adelante en el evangelio; las redes se llenan a reventar en la pesca milagrosa; 264 litros de agua, según se calcula, son convertidos en vino en las bodas de Caná... Hay precedentes. La descendencia de Abraham es, según se asegura en el *Génesis*, más abundante que las estrellas del cielo. No hay amor verdadero que no sea exagerado. Esta exageración numérica (¡doce cestos de trozos sobrantes!) es el símbolo de que la boda de Dios con la humanidad ha comenzado.

No podemos dar gracias si no somos conscientes de las infinitas gracias que recibimos a cada momento. Si no damos las gracias por los dones recibidos, esos dones, almacenados en nuestro interior para quién sabe qué ocasión, acaban por pudrirse. Todo lo que no se da se pudre. Todo lo que no hemos dado, lo hemos perdido y nos ha emponzoñado.

Con el alma llena de gratitud, en cambio, podemos reconocer sin dificultad al profeta, es decir, a quien anuncia el bien y la verdad. Pero el profeta, una vez reconocido, huye de nuevo al monte en soledad. El bien y la verdad son siempre discretos: marchan pronto, en cuanto han plantado su semilla, para no ser transformados en poder y gloria.

No podemos seguir entendiendo este relato literalmente, como simple demostración de la divinidad de Jesús: así perdemos su verdadero mensaje. Quien piense que Jesús desplegó un poder sobrenatural para aliviar el hambre de aquella multitud tendría que preguntarse por qué no lo hace también hoy. Esta imagen infantil de Dios revela a las claras nuestra falta de madurez religiosa. Al fin y al cabo, cuando Jesús se retiró al desierto tras su bautismo, consideró el hecho de convertir las piedras en panes como una tentación.

Para entender este texto es preciso ponerlo en relación con los muchos relatos bíblicos de comidas, así como con la imagen simbólica del banquete. Ya Moisés, Elías y Eliseo dieron de comer a multitudes en el desierto. Con esto se pretende sugerir que Jesús cumple en plenitud lo que se anunciaba, como semilla, en el Antiguo Testamento.

Pero para comprender este texto, resulta también muy útil leerlo en clave mística y aplicarlo a la práctica meditativa. Porque, al igual que Jesús siente compasión por la muchedumbre hambrienta, así la sentimos nosotros ante el hambriento de espíritu que clama en nuestro interior. Si nos sentamos a meditar es porque nuestro pequeño yo se siente insatisfecho e incompleto, y porque experimenta una irresistible nostalgia de su yo profundo.

Que todo nazca de la compasión significa que todo comienza del presentimiento que a veces tenemos de que todos somos uno. Te compadeces del otro porque sabes que es tu familia, que en el fondo él es tú. Lo que nos pone en movimiento es lo que somos. La verdadera solidaridad sólo nace de una certeza, aunque sea inconsciente: tú no eres otro, tú eres yo mismo.

Esos cinco panes y esos dos pececillos es lo que tienes, por así decir: tienes tus preocupaciones, tus distracciones, tus sombras, tus apegos, tu hambre de sentido... El milagro nace de tu realidad, por poca o miserable que parezca, por imposible que te resulte que con tan poco se pueda construir algo digno y valioso.

Comerás y te saciarás, y tendrás incluso de sobra para repartir. Pero antes habrás debido cumplir con esta ley: Escuchar la voz de tu hambre (no ser sordos a nuestra conciencia) y empezar a saciarla con lo que tienes (dar el primer paso). Cinco panes: lo que posees, sea lo que sea, es más que suficiente para saciar a esa multitud que hay en ti.

IV

Condiciones del discipulado

29. Saborear la vida
El legado del despertar

VOSOTROS SOIS LA SAL DE LA TIERRA. *Pero si la sal pierde el gusto, ¿con qué la sazonarán? Sólo vale para tirarla y que la pise la gente.* (Mt 5, 13)

Si no lo hemos degustado, podemos pasarnos la vida entera creyendo que un alimento tiene un sabor que no tiene. También podemos pasarnos la vida entera (no es infrecuente) sin haber vivido en absoluto. A decir verdad, mucho de lo que nos pasa no puede, en rigor, calificarse de verdadera vida: le falta espíritu, el sabor se ha adulterado... ¿Cómo desenmascarar este fraude? ¿Cómo sazonar de nuevo los alimentos? Sólo hay un camino: la humildad.

Humildad significa tres cosas: Mirada crítica sobre uno mismo. Reconocimiento explícito de la propia necesidad. Petición de ayuda a quien pueda ofrecerla.

La sal es tan humilde que es invisible en los alimentos, lo que en modo alguno significa que no condicione totalmente su sabor. Todavía más: la sal es lo que determina si un plato es o no sustancioso. También el espíritu es invisible en las personas. Pero de que haya espíritu, alma o energía vital, dependerá que esas personas gocen de vitalidad. Sin espíritu, nada merece la pena. Una persona espiritual es aquella que saca gusto a la vida, disfrutando de todo.

La sal penetra hasta tal punto en los alimentos con que se cocina que resulta inseparable de ellos. Y si yo soy sal –según Jesús–, ¿dónde me voy cuando me espolvorean sobre los alimentos? Y cuando esos alimentos son ingeridos, ¿dónde quedo yo? ¿Es el destino de la sal quedar sólo en la energía de quien se ha alimentado de mí? ¿Soy yo entonces la energía de mi prójimo? Y si soy yo su energía y él la mía, ¿quién soy yo y quién es él? Humildad significa aquí desaparición de uno mismo para fusionarse con el otro y poder alimentarle.

La tarea del discípulo que trabaja la humildad no se limita al cultivo del silenciamiento y de la atención; incluye también el compartir y el difundir, el sazonar. Al igual que la sal preserva los alimentos de la corrupción y les potencia su sabor, los discípulos (los de entonces y los de hoy) están llamados a mantener y a extraer la sabiduría de las personas. *Vosotros sois la sal de la tierra* es el legado del despertar, la convicción que necesita todo discípulo para emprender una misión espiritual.

Porque lo habitual es pensar que el mundo se sostiene y avanza gracias al progreso científico-técnico y a los planes socioeconómicos de las naciones. Pocos son, en cambio, los que creen que la humanidad va adelante gracias al puñado de personas que, con su cultivo del espíritu, mantienen viva la sabiduría. La sal muere en cuanto sal en su tarea de sazonar: el sabio se desgasta y hasta perece en su práctica de la compasión. La sabiduría consiste en olvidarse de sí mismo para que otros tengan vida y vida en abundancia. Humildad en su máxima extensión.

Impresiona que la alternativa a ser sal de la tierra, es decir, a iluminarse y a irradiar sabiduría, sea ser arrojado y pisoteado. Si no alcanzamos aquello para lo que hemos sido llamados –eso parece deducirse–, nuestra vida resulta despreciable. Impresiona este lenguaje tan extremista y radical, que hasta hiere nuestra sensibilidad, formada en el típico e imperante optimismo psicológico de nuestra época. Hay aquí una propuesta que no admite componendas: ¿Quieres ser sal, esto es, disolverte para ser alimento gustoso para los demás?

Todo buscador espiritual está llamado a, de algún modo, ser mendigo, soldado y monje. Un mendigo porque la sabiduría no se conquista, sino que se recibe (pero para recibirla hay que desprenderse de todo lo demás). Un soldado porque el combate por la sabiduría es largo y hay que perseverar en medio de la adversidad. Un monje, en fin, porque el buscador debe estar dispuesto a olvidarse de sí para disolverse en la comunidad (que es lo que hacen los monjes cuando se consagran y se visten de hábito). No se trata de que el precio de la sabiduría sea la humildad –eso es evidente–, sino que la humildad –andar en verdad– es el trofeo.

30. Ser como niños
La simplicidad es el criterio

En aquel momento, los discípulos se acercaron a Jesús y le pregunta-ron: ¿Quién es el más grande en el Reino de Dios? ÉL LLAMÓ A UN NIÑO, LO COLOCÓ EN MEDIO *de ellos y dijo: Os aseguro que, si no os convertís y os hacéis como niños, no entraréis en el Reino de los cie-los.* (Mt 18, 1-3)

Los niños carecían de cualquier tipo de consideración social en la época en que vivió Jesús. Por ello, no puede extrañar que los discípulos les regañasen cuando alborotaban por las inmediaciones del maestro. Para sorpresa de todos, sin embargo, Jesús les encumbra y da a entender que la pequeñez, la simplicidad, es el criterio definitivo del Reino. Que ellos son los verdaderos hermeneutas del Reino, su canon.

No sólo. Jesús llega a identificarse con ellos: *El que aco-ge a un niño como éste en mi nombre* –dirá– *me acoge a mí* (Mt 18, 5), es decir, pone a los niños en relación directa con el propio Dios. *Os digo que sus ángeles están viendo siem-pre en los cielos el rostro de mi Padre celestial* (Mt 18, 10). E incluso: *Te alabo, Padre, Señor del Cielo y de la tierra, porque has revelado estas cosas a los pequeños y sencillos* (Lc 10, 21-24).

Todo esto debería hacernos pensar. Porque entre las mu-chas condiciones del discipulado requeridas por Jesús, tres son probablemente las imprescindibles: ser como niños, venderlo todo y cargar con la propia cruz. Sí, pero ¿por qué los niños? ¿No son ellos, después de todo, los seres más egocéntricos del mundo? Sí, pero los niños son. Viven en el ser, aún no les ha dado tiempo para hacer. Se limitan a respirar, a moverse, a observar, a dormir, a llevarse cosas a la boca... Sólo realizan lo más básico y elemental, que es siempre también lo más esencial. Ésta es la cuestión: no deberíamos pensar, sentir, dialogar, trabajar (que es lo que hacemos los adultos) sin antes haber dormido, respirado, caminado, contemplado... Para hacer el bien, antes hay que ser bien; y es eso lo que los niños pueden enseñarnos.

Al igual que los animales, los niños viven en un estadio anterior a la moral: en una suerte de fusión o ensamblaje con lo que hay. Al estar su mente mucho más vacía y virgen que la de los adultos, pueden ir por la vida sin prejuicios, aceptando sin más lo que se les presenta y adaptándose al medio. Ellos saben bien que las cosas son como son y, por ello, no responden a los estímulos con la cabeza –como los mayores–, sino con el cuerpo: brincan, se ríen, lloran, gritan... Moverse mucho –por comenzar por lo más evidente– es necesario para saber más tarde estarse quieto. La quietud propia de la práctica meditativa es hoy un gran desafío para muchos, puesto que son todavía pocos los que han integrado en su vida cotidiana el ejercicio físico.

También son muy pocos los adultos que se conceden llorar con libertad, siendo el llanto a menudo la respuesta más natural a la realidad. Al no estar separados del mundo, sino visceral y empáticamente sumergidos en él, los niños gozan y sufren mucho más. Esta inmersión en el mundo –este ser cuerpo antes que mente– propicia la experiencia de unidad a la que todo buscador espiritual aspira. Y esta actitud entusiasta es la que Jesús bendice y exhorta a imitar.

La principal característica del niño es el entusiasmo, algo que rara vez persiste en los adultos. La capacidad para entusiasmarse se pierde porque se menoscaba nuestra atención y porque se acrecientan, a veces monstruosamente, nuestros apegos. Los verdaderos meditadores son entusiastas. Esto no significa, como es natural, que estén siempre exaltados o que no tengan sus momentos de melancolía o de gravedad. Ser entusiasta es estar encendido por dentro: disfrutar de esa energía vital, poderosa e incuestionable, que tiene cualquier niño.

Lo principal que debe enseñarse en un camino espiritual es a jugar. Si el arte de la meditación no ayuda al arte de vivir se trata de una mera impostura. Tanto la espiritualidad en general como la práctica de la meditación en particular son a menudo revestidas de una solemnidad que no les pertenece y que las dificulta. La verdadera espiritualidad comienza por la relajación. En esto los niños muestran ser infinitamente más espirituales que los adultos, a quienes no es infrecuente encontrar tensos y preocupados. De hecho, son poquísimos los adultos que duermen realmente bien: ocho o nueve horas seguidas, sin interrupción. La excesiva seriedad, es decir, la falta de relajación, es un grave impedimento para el cultivo interior.

Esa seriedad improcedente, esa gravedad paralizante, sólo puede provenir de la mucha importancia que nos damos –y es, por ello, una clara manifestación del ego. Las personas religiosas en general y los meditadores en particular están –estamos– normalmente demasiado obsesionados con nosotros mismos y con nuestro camino. Los niños carecen de esta lacra. No han tenido tiempo para desarrollarla. Confían en su intuición, en la visión inmediata de las cosas.

Prueba de ello es que saben jugar, es decir, mantenerse activos con el mundo sin afán de rendimiento, sólo por disfrutar. No conozco a ningún adulto que dedique regularmente algún tiempo a jugar. No me refiero a entretenerse con una máquina para alienarse, sino a todo lo contrario: a mancharse las manos, a interactuar con los otros, a sacar lo mejor de sí sin atender al resultado. Los adultos no jugamos porque no tenemos tiempo, eso decimos; y si jugamos es para matar el tiempo, también eso decimos. En el verdadero juego, por contrapartida, la sensación de tiempo desaparece y se hace experiencia de la eternidad (que no es otra cosa que la plenitud del tiempo, no su extinción).

Pero la razón última por la que los adultos no jugamos es porque tenemos miedo a hacer el ridículo y a fracasar. Es el temor al fracaso lo que nos impide jugar con libertad. Quien piensa la vida en clave de éxito o de fracaso es que se da demasiada importancia. Ahora bien, no puede hacerse el camino espiritual sin fracasar una y otra vez, tantas cuantas sean necesarias. Hay que fracasar hasta que nos demos cuenta de que eso no tiene la menor importancia. No se puede hacer un camino espiritual sin ser considerado un pobre diablo por quienes no lo hacen. Es uno de los precios. Si nos parece caro es porque damos importancia a lo que realmente no la tiene.

La risa merece un comentario más detallado, puesto que reír es el inicio, cuando no la cima, de la liberación. Saber reírse, carcajearse, es algo raro entre los mayores: supone soltar el cuerpo, abandonarse, olvidarse de la propia imagen. Reírse es una forma muy hermosa y efectiva de fundirse con lo que hay, de participar de la fiesta de la vida, que suele ser intensa y variopinta, lo que significa que pide de nosotros respuestas viscerales. Sin embargo, sea por convenciones sociales o por timidez (que no es sino otra de las muchas manifestaciones del ego), nos resistimos a responder de forma espontánea o natural.

La risa es particularmente útil porque nos libera de nuestro principal apego: nuestra imagen. La risa de los adultos, por otra parte, rara vez es fresca y espontánea; suele ser más bien una risa sarcástica o resabiada, a menudo artificial, o meramente irónica, es decir, intelectual. En el mundo del zen se dice que la iluminación consiste en ver la broma cósmica en la que estamos inmersos y, en consecuencia, en soltar ante ella una buena carcajada. Los niños ríen con facilidad, no hay día en que un niño no ría. No reírse es una dificultad seria para ser meditador.

Tener un niño en casa, escucharle, jugar con él, entrar en su lógica, iniciarle a la vida y dejarnos iniciar por él es, por todo lo dicho, una de las mejores escuelas de espiritualidad. Sólo así se descubre que todos tenemos dentro, a mayor o menor profundidad, el niño que un día fuimos. Ese niño tenía sus temores y pesadillas (no se trata de idealizar la infancia), pero vivía en medio de una confianza básica y sustancial. El impulso de apropiación y de autoafirmación ya está latente en el niño –aun en los más pequeños–, pero el germen de la frustración y de la sospecha no ha prosperado todavía. O no al menos del todo. Ese niño interior –confiado e inocente– es el que resucita, casi milagrosamente, cuando nos sentamos a meditar.

No impidas que tu niño se acerque a ti cuando meditas. Ponlo en tu centro, como hizo Jesús con los niños que le presentaron, creando con ellos y con el Reino una expresiva relación a tres bandas. Date cuenta de que el lugar natural del niño es precisamente el centro. Mira bien que el niño no tiene planes, más allá de lo inmediato. Mira que su fragilidad (y nada hay tan frágil como un niño) es vivida sin temor. No se trata de ser ese niño que fuiste, sino de serlo después de haber dejado atrás esa etapa. La vida espiritual no invita a una ingenuidad infantil, sino consciente. No a un candor ignorante, sino sabio. Te invita a una inocencia desde la experiencia. Y eso ¿en qué consiste? En ver el bien del mundo y en permanecer lo más posible en esa mirada. En trabajar con la disposición del juego. En orar con la disposición del descanso. En escuchar con la disposición del asombro. En volver al cuerpo, que es lo primordial. En contactar a menudo con los animales y con la naturaleza, pues son nuestro reflejo. Ser como niños supone hacerlo todo despacio.

31. Venderlo todo
Se camina mejor sin equipaje

Es más fácil para un camello PASAR POR EL OJO DE UNA AGUJA *que para un rico entrar en el Reino de Dios.* (Mt 19, 24)

Pasar un camello por el ojo de una aguja es sin duda una tarea absurda y demencial. ¿A qué viene esta exageración? Jesús pretende que nos demos cuenta de la desproporción entre el hombre y Dios, que veamos la imposibilidad de llegar a Él por nuestros meros esfuerzos.

Puede uno pasarse la vida entera estudiando sin éxito cómo meter un camello por ese agujerito. La solución, sin embargo, es fácil: en realidad, no hay ningún camello, así que puedes pasar con toda tranquilidad. O, todavía mejor, pasa y te encontrarás con que ni siquiera hay agujero. El mundo es el agujero y el camello eres tú. Déjate atrás y descubre que estás dentro.

La tendencia natural, reforzada por un sinfín de interpretaciones, es ver en esto del camello y del ojo de la aguja un conflicto irresoluble entre lo material y lo espiritual. Si tienes bienes –ésa parece ser la conclusión–, no puedes seguir un camino espiritual. Una perspectiva ante la que no es de extrañar que muchos se desalienten y abandonen.

Pero ¿qué pasaría –me pregunto– si entendiéramos esta afirmación de Jesús subrayando la íntima relación que existe entre lo espiritual y lo sencillo? Todo lo espiritual es sencillo, la sencillez es el criterio para saber si algo es o no espiritual. Diría todavía más: todo lo sencillo es espiritual, es decir, alimenta el alma y nos da vida. La vida es el único criterio de la espiritualidad.

La vida de una persona rica, en cambio, casi nunca es sencilla. Los ricos tienen siempre muchas cosas en que pensar: dónde invertir su dinero, por ejemplo, qué comprar para rentabilizar su capital, cómo proteger sus posesiones e intereses, a quién contratar... No, la vida de los ricos no suele ser muy envidiable. Antes o después, sus posesiones se les revelan como pesadas cargas, origen de muchas de sus enfermedades. Las posesiones suelen conducir a lamentables conflictos familiares, a enfrentamientos personales, a luchas intestinas...

Como buen maestro, Jesús advirtió que el peligro de tener muchas cosas es quedarse sin disfrutar de ninguna. Que todo rico es, antes o después, esclavo de su riqueza. Que la pobreza (no la miseria) es fuente de libertad y de plenitud.

No hace falta ser un gran sabio para darse cuenta de que el camino de la vida se hace mucho más a gusto sin equipaje (o al menos con un equipaje ligero). Por elemental que esto sea, son incontables los que van por ahí arrastrando fardos y baúles de gran tamaño. Lo más increíble de todo es que, aun con esos baúles –tan descomunales–, haya quien quiera hacer el camino espiritual sin desprenderse de ellos. Servir a Dios y al dinero (Mt 6, 24) es un contrasentido, tan imposible como montar al mismo tiempo dos caballos. Si quieres servir a Dios y al poder, siempre sucede lo mismo: que conviertes al poder en tu dios.

Pocos entienden que venderlo todo significa, simple y llanamente, tener el corazón plenamente en el discipulado. El primer obstáculo para ello es el material; el segundo, el afectivo; el tercero, el mental. Superadas estas tres dificultades, empieza el verdadero discipulado. La primera amenaza al ser es el tener. Por eso, venderlo todo es el primer paso.

Pero sólo puede venderlo todo quien lo ha recibido todo. Sólo por un gran amor somos capaces de abandonar todo lo demás. No nos desapegamos de este mundo porque nuestro corazón no está en Él.

Sólo desde aquí cabe entender una de las paradojas más provocadoras del evangelio: *Porque al que tiene, se le dará; pero al que no tiene, se le quitará hasta lo que tiene* (Mc 4, 25). Si tienes mucho, acabarás sin nada; cuanto menos tengas, más serás. Quizá sea ésta, después de todo, la ley más básica del camino espiritual: *No atesoréis para vosotros tesoros en la tierra, donde la polilla y la carcoma los roen y donde los ladrones abran boquetes y los roben. Haceos tesoros en el cielo, donde no hay polilla ni carcoma que los roan, ni ladrones que abran boquetes y roben. Porque donde está tu tesoro, allí estará tu corazón* (Mt 6, 19-21; Mc 10, 21).

El problema no está en que los tesoros de la tierra sean malos. Si lo fueran, no los llamaríamos tesoros. El problema está más bien en atesorarlos, en acumularlos e impedir su circulación. Primero porque la carcoma y la polilla los roen, es decir, porque el tiempo los deteriora. Pero también porque los ladrones pueden robártelos, con lo que eso comporta de preocupación (es decir, de mente y corazón ocupados por los cálculos y el temor).

Es muy fácil averiguar dónde tenemos el corazón: basta comprobar a qué nos dedicamos cada día. Basta ver qué estamos pensando todo el rato. Pocas cosas resultan tan claras como dónde está nuestro corazón y pocas nos resultan tan difíciles de admitir.

En esta misma línea se mueve esta pregunta de Jesús: *¿De qué sirve al hombre ganar el mundo entero, si pierde la vida?* (Mt 16, 26). Ésta es, probablemente, la frase evangélica que más corazones ha convertido a lo largo de la historia. Porque casi todos nosotros pasamos buena parte de nuestra existencia –por no decir toda ella– empeñados en ganar cosas: prestigio, afecto, trabajo, propiedades, amistades, salud... La lista de nuestros deseos es prácticamente infinita. Pero... ¿de qué nos sirve todo esto, cuya consecución ocupa la mayor parte de nuestro tiempo, si perdemos el alma? No es que el afecto, el dinero o el trabajo sean cosas malas, por supuesto. Pero nuestro modo de actuar cambiaría si antes de realizar cualquier acción para conseguirlos nos preguntáramos: ¿Por qué me afano tanto por esto? ¿Qué estoy buscando en este momento en realidad? ¿Ayuda de verdad esto que persigo a mi alma, a mi verdadero yo?

Junto a esta acepción negativa de la pérdida, está, por supuesto, la positiva: *Quien se aferre a la vida, la perderá; quien la pierda por mí la conservará...* (Mt 10, 39). Lo de *perder la vida* nos asusta y repele. Preferimos más bien ganar, adquirir, crecer, sumar... Pero la propuesta cristiana es inequívoca: para llegar a ser quien verdaderamente eres, debes primero perder a quien ahora crees que eres. Sin este movimiento de pérdida, la dinámica del espíritu no se desencadena. Practicar la meditación supone decir sí a esta dinámica y disponerse a diario, en silencio y en quietud, para propiciarla.

32. Dejar la familia
Hay algo superior a los lazos de sangre

No penséis que he venido para traer paz a la tierra; no vine a traer paz, sino espada. HE VENIDO PARA ENFRENTAR AL HOMBRE CONTRA SU PADRE, a la hija contra su madre, a la nuera contra su suegra; y los enemigos de uno son los de su propia casa. Quien ama a su padre o a su madre más que a mí, no es digno de mí; quien ame a su hijo o a su hija más que a mí, no es digno de mí. Quien no tome su cruz para seguirme, no es digno de mí. (Mt 10, 34-38)

Junto con sus enseñanzas sobre el templo y el culto, así como con su interpretación del precepto del sábado, estas sentencias de Jesús sobre la familia fueron sin duda las que más enervaron a los fariseos y, en general, al poder establecido de aquella época.

Primero, el templo: la representación máxima de lo sagrado. Jesús asegura poder destruirlo y reconstruirlo en tres días (Jn 2, 18-21). Se pone por encima de Abraham, de Moisés, de los profetas y de todas las autoridades más respetadas. El templo era para los judíos el centro del mundo, el corazón gracias al cual ese mundo estaba vivo. Pues bien, ahí había un hombre que afirmaba tranquilamente que ese mundo seguiría su curso aun cuando ese corazón se detuviese; y que él era, después de todo, su verdadero corazón. ¿Cabía una provocación mayor?

En segundo lugar, el sábado: la violación del mandamiento del descanso. Al permitir y justificar que sus discípulos arrancasen espigas en sábado, Jesús estaba declarando indirectamente que sus seguidores –iletrados en su mayoría– eran los nuevos sacerdotes de Israel. Está dinamitando el sistema religioso vigente. Está poniendo el dedo en la llaga.

Por último, la familia, santificada por la Torá. Para sorpresa de todos, Jesús se pone por encima de la unidad familiar. Para él hay algo superior a los lazos de sangre: los del espíritu. Y, lo que es aún más asombroso: para Jesús, su persona, él mismo, es el criterio definitivo a la hora de crear y de vivir esos lazos del espíritu.

Claro que la familia parece lo más difícil de abandonar. Tras lo material, el segundo obstáculo más evidente es el afectivo, y es por donde hay que continuar la tarea del desapego. Cuesta dejar la familia porque es nuestra raíz; sin ella, no tendríamos nuestra herencia biológica ni nuestra herencia formativa y cultural. Por supuesto que la familia no debería ser un impedimento para la vida espiritual, sino más bien una forma de vida espiritual. Consagrarse a la familia tendría que ser, ciertamente, una forma de consagrarse a Dios. El hijo, la esposa, el padre, la hermana... son regalos de Dios y, por tanto, subordinados a Él. Ahora bien, si esa familia nos impide ir a Dios, entonces es que a quien nos estamos consagrando verdaderamente es a nosotros mismos.

Este abandono de la propia familia, al que Jesús invita sin ambages, va precedido de una advertencia: esto no trae paz, sino espada. Pero la paz de Jesús no es ningún estado idílico ajeno al conflicto. Todo lo contrario: se trata de una paz belicosa, fruto de los enfrentamientos más radicales. Así que no es posible obviar la confrontación con los propios familiares. Porque, ¿puede haber un enfrentamiento más radical que el de un hijo contra su padre, el de un marido contra su esposa o el de dos hermanos entre sí? Esta confrontación –por paradójico que resulte– es un claro signo de la llamada espiritual. Pero entonces, ¿no hay espiritualidad posible sin conflicto? La espiritualidad es la forma de vivir constructivamente los conflictos.

Puestos en cuestión –por parte de Jesús– los tres pilares fundamentales del judaísmo, su conflicto con los fariseos no es preciso entenderlo necesariamente en clave de oposición dual, sino más bien de permanente y peliaguda tensión. Porque no se trata tan sólo de que su vida terminase en una cruz, sino de que se desarrolló bajo el signo de la cruz: suscitó polémica, enfrentó a las personas entre sí, generó división y ruptura, planteó sufrimiento y contradicción... Todos los avisos que Jesús va dando a sus discípulos a lo largo de su vida van en esta línea: apenas hay promesas consoladoras, casi todo son duras advertencias y presagios de la adversidad.

Sólo ofrece un consuelo, una paradoja pura: si para el mundo pierdes, me ganarás. ¿Estás dispuesto a perder? Éste es el precio, según el evangelio, para ganar. Sólo quien pierde comprende a qué sabe la victoria. Sólo un crucificado puede ser digno discípulo del Crucificado.

Tampoco en la práctica meditativa se encontrará paz –como incautamente se suele imaginar–, sino más bien combate. El camino que va del yo superficial al profundo es escarpado y hasta escabroso. Se trata de un camino lleno de trampas y de senderos falsos que no conducen a ninguna parte. Caminos en los que puedes entretenerte durante años, perdiendo la vida, perdiéndote en lo que creías que era la vida. Es un camino lleno de piedras, en las que resulta difícil no tropezar. Hay algunos precipicios, por los que puedes caer.

Aún con la aflicción que comporta, el combate espiritual también es hermoso, puesto que en él están ya las huellas del tesoro que buscamos. Las huellas no son el tesoro, sino su anticipo. Ese anticipo, no siendo el tesoro, es lo más grande de este mundo.

No he venido a traer paz, sino espada. Esa espada, tan necesaria para el camino, es la del discernimiento: la que separa el trigo de la cizaña, lo bueno de lo malo, lo recto de lo torcido. En la práctica del silencio se necesita de una espada bien afilada para cortar las lianas de las distracciones, para alejar las fieras de nuestras sombras o demonios interiores. Esa espada, ese báculo, es la palabra sagrada o mantra: no hay liana que se le resista ni fiera que no se espante y escape cuando resuena. Pronunciar un mantra con fidelidad y devoción ayudará a recorrer el camino y, por fin, a descubrir que Él es el camino mismo. El camino es Su nombre.

La práctica meditativa nos enfrenta con nuestros padres interiores (nuestro pasado), con nuestros hijos interiores (nuestro futuro) y con nuestros cónyuges interiores (nuestro presente). No es posible cultivarnos por dentro sin que todo esto nos acompañe de algún modo. Empezamos a meditar con todo lo que somos, no puede ni debe ser de otra manera. Pero únicamente perseveramos si todo eso (nuestra familia) lo vamos dejando atrás.

33. Abandonar las preocupaciones
La naturaleza nos sana

No estéis preocupados por vuestra vida pensando qué vais a comer, ni por vuestro cuerpo pensando con qué os vais a vestir. ¿No vale más la vida que el alimento, y el cuerpo que el vestido? Mirad los pájaros del cielo: no siembran ni siegan, ni almacenan y, sin embargo, vuestro Padre celestial los alimenta. ¿No valéis vosotros más que ellos? ¿Quién de vosotros, a fuerza de preocuparse, podrá añadir una hora al tiempo de su vida? ¿Por qué os preocupáis por el vestido? Fijaos cómo crecen los lirios del campo: ni trabajan ni hilan. Y yo os digo que ni Salomón, en todo su fasto, estaba vestido como uno de ellos. Pues si a la hierba, que hoy está en el campo y mañana se arroja al horno, Dios la viste así, ¿no hará mucho más por vosotros, gente de poca fe? No andéis preocupados pensando qué vais a comer, o qué vais a beber, o con qué os vais a vestir. Los paganos se afanan por esas cosas. *Ya sabe vuestro Padre celestial que tenéis necesidad de todo eso. Buscad sobre todo el Reino de Dios y su justicia; y todo esto se os dará por añadidura. Por tanto, no os preocupéis por el mañana, porque el mañana traerá su propia preocupación.* (Mt 6, 25-34)

Esa tendencia que tienen muchas personas supuestamente religiosas a lo insólito y llamativo es muy poco evangélica. Reacio al relumbrón de lo milagroso, y ante un auditorio que le pedía signos a toda hora, Jesús recurría más bien a lo que tenía más a mano. Ésta es una de sus principales características como orador: inspirarse en lo que constituía la vida cotidiana de quienes le rodeaban, como por ejemplo las aves del cielo y los lirios del campo. Jesús es maestro porque enseña a ver lo extraordinario de lo ordinario, no porque haga cosas raras o difíciles.

Sus palabras llamaban la atención de muchos porque nunca hablaba para impresionar –como la mayor parte de los llamados maestros de este mundo–, sino para despertar. Para alimentar por dentro a quienes le escuchaban. Para compartir la dicha de estar vivos. Y a lo que hay que despertar es, precisamente, al lirio, al pájaro, a la nube, es decir, a lo que hay.

La principal dificultad para ver la nube, el pájaro o el lirio es sin duda la preocupación. Nuestra mente suele estar tan llena de toda clase de preocupaciones que difícilmente podemos hacernos cargo de lo que hay fuera de ellas. Esto ha provocado que disfrutar sea hoy lo más difícil del mundo. Disfrutar se ha convertido en un estado de excepción. Pocos son los que disfrutan de verdad, sin reservas, entregados al deleite y olvidados de todo lo demás. Tendemos más bien a mendigar el disfrute, como si no fuera sobreabundante. O a racionarlo y acumularlo, como si no hubiera ocasiones sobradas para gozarlo. Tendemos a buscarlo ávidamente, despreciando el que se nos brinda. O a analizarlo desde todas las perspectivas posibles, en lugar de sumergirnos en él. Nuestra relación con el disfrute (en particular entre cristianos) es tan patética como paradójica. Y la culpa de todo la tienen las preocupaciones, de las que no es posible sacar nada bueno. Nada, ninguna preocupación tiene ni un gramo de bueno. Es increíble hasta qué punto podemos dejarnos atrapar por ellas cuando todo lo que nos ofrecen es claramente nocivo. No se puede seguir a Jesús y estar preocupado por las cosas mundanas, sencillamente es incompatible.

Además de impedir el disfrute de los sencillos placeres de la vida (y todos los verdaderos placeres son sencillos, no sofisticados), las preocupaciones impiden trabajar. Porque la preocupación nos centra obsesivamente en nosotros mismos, alejándonos de los demás, y nos orienta por necesidad al futuro, sacándonos del presente (y estar en lo que estás es la condición básica para que un trabajo sea eficaz).

La preocupación (al igual que la borrachera, aunque extrañe la comparación) también embota el corazón e impide pensar. Jesús mismo lo advierte: *Poned atención que no se os embote la mente con el vicio, la embriaguez y las preocupaciones de la vida, de modo que os sorprenda de repente aquel día* (Lc 21, 34). Las preocupaciones –así me gusta definirlas– son los pensamientos oscuros. Quien vive muy preocupado es sólo porque quiere controlarlo todo. Porque no acepta que la vida sea siempre inesperada e incierta. Quien vive despreocupado, en cambio, ha comprendido que todo puede cambiar (¡y de hecho cambia!) a cada rato. Ha dejado de pelearse con la vida buscando ajustarla a lo que él cree que debería ser. Quienes tienen preocupaciones muestran con sus preocupaciones que se creen más listos que la vida, a la que siempre quieren enmendar la plana. Por eso, sólo los sencillos viven sin preocupaciones.

Luchar permanentemente contra la naturaleza es una insensatez. Nosotros, sin embargo, nos hemos aficionado a esa lucha. Apenas sabemos vivir sin una permanente lucha mental. No es de extrañar que acabemos nuestras jornadas agotados. O que a los cuarenta o cincuenta años estemos ya para ser ingresados en un balneario. Los lirios del campo, en cambio, como las aves del cielo, viven en paz, sin preocupación de clase alguna. Claro que eso no les asegura que vayan a vivir para siempre y sin contratiempos. Jesús, de hecho, advirtió que los lirios están vivos hoy, pero que mañana serán arrojados al fuego.

Según Jesús, no es sensato preocuparse por la comida ni por el vestido. Tampoco por las palabras que pronunciaríamos en defensa propia en el día de nuestro juicio. Ni siquiera eso debemos preparar de antemano (Mt 10, 19-20). Es decir, que nada del peregrinaje espiritual debe preocupar, puesto que la preocupación lo destruye todo. No hay que preparar defensa alguna ante el mundo, por si nos critican o miran mal. De eso se encarga el Espíritu. El discípulo debe limitarse a estar ahí, con fe, para que Él pueda hacerlo. Así que no es cuestión de elocuencia o preparación: la evangelización nunca depende de la cualificación humana del testigo.

Cualquiera que lea o escuche todos estos consejos dirá que son los de un demente, alguien ajeno al trajín diario para ganarse la vida. Lo que Jesús quiere aquí decir es que ni la preocupación por lo material (la comida, el vestido) ni la preocupación por lo espiritual (las palabras, la justicia) nos van a ser de gran ayuda a la hora de la verdad (la de la muerte, la del juicio). No es que condene el hecho de planificar, sino que subraya que lo decisivo es el momento presente. Cada momento tiene su propia plenitud y su propio límite. No es el límite lo que nos angustia, sino su anticipación.

Pero no nos engañemos: vivir sin preocupación de ninguna clase resulta prácticamente inimaginable en este mundo. Pareciera que las actividades de la vida necesariamente las generan. ¿Qué hacer entonces? Sólo una cosa: meditar.

La meditación nos enseña a dejar las preocupaciones de lado, al menos durante algunos minutos cada día. Luego vuelven, como es natural. Que vuelvan forma parte de la aventura del camino. Pero vuelven menos o con menos intensidad. Aunque tampoco cabe negar que a veces vuelvan en mayor número e incluso más virulentamente. Pero la meditación nos mantiene trabajando en esa alienación mental que tanto nos caracteriza. Ese trabajo, esa siembra de silencios, antes o después da su cosecha: unos ochenta, otros treinta, otros diez. El fruto es que libre de las preocupaciones egocéntricas y pequeñas puedes al fin *preocuparte* por el Reino, es decir, por la plenitud de la humanidad.

Los pájaros cantan, ése es mi gran descubrimiento tras varios años de oración silenciosa. Esto me lo dijo tal cual hace unos años una meditadora que vino a conversar conmigo sobre su experiencia de silenciamiento. Llevo más de una década viviendo en el mismo sitio –me explicó– y hasta ahora no me había dado cuenta de lo mucho y bien que cantan los pájaros en mi barrio. El mundo tiene muchos más sonidos y colores de los que imaginamos. Estamos más acompañados de lo que suponemos, el aislamiento es una ficción.

¿Cuál es entonces la virtud de los lirios o la de los pájaros, tan alabados por Jesús? ¿Por qué han de tomarlos como modelos sus discípulos? Porque la manera de dejar las preocupaciones de lado es mirar a las aves del cielo y a los lirios del campo. Dicho de otro modo: la enfermedad del interior puede sanarse con la vida del exterior. De forma aún más sencilla: la naturaleza sana la mente. Mirando la naturaleza te das cuenta de que eres naturaleza y que, por tanto, también a ti Dios te viste y alimenta. Experimentar la providencia es la consecuencia de una correcta percepción de la naturaleza.

Lo que se descubre al mirar los lirios y las aves es que son suaves, no rígidos. Se comprueba cómo no se resisten a lo que les sobreviene, sino que se entregan. Se ve cómo viven tranquilamente su fugacidad y su fragilidad, que es tanto como decir su condición de seres vivos. Todo se hace más fácil cuando se comprende que lo que rechazo y yo somos la misma cosa.

Así que el camino espiritual no se construye con voluntades de hierro y nervios de acero, como tantos suelen pensar. Esta concepción de la espiritualidad ha devastado la conciencia de millones de personas. El ascetismo no puede ser concebido ni vivido como una tortura o un castigo, sino más bien como un juego, como una capacitación o un experimento. No que todo sea fácil (pensar esto sería de ingenuos), pero tampoco alambicado o tortuoso.

El amor a la vulnerabilidad, el respeto a los procesos, la reconciliación con el límite, la belleza de lo imperfecto, el descubrimiento del lado luminoso de lo oscuro –que lo tiene–..., todo eso y mucho más es de lo que habla permanentemente el evangelio. Esta lectura franciscana del legado cristiano descubre la esencia del evangelio: un niño en una cuna, una estrella en el firmamento, unos pescadores en la orilla con sus barcas... ¿Tan difícil nos resulta ver lo que está ante nuestros ojos?

34. Ponerse en el último lugar
El movimiento espiritual por excelencia es bajar*

Sabéis que entre los paganos los que son tenidos por jefes tienen sometidos a los súbditos y los poderosos imponen su autoridad. No será así entre vosotros, antes bien, QUIEN QUIERA ENTRE VOSOTROS SER GRANDE QUE SE HAGA VUESTRO SERVIDOR, *y quien quiera ser el primero que se haga esclavo de todos. Pues este Hombre no vino a ser servido, sino a servir y a dar su vida como rescate por todos.*
(Mc 10, 42-45)

Los primeros serán últimos y los últimos primeros porque no hay arriba ni abajo ni antes ni después, porque no hay jerarquía. Donde hay jerarquía, hay posicionamiento y distinción. Ponte debajo y descubrirás que no hay abajo. Ponte arriba y perderás la perspectiva, perderás la realidad. Verás todo desde tan alto que prácticamente dejará de existir para ti. Quien se distancia demasiado pierde la visión y entra en la ficción de la diferencia, que es la puerta de entrada para la indiferencia frente a los demás. Pongamos algunos ejemplos.

Basta ser elevado a la categoría de jefe para caer en el absolutismo, pocos son los que se libran de esta dinámica. Por tanto, guárdate de los primeros puestos si quieres preservar tu corazón limpio. Basta ser relegado al último puesto, por el contrario, para que la sociedad deje de pensar en ti y, por tanto, te deje por fin en paz. El último puesto es siempre el de la paz y la libertad. Ocúpalo pronto si quieres ser libre, es decir, si quieres liberarte de la opinión y de la presión de los demás. En ese último puesto puedes estar seguro de que nadie te dirá lo que has de hacer, puesto que todos miran hacia arriba, nunca hacia abajo. En ese último puesto nunca hay presiones de ningún género y, por ello, es donde mejor puedes llegar a ser lo que eres: tú mismo. Nadie busca ese último puesto porque nadie quiere ser él mismo.

Además, sólo desde abajo se ven las necesidades ajenas, puesto que las tienes cerca. Sólo se puede servir desde abajo. Desde arriba, en cambio, el servicio es mera beneficencia. Quien está arriba sólo puede preocuparse por mantenerse arriba: eso le ocupa todo su tiempo y todas sus energías. Mantenerse arriba es muy trabajoso, puesto que quienes están arriba suelen estar solos. Mantenerse abajo, en cambio, no cuesta ningún trabajo: es lo natural, nuestro sitio en este mundo, cerca siempre de los demás. Por eso, si quieres servir, colócate en el último puesto, el que se relega a los esclavos. La esclavitud voluntaria posee una dignidad que ni sospechan los señores de este mundo. El movimiento espiritual por excelencia es bajar. Abajo es el lugar de Dios porque es el lugar de la realidad.

Una cosa es no buscar siempre los primeros puestos –nos decimos–, arramblando con todo para ser el cabecilla, y otra muy distinta –nos decimos también– buscar por sistema lo más bajo. Ese regusto por lo despreciable nos genera perplejidad y rechazo. Podemos estar de acuerdo en lo importante que es bajar, puesto que es abajo donde están los necesitados. Pero ¿por qué más abajo que nadie? Si Cristo, al lavar los pies de los suyos, escogió para sí la figura del esclavo, ¿no será allí, en la esclavitud, donde mejor se le puede encontrar? ¡No, no, no!, protestamos. Queremos que se respete nuestra dignidad de servidores. Soy tu servidor, podemos llegar a decir, pero no, ciertamente, tu esclavo. El servidor quiere inaugurar una nueva relación entre los humanos, donde no haya dominio ni sometimiento, sino igualdad, respeto, fraternidad... El asunto es que es preciso apostar por esa igualdad, ese respeto y esa fraternidad aun sin verlas. Y, más aún, entrando en una lógica –la del servicio– que más bien parece que perpetúa la injusticia. El único modo para acabar con los verdugos es aceptar ser las víctimas, ésta es la propuesta cristiana: terrible, malentendida, tergiversada... No se trata de buscar el último puesto para humillarse, sino de ir a él para redimirlo. No es cuestión de humillación, sino de amor compasivo. Gandhi propuso lo mismo cuando planteó la no-violencia. Luchar por la justicia comporta estar dispuesto a sufrir las injusticias: sólo sufriéndolas es posible cambiarlas de signo. La no violencia no consiste en no hacer nada (¡menuda estupidez!), sino en permitir que se haga (a costa de nuestro sufrimiento, no del ajeno). Porque si nosotros no sufrimos el mal ajeno, ¿quién lo va a sufrir? ¿Quién no tiene las claves para redimirlo? Sólo desde ese último lugar cabe poner la otra mejilla.

En la parábola del juicio final (*tuve hambre y me disteis de comer, tuve sed y me disteis de beber...*: Mt 25, 35-45), lo que Jesús asegura es que él mismo es el mendigo, el enfermo, el encarcelado, el perseguido... *(a mí me lo hicisteis)*. Nos invita a no hacer acepción de personas y, más aún, a reparar cómo en aquellos donde menos nos parecería que podría habitar Dios, allí está Él de modo privilegiado. De aquí se desprenden dos posibles lecturas. Una –necesaria, aunque más convencional–: sólo si en los últimos vemos a Dios, podremos estar seguros de poder verlo en todos los demás. Porque ver a Dios en los grandes benefactores de la humanidad, en los maestros iluminados o en los promotores de la justicia y de la solidaridad, no es difícil. Lo sobrenatural es comprender que está en el miserable, en el moribundo, en la prostituta, en el delincuente...Y dos, más escandalosa e imprescindible: no se premia a los justos por ver a Dios en el sediento o en el hambriento, sino por ver en el hambriento precisamente a un hambriento y en el sediento a un sediento y, en fin, por actuar con ellos por esta razón de forma humana y humanitaria. De hecho, quienes son elogiados por Jesús en este texto… ¡no son en absoluto conscientes de haberle reconocido en el desnudo, en el perseguido o en el enfermo!

Jesús está muriendo continuamente a lo largo de todo el evangelio, desde que nace. Él es consciente de eso y, por ello, habla mucho de su propia muerte, se diría que está obsesionado con ella: sabe que es la hora de la verdad, la hora que testifica la verdad para la que ha vivido.

Morir es el acto supremo de la vida, puesto que es el momento en que uno puede entregarse del todo. Al entregar la vida, se demuestra el desapego total y, en consecuencia, la total libertad y, por ello, la verdadera humanidad. Nada sabemos realmente de las personas hasta que no mueren. Hasta que no pasan por ese momento que acaba con todos los momentos y que los condensa: el último suspiro y la primera inspiración.

Este discurso sobre la muerte es muy pertinente en el contexto de la lógica del poder. Porque los poderosos suben, es decir, pretenden vivir lejos de la tierra, bajo la cual acaban todos los muertos. Así que tanto más poder tenemos, tanto más ignorantes de la muerte vivimos. *Que no sea así entre vosotros*, advierte Jesús (Mt 20, 26). Que tu poder se traduzca en asunción de las necesidades del otro. Que seas el rey de la escucha. Para ello, no te pongas en el centro, descubre que el centro no eres tú, alégrate por no ser el centro, descubre la maravilla de no ser el centro de todo, descansa por fin sin ser el centro… ¿No es maravilloso que los otros ocupen por fin su lugar y que tú estés por fin, tras décadas de andar perdido, sencillamente en tu sitio?

35. No resistir al mal
Descubrir en la propia herida la herida del mundo

Si tu ojo derecho te induce a pecar, sácatelo y tíralo. Más te vale perder un miembro que ser arrojado entero al horno. Si tu mano derecha te induce a pecar, córtala y tírala. Más te vale perder un miembro que acabar entero en el horno. [...] Habéis oído que se dijo: Ojo por ojo, diente por diente. Pues yo os digo: No os resistáis al mal. Antes bien, si uno te abofetea en la mejilla derecha, ofrécele la izquierda. Al que quiera ponerte pleito para quitarte la túnica, déjale también el manto. [...] Habéis oído que se dijo: Amarás a tu prójimo y odiarás a tu enemigo. Pues yo os digo: AMAD A VUESTROS ENEMIGOS, REZAD POR LOS QUE OS PERSIGUEN. *Así seréis hijos de vuestro Padre del cielo, que hace salir su sol sobre malos y buenos y hace llover sobre justos e injustos.* (Mt 5, 29-30; 38-45)

El problema nunca está en el ojo o en la mano, sino en la mente. Es la mente del ser humano la que está enferma. Es de la conciencia y del despertar de lo que aquí se está hablando. Tendríamos que arrancarnos la cabeza si quisiéramos evitar cualquier mal pensamiento y sus inevitables consecuencias: *Si tu ojo derecho te induce a pecar, sácatelo y tíralo* (Mt 5, 29). De igual manera, si tu perspectiva te engaña, arráncala. Y si tu pensamiento te descentra, sácatelo, pues si no lo haces se convertirá en una preocupación. Porque los pensamientos, bajo su apariencia etérea e inocente, se van trabando unos con otros y reforzándose con imágenes hasta fraguar una preocupación. Y la preocupación es el principal enemigo de Dios, pues te saca del presente, de la Presencia, y te introduce, sibilinamente, en un futuro ilusorio que genera temor.

Al igual que solemos buscar culpables externos a nuestros conflictos familiares, económicos o de convivencia social –trasladando nuestra responsabilidad a los demás–, proyectamos nuestro malestar en las diferentes partes de nuestro cuerpo (el ojo, la mano, el hígado, el riñón...). También cargamos de negatividad algunas de nuestras emociones (el miedo, la ira, la pereza, la lujuria...), demonizándolas y presentándoles una batalla sin cuartel. La mente se ceba en el cuerpo, avisa por su medio, se venga torturándolo.

El verdadero problema es que carecemos de una visión holística o integradora. Atrapados por la parte, nos perdemos el todo. Por eso hablamos de ojo, mano, lumbares, esófago... Pero quien esto separa, no tardará mucho en dividir a la gente en buena y mala, justa o injusta, santa o pecadora. Tendemos a separarlo todo, porque eso es lo propio de la mente discriminativa, que enjuicia según el ego, es decir, en razón de la ventaja o del inconveniente que le reporta. Sin embargo, hay un modo de conocer que no es por el juicio. La dificultad radica en que hacer uso de él supone contactar con nuestro fondo original y permanecer en él. Todos podemos tener vislumbres de este fondo, pero sólo los iluminados permanecen en él. La única forma de no enjuiciar es nunca ser parte, sino ser todo con lo que se nos esté ofreciendo. Quien enjuicia, se sitúa necesariamente fuera. Iluminarse es saberse dentro.

Estimamos la discriminación como normal y, en consecuencia, nos parece lógico luchar contra lo malo o lo injusto (la literatura cristiana está llena de exhortaciones a vencer al Maligno). Pero esto no es en absoluto lo que dice Jesús. Él llegó a afirmar precisamente lo contrario: *no resistáis al mal*. Practicad la no-violencia. Permitid que el mal haga su recorrido. No lo abortéis, que se deshinche por sí solo, no lo azucéis. No le presentéis combate, puesto que es así como el mal crece. Limítate más bien a observarlo, ofrécele la otra mejilla para que se quede desconcertado. Para que vea que no va a ninguna parte. Para que se canse de no ir a ninguna parte. Todavía más: *amad a vuestros enemigos y rezad por los que os persiguen* (Mt 5, 44). Ama al malvado y se acabará el mal. Pero mientras se acaba, el sufrimiento debes padecerlo tú. El amor sólo muestra su verdadero poder cuando se sufre por él. ¿Cómo podría mostrarlo –si es amor– de otro modo?

Este consejo de Jesús es difícilmente comprensible, va contra el sentido común y contra la moral tradicional. Algo así sólo se entiende desde otro nivel de consciencia. Nuestra mente humana siempre pide guerra (ése es su estilo, no sabe vivir sin conflicto). La mente divina, en cambio, hace salir el sol sobre buenos y malos. Dios manda lluvia sobre justos e injustos, es decir, no discrimina, no separa: no trata mal a los malos (como nos parecería apropiado), sino bien a todos, sin excepción, con independencia de cualquier otra consideración. Al parecer, para Dios no es tan importante que seamos buenos o malos. Dios es in-diferente a todo eso, no hace diferencias. No hagas tú tampoco diferencias, no enjuicies y alcanzarás la paz, nos dice. A Él sólo le importa que somos personas. Para Él somos sus hijos más allá de nuestra respuesta a su paternidad.

Esta incondicionalidad de Dios no sólo nos resulta incomprensible, sino inaceptable. Nos cuesta comprender –y mucho más vivir– que el amor pueda ser completo y perfecto en sí mismo, sin necesidad de que reciba una contrapartida. Nos cuesta pensar en clave de uno, tendemos a la dualidad. Tienes problemas con la sombra porque crees que eso no eres tú. Amamos con condiciones y, si nos hacen daño, no sabemos amar. Un amor universal, en cambio, es aquél capaz de amarlo todo, también al mal. El mal deja de ser mal en la medida en que es amado. No te resistas al mal, disuélvelo en tu abrazo amoroso.

No resistirse al mal es seguramente la enseñanza de Jesús menos aplicada. Pero justamente eso –no resistirse al mal– es lo que enseña la práctica meditativa. Porque si amamos nuestra bondad, nuestra inteligencia, o nuestra simpatía, ¿qué mérito tenemos? ¿No hace eso todo el mundo? ¿Qué hay de especial, después de todo, en alegrarse con los propios talentos? El modelo de comportamiento que propone el evangelio es nada menos que el del propio Dios, que es indiferente a lo que nosotros podamos hacer o dejar de hacer. Él es, simplemente; y ser es la aspiración máxima de todo meditador.

Los males a los que no hemos de resistir, sino honrar, son la ira, la pereza, el egoísmo, la gula… Cada cual sabrá qué es lo que más le aflige: la envidia por el éxito ajeno, el sentimiento de inferioridad o de humillación, una vida mentirosa y doble, una infidelidad a la propia vocación… Sólo honrando todo eso (que nos pertenece más de lo que nos gustaría), sólo sin resistirse a su aparición –reincidente, inoportuna– comienza el verdadero camino interior.

Todos estos vicios o defectos, también llamados demonios interiores, son la voz del alma. Son invitaciones a la autocompasión y propuestas de amor a uno mismo, sin el que no cabe soñar con el amor a los demás. De manera que la desafiante invitación de Jesús a amar a los enemigos debería aplicarse también a nuestros propios enemigos interiores, no sólo a los de fuera. Si no quieres que te devasten, ama tu indolencia, tu inconstancia, tu avidez, tu distracción… Ama tus celos, tu vergüenza, tu banalidad, tu cobardía… Porque, con independencia de lo oscuras o perniciosas que a primera vista te resulten todas estas fallas del carácter, en el fondo tú sabes que sólo son síntomas de tu inconmensurable necesidad de amor.

Si no somos compasivos es porque no miramos en profundidad. No se puede ver bien y no amar. El amor es la consecuencia lógica de una visión correcta. Para ver bien ayuda preguntarse: ¿qué hay de mí en esta situación o en esta persona? Y, ¿qué tiene esta situación o esta persona de mí? Sólo viendo lo parecidos que somos todos y lo unidos que estamos en el fondo es posible ese amor universal al que apunta el evangelio.

Nos pasamos media vida –por no decir toda ella– intentando reforzar la imagen que tenemos de nosotros mismos y que ofrecemos al mundo. Nos atacan y, como nos sentimos ofendidos, nos defendemos. Pero, en realidad, nos defendemos siempre, aun sin ataque. Sólo para asegurarnos de que somos fuertes e invulnerables o, al menos, difícilmente destruibles.

¿Qué pasaría –me pregunto– si no nos defendiéramos? ¿Qué pasaría si toda nuestra energía, en lugar de aplicarla al odio, o dejarla allí retenida –confiando en que la aquiete el tiempo–, qué pasaría si la volcáramos en el amor? ¿Qué sucedería si en lugar de reaccionar ante las agresiones, miráramos qué es lo que le está pasando a nuestro ego cuando se siente atacado? Nunca miramos eso. No nos atrevemos. No nos han enseñado. Pero si alguna vez lo hiciéramos, ¡ah, entonces descubriríamos que no somos menos cuando nos hacen de menos, sino más! Cuanto menos ego, más yo profundo. Cuanta menos autoafirmación (lo que en la teología clásica se llamaba pecado original), más identidad.

El verdadero poder que todas las personas tenemos brilla en plenitud cuando la forma externa está más debilitada. Es a esto a lo que apunta Jesús cuando invita a negarse a uno mismo y a poner la otra mejilla. Algo así no es posible, ciertamente, sin un largo y laborioso trabajo interior. Esa mejilla no se ofrece improvisadamente. Quien en vez de golpear se deja golpear, ha tenido un proceso interior para llegar a ese heroísmo moral. Porque no se trata de dejarse pegar por miedo al agresor, sino precisamente por amor a él. *No hagas frente al que te agravia*, no te resistas al mal, no sea que se crezca y te agarre todavía más. Permite que el mal exista, que descargue toda su violencia y que desaparezca como esa ola que al principio rompe con estruendo, pero que luego decrece y se va.

A esto se refiere Jesús cuando advierte que el grano de trigo no puede dar fruto si no muere (Jn 12, 24). Todo esto nos parece totalmente incomprensible; no entendemos cómo cabe no reaccionar ante el mal. El solo pensamiento del enemigo, su mera imagen, nos llena de rabia por el agravio que nos infligió. O al menos de tristeza, que es el resabio que deja con el tiempo la humillación. Por eso, mirar al agresor con paciencia y serenidad nos parece cobardía. Contemplar la herida con amor nos parece masoquismo. Ignoramos que el yo profundo nunca puede ser herido y, más que eso, que las heridas al ego son las ocasiones que tenemos para descubrir el poder del verdadero yo.

Si fuéramos capaces de soportar durante cierto tiempo el impacto de la agresión –mirando hacia dentro en vez de actuando hacia fuera–, entraríamos en un territorio que es lo más vivo de cuanto hay en nosotros. No hay acceso a ese territorio del ser sin atravesar esa zona de humillación y pasividad, de desconcierto, contemplación... No es casual que muchos iluminados y santos hayan sido vistos por sus contemporáneos como tontos o locos. Aspirar a este sublime horizonte (santidad, luminosidad, pureza..., es indiferente cómo lo llamemos) siempre es tachado de necedad por los sabios de este mundo.

36. Cargar con la cruz
La caída como principio del ascenso

Como Moisés EN EL DESIERTO LEVANTÓ LA SERPIENTE, *así ha de ser levantado este Hombre, para que quien crea en él tenga vida eterna.*
(Jn 3, 14-15)

La serpiente está simbólicamente asociada en el cristianismo a la tentación y al pecado. Las serpientes suelen deslizarse insidiosas hasta que muerden e inyectan su veneno, capaz de causar la muerte a sus víctimas. Ésta es la razón por la que la serpiente es una buena metáfora del destino, que de vez en cuando nos ataca, haciéndonos pasar por trances difíciles. No cabe excluir que antes o después suframos alguna picadura, leve, grave o incluso mortal: la picadura del paro y la pobreza, por ejemplo, o la de la marginación social y la enfermedad, la injusticia...

Como todo mortal, también Jesús fue mordido por la serpiente. Algo tuvo que ocurrir, sin embargo, para que la mordedura que padeció no fuera para él causa de caída, sino precisamente de elevación. Algo tuvo que sucederle para que tengamos vida eterna quienes vivimos nuestras mordeduras bajo el signo de la suya.

Entender esta cita de san Juan supone conocer ese pasaje del Antiguo Testamento en que Moisés, instado por su pueblo para que interceda ante Dios, fabrica una serpiente de bronce que, siguiendo las indicaciones que se le dan, coloca sobre una asta. *Todo el que haya sido mordido, al mirarla, quedará curado*, le asegura Yahvé. *Y cuando alguien era mordido por una serpiente, miraba hacia la serpiente de bronce y, efectivamente, quedaba curado* (Num 21, 7-9).

Así como las vacunas funcionan inyectando en el organismo el virus de la enfermedad que pretenden prevenir, estimulando los anticuerpos, así la cruz de Cristo crea en sus seguidores los anticuerpos frente al poder destructivo del dolor. La cruz pierde su fuerza negativa cuando se la mira, ésta es la clave. Hay que mirar hacia arriba para sanar lo de abajo. Pero lo de arriba (la serpiente de bronce) no se mira para olvidarse de lo de abajo, pues lo que se invita a mirar es... ¡precisamente una serpiente! ¿De qué se trata entonces? De mirar el mal, de no huir de él. Pero mirarlo desde la perspectiva de Dios, no desde la comprensible rabia o desde el puro dolor. ¿Y cómo se mira desde la perspectiva de Dios?, ésa parece ser la gran pregunta. La respuesta de Dios al dolor del mundo es la cruz de Jesús, donde se enseña a vivir las picaduras del destino con amor. De modo que Cristo es el antídoto contra el veneno de las serpientes de este mundo. El sufrimiento no se le ahorra a nadie, por supuesto; pero se posibilita un proceso metabólico que en el cristianismo se designa con el término *redención*.

Lo que sana es el acto de ver, de mirar y ver. Toda la psicoterapia se apoya en este convencimiento. La cuestión está en que el mal no lo queremos ver. Pero hay que mirarlo –y mirarlo con amor– para poder sanar. Mirar la cruz de nuestros afectos: lo que nos hacen sufrir las personas que queremos y lo que les hacemos sufrir a ellas. Mirar la cruz de la pérdida de los afectos: ese dolor que nos queda cuando el ser amado se nos va o, más sencillamente, cuando se acaba una relación. Mirar la cruz del vacío de afectos: el desierto del corazón, el veneno de la soledad. Todo eso hay que mirarlo: el afecto, la pérdida, la nada... No podemos sanar de ninguna de estas mordeduras ni de cualesquiera otras si, sencillamente, les damos la espalda. Padecemos, pues, un problema de visión: *¿Seguís sin percibir ni entender? ¿Tenéis ojos y no veis, tenéis oídos y no oís?* (Mc 8, 17). Jesús se lo reprocha a sus discípulos una y otra vez.

Pero ¿por qué no vemos ni oímos? Porque tenemos una mente atiborrada de ideas y pensamientos y un corazón obsesionado con emociones y sentimientos. La serpiente tiene que picarnos de cuando en cuando para que despertemos de nuestro sueño. Para que salgamos de nuestro encerramiento. Por ello, tener la serpiente siempre a la vista (no relegar el lado dramático y hasta trágico de la existencia) nos ayuda a vivir con mayor plenitud. Esto explica que los antiguos monjes tuvieran en sus celdas una calavera que les recordaba su destino. Era así como exorcizaban el poder de la muerte. Con la cruz, los cristianos proclaman que la muerte ha sido derrotada y apuntan al camino para esa victoria.

A decir verdad, no hay belleza sin drama (o, al menos, sin la posibilidad del drama). La verdadera belleza no es sólo y simplemente algo que está (la Creación), sino también el resultado de la alquimia del amor con el dolor (la Redención). La picadura deja de ser tan dolorosa cuando admitimos que tiene sus derechos y la dejamos estar.

Tal vez desde aquí quepa entender la expresión de Jesús: *He vencido al mundo* (Jn 16, 33-46). Esto sólo lo dice Jesús al término de su periplo vital, cuando no le queda otra que reconocer que su muerte es inevitable. Porque una cosa es saber que nos vamos a morir y otra muy distinta ver que nos estamos muriendo. Este reconocimiento le otorgó a Jesús una libertad profunda y soberana frente al mundo –aun mayor de la acostumbrada– y una consciencia más clara de su victoria (más real por su apariencia de derrota). Entregada la vida, ¿qué más se puede perder? En este sentido, la muerte es el secreto de la vida –y la vida el secreto de la muerte. Y el abrazo a nuestra fragilidad, nuestra salvación. Al mirar de frente a la muerte, ésta pierde su aguijón. Al mirar de frente a la vida, emerge la verdad. Y la verdad, aunque dolorosa, siempre es mejor que la ignorancia (aunque esto es algo en lo que sólo están de acuerdo los buscadores espirituales).

En esta misma línea, el credo católico sostiene que, antes de subir al cielo, Cristo descendió a los infiernos. Más allá de cualquier interpretación sobrenatural, este artículo de fe propone algo muy elemental: que para que empiece la sanación (el cielo), lo primero es mirar la enfermedad (el infierno). Sólo sube quien baja, ésa es la ley. Jesús repite esto a sus discípulos de distintas formas a lo largo del evangelio: *Si alguno quiere venir en pos de mí, niéguese a sí mismo, tome su cruz y sígame* (Mt 16, 24).

Los grandes meditadores y maestros nos aseguran que no hay iluminación que no pase por el reconocimiento de la propia fragilidad. Más aún: que la iluminación no es sino el reconocimiento de la propia fragilidad y nuestra reconciliación con ella (normalmente tras décadas peleando con la vana pretensión, alienante, de ser fuertes y perfectos).

¡Bienvenida, hermana serpiente, bienvenida, hermana cruz! ¿Seremos capaces de responder alguna vez así ante la visita del mal? Hermana noche, hermano lobo, llegó a decir san Francisco. Y, sin irnos tan lejos, ¿no le pidió el zorro al principito que le domesticara para que fuesen amigos? Mira lo que te aterroriza y el terror se disipará. La atención sana. No hay serpiente que no se desvanezca ante el poder de una mirada serena y amorosa.

37. Perdonar las ofensas
Sufre el que no puede amar

Señor, si mi hermano me ofende, ¿cuántas veces tengo que perdonarlo? ¿Hasta siete veces? Le contesta Jesús: No te digo hasta siete veces, sino hasta setenta veces siete. (Mt 18, 18, 21-22)

La dificultad para perdonar es nuestro principal obstáculo para llegar a Dios. Nada impide tanto hacer la experiencia espiritual como estar divididos interna y externamente, es decir, padecer escisiones personales y sociales. No perdonar a alguien es lo mismo que guardar rencor a Dios, quien de alguna manera puso a esa persona en nuestro camino y a nosotros en el suyo. ¿Cómo podría Él darnos su perdón si nosotros no queremos recibirlo y practicarlo?

Como no es posible vivir sin experimentar alguna ofensa, todos –incluso el propio Jesús– tenemos heridas en nuestro corazón. Estas heridas podrán ser graves, medias o leves, en razón de qué sea lo que las ocasionó. Ésa es la mala noticia. La buena, por contrapartida, es que todas las heridas sin excepción, con independencia de su gravedad, pueden sanarse. No es preciso padecerlas de por vida. Existen caminos para curarnos por dentro. Dado que, mientras estemos en este mundo, sufriremos agravios y, aunque nos pese, seremos causa de algunos, el trabajo espiritual del perdón es permanente: durante toda la vida habrá que tender la mano y devolver bien por mal para así desbloquear definitivamente el camino que lleva a la plenitud.

Ante la ofensa, lo más habitual es la venganza, es decir, devolver mal por mal. En general, consciente o inconscientemente proyectamos sobre los más cercanos las frustraciones que padecemos, creando así un enorme círculo de víctimas y culpables.

La segunda salida ante la ofensa (quizá más generalizada aún que la venganza) es la amargura. La amargura es una forma de autocastigo. Como no sabemos o podemos elaborar el daño que nos han hecho, nos lo guardamos dentro –sin ser conscientes de su carácter devastador. La herida que queda abierta supura y, como es lógico, va ensombreciéndonos el rostro, agriándonos el carácter y ofuscando nuestro entendimiento. Es lo que se llama el rencor, que se extiende sobre el alma como un cáncer.

Todos conocemos a personas rencorosas o amargadas. Sufrieron algún tipo de ultraje o de humillación: fueron ridiculizadas en el colegio, por ejemplo, o abusadas sexualmente de adolescentes, explotadas económicamente, abandonadas por su pareja, traicionadas por sus amigos... Las humillaciones que cabe sufrir son incontables. Las novelas y películas se encargan de relatarnos las historias de los agraviados. Son siempre personas que se han quedado instaladas en su experiencia traumática. Años después de haberlas padecido, o incluso décadas, siguen marcadas, llegando a identificarse con sus traumas: Yo soy la viuda, dicen. O: yo soy el exiliado, el huérfano, el enfermo... Como si el mal padecido fuera lo que mayormente les definiese. En efecto, los seres humanos podemos llegar a enamorarnos de nuestras sombras. Enamorarse de una sombra significa agarrarse a ella, pues sin su triste consuelo ni siquiera sabríamos quiénes somos. Se trata sin duda de un extremo patético, pero más frecuente de lo que se supone.

Por fortuna hay un tercer camino: el perdón. Si no estamos reconciliados unos con otros, difícilmente podremos hacer la experiencia de Dios. Así se nos dice en el evangelio: *Si cuando vas a poner tu ofrenda sobre el altar te acuerdas de un hermano que tiene algo contra ti, reconcíliate primero con él y luego presenta tu ofrenda* (Mt 23, 24).

Perdonar supone un proceso espiritual que no todos conocen. El primer paso de este proceso es, evidentemente, querer perdonar: una intención que no debe tenerse en poco, sobre todo si la ofensa sigue activa. Querer perdonar a un hermano que se ha quedado con tu parte de la herencia familiar, por ejemplo, y que además la sigue reteniendo, no es, desde luego, algo tan fácil. Quiero perdonar a esta persona: para muchos es prácticamente imposible decir algo así. Sin embargo, sin este primer paso, no podrán darse los siguientes. Podrás asistir a cuantos retiros quieras, tener todas las devociones imaginables, dar limosna, ayudar a tus semejantes… Todo será en vano sin esta disposición inicial de perdonar. Así que lo primero es un acto de voluntad. Claro que la voluntad no basta por sí sola. Nuestro rencor subsistirá en nuestro corazón si no damos el siguiente paso.

El reconocimiento de las heridas que la ofensa nos ha dejado –que es el segundo paso–, tampoco resulta sencillo. No son pocos los que niegan estar padeciendo. Estoy bien, aseguran, y acaso cualquiera lo confirmaría a juzgar por la apariencia. Pero la herida, aunque no se vea, sigue supurando bajo la costra; y, aunque en apariencia no pase nada, lo cierto es que va envenenando el alma, enturbiando las relaciones e imposibilitando el acceso a Dios.

Reconocer la propia herida puede requerir de ayuda terapéutica, porque lo más habitual es que, para no sufrir, la hayamos arrojado al inconsciente, donde sigue latente y activa. Hay formas de detectarla, hay síntomas fácilmente reconocibles: la indiferencia, la frialdad en las relaciones, los bloqueos emocionales, la parquedad en la expresión del sentimiento… Muchas personas que calificamos de tímidas, reservadas o introvertidas, recubren con este carácter una herida profunda.

La tendencia natural al ver que estamos heridos es o negarlo o querer encontrar un remedio. O bien huimos de los conflictos, desentendiéndonos de ellos y confiando en que el tiempo, por sí solo, los curará; o bien procuramos resolverlos, es decir, darles una vía de salida práctica. Dicho con otras palabras: o nos escapamos o somos resolutivos.

Las salidas pragmáticas son válidas ante los problemas prácticos que la vida nos presenta habitualmente, pero no ante los existenciales. Si una madre o un padre ha perdido a su hijo, por ejemplo, ni pensando ni actuando –que es lo propio de lo pragmático– encontrarán ningún alivio. Hay situaciones que, sencillamente, no pueden resolverse. Es preciso admitirlo. Son las situaciones que requieren un trabajo espiritual.

La práctica de la meditación (término de la misma raíz que *médico* y *medicina*) tiene en todas las tradiciones espirituales una dimensión trascendente –de apertura y contacto con el misterio– y una terapéutica –de sanación o mejoría física y anímica. Una vía purgativa y una iluminativa, cabría decir también. Claro que una persona con una fe adulta no acude a la oración para solucionar sus problemas, sino para estar con Dios; pero lo cierto es que estar con Dios va disolviendo, más que solucionando, nuestros problemas. ¿Cómo? La quietud los hace aflorar. La claridad mental permite reconocerlos. La contemplación nos ayuda a mirarlos sin huir y a padecerlos con amor, que es el único modo en que pueden sanar. Me detendré en este proceso que designo *redención de las sombras*.

El tercer paso en el proceso del perdón, manifestado ya el deseo de perdonar y reconocido el propio rencor, consiste en mirar amorosamente –no morbosamente– la herida que nos ha dejado la ofensa. Esto, como es natural, no se improvisa, sino que supone y exige una cierta práctica meditativa. Para que este proceso sea posible y nada nos bloquee es preciso renovar con regularidad la disposición a sufrir. Nadie quiere sufrir, eso es obvio. Pero también es obvio que nuestra resistencia al sufrimiento es, a fin de cuentas, resistencia a la vida. Como el miedo a pasarlo mal suele ser muy intenso y visceral, la disposición al sufrimiento debería actualizarse cada vez que nos sentemos a meditar. Esta disposición, renovada por sistema, será la que posibilite que no nos escapemos en cuanto emerge la sombra, que es la huella que la herida nos ha dejado en el inconsciente y que aflora precisamente para ser redimida.

La sombra emerge, en la meditación profunda, siempre bajo un ropaje emocional: sentimos tristeza, rabia, celos…, experimentamos inferioridad, culpa, insatisfacción… Todo eso es lo que hay que mirar con amor por breves minutos, procurando imprimir a nuestra mirada interior una impronta compasiva y benevolente. En otras palabras, mirarnos como nos miraría Dios. No condenando ese rencor que sigue anidando en nuestros adentros, sino abrazándolo unos segundos para, al cabo, dejarlo de lado y volver al presente.

Esta mirada contemplativa y pasional debe ser breve para no caer en la tentación de empezar a ensoñar, cavilar o proyectar soluciones prácticas. Porque de lo que se trata es de padecer los sentimientos que se presenten, por oscuros que puedan ser (no de reprimirlos). Padecer supone que para perdonar debe uno antes responsabilizarse del mal ajeno. Perdonar es responsabilizarse del mal ajeno, hacerlo propio para poder vencerlo. Perdonar no es quitarse la culpa, sino cargarla. Perdonar es ir disolviendo, a fuerza de amor, esa carga que se ha hecho propia. No podemos desentendernos de la oscuridad del mundo. La luz, después de todo, no es más que oscuridad asumida. Se trata de, en nuestra consciencia, devolver siempre bien por mal, para poder luego actuar del mismo modo en la vida cotidiana. Detenerse largo rato ante un sentimiento negativo y no reprimirlo o abordarlo racionalmente es casi imposible. Mantenerse en el presente y en la mirada breve y amorosa a la herida es, justamente, lo que la cicatriza.

El último paso del proceso del perdón es volver sin vacilar al presente, que es donde está la salud y la vida. Es probable que el resentimiento o la amargura experimentados ante la ofensa no se hayan disuelto todavía, pero en modo alguno hemos de permanecer mucho en la zona sombría. La repetición de este proceso va desmantelando poco a poco el rencor que podamos albergar, y así hasta que desaparece por completo. Realmente desaparece por completo. Las heridas sanadas por esta vía contemplativa no aparecen más, han sido redimidas. Hemos perdonado de corazón y este proceso purgativo ha llegado a su término.

Cicatrizar las propias heridas no es una opción entre muchas, sino la primera obligación moral –dado que sólo quien está sano puede dar salud a los demás. Sólo quien está bien puede dar el bien. Nadie puede entregar lo que no tiene. Al sanar, podremos volver a amar al ofensor. Y esto es lo esencial, puesto que lo que mayormente nos hace sufrir, mucho más que la propia herida, es no poder amar a los demás. Ésa es la gran herida.

38. Anunciar sin medios
En el nombre de la fuente, del camino y de la energía

> *Llamó a los Doce y los fue enviando de dos en dos, confiriéndoles poder sobre los espíritus inmundos.* LES ORDENÓ QUE NO LLEVARAN MÁS QUE UN BASTÓN; *ni pan, ni alforja, ni dinero en la faja. Calzaos sandalias, pero no llevéis dos túnicas. [...] Id a hacer discípulos entre todos los pueblos, bautizadlos en el nombre del Padre y del Hijo y del Espíritu Santo; y enseñadles a cumplir cuanto os he mandado.*
> (Mc 6, 7-9; Mt 28, 19-20)

Lo primero es siempre una llamada.

Se trata de una llamada a emprender un peregrinaje a nuestro centro, que es el centro de todo y de todos. Una llamada a volver a casa. A entrar en lo profundo del pozo. A caminar hacia el fuego para quemarnos en él. Una llamada a tener una relación personal con nuestro yo más íntimo, normalmente tan desconocido.

Id y anunciad: éstos son los dos mandatos de esta llamada: un imperativo para el cuerpo *(id)* y otro para la palabra *(anunciad)*. Nada hay en este mundo tan importante como esta misión espiritual: anunciar la luz en medio de las tinieblas, ser puerta para quien es la puerta, colocar al prójimo en el umbral, que es siempre el lugar más fecundo.

Se trata de una misión en apariencia imposible y, ciertamente, ambiciosa e indiscriminada: *a todos los pueblos*, no hay excepción. Esta universalidad de la misión nada tiene que ver con el proselitismo, ese afán de que todos sean de los nuestros. Los nuestros son los cansados y agobiados, los oprimidos, aquellos de quienes nadie se acuerda… Posiblemente, nada ha hecho tanto daño a la evangelización a lo largo de la historia como esta visión chata e interesada. Porque evangelizar no es conducir a otros a nuestra grey, sino a la de Dios. Muchos evangelizadores han confundido necia y lamentablemente el ideal de la fraternidad universal con el –infinitamente más modesto– de fortalecer una agrupación.

Porque Jesús fundó una comunidad y una institución que hoy llamamos Iglesia, sí, pero no tanto una sociedad cerrada e identificada con algunos códigos alternativos –un grupo de iniciados y puros– cuanto una forma para caminar todos juntos, un movimiento dinámico. En su praxis –están quienes lo dudan– hay algunos actos indiscutiblemente fundacionales: la elección de unos cuantos, por ejemplo, el *haced esto en memoria mía*, el *id por todo el mundo anunciando la noticia*... Ahora bien, esa institución y esa comunidad que prolonga su obra en el mundo se pervierte –es obvio– cuando se hace autorreferencial. Las iglesias, por ello, deberían estar en permanente éxodo, su declive comienza cuando se instalan y fortifican. Porque sólo cuando estamos fuera de casa sentimos que todos somos de todos. Dentro, asomado cada cual a la ventana de su respectiva casa, los demás pasan a ser siempre *los otros*.

Esta encomienda de Jesús a ir por todo el mundo no es, desde luego, una justificación para viajar desenfrenadamente (lo que sólo prueba nuestra incapacidad de soportarnos), sino lo que hace comprender que para Cristo no hay territorios vedados. Que al igual que todo momento es el momento (ésta es siempre la hora definitiva), todo lugar es el lugar: en cada parte está siempre el todo.

El discípulo está llamado a ser maestro, es decir, a hacer discípulos. Debe ir a donde está la gente, hablar con ella y marcarla, dejando en cada uno la huella del maestro. Con este fin, Jesús otorga a sus discípulos tres poderes: curar, anunciar y bautizar. Curar corresponde con la purificación. Anunciar, con la iluminación (es la palabra la que da luz). Bautizar, en fin, con la unificación. Pero el cuerpo no actúa amorosa y unificadamente de forma espontánea; antes ha sido preciso limpiarlo (curar) e indicarle dónde está la luz (anunciar).

Así que lo primero es curar, es decir, tener poder sobre los espíritus inmundos: esas sombras que se ciernen sobre nuestras consciencias y sobre el mundo. Esas sombras no son sino las heridas del alma que no hemos podido o sabido cicatrizar. Son los famosos demonios interiores contra los que siglos atrás combatieron los padres y madres del desierto. Nuestro lado oscuro.

Bastan pocos años en el camino espiritual –a veces incluso pocos meses– para que nos demos cuenta de que estamos afrontando un combate duro, a veces terrible, muy largo, prácticamente para toda la vida. Pero, en la medida en que avanzamos –sencillos y desnudos, fieles–, lo cierto es que esa oscuridad interior se va alumbrando, y el corazón, misteriosamente, va quedando purificado. El camino se hace en nosotros mientras nosotros hacemos el camino, si bien de manera muy diferente a como imaginamos: más lenta y discreta, más suave, más respetuosa. Vamos llegando a lo que somos. Apenas podemos reconocernos en lo que fuimos.

Segundo, anunciar, mostrar la luz de la palabra. Pero no sólo mostrarla a los otros, sino sobre todo a nosotros mismos. Nuestra mente nos está dando permanentemente mensajes buenos o malos. Se nos invita a anunciarnos la buena noticia a nosotros mismos hasta que nos convirtamos en la buena noticia misma. No tiene sentido anunciar a nadie nada que no seamos.

Este anuncio no tiene por qué ser elocuente, pero sí vívido. Nunca deslumbrar, sino alumbrar. No hay comunicación de corazón a corazón si no hay pobreza de medios.

Antes bien, los muchos medios, o los medios sofisticados, impiden aquí la consecución del fin.

Lo extraordinario de la buena noticia (y de ahí la dicha de quien la anuncia) es que se hace realidad cada vez que se proclama. Eso que el anuncio realiza en quien lo ofrece y en quien lo recibe es, justamente, la salvación, la plenitud. Por eso, ¿qué sería del mundo si nadie anunciase el evangelio, si no se escribiera y hablara sobre Jesucristo?

La palabra anunciada entra en el alma de quien la escucha, pero no en la de todos, sino sólo en las de quienes están preparados para escucharla. El Espíritu entra en las personas por el canal de los testigos, lo he visto en incontables ocasiones. Cuando el Espíritu toca a alguien, los signos son inequívocos: deja uno de vivir para sí y se llena de aceptación y de alegría.

Tercero, bautizar. Porque no basta hablar, también hay que actuar. La palabra verdadera no es mera enseñanza, es un acontecimiento. Pone en movimiento a quien la proclama y a quien la escucha, instándoles a traducirla en gesto. Ese gesto o signo que acompaña y avala al anuncio no debe ser incontestable, sino humilde: un poco de pan, por ejemplo, o un vaso de agua, un abrazo, una llamada de teléfono... Una palabra que no se hace cuerpo es mentirosa. Hacer actos de las palabras es, precisamente, la finalidad de los ritos.

Un rito es un gesto repetido conscientemente. Las posibilidades existenciales que se nos abren cada día a todos son en sustancia estas dos: el rito o la rutina. O se actúa consciente y ordenadamente, y entonces nuestra existencia es ritual; o se realiza todo de forma mecánica e inconsciente, y entonces es rutinaria. Si los buscadores espirituales celebran ritos es para que su existencia sea ritual, es decir, consciente y ordenada.

El rito de iniciación cristiano (el bautismo) abre a quienes lo reciben a la fuente de la que provienen (en el nombre del

Padre), les señala el camino que han de seguir para ir a ella (y del Hijo) y la energía que precisan para esta empresa (y del Espíritu). Todo camino espiritual es, por ello, en nombre de la fuente, del camino y de la energía.

Nosotros, que somos una generación escéptica ante las palabras, diferenciamos entre experiencia y creencia, como si la creencia fuera un asunto meramente mental, de asentimiento a unos postulados. Pero cuando le decimos a alguien «creo en ti», lo cierto es que no sólo nos referimos a la credibilidad que otorgamos a lo que pueda decirnos, sino también a quien es. La fe es mucho más que un mero consentimiento intelectual. La fe es adhesión a una persona, es decir, supone la capacidad para dar y para recibir. Si alguien cree en la palabra de otro es porque confía en él. Y quien confía, puede ser bautizado: puede entrar en esa escuela de confianza que es toda espiritualidad. Puede empezar la aventura comunitaria y solidaria y romper de una vez por todas con su estéril aislamiento.

Bautizarse es dar exterioridad a la interioridad, conjurar la experiencia para que sea expresión, romper la frontera entre lo público y lo privado. Claro que al hombre de hoy le cuesta mucho entender el bautismo. Habida cuenta de su hipersensibilidad hacia lo íntimo, el hombre de hoy piensa que lo público no le añade nada. Que es pura formalidad o, peor aún, mero formalismo. Pero no, no somos pura interioridad. Somos también exterioridad, puesto que somos seres de carne, de cultura y de historia. Bautizar es sortear el abismo entre el fondo y la forma. Es posibilitar que no haya dentro ni fuera, sino armonía entre el individuo y la sociedad.

Bautizar es sellar a las personas con la marca de Cristo. El anuncio no puede quedarse en meras palabras, debe tocar la carne. El oyente de la palabra debe poder in-corporarla. El bautismo –la marca– señala un antes y un después de Cristo, un antes y un después de estar en el camino. Después, somos ya de su propiedad. Le pertenecemos. Es así como nuestra vida no es simplemente nuestra, es vida para el mundo.

Para que esta misión sea posible y puedan ejercer esta triple tarea de curar, anunciar y bautizar, los discípulos deben ir sin pan, sin alforja y sin calderilla: ésa es la única condición. Es un peregrinaje que requiere ir desasidos, pobres, sin nada superfluo. *Yo tenía mis leyes, mi religión, mi Dios* –escriben los místicos–, *y Él me lo ha quitado todo.*

También la práctica meditativa requiere de la más completa desnudez. Soltar los bienes materiales, los placeres sensoriales, las dependencias afectivas, las seguridades institucionales, los prejuicios ideológicos, las opiniones propias, los pensamientos reincidentes, la reputación, las creencias, el ego, el yo… Todo eso debe irse desprendiendo.

Para este largo viaje, cada vez más ligeros, basta por equipaje un bastón: una palabra (la de Jesús) con la que alejar a las fieras que sobrevengan por el camino: los fantasmas, las tentaciones, las distracciones, los miedos… Un bastón también para apartar las flores que pretendan hechizarnos con sus perfumes. Fíate de esa palabra: ése es tu anclaje, tu muleta, tu vara de mando de ti mismo, tu cayado para ser tu propio pastor. Basta el nombre de Jesús, se le dice al discípulo: en él podrás apoyarte, con él podrás avanzar y descansar.

El nombre de Jesús tiene una particularidad sobre todos los demás, dice la tradición: es el nombre sobre todo nombre, es decir, la plenitud de la humanidad. Invocándolo, se descubre nuestra identidad más radical: somos en Él. En realidad, bastaría recitar el nombre de Jesucristo, atenta y amorosamente, consciente y sentidamente, para obtener lo que buscamos y hasta lo que no sabemos que buscamos. Ese nombre trae la presencia. Esa presencia trae la salvación. Esa salvación trae la unidad.

39. Padecer el rechazo
En el modo de sufrir se reconoce al verdadero discípulo

Mirad, YO OS ENVÍO COMO OVEJAS ENTRE LOBOS; *sed cautos como serpientes, cándidos como palomas. ¡Cuidado con la gente! Porque os entregarán a los tribunales y os azotarán en sus sinagogas. Os harán comparecer ante gobernadores y reyes por mi causa, para dar testimonio ante ellos y los paganos.* (Mt 10, 16-20)

La modernidad transmite la convicción de que es el hombre el protagonista de la historia, no Dios. El futuro de la humanidad —así se piensa— no depende de ningún dictado divino, sino de lo que nosotros —los hombres— seamos o no capaces de hacer. El destino del planeta está en nuestras manos, no en las de ningún ser celestial. Esto es, en líneas muy generales, lo que se piensa en la actualidad.

Nada de esto significa que Dios haya desaparecido completamente del mundo contemporáneo, puesto que resulta imposible borrar el pasado de un plumazo. Pero Dios queda, ciertamente, como un ser legendario, necesario sólo para quienes todavía no han entrado del todo en la mentalidad tecnológica y positivista. Dios es hoy algo así como un residuo mitológico que, como tal, tiene los días contados.

Espiritualidad sí, se escucha a menudo, pero no religión. De hecho, en el espacio social ya ni siquiera se habla de religiones, sino de tradiciones de sabiduría. Se trata de un cambio terminológico significativo. Porque las religiones tienen todas ellas pretensión de verdad (y, por tanto, de configuración de lo público), mientras que las llamadas tradiciones de sabiduría sólo son, al fin y al cabo, usos y costumbres de los pueblos, y eso, como es lógico, debe ser respetado como patrimonio cultural.

En este contexto actual, hablar de buscar primero el Reino de Dios, confiando en que lo demás vaya a venir por añadidura (Mt 6, 33), suena, evidentemente, a música celestial. La lógica mundana propone el orden de prioridades contrario: preocupémonos primero por planificar el futuro –se dice–, de modo que todas las necesidades humanas estén bien cubiertas, y ya veremos luego, con el tiempo, qué le podemos dejar a Dios, si es que nos queda algo.

Nadie puede negar las inmensas ventajas que han comportado los sorprendentes e innumerables avances técnicos de estas últimas décadas, gracias a los cuales nuestra existencia es hoy infinitamente más fácil y confortable. Pero son pocos los que han subrayado que toda esa facilidad y comodidad no siempre hacen bien al alma humana. Aquí hay que decirlo con toda claridad: lo más fácil y cómodo no es siempre necesariamente lo mejor. Las contrapartidas del imperio de lo tecnológico son claras: búsqueda del bienestar como bien absoluto (en detrimento del bien-ser); atrofia del pensamiento y de la voluntad; rechazo de la gradualidad de los procesos, habida cuenta de la inmediatez de la satisfacción... La lista sería interminable.

Hay, por otra parte, quien ha experimentado que, si otorga a Dios el puesto de honor en su vida, todas las lógicas preocupaciones por lo cotidiano se van relativizando. Que todo va encontrando poco a poco su solución cuando uno se pone de verdad en las manos de Dios. Por eso –aunque suene provocador–, el mejor consejo espiritual que siempre puede darse es éste: tú preocúpate por Dios y –no lo dudes– Él se preocupará por ti. Esto nos suena a escapismo e irresponsabilidad. Sin embargo, si de verdad nos ocupamos de Dios (si realmente estamos en las cosas del espíritu, no estoy hablando de prácticas infantiles o alienantes), ese espíritu nos va a devolver al mundo y a la vida cotidiana, pero desde la perspectiva justa. Esto es al menos lo que aseguran los místicos.

La puerta estrecha de la que habla el evangelio, ese camino angosto que lleva a la vida, es precisamente el del riesgo, el coraje y la determinación. El ancho camino de la comodidad, por contrapartida, resulta de entrada mucho más placentero y, por ello, está muy transitado. Ahora bien, la comodidad, por mucho que nos pese, no conduce a la verdadera vida. Todo lo sano es incómodo y requiere de nuestra parte un plus de atención y de presencia.

Entrar por esa puerta estrecha –exigente, minoritaria, decadente incluso...– no es un plato de buen gusto. Pero es imposible vivir del Espíritu dejándose llevar por la corriente. Más bien al contrario: la fe planta cara al mundo, busca dialogar con él, sí, pero en ocasiones también necesita distanciarse y marcar la diferencia, separarse de la masa y romper con la moda. Esta oposición al mundo y esta resistencia ante lo predominante forma parte de toda vocación espiritual y de la cristiana en particular. Jesús no fue un signo de contradicción sólo en su época, también lo es en la nuestra. Esto significa que es propio de todo buscador espiritual y del seguidor de Jesús con doble motivo contestar la ideología dominante, protegerse frente a la fascinación de lo temporal y separarse de los dogmas de cada época.

No puede sorprender que la permanente (o al menos frecuente) confrontación con el mundo –propia de toda vocación al espíritu–, termine por suscitar rechazo y hasta persecución. Claro que hoy la persecución reviste formas mucho más sutiles que antaño: a muchos representantes religiosos y creyentes en general se les ridiculiza por sistema en los medios de comunicación o en las conversaciones entre amigos. Se les acusa de retrógrados, fanáticos, patriarcales, infantiles… De hecho, el nivel de difamación ha llegado a tal punto que para muchos ser católico, por ejemplo, es sinónimo de todo esto. Habría mucho que hablar de la intolerancia de los supuestos tolerantes.

La cuestión de fondo es que, para ser justa, esta batalla de los seguidores de Jesús en la vida pública debe ser desigual. Porque un cristiano nunca debería responder con la moneda de la ironía, el menosprecio o la indiferencia con que tan a menudo se le trata. Tal y como hizo su maestro, debería responder siempre con amor: interesándose por el otro, poniéndole la otra mejilla, tendiendo puentes, subrayando más lo que une que lo que diferencia. Y aún más: debería sufrir en silencio las injusticias y mostrar el enorme poder de la no violencia. Esa cruz, la del rechazo y la marginación social, no es precisamente la más liviana.

La última condición del discipulado, la del martirio –cruento o incruento, eso no importa– es la más difícil. Porque estaríamos dispuestos a sacrificarnos por la extensión de la luz, quizá incluso nos estamos ya sacrificando; pero que el pago por este sacrificio sea la ignominia, que nuestra imagen salga malparada y que seamos por ello motivo de burla y conmiseración, eso ya nos parece demasiado. Sin embargo, la misma noche que pone a prueba nuestro miedo, nos abre la puerta de la integridad. Sólo en la cruz de Jesucristo pueden gloriarse sus seguidores. Es ahí –en el modo de sufrir, sin huir ni desesperar– donde se reconoce el verdadero discípulo.

Los discípulos de Jesús fueron enviados al mundo aparentemente desprotegidos, como ovejas entre lobos. Si en el mundo mucha gente se maltrata por el afán de tener o de poder, víctimas de un sistema social en el que prima la ley del más fuerte, ¿qué será entonces de nosotros, los nuevos discípulos, si nos exponemos a ellos? Sólo en la sencillez de la paloma y del cordero se encontrará, según Jesús, la respuesta. Pero también en la sagacidad de la serpiente, es decir, en la cautela, la inteligencia, la oportunidad... En saber salir a la palestra cuando conviene. Pero también en saber mantenerse en la guarida, si es que no ha llegado el momento de la confrontación. Toda la sagacidad que se tenga será poca y, sin embargo, por astutos que podamos ser, lo más probable es que antes o después nos entreguen, nos azoten y nos hagan comparecer ante los tribunales. No podremos permanecer siempre ocultos. Descubrirán que tenemos piel de oveja y corazón de paloma y, por ello, nos lo harán pasar mal. Porque ¿sobre quién vengar la herida que nos hace el mundo sino sobre los más vulnerables?

V

Encuentros con el Maestro

40. El camino de Emaús
Entender nuestro pasado bajo una nueva luz

Aquel mismo día iban dos de ellos camino de una aldea llamada Emaús, distante unas dos leguas de Jerusalén. Iban comentando todo lo sucedido. Mientras conversaban y discutían, Jesús en persona los alcanzó y se puso a caminar con ellos. Pero ellos tenían los ojos incapacitados para reconocerlo. Él les preguntó: ¿De qué vais conversando por el camino? Ellos se detuvieron con semblante afligido, y uno de ellos, llamado Cleofás, le dijo: ¿Eres tú el único forastero en Jerusalén que desconoces lo que ha sucedido allí estos días? Preguntó: ¿Qué? Le contestaron: Lo de Jesús Nazareno, que era un profeta poderoso en obras y palabras ante Dios y ante todo el pueblo. Los sumos sacerdotes y nuestros jefes lo entregaron para que lo condenaran a muerte, y lo crucificaron. ¡Y nosotros que esperábamos que iba a ser él el liberador de Israel! Encima de todo eso, hoy es el tercer día desde que sucedió. Es verdad que unas mujeres de nuestro grupo nos han alarmado, pues yendo de madrugada al sepulcro, y al no encontrar el cadáver, volvieron diciendo que habían tenido una visión de ángeles que les dijeron que él está vivo. También algunos de los nuestros fueron al sepulcro y lo encontraron como lo habían contado las mujeres, pero a él no lo vieron. Jesús les dijo: ¡Qué necios y torpes para creer cuanto dijeron los profetas! ¿No tenía que padecer eso el Mesías para entrar en su gloria? Y comenzando por Moisés y siguiendo por todos los profetas, les explicó lo que en toda la Escritura se refería a él. Se acercaban a la aldea adonde se dirigían, y él fingió seguir adelante. Pero ellos le insistían: Quédate con nosotros, que se hace tarde y el día va de caída. Entró para quedarse con ellos; y, mientras estaba con ellos a la mesa, tomó el pan, lo bendijo, lo partió y se lo dio. Se les abrieron los ojos y lo reconocieron. Pero él desapareció de su vista. Comentaban: ¿No ardía nuestro corazón mientras nos hablaba por el camino y nos explicaba la Escritura? Se levantaron al instante, volvieron a Jerusalén y se encontraron a los once con los demás compañeros, que afirmaban: Realmente ha resucitado el Señor y se ha aparecido a Simón. Ellos por su parte contaron lo acaecido por el camino y cómo lo habían reconocido al partir el pan. (Lc 24, 13-35)

Los discípulos de Emaús están aquí volviendo a la madre, que es a donde siempre se retorna tras los fracasos. Lo habían dejado casi todo por un hombre que pocos días antes había sido ejecutado y ahora están totalmente decepcionados. De la esperanza que su persona y mensaje había despertado en ellos ahora no queda nada. De eso, precisamente, van hablando por el camino: de su desilusión, de su no comprensión, de su estupidez por haberse fiado de aquel predicador, que les había embaucado con su entusiasmo. Este inhabitar en la propia oscuridad, este confesar la propia ignorancia o ceguera, nos da la clave fundamental para entender todo discipulado.

Lo extraordinario en este relato es que es el propio maestro quien se pone en el camino de los discípulos. No espera a que ellos vengan a Él, sino que Él se les presenta y, aún más, se interesa por su historia. No somos nosotros los que buscamos la luz, sino ella a nosotros.

La aventura de estos caminantes –como la de cualquier buscador espiritual– comienza cuando acogen al forastero. Es un desconocido que, al poco de ser acogido, tiene el coraje de preguntar: *¿De qué vais hablando por el camino?* O, lo que es lo mismo: ¿Por qué lloras? ¿Cuál es tu centro? ¿Dónde está tu corazón? Pregunta que va al grano, al punto flaco, a la raíz del sufrimiento. Porque todos solemos estar tan llenos de mecanismos de defensa que huimos de esta pregunta por sistema. Jesús no. Él no tiene miedo a verse implicado en las vidas ajenas.

Así que todo empieza cuando dos hombres se cuestionan por haberse adherido a una «teología de la liberación». Sí, puesto que su decepción es, en última instancia, sobre el concepto de Dios: ellos esperaban a un Dios fuerte y liberador (como nosotros) y con lo que se han encontrado (aunque aún no lo sepan) es con un mesías débil que no casa con ninguna teología y que no puede reducirse a una mera estrategia política –por muy fascinante o necesaria que pueda resultar.

Este forastero no sólo pregunta, sino que permite que estos caminantes le cuenten toda la historia como si no la supiera. ¡Como si no fuera la suya! Se pone por debajo de ellos, permitiendo incluso que le malinterpreten. También María Magdalena le tomará por un jardinero, los apóstoles por un fantasma… Parece ser una constante cuando se aparece: Jesús no empieza diciendo: *aquí estoy, tengo la verdad, haz esto y encontrarás lo que buscas*, sino que simula no saber. Nos recuerda de este modo que nadie es nunca plenamente reconocido por los otros, que la imagen que los demás tienen de nosotros rara vez coincide con la nuestra. Jesús deja que los otros se definan y que se sientan en casa. Éstas son las condiciones para que pueda empezar un camino espiritual. Primero hay que vaciarse de lo que tenemos dentro, desahogarse. No importa si se dicen barbaridades, hay que echarlo todo. Poner las cartas boca arriba. No guardarse dentro ningún sinsabor.

Tras escucharlos, Jesús empieza a enseñarles a releer su propia tradición –que en este caso son las Sagradas Escrituras. Busca que aquellos hombres entiendan su propia historia desde otra perspectiva, para ellos insólita. Quiere darles una clave que les permita adquirir una nueva comprensión de sí mismos y del maestro y, por ello, de la vida.

En el fondo, toda reforma no es más que una profundización en la propia tradición. Lo único que necesitamos para seguir adelante en nuestro camino, sea el que sea, es una nueva relectura: alguien que nos enseñe que las Escrituras (nuestra vida, ahí es donde está la palabra) «se hacen» (más que «son») revelación. Alguien que nos enseñe a entender nuestro pasado bajo una nueva luz.

El momento cumbre del encuentro es cuando los caminantes reconocen en ese forastero a su maestro Jesús, lo que sólo acontece en la fracción del pan. Así es: sólo en el romperse de las esperanzas –y del pan– es cuando estamos capacitados para el reconocimiento de lo espiritual. El cuerpo y la mente se abren al espíritu cuando se dan cuenta de que no son autosuficientes.

Gracias a este reconocimiento, que tiene lugar por un símbolo tan inofensivo como un pedazo de pan, ya no hay posibilidad de confundir el camino espiritual con falsos mesianismos revolucionarios y políticos. Sólo en el pan, en la comunión humilde, es posible reconocer al verdadero Jesucristo. Sólo lo humilde es espiritual.

Es en ese momento de luz y contacto, justo en el instante del reconocimiento, cuando Jesús –sin mediar palabra– se retira. Esto es lo que más me gusta de esta escena. Que Jesús no organice una fiesta comunitaria para estar juntitos, sino que se aparte. Les da libertad de elección, de teorización. Y les invita a que se pongan de nuevo en camino y retornen al lugar donde descubrieron la verdadera vida.

Nosotros, por el contrario, en circunstancias así quisiéramos tumbarnos al sol, abrazarnos y exclamar: ¡Por fin lo he comprendido! Jesucristo no. Él no resuelve nuestros problemas. Él no responde a nuestras expectativas emotivas y mucho menos nos proporciona una ideología. Él no nos exime de la noche fecunda del espíritu. No está en condiciones de ahorrarnos semejante experiencia.

Aunque nos parezca cruel, esta actitud de marcharse es muy delicada, pues da libertad para interpretar lo sucedido: la libertad para preguntarse si es cierto o no lo que nos ha pasado y para actuar en consecuencia.

La posibilidad que cada generación tiene de encontrar su propio lenguaje nace justamente de este desaparecer tan delicado por parte de Dios. Esta desaparición es lo que introduce a los discípulos en su propio camino, haciéndoles ver que nadie debe imitar al maestro, sino más bien sumergirse a fondo en su propia vida. Esta desaparición es clave: Cristo no se deja conservar, Él no es un ídolo al que haya que adorar.

Tras esta repentina desaparición, los discípulos se preguntan: *¿No ardía nuestro corazón mientras nos explicaba las Escrituras y partía para nosotros el pan?* Pero no se quedan ahí, al calor de la gloria recién descubierta, dándole vueltas y más vueltas y regodeándose en su experiencia. Tampoco organizan un simposio para estudiar, desde todos los puntos de vista posibles, el verdadero estado de la cuestión. Nada de eso. Se limitan a, con el corazón ardiente, partir hacia Jerusalén para ser allí testigos de lo que acaban de vivir.

Un corazón que arde no es posible entenderlo mientras arde, sino después. Recordamos el amor cuando ya ha pasado. Mientras lo estamos viviendo, no tenemos tiempo –ni ganas– de echar la vista atrás. Siempre es así: todo se aclara retrospectivamente. Hemos de parir nuestra identidad en la oscuridad. Estamos en permanente gestación de nosotros mismos. Y esa gestación –esto es aquí lo importante– sólo se produce cuando tenemos la humildad y el coraje para re-leer-nos.

Como los discípulos de Emaús, quejándose por su destino y hablando sobre su desilusión, así es el permanente parloteo de nuestra mente cuando nos sentamos a meditar en silencio y quietud. Normalmente necesitamos desembucharlo todo hasta que el silencio empieza a instalarse en nuestro interior. Y hay veces en que nos pasamos toda la meditación siguiendo el hilo de nuestros pensamientos, como si fueran más interesantes que la percepción. No damos para más, hemos de seguir entrenando.

Sólo cuando lo hemos echado todo –o casi todo–, el yo profundo se recoge en un punto del cuerpo (el corazón, por ejemplo), y se ancla, tan suave como firmemente, en una palabra (el mantra, esa síntesis de las Escrituras). Esa palabra –ese mantra– corresponde al forastero en este relato de los discípulos de Emaús. Es una palabra extranjera, aparentemente extraña, pero necesaria, pues sólo ella tiene la insólita capacidad de abrir lo propio de par en par.

El mantra es una palabra sencilla que, recitada con atención y devoción, hace que nos cuestionemos todo y que todo lo vayamos comprendiendo. Funciona en nosotros como la explicación que da el inesperado forastero a los caminantes de Emaús. La mente se va abriendo entonces poco a poco y el corazón se va ablandando. La aventura interior empieza cuando hemos sacado fuera todo lo que nos enturbiaba y empezamos a escuchar. La escucha es el punto de partida: la escucha del maestro, de la palabra, del mantra, que va abriéndose camino.

Hasta que de pronto, inesperadamente, también el mantra desaparece como desaparece Cristo cuando es reconocido por los de Emaús. Es un momento único, mágico, poliédrico, un instante en que se comprende que el pan no es sólo para la supervivencia, sino para la transformación. Es el segundo en que se entiende que el cuerpo es vehículo del espíritu y en que se sabe que ese pan cotidiano, tan solicitado, nos ha sido finalmente concedido. Se siente entonces que algo se ha roto (la fracción del pan, el descubrimiento de que somos pan) y se padece esa pérdida (la Palabra ya no está). Pero es esa ruptura y esa pérdida las que nos permiten reconocer que el corazón se ha quedado encendido, aunque sólo sea por unos segundos. ¿Será cierto lo que he vivido?, nos preguntamos poco después, cuando la mente empieza a asomar. ¿Habré conocido por fin el verdadero silencio? ¿Podré volver alguna otra vez a este no-lugar que los evangelios llaman Emaús?

41. La elección de Barrabás
Cada día elegimos nuestro destino

> Por la pascua acostumbraba el gobernador soltar a un prisionero, el
> que la gente quisiera. Tenían entonces un prisionero famoso llamado
> Barrabás. Cuando estaban reunidos, les preguntó Pilato: ¿A quién
> queréis que os suelte?, ¿a Barrabás o a Jesús, llamado el Mesías? [...]
> Entretanto los sumos sacerdotes y los senadores persuadieron a la
> gente para que pidieran la libertad de Barrabás y la condena de Jesús.
> El gobernador tomó la palabra: ¿A QUIÉN DE LOS DOS QUERÉIS QUE
> OS SUELTE? Contestaron: A Barrabás. (Mt 27, 15-17; 20-21)

Barrabás es una palabra compuesta de *Bar* (hijo) y *Abba*
(padre), es decir, que el nombre de aquel delincuente, condenado a muerte, significaba hijo del Padre. No puede ser
casual que a la multitud enardecida se la dé a elegir entre un
hijo del padre, tan pacífico como un cordero, y otro que es
un guerrillero, cabecilla de la última sedición. La alternativa se plantea, por tanto, entre dos figuras mesiánicas, entre
el poder del mundo y el del espíritu.

    ¿De dónde esperamos nosotros que nos llegue la solu-
ción? ¿De la fortaleza de las armas o de la debilidad del
testimonio? ¿De la acción o de la pasión? ¿Desde arriba o
desde abajo? ¿Puede la muchedumbre dudar un segundo
entre un predicador que propone la abnegación y un cau-
dillo que ha liderado un levantamiento contra el poder
opresor? Aquí no se trata de elegir entre el bien y el mal
(eso sería demasiado fácil), sino entre dos formas distintas
–y opuestas– de ir hacia el bien. Los judíos no tuvieron

dudas, según sabemos. Tampoco nosotros las tenemos casi nunca.

Jesús no intercambia ni una palabra con el hombre cuya vida salva gracias a la suya. Sus existencias se han cruzado, de forma en apariencia casual, en el balcón de la sala del procurador: ambos han luchado por la liberación, ambos han creído en su pueblo; pero ahora, cuando sobre los dos pende la condena capital, sus destinos se separan –en coherencia cada uno con su propia fe.

Nuestro propio destino también toma un derrotero u otro según cuál sea cada día nuestra elección: lo aparente o lo escondido, la gloria o el servicio, Jesús o Barrabás. No es fácil escoger lo pequeño y hasta lo diminuto ante la majestuosidad de lo grande. Porque la fe en lo pequeño no es espontánea. No es fácil salir de la escena cuando te aplauden.

Durante la práctica del silencio –no exenta de peligros–, el meditador está continuamente sometido a esta alternativa: o se queda en la pobreza de una sola palabra –el mantra– o se va tras el brillo de muchas; o fija su atención en un único punto –el corazón– o permite que su imaginación le lleve a todo tipo de paraísos; o se queda quieto, a la espera de quién sabe qué airecillo del espíritu, o se mueve y va a lo seguro.

El movimiento es un instinto; la quietud, una elección. La acción es necesaria; la contemplación, gratuita. Barrabás –el poder, la seguridad– es siempre la posibilidad más clara. En la vida, como en la meditación, estamos siempre bajo el balcón del pretorio, en una encrucijada.

42. El perfume de Betania
La pasión es exagerada por naturaleza

Seis días antes de la pascua Jesús fue a Betania, donde estaba Lázaro, al que había resucitado de la muerte. Le ofrecieron un banquete. Marta servía y Lázaro era uno de los comensales. María tomó una libra de perfume de nardo puro, muy costoso, UNGIÓ CON ELLO LOS PIES A JESÚS Y SE LOS ENJUGÓ CON LOS CABELLOS. *La casa se llenó del olor del perfume. Judas Iscariote, uno de los discípulos, que lo iba a entregar, dice: ¿Por qué no han vendido ese perfume en trescientos denarios para repartirlos a los pobres? (Lo decía, no porque le importaran los pobres, sino porque era ladrón; y, como llevaba la bolsa, sustraía de lo que echaban.) Jesús contestó: Déjala que lo guarde para el día de mi sepultura. A los pobres los tenéis siempre entre vosotros, a mí no me tenéis.*
(Jn 12, 1-8)

Dos figuras se contraponen claramente en este pasaje: la de Judas, que calcula el costo del gesto que ha presenciado –y que lo juzga de desperdicio–, y la de María de Betania, quien se deja llevar por su arrebato y derrocha a los pies de su maestro un caro perfume. El primero representa la postura práctica y utilitarista ante la vida; la segunda, por el contrario, la actitud gratuita y desbordada. Judas, escandalizado por un acto que es incapaz de entender, está en el futuro (piensa en los supuestos pobres, o eso quiere hacer ver, a quienes cabría haber socorrido con todo el dinero que cuesta ese perfume). María, en cambio, se vuelca en el presente, entregándose a la locura de su unción y prescindiendo del qué dirán los presentes, quienes sin duda la condenaron.

Entre ambas figuras está la de Jesús, que recibe en sus pies tanto a la mujer (en su llanto y en sus cabellos –es decir, su cuerpo–) como al hombre (en su crítica y condena –es decir, su mente). ¿No tiembla acaso la Luz cuando una mujer se postra ante ella? ¿No son las lágrimas de María de Betania la necesaria penumbra para que esa Luz descanse un poco de su ser permanentemente Luz? Jesús no sólo descoloca, sino que es descolocado cuando presencia las distintas formas que reviste el amor, a veces desesperadas.

Para que no degenere en espiritualismo desencarnado, la espiritualidad debe implicar la acción social, eso es indiscutible. Pero no debe agotarse en ella. La verdadera espiritualidad se reconoce por no ser una práctica utilitaria, sino precisamente gratuita y exagerada. Más aún: la mentalidad pragmática y calculadora que suele caracterizarnos desvirtúa y hasta invalida toda actividad espiritual, tachándola de pérdida de tiempo y derroche. Nuestra cultura utilitarista y tecnocrática tiende a valorar las cosas y las personas en relación con su funcionalidad inmediata. La actitud contemplativa es tal vez por ello la provocación más urgente para el hombre de hoy.

El contexto de esta escena es trágico: el perfume con que aquí se unge a Jesús es presagio de aquel con el que se le ungirá en la sepultura. El carácter de ungido de Jesús, su ser el Mesías, es aquí reveladora y simbólicamente representado y puesto en acción. Para acceder al perfume de nuestro ser, para que pueda revelarse quienes somos se precisa –siguiendo las pautas de este evangelio– de un triple movimiento. Uno: romper el círculo social. Dos: entregar el cuerpo. Tres: dejar que drene el corazón.

Uno: La lógica mundana y la divina son contrapuestas y, en consecuencia, se enfrentan por necesidad. La conciliación es posible, pero no en términos de paridad. Primero Dios y, desde ahí, el mundo, así lo pide la Ley (amar a Dios sobre todas las cosas). Ese *primero Dios* es aquello contra lo que el mundo se rebela con uñas y dientes. No es cuestión de mala voluntad por parte del mundo, como tampoco de victimismo gratuito por lo que toca a los buscadores espirituales. Es simplemente que la causa de Dios siempre es amenazada en este mundo.

Al irrumpir en aquella cena –celebrada en honor a Jesús–, María de Betania rompe con todo protocolo. Su amor por Jesús es tan intenso y arrebatador que no puede por menos de salir de su marco habitual para entrar en el de la incorrección política y la inconveniencia social. Ella no ha buscado algo así, esto es un efecto colateral. Pierde su reputación en pocos segundos, lo echa todo por la borda. No le importa lo que piensen de ella, se ha liberado del qué dirán. Necesita salir de un mundo para entrar en otro y poder ser la persona que está llamada a ser. Para ella –enseguida se dará cuenta– habrá un antes y un después de aquel encuentro. Ha encontrado su momento y, sin dudarlo, se arroja a los pies de su maestro.

Dos: Para María son importantes aquí las tres cosas: el maestro, los pies y el hecho de arrojarse. Que él sea el maestro significa que para ella ya no habrá otros maestros en su vida. La época de los maestros de este mundo ya ha terminado en su biografía. Este maestro convierte a todos los demás en una mera preparación. Encontrar un maestro es encontrar un nuevo principio.

Los pies son importantes porque el aprendizaje se empieza desde abajo. Porque ante el maestro uno debe permanecer siempre abajo. Abajo es el sitio espiritual por excelencia, por fin lo ha comprendido. Ya no subirá más. Abraza los pies porque ha entendido –tras años de búsqueda– que ése es su lugar. Vivirá para el servicio, tocando tierra. La humildad se convertirá en su lema porque la vida es un asunto primordialmente corporal. El maestro es, ciertamente, de carne y hueso; es en la carne y en los huesos de lo concreto donde ella deberá romper el frasco de su vida: ese carísimo perfume que ahora derrocha sin medida, puesto que al fin ha encontrado dónde volcarlo.

Por último, arrojarse. El ímpetu y la pasión son necesarios. No puede uno entregarse al amor de su vida de forma sensata y razonable… El amor pide por su naturaleza exageración.

Tres: Sólo con el círculo social roto y a los pies del maestro, el corazón puede empezar a drenar. Ese corazón humano, tan sucio por años de errores, va purificándose en la medida en que las heridas del mundo van siendo ungidas con el perfume. El corazón sana con las buenas acciones, se vacía de estupidez, de vanidad, de ruido… Y va convirtiéndose en un corazón de carne, humano, divino. Va colocándose en su sitio. Cuando el corazón está en su sitio, todo lo demás se recoloca: los instintos –hasta entonces tiranos– dejan de exigir primacía; la mente –por fin desplazada– abandona los pensamientos estériles y obsesivos.

Primero, pues, has de separarte de los demás; luego de ti mismo; finalmente se te regala un corazón puro, en cuyo centro –¡oh, sorpresa!– te encuentras contigo mismo y con los demás.

43. La amistad de Lázaro
Todo muere y resucita una y otra vez

Había un enfermo llamado Lázaro, de Betania, la aldea de María y su hermana Marta. María era la que había ungido al Señor con mirra y le había enjugado los pies con sus cabellos. Su hermano Lázaro estaba enfermo. Las hermanas le enviaron un recado: Señor, tu amigo está enfermo. Al oírlo, Jesús comentó: Esta enfermedad no ha de acabar en muerte, es para gloria de Dios, para que el Hijo de Dios sea glorificado por ella. Jesús era amigo de Marta, de su hermana y de Lázaro. Cuando oyó que estaba enfermo, prolongó su estancia dos días en el lugar. *Después dice a los discípulos: Vamos a volver a Judea. Le dicen los discípulos: Rabí, hace poco intentaban apedrearte los judíos, ¿y quieres volver allá? Jesús les contestó: ¿No tiene el día doce horas? Quien camina de día no tropieza, porque ve la luz de este mundo. Quien camina de noche tropieza, porque no tiene luz. Dicho esto, añadió: Nuestro amigo Lázaro está dormido, voy a despertarlo. Contestaron los discípulos: Señor, si está dormido, se curará. Pero Jesús se refería a su muerte, mientras que ellos creyeron que se refería al sueño. Entonces Jesús les dijo abiertamente: Lázaro ha muerto. Y por vosotros me alegro de no estar allí, para que creáis. Vayamos a verlo. Tomás (que significa Mellizo) dijo a los demás discípulos: Vamos también nosotros a morir con él. Cuando llegó Jesús, encontró que llevaba cuatro días en el sepulcro. Betania queda cerca de Jerusalén, a unos tres kilómetros. Muchos judíos habían ido a visitar a Marta y María para darles el pésame por la muerte de su hermano. Cuando Marta oyó que Jesús llegaba, salió a su encuentro, mientras María se quedaba en casa. Marta dijo a Jesús: Si hubieras estado aquí, Señor, no habría muerto mi hermano. Pero sé que lo que pidas, Dios te lo concede. Le dice Jesús: Tu hermano resucitará. Le dice Marta: Sé que resucitará en la resurrección del último día. Le contestó Jesús: Yo soy la resurrección y la vida. Quien cree en mí, aunque muera, vivirá, y quien vive y cree en mí no morirá para siempre. ¿Lo crees? Le contestó: Sí, Señor, yo creo que tú eres el Mesías, el hijo de Dios, el que había de venir al mundo. Dicho esto, se fue, llamó en privado a su hermana María y le dijo. El Maestro está aquí y te llama. Al oírlo, se alzó a toda prisa y se dirigió hacia él. Jesús no había llegado aún a la aldea, sino que estaba en el lugar donde lo encontró Marta. Los judíos que estaban con ella en la casa consolándola, al ver que María se levantaba a toda prisa y salía, fueron detrás de ella, pensando que iba al sepulcro a llorar allí. Cuando María llegó donde estaba Jesús, al verlo, cayó a sus pies y le dijo: Si hubieras estado aquí, Señor, no habría muerto mi hermano. Al ver Jesús a María llorando y a los judíos que la acompañaban llorando, se estremeció por dentro y dijo muy agitado: ¿Dónde lo habéis puesto? Le dicen: Señor, ven a ver. Jesús se echó a llorar. Los judíos comentaban: ¡Cómo lo quería! Pero algunos decían: El que abrió los ojos al ciego, ¿no pudo impedir que éste muriera? Jesús, estremeciéndose de nuevo, se dirigió al sepulcro. Era una cueva con una piedra delante. Jesús dice: Retirad la piedra. Le dice Marta, la hermana del difunto: Señor, ya hiede, pues lleva cuatro días. Le contesta Jesús: ¿No te dije que, si crees, verás la gloria de Dios? Retiraron la piedra. Jesús alzó la vista al cielo y dijo: Te doy gracias, Padre, porque me has escuchado. Yo sabía que siempre me escuchas, pero lo digo por la gente que me rodea, para que crean que tú me enviaste. Dicho esto, gritó con voz fuerte: ¡Lázaro, sal afuera! Salió el muerto con los pies y las manos sujetos con vendas y el rostro envuelto en un sudario. Jesús les dijo: Desatadlo y dejadlo.* (Jn 11, 1-44)

Lázaro duerme, voy a despertarle: la amistad es más fuerte que la muerte. Quien ha amado, nunca se marcha del todo: en este mundo queda su amor, y ese amor posibilita más vida y más amor.

La amistad entre Jesús y Lázaro es el paradigma de toda verdadera amistad: el amigo saca al amigo del hoyo y le devuelve la vitalidad perdida. Eso es un amigo: alguien que llora cuando caes al agujero, alguien que te ayuda a salir de él y a restablecerte para volver a vivir.

Todo cuanto sucede –bueno, malo o neutro– prueba la fortaleza o la debilidad de una amistad (sobre todo la muerte, la gran prueba). Un amigo verdadero ve toda prueba que sufre su amigo no como una amenaza, sino como una ocasión para fortalecer su amistad: *Esta enfermedad no es de muerte, sino para la gloria de Dios.* Todo lo que sucede en una amistad de verdad es para Su gloria. En una relación entre amigos sólo hay incondicionalidad: uno está con y para el otro pase lo que pase.

El amigo muerto somos nosotros. También somos el amigo vivo que acude en su rescate. Sólo el amigo puede salvarnos, nada ni nadie más: sólo aquel que es incondicional, con independencia de cualquier circunstancia.

Ni decir tiene que casi nadie cree en la amistad: *Este que abrió los ojos del ciego, ¿no podía haber hecho que éste no muriera?* ¿Para qué va al sepulcro? ¿Para llorar? Nadie cree en el poder transformador del amor, sólo en las lágrimas por la pérdida. Si no crees que el muerto que hay en ti no está totalmente muerto, nada hay que se pueda hacer.

Lo primero que hay que hacer es llorar, por supuesto, dado que el cuerpo debe expresar lo que el alma tiene dentro. Debe sacarlo fuera para liberarse y poder dar paso a lo siguiente.

Lo siguiente que hay que hacer es ir al sepulcro, quitar la losa, ver el cadáver y sufrir su hedor. Todo esto es importante. Ir al sepulcro, es decir, acudir al lugar en que está todo lo que ha muerto en ti. Quitar la losa, es decir, destapar el inconsciente y ver y sufrir la oscuridad que has ocultado durante tantos años, quizá décadas. Por fin, sufrir: hay que pasar por ahí. Quisiéramos evitarlo, pero toda amistad debe curtirse. Es así, resistiendo los embates, como se construye una amistad. La amistad contigo mismo es el gran desafío. Sin obstáculos, no hay amistad, sólo bienestar. Y sólo la amistad nos hace estar bien de verdad, puesto que el corazón humano ha sido hecho para ella.

Todo esto sucede en Betania, un lugar para recuperarse y descansar. En nuestra Betania interior nos espera el cadáver de nuestro amigo Lázaro, sí, pero también su resurrección. Si estuviéramos siempre en Betania, nunca morirían nuestros hermanos: nada nuestro se ensombrecería si estuviéramos siempre en nuestro centro.

Ese centro está ahí y te llama. Levántate rápidamente y ve hacia él en cuanto lo oigas. Te insta no sólo a que te movilices, sino a que lo arriesgues todo por esa búsqueda. Ese centro está en una cueva, que encontrarás cubierta con una gran piedra. Debes desplazar esa piedra y, acto seguido –no lo olvides–, elevar los ojos al Cielo. Elevar los ojos al Cielo es muy importante para que suceda todo lo que va a suceder: sin la luz, lo oscuro no puede iluminarse.

También es importante alzar los ojos al Cielo para agradecer lo que vas a pedir antes de pedirlo, pues sabes que se te va a conceder. Agradeces el don, por supuesto, pero sobre todo agradeces el poder pedirlo. Agradeces ser un indigente que pide ayuda, puesto que sólo quienes piden pueden experimentar qué es verdaderamente recibir. No pediríamos nada si no supiéramos que todo nos es dado. El don que pides es sólo una muestra de cómo todo es un don. La resurrección de Lázaro, por ejemplo, no es la mera reanimación de un cadáver, sino un signo de que todo sin excepción está siempre resucitando. La petición más inteligente no es por un bien en particular, sino para que el mundo vea y crea. Pides por la iluminación de todos, ésa es la única petición sensata. Luego gritas: ¡Amigo, ven! Deja ya la oscuridad, sal a la luz, retorna a donde perteneces, deja tus vendas y sudario, camina, camina… La llamada del amigo: todo el evangelio se resume en estas palabras. Dentro de ti hay un amigo que te llama.

Además de sus protagonistas –Lázaro y Jesús–, en esta escena hay también otros personajes inolvidables: Tomás el mellizo, por ejemplo, que dice: *Vayamos también nosotros a morir con él*, es decir, hagamos también nosotros la experiencia de entrar en nuestro inconsciente. Bajemos también nosotros a nuestras profundidades. Sigamos su ejemplo.

También están ahí Marta y María, las hermanas del difunto. María es la que se queda con la mejor parte, la contemplativa. Ella es quien ha comprendido que lo primero es el Reino de Dios y su justicia, y que el resto viene por añadidura. Pocos han comprendido esto. Nosotros creemos más bien en eso de *a Dios rogando y con el mazo dando*, es decir, en unir a Marta y a María. Creemos que ambas tienen sus derechos, que las dos son necesarias. Pero eso no es en modo alguno lo que dice Jesús. El maestro dice: primero rogad a Dios, y ya veremos luego si hay que darle al mazo y cómo. En realidad, la principal lacra de la humanidad es nuestra incapacidad para entender y vivir la contemplación. Si colocas a Dios en primer lugar, todo lo demás se recoloca por sí solo, ésa es la enseñanza. Si comienzas por lo esencial, lo urgente deja de parecer tan urgente y va encontrando su solución.

Marta representa la acción. Es evidente que todos somos Marta. Quién más, quién menos, todos somos bastante activos. Creemos que estamos en este mundo para cambiarlo. No nos creemos que estamos en este mundo para mirarlo y disfrutarlo. No te quedes embobado y ponte a hacer algo de provecho, les decimos a cada rato a nuestros niños. Quedarse absorto ante la realidad lo consideramos inútil y hasta pernicioso.

Lázaro es el amigo muerto que hay en nosotros, ya lo sabemos. Es amigo o, lo que es lo mismo, se ha dedicado con nosotros a la contemplación y al disfrute (pues de lo contrario no lo llamaríamos amigo). Pero está muerto, es decir, descuidó la amistad. Se fue apagando, permitimos que se arrinconara, lo apartamos sin darnos cuenta... Le metimos en una agenda, en un sepulcro, en un cajón... Lo relegamos a un puesto secundario y se nos murió. Se murió porque se obsesionó con una idea, con un proyecto, con una mujer... Se murió porque sólo pensaba en lo suyo, porque su cuerpo protestó y no supo atenderle, porque hizo oídos sordos a todo lo que había a su alrededor. La muerte del amigo provoca a Marta y a María, a la acción y a la contemplación. La muerte parece pedir una respuesta activa y contemplativa.

Pero la acción nada puede contra la muerte, esto es lo que parece estar diciéndonos Jesús. La acción se queda en lamentos, en reproches, en el ajetreado ir y venir de cuidar los detalles. La contemplación, en cambio, acude al espíritu (Jesús) y va con él al sepulcro, al lugar de la muerte. Allí, con la fuerza de ese espíritu, quita la piedra (y es una piedra pesada, que puede tardar años en moverse), mira los ojos del cadáver (lo que hiciste contigo mismo al degradarte) y, sencillamente, llora. ¿Por qué llora Jesús?

Llora porque mira lo que hemos hecho con nosotros mismos. Porque ve cómo nos hemos deshumanizado. Porque ve que nos hemos dejado arrastrar por falsas promesas, tomando la puerta ancha y el camino fácil. Llora porque hemos metido el pie en la trampa y porque ahora sufrimos los dolores del cepo. Llora porque decimos que la vida es una trampa, convencidos de que hay que acostumbrarse a tener el pie en el cepo.

Pero llorar no es tan sencillo. Uno llora al principio. Luego se acostumbra y se cansa y, simplemente, deja de llorar. No hay que llorar tanto, nos decimos entonces. No es para tanto, nos decimos también. Esto no lleva a ninguna parte. Y nos sonamos los mocos y nos llenamos de ruido para olvidarnos de las lágrimas que siguen corriendo durante largo tiempo por dentro. Llorar es lo primero y más urgente, eso no conviene olvidarlo. Llorar es purificar. Hay que pasar por la purificación antes de llegar a la iluminación. Debemos llorar por nuestros muertos, por la muerte que se ha apoderado de nosotros. El cuerpo debe hacer su trabajo para que pueda luego entrar en juego el alma. El cuerpo es el primero que responde ante el mal.

En el pasaje de la resurrección de Lázaro –emblema de procesos de renacimiento interior, pero también más que eso–, hay un contraste en el que sus comentaristas no han insistido lo suficiente: el del Jesús que ante la noticia de la enfermedad de su amigo Lázaro da la impresión de permanecer insensible –hasta el punto de dilatar su visita un par de días–, y el del otro Jesús, quien, por contra, se echa a llorar hasta el sollozo cuando es informado de su defunción. Conmueve este Jesús que se deshace en lágrimas y sorprende, por el contrario, ese otro Jesús –que es el mismo– que se mantiene entero, casi indiferente, ante una noticia tan grave. ¿Qué significa esto?

Que Jesús sabe que el mal no tiene verdadero poder sobre este mundo, que sabe que su dominio es sólo relativo y temporal; de ahí que se mantenga tan sereno y ecuánime ante la desgracia de su buen amigo Lázaro. Sabe que, pase lo que pase, no será fatal.

Ahora bien, ante el desgarro de Marta y María –sus amigas, deshechas ahora por la pérdida de su hermano–, ante la generalizada desolación que reina en Betania, su lugar de descanso, Jesús responde con el llanto, abrumado por la terrible y sucia corriente del mal, que lo emponzoña todo en este mundo. Ese mal ya ha sido vencido por Dios –desde luego–, pero sus secuelas siguen devastando al hombre. Por eso sabe Jesús mantenerse sereno, cual maestro, cuando el mal llama a su puerta; pero también sabe responder con el corazón cuando asiste al estrago de sus obras.

Tras el llanto de Jesús, vienen sus palabras liberadoras: ¡Sal, ven afuera! No te quedes dentro, en el agujerito de tus problemas. Respira el aire de este mundo, oxigénate. Sólo resucitas cuando te das cuenta de que te habías muerto. El contemplativo acude al lugar de las sombras, mira lo que hay y lo padece. Luego ordena amorosamente que se haga la luz. Ése es su trabajo, pero Marta (todas las Martas del mundo, incontables) no lo comprende.

44. La mejor parte
El dilema entre lo urgente y lo esencial

Yendo de camino, entró Jesús en una aldea. Una mujer, llamada Marta, lo recibió en su casa. Tenía una hermana llamada María, la cual, sentada a los pies del Señor, escuchaba sus palabras, mientras Marta se afanaba en múltiples servicios. Hasta que se paró y dijo: Maestro, ¿no te importa que mi hermana me deje sola en la tarea? Dile que me ayude. El Señor le replicó: ¡Marta, Marta!, TE PREOCU-PAS Y TE INQUIETAS POR MUCHAS COSAS, CUANDO UNA SOLA ES NECESARIA. *María escogió la mejor parte y no se la quitarán.* (Lc 10, 38-42)*

Nadie es pura acción o pura contemplación. La persona más activa también necesita pararse; y el más contemplativo, al menos de cuando en cuando, debe actuar. La cuestión es, pues, la armonía entre ambas vertientes –puesto que de hecho rara vez están proporcionadas. En este sentido, la propuesta del evangelio es muy clara: Jesús no dice que actuar y contemplar sean igualmente importantes; en honor a la verdad, lo que dice es que María, la contemplativa, escogió la mejor parte. Sugiere que no es preciso subrayar la acción, puesto que todos actuamos de un modo u otro. La contemplación, sin embargo, es decir, la mirada sin pretensiones, la pura receptividad, sí es urgente destacarla –pues son pocos los que la cultivan a diario, aunque sólo sea unos minutos.

Sin contemplación, lo más probable es que la acción derive en activismo, que no es tan sólo realizar mucha actividad

–con la consecuente y nefasta secuela de desbordar a quienes no son capaces de parar–, sino la equivocada presunción de que el mundo depende de nuestra actuación. El mundo, sin embargo –es preciso recordarlo–, no depende de nosotros, sino de Dios. Nosotros podremos colaborar con Él en mayor o menor medida, o incluso entorpecer sus designios. Pero creernos los protagonistas de la historia es haber perdido el sentido de la proporción.

Un discurso de este género suele ser tachado de espiritualista. Pero cuando Jesús afirma que María ha escogido la mejor parte no está diciendo que tengamos que dedicar más tiempo a orar que a trabajar, sino simple y llanamente que antes de trabajar hay que orar. Que orar sea lo primero no significa que sea lo que cuantitativamente exija más. A decir verdad, bastaría con dedicar algunos ratos al silencio y a la oración cada día para que el corazón estuviera centrado en Dios y no se perdiera –y hasta destruyera– en los quehaceres. La actividad justa, desde ese centro, posibilita un descanso verdaderamente reparador. Del activismo desenfrenado, por el contrario, no es posible descansar: o se arranca de cuajo o termina por devastar a la persona.

María es la hermana mayor y, en consecuencia, tiene los derechos de la primogénita. Marta, por su parte, no necesita defensa: los frutos que derivan de sus actos son para ella su mejor defensa. Los frutos de la contemplación, por contrapartida, son lentos y discretos. Y siempre hay que apoyar lo lento (las personas lentas, las obras de arte que se fraguan despacio…), no vaya a ser arrasado por lo inmediato o lo automático, lo veloz.

Marta, Marta: sólo la doble mención de este nombre ya está indicando que lo que viene a continuación es importante. La simple repetición es ya un reclamo a la atención, casi una admonición en sí misma. Toma conciencia de quién eres, están diciendo estas dos palabras que son la misma.

Acto seguido viene, efectivamente, la reconvención: la preocupación no es uno de los nombres de Dios. La preocupación no sirve más que para enfermar. La mente se emponzoña en cuanto surgen en ella las preocupaciones, cuyo recorrido suele ser obsesivo y circular. La preocupación viola la condición del presente, pretende adelantar la fantasmal oscuridad del futuro, saca a su víctima de la realidad y la secuestra por medio de la ilusión.

Todo esto inquieta al alma –como no podía ser menos–, la turba y la dispersa en distintos frentes. La preocupación es múltiple por naturaleza: son siempre muchas o, al menos, una con diferentes ramificaciones. El alma, en cambio, necesita estar en una sola cosa para estar bien: podrá ser algo con infinitos matices, pero unificado en cualquier caso, puesto que el alma humana está hecha a imagen y semejanza del Dios uno. Así que nunca nos equivocamos cuando escogemos la simplicidad. Lo profundo nunca es complicado, lo que no significa que no pueda ser costoso. El alma se sana con lo sencillo y lo diáfano.

La preocupación se relaciona en este texto con los quehaceres domésticos, que por su número o urgencia pueden agobiar. De hecho, las figuras evangélicas de Marta y María suelen tomarse como el emblema de las actividades cotidianas (Marta) y del amor contemplativo (María). El dilema está, pues, entre lo urgente (que tiene su lugar, pero no el prioritario), y lo esencial (estar con Él). Lo que Jesús afirma es claro: las faenas del hogar, sobre todo si son muchas y apremiantes, comportan inevitablemente preocupación, y la preocupación –ésta es la cuestión– es incompatible con Dios. ¿Quiere esto decir que Dios nos quiere puramente contemplativos, que no quiere que actuemos? Evidentemente, no.

En la parábola del sembrador, Jesús equipara las preocupaciones con la cerrazón y la esterilidad que produce el exceso: *Lo sembrado entre abrojos significa el que escucha la palabra; pero las preocupaciones de la vida y la seducción de las riquezas ahogan la palabra y se queda estéril* (Mt 13, 22; Mc 4, 19). Esto puede provocarnos cierta desazón, puesto que no parece viable vivir en este mundo y estar del todo exento de toda clase de preocupación. ¿Acaso es posible tratar de conseguir algo, proyectarlo y llevarlo a la práctica sin imaginar el futuro y, en consecuencia, sin prever las posibilidades del fracaso? ¿No es vivir sin preocupaciones de ningún género un imposible? Por muy en paz que uno esté consigo mismo, el conflicto con los otros no parece evitable de forma absoluta. Lo que sí parece más posible, en cambio, es minimizar el conflicto –normalmente constante– que tenemos con nosotros mismos. Ahí es donde entra la propuesta de Jesús. Porque en la oración contemplativa, al menos a ciertos niveles de profundidad, ya no hay preocupaciones. Por eso, si acudimos con regularidad a esos niveles (ajenos a la planificación y evaluación, a lo adverso o propenso, a lo extraño o afín), la preocupación dejará de tener un dominio tan determinante sobre nosotros.

La propuesta de Jesús es que dediquemos tiempos y espacios a la pura contemplación, es decir, tiempos y espacios libres de ese lastre que es la preocupación. Cada cual deberá averiguar, evidentemente, cuánto tiempo necesita para este fin. Pero hay algo incontestable: si no tenemos tiempos ajenos al ajetreo propio de la vida, entonces no estamos haciendo lo que Dios quiere y lo que nos recomienda por boca de Jesús.

45. La adúltera perdonada
*Quien señala con el dedo hacia fuera,
debe apuntarse a sí mismo*

*Los letrados y fariseos le presentaron una mujer sorprendida en
adulterio, la colocaron en el centro, y le dijeron: Maestro, esta mujer
ha sido sorprendida en flagrante adulterio. La ley de Moisés ordena
que dichas mujeres sean apedreadas, tú ¿qué dices? Lo decían ten-
tándolo, para tener de qué acusarlo. Jesús se agachó y, con el dedo, se
puso a escribir en la tierra. Como insistían en sus preguntas, se incorporó y les dijo: Quien de vosotros esté sin pecado tire la primera
piedra. De nuevo* SE AGACHÓ Y SEGUÍA ESCRIBIENDO EN LA TIERRA.
*Los oyentes se fueron retirando uno a uno, empezando por los más
ancianos hasta el último. Quedó sólo Jesús y la mujer en el centro, de
pie. Se incorporó Jesús y le dijo: Mujer, ¿dónde están?, ¿nadie te ha
condenado? Contestó: Nadie, Señor. Le dijo Jesús: Tampoco yo te
condeno. Ve y en adelante no peques más.* (Jn 8, 3-11)

La razón siempre se enfrenta a los sentidos, eso es lo que
significa que los escribas y fariseos arresten y quieran lapi-
dar a una mujer sorprendida en adulterio.

A esa mujer, apresada y condenada por un tribunal de
varones, le tiramos continuamente piedras en nuestro corazón. No sólo nos censuramos porque no nos ajustamos a
una ley –por otra parte, discriminatoria y salvaje–, sino que
nos ejecutamos sin piedad. Y no ajusticiamos a un ego cualquiera, sino precisamente a nuestro ego femenino.

Los jueces no miran a la persona, sino sólo la ley. Pretenden que el terreno se ajuste al mapa y tachan sin contemplaciones toda realidad que no encaje en su esquema. No

sacralizan la realidad, sino su representación. La ley se les dio como guía para la vida, pero ahora es la vida la que –para ellos– tiene que ponerse al servicio de la ley.

¿Por qué estamos siempre tan enfadados con la adúltera que llevamos dentro? ¿No será nuestro enfado consecuencia de la opresión de la ley? Nuestro juez y legislador interno (la mente) la paga siempre con la carne y con el placer (el cuerpo). Esta batalla entre cuerpo y mente no encuentra tregua: siempre estamos transgrediendo la ley y siempre enjuiciando al transgresor; siempre transgrede la mujer y siempre enjuicia el varón. Esa escena, como en realidad el evangelio entero, es un espejo y una parábola de nuestra conciencia. Nunca podría ser al revés: el cuerpo nunca enjuicia ni condena; se limita a registrar, a incorporar lo que la mente le dicta.

Por fortuna, dentro de nosotros hay también algo que, mientras que todo lo demás se excita en el fragor de la violencia, mantiene la serenidad y mira con amor. En apariencia ajeno a lo que sucede a su alrededor, ese algo que tenemos dentro es quien va a dirimir la contienda entre la mente y el cuerpo. Es el espíritu: lo sabemos porque escribe con el dedo en la tierra. ¿Qué escribe?

El espíritu es eficaz, actúa en la tierra. Pero lo hace sólo con un dedo, es decir, con discreción, sin imponerse, respetando la libertad. Es muy hermoso que el mismo Dios que había escrito para el pueblo los mandamientos en una piedra –con el propósito de que así pervivieran–, los escriba ahora con un dedo en la tierra –para que venga el viento y se lleve lo que ha escrito. Aquí está reflejada con toda claridad la evolución del Dios del Antiguo Testamento al del Nuevo: de la piedra a la arcilla, de la ley al corazón. De lo pétreo e inamovible a lo vivo y transitorio. Un canto a la belleza de la *impermanencia*. La ley es para ahora, para este instante; para mañana siempre habrá que escribir leyes nuevas.

El espíritu no se inmiscuye en las batallas entre el cuerpo y la mente, pero ahí está si se le invoca. ¿Qué dices de la adúltera?, le pregunta la mente. El acoso bajo forma de pregunta. Una pregunta-trampa, claro, un agujero en el que meter el pie para ser apresado por un cepo.

No hay por qué extrañarse: el oficio de los fariseos son las palabras, se las saben todas, llevan una vida entera dedicados a retorcerlas y utilizarlas en su provecho. Buscan pruebas contra Jesús, sorprenderlo infraganti: la mente nunca pregunta con inocencia, las preguntas inocentes sólo las formula el espíritu. Los fariseos (la mente) buscan una ocasión para condenar a Jesús, para sacarle del circuito de la vida.

Jesús, sin embargo, se toma su tiempo para responder. El silencio que hay entre una pregunta y su respuesta es lo que posibilita que esa respuesta sea espiritual. No es un silencio inactivo, Jesús está trazando algunos signos en la tierra. No es un silencio estratégico, sino creativo: Jesús está buscando la respuesta en la tierra. Él nunca sabe de antemano lo que va a decir, sino que siempre lo encuentra: está vivo, responde a la provocación del instante.

A la mente le molesta mucho que el espíritu se tome su tiempo. La mente es impaciente y siempre tiene prisa, quiere acabar con el tiempo. El espíritu, en cambio, es el Señor del tiempo y, por ello, lo pone a su servicio.

Jesús escribiendo en la tierra es una de las imágenes más soberanas de todo el evangelio. Todos tienen los ojos fijos en él, todos han sucumbido al silencio. El centro de atención ha cambiado de la adúltera a él, de la presunta oscuridad a la luz, del griterío a la silenciosa expectación. ¡Y todo gracias sólo a que Jesús se ha tomado su tiempo!

El espíritu da la vuelta al dedo que apunta al otro, de modo que se apunte a sí mismo. ¿Dónde está realmente la oscuridad, en esa mujer o en sus jueces, ¿fuera o dentro? El espíritu siempre hace que miremos más adentro. El problema de los jueces es, en esencia, que no se habían mirado a sí mismos: se creían libres de las tinieblas, vivían en el exterior, en la superficie.

Así que Jesús no juzga al cuerpo, sino que insta a que la mente se mire a sí misma. El espíritu nunca coloca el problema fuera, por grande que sea la tentación o astuta la trampa. ¡Mírate!, es lo que siempre dice el espíritu. *Quien esté libre de pecado que tire la primera piedra*, dice Jesús a la jauría humana que le está observando. No lo dice con arrogancia ni con rabia, sino con aplomo. Quizá también con tristeza. Ve a una mujer a punto de ser sacrificada y a un corrillo rabioso y sediento de sangre.

Las piedras van aflojándose poco a poco en las manos de los verdugos. La ley de Moisés que todos tienen dentro –también nosotros– comienza a resquebrajarse mientras que Jesús vuelve a escribir sobre la tierra. Mirad la tierra que sois, les está diciendo sin palabras. Ellos, en medio de la batalla que se libra en su interior, van comprendiendo, a regañadientes, que no es la realidad la que debe ajustarse a la ley, sino al revés. La mujer, todavía en el centro del círculo, hecha un ovillo, contiene aterrorizada la respiración.

Sin la mediación del espíritu, el cuerpo habría sido ejecutado, la mujer habría sido apedreada, el abismo entre ambos se habría ensanchado. Gracias a Jesús, el círculo de la muerte se deshace y se abre un nuevo episodio: una nueva posibilidad de encuentro, otra oportunidad.

La mente no puede por menos de retirarse cuando entra en juego el espíritu: no son compatibles, puesto que la mente siempre enjuicia y separa, mientras que el espíritu reconcilia y unifica. Cuando la mente se marcha (empezando por las ideas más viejas), el espíritu se encuentra con el cuerpo y mantienen una conversación. La mente que se mira a sí misma sabe que no se sostiene y se retira. Deja espacio al

cuerpo y al espíritu. Comprende que sus esquemas son ca-
ducos y que no responden a la vida. Sólo el espíritu puede
salvar a la mente de sí misma.

Mujer, le dice Jesús. No la llama por su nombre, sino
por su condición (pues por eso ha estado a punto de ser la-
pidada). *¿Dónde están los que te condenaban?* ¿Dónde está
la mente cuando el espíritu se alía con el cuerpo?

¡Señor!, dice ella agradecida. Se ha salvado, ha quedado
iluminada.

Anda y no peques más: empieza una vida distinta, un
nuevo principio.

46. El pozo de la samaritana
Sentarse a solas y en silencio con la propia verdad

Así que llegó a una aldea de Samaría llamada Sicar, cerca del terreno que Jacob dio a su hijo José. Allí estaba el pozo de Jacob. Jesús, cansado del camino, se sentó tranquilamente junto al pozo. Era mediodía. Llega una mujer de Samaría a sacar agua y Jesús le dice: Dame de beber. (Los discípulos habían ido a la aldea a comprar comida.) Le responde la samaritana: Tú, que eres judío, ¿cómo pides de beber a una mujer samaritana? (Los judíos no se tratan con los samaritanos.) Jesús le contestó: Si conocieras el don de Dios y quién es el que te pide de beber, tú le pedirías a él, y te daría agua viva. Le dice la mujer: Señor, no tienes cubo y el pozo es profundo, ¿de dónde sacas agua viva? ¿No serás tú mayor que nuestro padre Jacob, que nos legó el pozo, del que bebían él, sus hijos y sus rebaños? Le contestó Jesús: El que bebe de esta agua vuelve a tener sed, quien beba del agua que yo le daré no tendrá sed jamás, pues el agua que le daré se convertirá dentro de él en manantial que brota dando vida eterna. Le dice la mujer: Señor, dame de esa agua, para que no tenga sed y no tenga que venir acá a sacar agua. Le dice: Anda, llama a tu marido y vuelve acá. Le contestó la mujer: No tengo marido. Le dice Jesús: Tienes razón al decir que no tienes marido, pues has tenido cinco hombres, y el de ahora tampoco es tu marido. En eso has dicho la verdad. Le dice la mujer: Señor, veo que eres profeta. Nuestros padres daban culto en este monte, vosotros en cambio decís que es Jerusalén donde hay que dar culto. Le dice Jesús: Créeme, mujer, llega la hora en que ni en este monte ni en Jerusalén se dará culto al Padre. Vosotros dais culto a lo que desconocéis, nosotros damos culto a lo que conocemos; pues la salvación procede de los judíos. Pero llega la hora, ya ha llegado, en que LOS VERDADEROS ADORADORES DARÁN CULTO AL PADRE EN ESPÍRITU Y VERDAD. *Tal es el culto que busca el Padre. Dios es Espíritu y los que le dan culto lo han de hacer en espíritu y verdad. Le dice la mujer: Sé que vendrá el Mesías (es decir, Cristo). Cuando él venga, nos lo explicará todo. Le dice Jesús: Soy yo, el que habla contigo. En esto llegaron los discípulos y se maravillaron de verlo hablar con una mujer. Pero ninguno le preguntó qué buscaba o por qué hablaba con ella. La mujer dejó el cántaro, se fue a la aldea y dijo a los vecinos: Venid a ver un hombre que me ha contado lo que yo he hecho, ¿no será el Mesías?* (Jn 4, 5-29)

La escena tiene lugar junto a un pozo, un espacio espiritual muy claro: se trata de entrar en lo más profundo de uno mismo para allí saciar nuestra sed o anhelo existencial. Además, no es un pozo cualquiera, sino el de Jacob: un personaje bíblico que soñó con una escalera que unía el cielo y la tierra. Este pasaje va a presentarnos cómo recorrer, peldaño a peldaño, esa escalera.

Cristo es el agua y, curiosamente, es Él mismo quien la pide. Cristo invita a la mujer a que saque a Cristo de sí misma, de su propio pozo interior. *Dame de beber:* su necesidad queda manifiesta. Esto hace añicos nuestra habitual imagen de un Dios poderoso y nos sugiere, por contrapartida, que no somos tanto nosotros los que buscamos a Dios cuanto Él quien nos busca a nosotros. Él es el Necesitado. Esto es lo esencial para entender el mensaje de Jesús. De modo que no se ora o medita para ser fuertes, sino para ser (frágiles).

Lo que Jesús pide, por otra parte, es agua. Un Dios que tiene sed. Sed de nosotros. No tanto un Dios Fuente (que también), sino sobre todo un Dios sediento. Me pregunto no sólo cuál es mi sed fundamental, sino qué sucedería si acudiéramos a la meditación o al culto religioso en general no tanto para beber de Dios cuanto para que Dios bebiese de nosotros.

Jesús rompe aquí un doble tabú: por una parte, él es un hombre y está hablando a una mujer a quien no conoce; y, por la otra, se trata de un judío que pide algo a una samaritana, siendo judíos y samaritanos pueblos proverbialmente enemistados. Esta ruptura de lo políticamente correcto es una constante en la praxis de Jesús, quien prescinde de cualquier tipo de prejuicio nacionalista, machista o religioso. Jesús mira el núcleo de la persona, no sus circunstancias contingentes. Su mirada es desprejuiciada, eso es lo inédito y liberador. Claro que también eso es lo que escandaliza a muchos.

La mujer, sin embargo, se queda de entrada en lo más externo y social: la cuestión de las nacionalidades, es ahí donde tantas veces ciframos nuestra identidad. Te hablan de la Patria, del Padre, y tú respondes hablando de tu terruño.

Jesús procura ayudarla a despertar y a sacarla de su superficialidad: *si conocieras el don de Dios* –le dice. Si escucharas tu anhelo –es como si le dijera–, habrías entendido que estoy apelando a tu maestro interior. Con suma paciencia, Jesús la va conduciendo para que vaya más allá de lo histórico o accidental, para que se centre en las necesidades del alma. Pero con una invitación no es, ciertamente, suficiente. Y Jesús debe insistir. Como la mayoría de nosotros, esta mujer se resiste a ascender al nivel espiritual. Se obceca por permanecer en el pragmático: *Si no tienes cubo y el pozo es hondo* –argumenta–, *¿de dónde vas a sacar el agua?* Solemos estar tan enredados con lo material que difícilmente damos el paso a lo espiritual. Pero no sólo de agua vive el hombre; también hay otras aguas de las que todo hombre tiene necesidad.

Dos mundos están aquí claramente confrontados: por una parte, está Jesús, apelando a lo que el corazón del ser humano necesita; y, por el otro, su interlocutora, que persiste en hablar de cubos y pozos. Jesús, sin embargo, no claudica. *Todo el que bebe agua de ésta volverá a tener sed.* Dicho con otras palabras: si te mantienes en ese nivel pragmático, no encontrarás lo que tanto anhelas.

Algo, sin embargo, ha empezado a moverse, puesto que la mujer saca a colación el pozo de Jacob, es decir, la sabiduría de sus antepasados. Jesús, que es deferente y buen educador, avanza poco a poco: lo de acordarte del pasado estuvo bien –podría haber esgrimido–, pero ahora estamos en el momento de la verdad, ahora es cuando nos lo jugamos todo.

Por fin, acorralada y casi insolente, la samaritana no soporta más la tensión: *Dame de beber*, le pide al fin. Dame a Cristo, le está diciendo. ¡Por supuesto que no quiero tener sed nunca más! ¡Quiero el agua de la vida! Es el momento en que, tras bastantes titubeos, comienza de verdad para esta mujer su camino espiritual. Las iniciales resistencias han quedado vencidas cuando se deja afectar por lo que aquel forastero le está diciendo.

Sólo cuando el corazón se ablanda –no antes–, pueden abordarse los asuntos personales. *Ve a llamar a tu marido*, le dice entonces Jesús. Sólo hay religión auténtica cuando se llega a este ámbito tan personal. *No tengo marido*, le responde ella, es decir, no tengo corazón, estoy destruida. Ya no habla de cubos ni de cuerdas. Por fin ha entrado en su núcleo afectivo o existencial. Ha saltado de nivel. No puedes tener a Cristo –le está diciendo él– si no saneas tu núcleo afectivo. Si quieres que Cristo entre en tu corazón, pregúntate dónde tienes tu corazón.

Todo ha cambiado entre los dos desde que el corazón ha entrado en juego. La mujer ya se ha dado cuenta (ha tardado bastante) de que la conversación va en serio. *Veo que eres un profeta*, llega a decir. Sus ojos han empezado a abrirse y está reconociendo a Jesús como su mediador. Pero todavía le queda una resistencia, la última de toda búsqueda espiritual, que siempre es la religiosa: *Nuestros padres nos dijeron que a Dios hay que rendirle culto en este monte, no en Jerusalén, como decís vosotros*. Ésta es la tentación de la religión: quedarse fuera (en los lugares de culto), no tomar la forma como ocasión para saltar al fondo. Incluso en lo religioso y en lo espiritual (y a veces sobre todo en estos ámbitos) nos agarramos a lo externo, que es tanto como decir lo mágico (puesto que una religión que no esté alentada por una fuerza interior queda reducida a magia o a folclore).

Créeme, mujer. Ni en este monte ni en Jerusalén. Éste es el centro de este evangelio, y quizá de todo el evangelio en general. Y no puede decirse con más claridad: para dar culto a Dios no importa un monte u otro, una religión u otra, una parroquia u otra… La cuestión no está en repetir estas palabras, tan antiguas, o estas otras, tan modernas y ajustadas a la sensibilidad actual. Por importantes que puedan ser, lo esencial nunca es el pueblo, la raza, el libro sagrado o la tradición, sino adorar *en espíritu y verdad*, es decir, desde lo interior. Éste es el nivel en el que estamos llamados a movernos: el del espíritu y la verdad. Esto es lo que se busca en la oración contemplativa o meditación. Porque ¿no es meditar, a fin de cuentas, sentarse a solas y en silencio con la propia verdad?

La mujer se revuelve. Cree haber entrado en una disputa teológica. El Mesías ya nos lo explicará todo, arguye en un último intento de escapatoria. *Yo soy*, declara por fin Jesús. Yo soy el agua de la que hemos estado hablando todo el rato.

Esta escena queda súbitamente interrumpida porque llegan los discípulos y rompen la magia del encuentro. No es sólo por su presencia corporal, sino por la ponzoña de su mente: les molesta ver a Jesús charlando tranquila y animosamente con una mujer. Les irrita que encima parezca que se lo estén pasando bien. ¡Qué pesadas son las mujeres!, pensaría seguramente uno de aquellos discípulos. Jesús hace mal en aparecer en público con ellas, pensaría otro. Es una nueva, otra más, pensaría un tercero. ¡Qué va! Es la de siempre, siempre es la misma, pensaría el último. ¿Es que no le importa el qué dirán? ¿Es que no se da cuenta de que es así como echará a perder su misión? Jesús los mira con cansancio, puedo imaginármelo muy bien.

Mientras tanto, la mujer corre a compartir el despertar de su corazón: *Venid a ver a un hombre*, dice a quienes la rodean, y les contagia su iluminación. Porque si algo nos enamora, por fuerza lo proclamamos a los cuatro vientos. Por una extranjera –éste es el mensaje–, por una mujer y además impura, llega a toda aquella gente la salvación.

Este encuentro entre Jesús y la samaritana sucede a cada rato en nuestro interior, si es que estamos sedientos y acudimos al pozo. Nosotros somos esa mujer del cántaro vacío, llena de prejuicios nacionalistas, tradicionalistas y religiosos. Nosotros somos esos extranjeros impuros que tienen agua a su lado y que, ignorantes, discuten en vez de beber.

47. El nuevo nacimiento de Nicodemo
Hacen falta muchos años para ser joven

Había un hombre del partido fariseo, llamado Nicodemo, una auto-ridad entre los judíos. Fue a visitarlo de noche y le dijo: Rabí, sabe-mos que vienes de parte de Dios como maestro, pues nadie puede hacer las señales que tú haces si Dios no está con él. Jesús le respon-dió: Te aseguro que, si uno no nace de nuevo, no puede ver el reinado de Dios. Le responde Nicodemo: ¿Cómo puede un hombre nacer siendo viejo?, ¿podrá entrar de nuevo en el vientre materno para na-cer? Le contestó Jesús: Te aseguro que, si uno no nace de agua y Es-píritu, no puede entrar en el Reino de Dios. De la carne nace carne, del Espíritu nace espíritu. No te extrañes si te he dicho que hay que nacer de nuevo. EL VIENTO SOPLA HACIA DONDE QUIERE, *oyes su* rumor, PERO NO SABES DE DÓNDE VIENE NI ADÓNDE VA. *Así sucede con el que ha nacido del Espíritu.* (Jn 3, 1-8)

Para ningún verdadero intelectual es fácil la actitud de con-fianza y entrega que exige todo camino espiritual, precisa-mente porque ser intelectual es mirar al mundo y al hombre con cierta distancia, justa aquella que permite la reflexión. Por eso mismo, sorprende que Nicodemo –siendo un fari-seo– calificara a Jesús de maestro, que reconociera en él nada menos que a un enviado de Dios y, en fin, que admitiera que de sus manos salían milagros. Hasta tal punto llegó su reco-nocimiento que fue capaz de formularle preguntas, asumien-do ante Jesús una actitud inequívocamente discipular.

Todo está, al fin y al cabo, en querer saber de verdad y, en consecuencia, en tener el coraje de preguntar. Claro que no valen preguntas retóricas, que más buscan perderse en las disquisiciones que llegar a la verdad. Deben ser preguntas que nazcan de una inquietud existencial –real, acuciante–, cuestiones ante las que uno no pueda por menos que pronunciarse.

De la respuesta que le da Jesús a Nicodemo me interesa no sólo el núcleo del asunto (nacer de nuevo), sino su argumentación: esa alusión al viento, del que nadie puede decir con seguridad de dónde viene ni adónde va. Porque el viento lo mueve todo, desde luego, pero ¿quién puede –aunque lo oiga– prever su recorrido? Del viento tenemos trazos (su sonido, por ejemplo, o las hojas que arranca de los árboles, dejando testimonio de su paso), pero nadie puede apropiarse del viento, explicarlo cabalmente o dirigirlo conforme a su voluntad. El viento es libre y soberano. Escapa de nuestra comprensión o dominio. Y ése es, precisamente, el horizonte en que debe moverse el nuevo nacimiento al que Jesús invita en este pasaje.

Porque en todo hombre que esté vivo hay un impulso –yo diría que permanente– a renacer. Queremos empezar de nuevo, liberarnos –al menos a veces– del lastre del pasado, darnos una nueva oportunidad. Claro que todo esto lo deseamos sólo en nuestras capas más profundas. En la superficie –que es donde solemos estar– preferimos más bien que todo se quede como está, conservar lo que hemos conseguido y andarnos con cuidado (no vaya a ser que lo perdamos, con lo que nos costó). Lo más habitual es que vayamos con pies de plomo y que nos olvidemos de los sueños de juventud. Ahora bien, quien muere al sueño de una vida distinta y mejor ha dejado ya de ser persona. Se ha sobrevivido a sí mismo.

Por eso, el núcleo de esta enseñanza espiritual es cómo mantener vivo a nuestro Nicodemo interior. Cómo nacer de nuevo (algo temporal), pero desde lo alto (algo espacial). Cómo preservar del deterioro la ilusión y el entusiasmo, cómo mantener nuestra capacidad de reconocer a los maestros, nuestra necesidad de hacer las preguntas necesarias para vivir.

Comprender el misterio del nacimiento es comprender el misterio del momento presente. Esta comprensión sólo se adquiere prescindiendo de los contenidos específicos de ese presente concreto y apuntando a su ser: no importa lo que estés viviendo, sino que lo vives. Los acontecimientos de la vida no distraen a quien está despierto de la corriente de energía que los sostiene. Cuando se da ese paso, se comprende con absoluta seguridad que todo está comenzando a cada instante. Que la vida es un inicio permanente. Que la Creación es un hecho actual. Nacer de nuevo es lo mismo, en última instancia, que vivir. Cada ahora es maravilloso justamente porque nace, porque es nuevo. Estar despierto consiste en ser consciente de este inicio y de esta novedad en que consiste la vida. A esto precisamente entrena la meditación.

La meditación enseña a mantener la mente de principiante y el corazón de aprendiz. No creer que uno ya se las sabe todas, no dárselas de listo. Soltar lo aprendido, parecer un tonto o un loco, o al menos un poco simplón, perder la reputación... Sentarse cada día en los bancos de esa escuela que es la vida y preguntar con las entrañas –no con la cabeza–, como hace Nicodemo: ¿Cómo puedo nacer si ya soy viejo? ¡Yo, que tengo ya cuarenta y ocho años, o veintinueve, o setenta y dos! ¡Yo, que soy empresario o catedrático, que he viajado por todo el mundo y que he criado a cuatro hijos, que tengo la experiencia de la enfermedad, de la exclusión, del paro...!

¿Qué es lo viejo? ¿De quiénes decimos que son realmente viejos? ¿No es verdad que suelen hacer falta muchos años para ser realmente joven?

Sí, se trata de ser hijo otra vez, no padre. Se trata de ser discípulo otra vez, no maestro. Se trata de hacer la experiencia de ser gestado y parido, de romper aguas y darse a luz. A este mundo hemos venido para darnos permanentemente a luz, para gestar y parir nuestra identidad una y otra vez, para vivir el misterio de la inmaculada gestación, de la inmaculada concepción, del inmaculado alumbramiento. Éste es el nuevo nacimiento en el agua y en el espíritu al que Jesús invita a cada instante. Ésta es la puerta del Reino y el Reino mismo.

Si vivimos así, al término de nuestros días –ya de viejos y por fin más niños que nunca–, podremos decir con el poeta: *Confieso que he vivido*. Confieso que yo soy la Vida.

48. La higuera de Natanael
Quien vive en la verdad, deja de buscar

Viendo Jesús acercarse a Natanael, le dice: Ahí tenéis un israelita de
verdad, sin falsedad. Le pregunta Natanael: ¿De qué me conoces?
Jesús le contestó: Antes de que te llamara Felipe, te vi bajo la higuera.
Respondió Natanael: Maestro, tú eres el hijo de Dios, el rey de Israel.
Jesús le contestó: ¿Porque te dije que te vi bajo la higuera crees?
Cosas más grandes verás. Y añadió: Os aseguro que VERÉIS EL CIELO
ABIERTO Y LOS ÁNGELES DE DIOS SUBIENDO Y BAJANDO *por este*
Hombre. (Jn 1, 47-51)

Una persona de verdad. ¿De quién podemos decir algo así?
¿De alguien noble, sereno, compasivo, leal...? ¿Qué nos
puede faltar a nosotros para ser personas de verdad? Es
probable que la mayoría seamos de mentira, es decir, volu-
bles, inconsistentes, incoherentes, poco fiables... No hemos
sido conquistados por algo sólido sobre lo que construir
nuestro propio edificio vital. Una persona de verdad, en
cambio, sabe que sólo la verdad (que no existe sin amor)
puede ser el fundamento para construir lo que llamamos
persona.

¿Y qué es la verdad? ¿Quién puede saberlo? Quien se
enreda con este tipo de preguntas no ha conocido la verdad. La verdad es la vida –eso es incontestable.

¿Por qué dice Jesús un israelita y no, más llanamente, una
persona?, podríamos preguntarnos. Por lo que sabemos de
la religión judía, un israelita de verdad tenía que ser alguien
plenamente afianzado en su tierra, en la convivencia con su

gente, en ese pasado que llamamos tradición y en esa Ley que permitía y articulaba el culto a Dios. Y –más allá ahora del judaísmo–, ¿se puede ser persona en plenitud sin tierra, sin comunidad, sin estar reconciliado con los propios orígenes o sin sentido de trascendencia?

Natanael se siente reconocido al escuchar que Jesús le llama israelita de verdad, es decir, una persona de pies a cabeza. Quienes son de la verdad, lo saben; sólo quienes son de la mentira no saben bien quiénes son. Por eso, quien busca es porque sabe que todavía vive entre mentiras que antes o después le decepcionarán. Quien vive en la verdad, por contrapartida, ya no busca nada. Se limita a entregarse con normalidad –sin agobios– y a recibir lo que se le ofrece.

¿De qué me conoces?, pregunta Natanael, sorprendido ante el hombre que le ha reconocido nada más verle. ¿Cómo sabes que soy de verdad, que he vivido con decencia, que siempre he procurado lo mejor para todos, que no he tirado la toalla, que intento hacer las cosas bien, que me preocupa el destino de mis semejantes, que doy culto a Dios…? ¿Es que es visible, de algún modo, lo que somos? ¿Basta vernos para conocer nuestra vida interior?

Jesús no le responde con ninguna razón profunda, sino que se limita a decirle que le ha visto poco antes bajo una higuera. No es preciso entrar dentro, en lo intrincado o en lo oscuro. La verdad está a ojos vista, es nuestra ceguera lo que nos impide verla.

La higuera fue el lugar de la visión (del encuentro entre la verdad de Jesús y la de Natanael), no hizo falta que mediara ninguna palabra. Fue algo así como un flechazo o un vislumbre: todo revela lo que es si quien lo mira es realmente quien debe ser.

Quien está en la verdad, por otra parte, no sólo reconoce la verdad (allí donde esté), sino también la mentira (allí donde se esconda). Porque la mentira sí que tiene doblez y sí que se oculta. Ésa es su naturaleza. La verdad, en cambio, está siempre a la luz, para que todos la vean.

Por esta misma razón, al ver una higuera estéril (¡una vez más una higuera!), en otro momento Jesús la maldice (Mt 21, 18-22), es decir, reconoce que es mala: no es que la condene, sino que ratifica la condenación de su estado. Porque las higueras brotan y crecen para dar frutos –ésa es su finalidad– y ésta, en cambio, se conforma con dar hojas para mantener así su apariencia. De modo que lo estéril debe arrancarse de cuajo, sin contemplaciones. Ante un callejón sin salida, lo más inteligente es darse la vuelta cuanto antes.

El reconocimiento de Jesús despierta el reconocimiento de Natanael: *veo que eres el hijo de Dios, el rey de Israel*, le dice. Reconocemos cuando somos reconocidos, damos lo que recibimos. Cuando te colocan en tu sitio, colocas a los demás en el suyo y todo se ordena.

Has de ver cosas mayores. Cuando estamos bien, empezamos a ver que todo está bien. En el mundo siempre hay más bien, a la espera de que alguien lo reconozca. No está en absoluto terminado o cerrado todo lo que se puede hacer; siempre cabe que el cielo siga abriéndose ante nuestros ojos y que nosotros lo veamos aún con mayor profundidad.

¿Y qué veremos? A los ángeles de Dios subir y bajar sobre la humanidad, es decir, energía trabajando gozosa e incansablemente en favor de las personas. Si abrimos las puertas de nuestra percepción, si cumplimos con nuestro destino de ser apertura, sin duda descubriremos a esa multitud de ángeles de la que aquí se habla: ese permanente dinamismo que es la vida –burbujeante, arrolladora–, esa energía que puebla y sostiene el mundo y que lo mueve sutil y maravillosamente mientras nosotros –ciegos y sordos, cegados y ensordecidos– pensamos que no se mueve y nos morimos sin haber vivido.

Nuestra conciencia reconoce bien qué es la verdad. Ver a un hombre bajo una higuera es una mera ocasión para el despertar. Podríamos haber despertado viendo el abrigo colgado en su percha, la ropa tendida en la terraza, los rotuladores en su estuche, la leña apilada bajo el porche en el jardín... Todo sin excepción –en especial lo cotidiano– puede ser, para quien tiene el corazón y los ojos abiertos, una puerta para entrar en ese mundo del espíritu que normalmente no vemos. La verdad puede verse en una gota que cae, en un pájaro que se posa, en una campana que suena... La verdad puede distinguirse con total nitidez, sin la menor duda. La verdad se caracteriza precisamente porque no viene mezclada con las dudas. Es incontestable, diáfana, rotunda... Las dudas pertenecen a la mente; la verdad, en cambio, al espíritu.

¿De qué me conoces?, leemos en este texto. ¿Cómo conocemos la verdad? La respuesta no puede ser más simple: porque se presenta, porque está ante nuestros ojos, porque la tenemos dentro y eso nos permite reconocerla fuera.

Conocer la verdad que somos es ver nuestra naturaleza original o nuestra chispa divina.

El criterio para saber que estás ante una verdad es si te abre a una verdad mayor. La verdad nunca está cerrada, más bien es una puerta: una puerta abierta para asomarse y ver –maravillado y agradecido– cómo danza la realidad, haciendo que todo se conjure para tu bien.

VI

Terapias del Espíritu

49. El funcionario real
Todo es ocasión para el bien

Fue de nuevo a Caná de Galilea, donde había convertido el agua en vino. Había allí un funcionario real cuyo hijo estaba enfermo en Cafarnaún. Al oír que Jesús había llegado de Judea a Galilea, fue a visitarlo y LE SUPLICABA QUE BAJASE A CURAR A SU HIJO, *que estaba a punto de morir. Jesús le dijo: Mientras no veáis señales y prodigios, no creéis. Le dice el funcionario real: Señor, baja antes de que muera mi niño. Jesús le dice: Ve, que tu hijo sigue vivo. Se fío de lo que le decía Jesús y se puso en camino. Iba ya bajando, cuando los criados le salieron al encuentro para anunciarle que su niño estaba bueno. Les pregunto a qué hora se había puesto bueno, y le dijeron que el día anterior a la una se le había pasado la fiebre. Comprobó el padre que era la hora en que Jesús le dijo que su hijo seguía vivo. Y creyó en él con toda su familia. Ésta fue la segunda señal que hizo Jesús cuando se trasladó de Judea a Galilea.* (Jn 4, 46-54)

Quien aquí pide socorro es un funcionario real, previsiblemente cercano a la máxima autoridad estatal. Es de suponer que antes de acudir a un famoso curandero le haya pedido ayuda al mismísimo rey. Pero no hay de qué extrañarse: en los verdaderos problemas de la vida (la enfermedad de un hijo, en este caso), los poderes fácticos poco o nada pueden hacer. Hay algo que no te resuelven los reyes de este mundo. Las heridas del alma no se pueden resolver: el pensamiento y la acción son del todo inútiles ante ellas. Para sanar lo más profundo es preciso un trabajo espiritual: acudir a la raíz, a la fuente. Saber que no se trata de planificar o ejecutar, sino más bien de ponerse a disposición con toda humildad. Saber que el milagro que pides para otro no puede realizarse sin que tu propia vida dé un giro radical.

Esto no se puede entender desde una mentalidad mundana. Porque normalmente queremos resolverlo todo nosotros, no tenemos paciencia para esperar que sean las cosas mismas las que encuentren su propia solución. No estamos dispuestos a esperar con paciencia esa solución, sino que tendemos a forzarla. Queremos ajustar el mundo a nuestra idea de lo que debería ser. Sólo implora de verdad quien renuncia a ser el protagonista de la solución.

Quien aquí pide ayuda, además, no la pide para sí, sino para su hijo, lo que más ama en este mundo. Un milagro sólo debería ser posible si respeta esta condición: no pedir para sí, sino para el ser amado y para el ser necesitado. Y si pedimos para los otros y para el futuro de la comunidad. De un germen egoísta no puede brotar un fruto milagroso. Si tú te preocupas por los otros, Dios se preocupará por ti. Si te preocupas por ti, en cambio, Dios comprende que no le necesitas y que ya velas tú por ti mismo y por lo tuyo.

El funcionario de este relato se entera de que Jesús está en Galilea, le busca y va hasta él. Si de veras nos enteráramos de que tenemos un yo profundo –un núcleo de luz–, seguramente también nosotros lo buscaríamos y acudiríamos a ese lugar, como hace el funcionario de este relato. Pero, como él, también nosotros nos ponemos en marcha sólo porque lo que amamos está en peligro de muerte. Sólo vuelves a casa cuando se te está muriendo tu niño. El ego siempre dice: te mueres. La mente no sabe traer más que malas noticias. Mientras las cosas nos van bien, permanecemos en la superficie. Al centro, a lo hondo, sólo recurrimos cuando nos damos cuenta de la escasa fiabilidad de nuestro mundo.

Si no veis prodigios y señales, no creéis, se lamenta Jesús. Tiene razón: resulta lamentable que defendamos la vida sólo cuando la sentimos amenazada, que necesitemos ver para creer, que no nos demos cuenta de que hay que creer para ver. Que no comprendamos que la fe es una visión: una manera –hermosa y justa– de ver el mundo.

Teniendo un hijo tan enfermo, aquélla no parecía ser la ocasión más apropiada para que Jesús recriminase nada a aquel padre tan afligido. Pero es que Jesús no se dedicaba a curar sin más a todos los desamparados que veía malheridos. Al quitar un peso al sufriente, pretendía indicar que existe un poder más fuerte que la enfermedad, la injusticia o la muerte. Jesús quería que todo lo que él hiciese fuera un signo y una enseñanza. Que toda su vida fuera simbólica, es decir, que quien la viera se sintiese unido al misterio de la vida. Porque no necesitamos sólo del bien, sino de comprender que todo es ocasión para el bien.

Pero el funcionario insiste, ¡qué hermosa esa insistencia! Sin insistencia no hay milagro. El milagro es la consecuencia de una fe mantenida. De acuerdo –podría haber admitido aquel pobre hombre–, he permitido que la oscuridad se apoderase de mí, pero estoy preparado para que esta situación cambie ya. Voy a poner todo de mi parte, estoy preparado. *Tu hijo vive*, le dice entonces Jesús. Todo está bien. El yo profundo siempre responde que todo está bien.

Necesitamos que alguien nos diga esto para creerlo. Pero alguien que realmente se lo crea. Porque si se dice que todo irá bien sin creerlo, entonces aumenta nuestra habitual desconfianza. ¿Por qué hay veces que creemos a quien nos dice que todo irá bien? Porque hay algo en nuestro interior que lo sabe. No creemos por desesperación –como tantos piensan–, sino por sabiduría: nuestra profundidad conoce cosas que ignora nuestra superficie.

Reconfortado en la fe, este funcionario real se pone en movimiento. Sólo la fe nos pone en marcha; y nos pone siempre en el camino a casa, a nuestra vida cotidiana.

Como en algunos otros, también en este milagro evangélico se aborda el asunto de la coincidencia de la hora: justo en el mismo instante en que Jesús pronunció sus palabras –a la hora séptima–, al muchacho enfermo le dejó la fiebre.

En realidad, todo coincide siempre. Pero sólo la fe nos permite percibir y maravillarnos por estas permanentes sincronías. Un enamorado ve sincronías por todas partes. Enamorarse es ver que todo está conjurado para favorecer tu amor. La iluminación es ver la conjura del universo entero para tu plenitud.

El funcionario iluminado, feliz por la curación de su hijo, irradia su iluminación a su familia, quien a partir de entonces empieza también a advertir esa asombrosa sincronía que es el mundo. El bien es difusivo. La salud del hijo se despliega en salud para todos los que le rodean. Es imposible hacer el bien a una sola persona: amar a alguien es la manera de amar a todos. *Tu hijo vive*, todo está bien: esta es la sabiduría que necesitamos actualizar a cada instante. Se nos olvida porque nos alejamos de la vida. Bajar a lo profundo y acudir con humildad a nuestro centro es el modo de recordarlo.

50. El ciego de nacimiento
La luz no es más que una sombra alumbrada

Al pasar vio a un hombre ciego de nacimiento. Los discípulos le preguntaron: Rabí, ¿quién pecó para que naciera ciego?, ¿él o sus padres? Contestó Jesús: Ni él pecó ni sus padres; HA SUCEDIDO PARA QUE SE REVELE EN ÉL LA ACCIÓN DE DIOS. *[...] Dicho esto, escupió en el suelo, hizo barro con la saliva, se lo untó en los ojos y le dijo: Ve a lavarte en la alberca de Siloé (que significa Enviado). Fue, se lavó y volvió con vista. Los vecinos y los que lo veían antes pidiendo limosna comentaban: ¿No es éste el que se sentaba a pedir limosna? Unos decían: Es él. Otros decían: No es, sino que se le parece. El respondía: Soy yo.* (Jn 9, 1-3; 6-9)

Jesús ve a un ciego, lo primero es ver lo que tenemos delante. No hay que darlo por supuesto. Pero mientras que los iluminados ven de verdad la oscuridad ajena (es decir, compasivamente), mientras que la luz se sumerge en la vida y participa de lo que hay, la sombra, por el contrario (representada en este pasaje por los discípulos), lo que suscita son preguntas capciosas: ¿por qué sucede todo esto?, ¿quién es el culpable? La sombra parece no tener derechos sobre este mundo, por eso su presencia nos suscita rebelión. Buscamos explicaciones, lógicas de causa-efecto, verdugos a los que señalar...

La idea de tener que pagar nosotros el precio de los errores de nuestros antepasados nos escandaliza. Sin embargo, basta mirarnos un poco para saber que lo que heredamos no es tan sólo lo biológico. Claro que la verdadera cuestión no es dónde se equivocaron nuestros antepasados. Ni siquiera saber qué pesos –de los que no somos directamente responsables– estamos cargando por su culpa, sino qué hacer con ellos. Cómo poner un coto a la oscuridad. Cómo romper la espiral de lo negativo.

Nos hemos acostumbrado a vivir en la oscuridad hasta tal punto que llegamos a dudar de que la luz exista. Por eso, la reacción de los discípulos ante este ciego de nacimiento no es preguntarse por lo que ellos podrían hacer para aliviar esta situación. Damos carta de naturaleza al mal, lo aceptamos sin más. Es así, nos decimos, se ha quedado ciego, qué le vamos a hacer. Nos hemos olvidado de que hay luz en este mundo. Decir «esto es lo que hay» puede ser a menudo pura resignación, no aceptación. Quien de veras acepta, no deja de trabajar infatigablemente por la luz. Pero ¿cómo es ese trabajo por la luz?

El trabajo espiritual consiste en llevar con nosotros, de alguna forma, todo lo que han vivido quienes nos precedieron, todo cuanto ha sucedido en la historia de la humanidad (pues nacemos en un tiempo y en el tiempo y, con todo eso, subir un escalón. No dejar nuestra herencia atrás y olvidarla, sino convertirla en fuerza para el ascenso a ese nuevo peldaño y, así, en ocasión de luz para quienes vengan por detrás.

Este trabajo espiritual de asunción del pasado (la tradición) y proyección hacia el futuro (la renovación) no consiste en indagar en el pasado (eso es arqueología, historia, psicoanálisis…), sino en posibilitar la iluminación. Es un trabajo que se despliega normalmente en tres fases.

La primera fase es la conversión: tocar tierra, darnos cuenta de que para sanar hemos de volver a la realidad que somos. La consciencia no puede despertarse sin la materia.

La segunda fase es la purificación: limpiarnos de lastres y adherencias extrañas (en este relato, por medio de la saliva). La tierra necesita agua, no se basta a sí misma.

La tercera y última fase es la iluminación: abrir los ojos, acabar con nuestras cegueras.

Todo este proceso requiere sólo de una condición: ir a la piscina de Siloé, es decir, obedecer a la voz que nos llama al bautismo, esto es, a volver a empezar.

Conversión: ser un nuevo Adán, que fue modelado con arcilla. Bajar para subir, enterrarnos para volar, ir a la tierra para volver al cielo.

Purificación: ser un nuevo Juan, que bautizó en el Jordán. Bautizarnos de nuevo para recibir una verdadera iniciación.

Iluminación: ser un nuevo Cristo, que dio la vista a los ciegos. La iluminación adviene siempre donde antes reinaban las tinieblas. La luz no es más que una sombra redimida.

Por supuesto que somos víctimas de sombras ajenas. El karma de nuestros ancestros se extiende siempre sobre las generaciones sucesivas mucho más allá de lo que podamos imaginar. Pero ese influjo oscuro es exorcizado cuando se realiza un trabajo espiritual.

Los iluminados siempre levantan sospechas. Pero ¿no es éste el mendigo?, preguntan unos y otros al verle curado de su ceguera. ¿No es éste el hijo del carpintero?, se preguntan ante Jesús sus paisanos. Éste era empleado de banca, yo le conozco, no me lo creo. Éste dejó de ir a la iglesia, es un alejado. Éste está cerca de los poderosos, o tiene un carácter pésimo, o es un mujeriego, un glotón, un bebedor, un iluso, uno que sueña con la gloria… Nos cerramos unos a otros a la posibilidad del cambio. Nos apegamos al pasado. No entendemos que sólo se iluminan los mendigos del ser.

¿Dónde está quien pueda abrir nuestros ojos? Ignoramos que lo tenemos dentro, tan cerca. Ignoramos que bastaría con que obedeciéramos una orden: Ve, lávate.

51. El rey mendigo
Nuestro yo profundo grita
en busca de su verdadera identidad

Y cuando salía de Jericó con sus discípulos y una multitud considerable, Bartimeo (hijo de Timeo), un mendigo ciego, estaba sentado a la vera del camino. Oyendo que era Jesús de Nazaret, se puso a gritar: ¡Jesús, HIJO DE DAVID, TEN PIEDAD DE MÍ! Muchos lo reprendían para que se callase. Pero él gritaba más fuerte: ¡Hijo de David, ten piedad de mí! Jesús se detuvo y dijo: Llamadlo. Llamaron al ciego diciéndole: ¡Ánimo, levántate, que te llama! Él se quitó el manto, se puso en pie y se acercó a Jesús. Jesús le dirigió la palabra: ¿Qué quieres que te haga? Contestó el ciego: Maestro, que recobre la vista. Jesús le dijo: Ve, tu fe te ha salvado. Al instante recobró la vista y lo seguía por el camino. (Mc 10, 46-52)

El ciego es una alegoría del discípulo, a quien Jesús, por su poder, abre los ojos. De modo que este ciego-mendigo nos trae a la memoria nuestra propia ceguera: nuestras búsquedas en medio de oscuridades de todo género, nuestro pasar años estancados, nuestras torpezas para distinguir lo más conveniente, nuestros gritos de auxilio cuando andamos desesperados...

Las desgracias rara vez vienen solas: Bartimeo, además de ciego, es mendigo. No se nos dice que fuera ciego de nacimiento, quizá la ceguera le condujo a la mendicidad. Tienes un mal, no sabes qué hacer y, tanteando aquí y allá, caes en otro. Eso es algo que puede suceder. El caso es que este hombre está al borde del camino, en la cuneta diríamos hoy. Quizá hubo un tiempo en que pisase fuerte y en que resultase prometedor. Ya no. Hoy por hoy está en las periferias, es un marginal. No se vale por sí mismo y, para tirar adelante, necesita de la ayuda de los demás.

También nosotros fuimos poderosos, a nuestro modo, en algún momento: teníamos un título universitario, un piso en propiedad, el proyecto de viajar quién sabe adónde… Estábamos en un camino: el de los estudios, el de formar una familia, el de labrarnos un futuro profesional... Pero algo sucedió de repente. O quizá no fuera tan de repente, sino poco a poco. El caso es que fuimos quedando arrinconados, fuera del circuito, en un papel secundario. Tal vez fue por una inesperada enfermedad. O por un prolongado periodo en el paro. O, simplemente, por el progresivo encerramiento en lo propio, la falta de horizontes más amplios o de una mirada más abierta y generosa… Sí, antes o después, el borde del camino se acerca a nosotros. Nos desplazamos o nos arrinconan. Porque no siempre caminamos en línea recta y porque hay veces en que no todo nos va bien.

Esa cuneta, ese lugar en el que empezamos a perder el norte, esa pendiente por la que nos deslizamos hacia el abismo –negro e ignominioso–, es donde finalmente descubrimos que no nos bastamos a nosotros mismos y que, sin los otros, no podemos continuar. Ese punto tan incómodo, a veces tan terrible, es sin duda el punto de partida más fiable para una vida espiritual. Todo empieza siempre en los márgenes. Son los marginales los que hacen la aventura de encaminarse al centro, a lo esencial. Sólo cuando estás en el margen empiezas a gritar.

Eso fue precisamente lo que hizo Bartimeo: intuyó que había una esperanza para él y, sin pensárselo dos veces, empezó a gritar. No se limitó a pedir ayuda de forma modosa o civilizada, sin molestar a los demás. Eso ya lo había hecho en otras ocasiones y no le había funcionado. Cuando expuso sus necesidades con educación, cuando elevó una instancia, presentó una queja o puso una demanda era cuando empezaban a desplazarlo (antes, por tanto, de estar hundido en la cuneta). Entonces aún veía un poco. Pero ante tanta cerrazón, ante tanta insensibilidad, había terminado por quedarse ciego por completo. Su grito nace de esas tinieblas. Así que en aquella ocasión pidió ayuda de forma exagerada y aparatosa. Le iba la vida en ello. No podía caer más abajo. Ya no estaba como para tener en cuenta qué pensarían de él los demás. Su posibilidad estaba al alcance de la mano (Jesús pasaba por ahí), y ¡quién sabía cuándo se le brindaría una ocasión similar! Quienes estaban cerca, molestos y avergonzados, le reconvinieron y le exigieron que se comportara. Pero eso sólo sirvió para que Bartimeo se creciera y persistiera en su petición de auxilio.

A Jesús, de quien últimamente había oído hablar a cada rato, Bartimeo le llama *hijo de David*. El sueño de un nuevo David (un nuevo rey para el pueblo) seguía vivo en muchos judíos, que vibraban ante la esperanza de liberarse del poder de ocupación. Ese nuevo David, según muchos, estaba al llegar. Algunos aseguraban incluso que ya había llegado y que era Jesús de Nazaret, quien predicaba sobre el Reino con grandes milagros que lo atestiguaban. Todo esto despertó al David que Bartimeo tenía dentro y fue él, su rey interior (su naturaleza original, podríamos decir también), lo que le instó a gritar como un poseso. Nuestro yo profundo grita en busca de su verdadera identidad. Necesita de un maestro externo que avive su maestro interior, alguien que viva dignamente y que le recuerde la llamada a la propia dignidad.

La exclamación ¡*Hijo de David, ten compasión de mí!*, ha atravesado el cristianismo desde sus orígenes. Es la súplica de los pecadores que imploran misericordia. Es la invocación de los discípulos que quieren entender. Es la jaculatoria que un famoso peregrino ruso recitaba día y noche, mientras recorría las estepas solitarias, para aprender la oración continua. Es, en definitiva, el origen y la fuente de la llamada «oración del corazón», núcleo (junto con los iconos) de la espiritualidad cristiana oriental.

Lo que este evangelio cuenta es que Jesús escucha ese grito, que llama a quien lo profiere, que le pregunta qué desea (como si no fuera evidente) y que, una vez que el ciego se despoja de su manto, le cura, devolviéndole la visión perdida. Este resbalar del manto de los hombros del ciego remite a la necesaria desnudez del discípulo. Y ésta es exactamente la experiencia de la oración contemplativa: al sentarnos en silencio y en quietud, tomamos consciencia de hasta qué punto estamos en el borde del camino, de lo profunda que es nuestra ceguera, de nuestra necesidad de gritar. Meditar es gritar silenciosamente, escuchar nuestro grito interior, convocar al rey que somos –y que ha quedado oculto– y recuperar la visión.

¡Ten compasión de mí!, exclama Bartimeo. Yo tenía una naturaleza regia, era de la familia real (¡nada menos!) y ahora me encuentro ciego y pobre. Ya no era capaz de ver mi riqueza, los avatares me habían ido cegando, ¡me había olvidado de quién era! Tú eres Bartimeo, podría haberle respondido Jesús, y sobre esta visión que hoy recuperas pongo a todos los iluminados de la historia. Porque Bartimeo es un iluminado: ve el mundo porque ve a Cristo, que es el criterio para ver el mundo en su dimensión más profunda y verdadera.

Tu fe te ha curado, concluye Jesús o, lo que es lo mismo, es la confianza lo que nos sana. Tu sueño te ha salvado, ¡qué bien que te hayas acordado del rey que tienes dentro!

Así que ésta es la historia de un mendigo que se acuerda que es el hijo del rey.

Cuando recobró la vista –así concluye este evangelio–,

Bartimeo anduvo siguiendo a Jesús por el camino. Ha vuelto al camino: ha dejado el borde, la cuneta. Y todo ha sido posible gracias a estas palabras: *Ánimo, levántate, te llama*. La llamada del yo profundo nos incorpora al mundo y nos recuerda siempre que dentro escondemos un rey bajo la forma de un mendigo.

52. La piscina de Betesda
Mira de qué te está protegiendo la enfermedad

Hay en Jerusalén, junto a la puerta de los Rebaños, una piscina llamada en hebreo Betesda, con cinco soportales. Yacía en ellos una multitud de enfermos, ciegos, cojos y lisiados, que aguardaban a que se removiese el agua. Periódicamente bajaba el ángel del Señor a la piscina y agitaba el agua, y el primero que se metía apenas agitada el agua, se curaba de cualquier enfermedad que padeciese. Había allí un hombre que llevaba treinta y ocho años enfermo. Jesús lo vio acostado y, sabiendo que llevaba así mucho tiempo, le dice: ¿Quieres curarte? Le contestó el enfermo: Señor, no tengo a nadie que me meta en la piscina cuando se agita el agua. En lo que llego yo, se ha metido otro antes. Le dice Jesús: LEVÁNTATE, TOMA LA CAMILLA Y CAMINA. *Al punto se curó aquel hombre, tomó la camilla y echó a andar. Pero aquel día era sábado, por lo que los judíos dijeron al que se había curado: Hoy es sábado, no puedes transportar la camilla. Les contestó: El que me curó me dijo que tomara la camilla y caminara. Le preguntaron: ¿Quién te dijo que tomaras la camilla y caminaras? El hombre curado no sabía quién era, porque Jesús se había retirado de aquel lugar tan concurrido. Más tarde lo encuentra Jesús en el templo y le dice: Mira que te has curado. No vuelvas a pecar, no te vaya a suceder algo peor. El hombre fue y dijo a los judíos que era Jesús quien lo había curado. Por ese motivo perseguían los judíos a Jesús, por hacer tales cosas en sábado.* (Jn 5, 2-16)

El escenario es aquí un balneario al que acuden enfermos y ancianos en busca del alivio de las aguas termales. El agua es símbolo de purificación, es decir, de la salud. Como sabemos, el agua que se estanca, se pudre y huele mal. Así sucede en nosotros: si nuestra agua interior se mueve, estamos vivos; si está quieta, en cambio, nos pudrimos por dentro. Pudrirse por dentro significa estar enfermo, no sostenerse a sí mismo. Estar ciegos es no ver lo que hay. Estar cojos y paralíticos simboliza que nuestros prejuicios nos han anquilosado y envejecido. Necesitamos definitivamente ir a un balneario del alma para que se remueva nuestra agua interior.

Como siempre en el evangelio, el punto de partida es la fragilidad humana: hay un enfermo crónico que lleva tanto tiempo postrado que ya no confía en sanar. Son treinta y ocho años, se dice pronto. Toda una vida enganchado a su dolencia. Tan acabado está que ni siquiera pide el milagro, el escepticismo le ha derrotado. Se limita a lamentarse y, por supuesto, a levantar acta del egoísmo de los demás: Nadie me mete en la piscina, estoy desasistido, cada cual piensa sólo en su propia salud, se queja. Más aún: se le adelantan cuando quiere entrar, dificultándole el acceso. Su situación tiene pocas perspectivas, es descorazonadora.

Sin embargo, incluso cuando el horizonte es mínimo –o, aún más, nulo–, hay esperanza. Jesús puede aparecer de pronto y preguntarnos: ¿Quieres curarte?

¿Cómo puede sonar esta pregunta tras treinta y ocho años de enfermedad? ¿Es posible no identificarse con algo que nos ha acompañado cuatro décadas? Todo lo que va a suceder a continuación es posible porque aquel enfermo crónico estaba ahí, en la llamada piscina de Betesda. Porque seguía acudiendo, aunque nunca había experimentado la menor mejoría. Estar ahí le permite, inesperadamente, dialogar con su yo profundo.

Así que todo empieza en esta escena gracias a la compasión de Jesús, quien se siente conmovido por la persona que tiene ante él. ¿Qué le mueve a abordarle y a actuar? Nos

mueve lo que somos. En este enfermo de Betesda, Jesús...
¡se ve a sí mismo! ¡Nada menos!

Dios no se hace en Jesús frágil a regañadientes. No abraza la fragilidad para erradicarla, sino para amarla. Amar la oscuridad no supone eliminarla, sino hacerla amable.

¿Quieres curarte? Ésta es siempre la gran pregunta, puesto que nada puede movilizarse en nosotros en última instancia si realmente no lo deseamos. La pregunta, por tanto, no es si puedo o no puedo. Ni mucho menos si debo o no debo, sino más bien si quiero o no quiero. ¿Qué estoy dispuesto a hacer por eso que digo querer? ¿No será que me he enamorado de mi enfermedad, de mi dolor de espalda, de mi insomnio, de mi pareja que no me quiere, de mi permanente estar en números rojos...? ¿Cuántas veces he pactado con el mal para timarme a mí mismo y hacer de mí un pobre paralítico? Voy al balneario, claro, no he perdido del todo la esperanza. Pero ¿por qué no pido ayuda? ¿Por qué permito que se me adelanten siempre los demás, responsabilizando a los otros de todo lo que me pasa? ¿Por qué he hecho de mi vida una queja perpetua? Nadie abusa de nosotros ni nos margina; somos nosotros quienes utilizamos a los demás como justificación para poder herirnos y explotarnos a gusto.

Claro que el infierno existe, lo experimentamos a menudo, no por negarlo va a dejar de existir, si bien es cierto que hemos inventado anestesias muy potentes. Pero el verdadero problema no es su existencia, sino nuestra insistencia. El problema es que nos hemos enamorado de la sombra. Pensamos que sin ella no seríamos nosotros mismos. Nos resistimos a creer que somos verdadera y plenamente hijos de la luz y del día. Revestimos nuestros miedos de enfermedades. Así nos parece que somos menos responsables. Proyectamos nuestras desdichas en los otros o en las circunstancias porque el hecho de ser los verdugos de nosotros mismos nos resulta insoportable. Mira de qué te está protegiendo tu enfermedad, las supuestas ventajas que te trae. No te quedes en el síntoma, por poderoso que sea. Puedes ver los síntomas o los símbolos: los síntomas suponen ver la realidad en clave de sombra (la Modernidad es pura sintomatología); los símbolos, por contrapartida, implican verla en clave de luz: todo es una vasija de una perla. Siempre buscando atrás: unos la salvación y otros la enfermedad. En cualquier caso, más que un elogio a la perla, la vida de Jesús quiere ser un canto a la vasija.

La enfermedad nunca está en la raíz, la enfermedad es siempre una consecuencia. Algo malo pasa en el alma de quien está gravemente enfermo: un pecado, una herida sin sanar, un temor ancestral... ¡Nadie me ayuda!, argüimos nosotros, quejumbrosos o indignados, igual que el paralítico de Betesda. Nadie me quiere. No soy importante para nadie. Me dejan aquí tirado. No me llaman, no me escriben, no me dedican un pensamiento... ¿Cómo podemos amar a quien no se ama? O, dicho de otro modo: ¿cómo puede sentirse amado quien se niega a recibir?

¡Levántate y anda! Éste es el imperativo que el Dios de Jesús –nuestro yo profundo– nos dirige a cada uno de nosotros: no estés abajo, no te quedes inmóvil. *Levántate, toma tu camilla y anda:* los tres mandatos son importantes y sucesivos.

Levantarse: no andar siempre arrastrándose.

Tomar la camilla: no olvidarse de lo que hemos sido, aprender la lección.

Andar: dirigirse a un horizonte.

Toda la sabiduría de la vida está aquí. Lo primero es arrancar, ponerse en marcha. Nada puede empezar en nosotros si nosotros no lo empezamos. La magia está siempre en los inicios. Del tono con que comenzamos algo dependerá su desarrollo y culminación.

Tomar la camilla es lo segundo, es decir, digerir lo vivido. Asimilarlo. Hacerlo nuestro. Permitir que la vida nos cale. No pasar como gato sobre ascuas, sino quemarnos si hay fuego y mojarnos si hay agua. Bailar si suena la música. Tomar parte de lo que hay.

Lo tercero es caminar, tener una meta o una orientación, buscar algo, intentarlo.

Todos necesitamos escuchar estas tres órdenes todo el rato. Es el presente *(lévantate)*, el pasado *(toma tu camilla)* y el futuro *(y anda)*.

Darnos estas órdenes nos pone en movimiento: el cuerpo se mueve con la palabra. El cuerpo no es independiente de la palabra. La conjunción o armonía entre el cuerpo y la mente es lo que llamamos vida espiritual. El espíritu es lo que posibilita que la palabra sea eficaz. Claro que todo esto tiene consecuencias: era sábado aquel día.

Este episodio concluye con la incomprensión y crítica de los mezquinos, quienes, en lugar de alegrarse con quien se ha recuperado, siembran dudas y ponen objeciones. Siempre hay alguien a quien le parece mal que uno se mueva: que nos levantemos, que cojamos nuestro petate y que emprendamos cualquier cosa. Sólo se critica a los que hacen algo. Y casi siempre es por tonterías: era sábado. El sábado no es ninguna tontería, por supuesto, pero sí su absolutización: la ley por la ley, el no mirar a las personas. Porque la ley no está hecha para cumplirse, sino para ayudar a las personas. Esto hay que recordarlo continuamente.

No te está permitido llevar tu camilla: no avances con lo que eres hacia el mañana, quédate donde estás, no cambies. Así suena la voz de los retrógrados, de los reaccionarios, de los que quieren a toda costa y a cualquier precio la seguridad. ¿Quién te ha dicho que puedes aspirar a algo distinto?, preguntan. ¿Quién te ha dado permiso para salir de tu agujero?, sonríen con aires de superioridad. El fariseo que dice todo esto lo tenemos bien dentro. Somos los únicos responsables de nuestra parálisis vital.

No siempre nos damos cuenta de que la fuerza que nos pone en pie es la de nuestro yo profundo. Creemos, tontamente, que ha sido por casualidad, o por buena suerte, o porque alguien nos ha ayudado. Nadie nos ayuda, pero todo y todos pueden ser ocasión para que nos ayudemos a nosotros mismos.

Más tarde este paralítico encontrará a Jesús en el templo. Ahí, en nuestro centro, lo comprendemos todo y, cuando lo comprendemos, sencillamente lo proclamamos. Un mensaje que no nazca de nuestro centro es en vano, es banal. Éste es el mensaje: sólo desde nuestro centro podemos sanar.

Al maestro se acude para que nos ayude a meternos en la piscina, aunque a esa piscina debamos meternos luego cada uno por nosotros mismos. La función del maestro es removernos por dentro: poner en circulación el agua que somos y que se ha quedado estancada. Por eso, si de una entrevista con un maestro no salimos removidos –o incluso revueltos–, esa entrevista no ha ido bien. De una entrevista con un maestro no puedes salir como has entrado. Mueve ficha, te dice el maestro a cada rato. ¿Qué ficha?, pregunta el discípulo. ¿Hacia dónde debo moverla? O, incluso, ¿qué es el movimiento? ¿Qué es una ficha? Pero un maestro de verdad no se deja enredar por este tipo de preguntas. Por eso es un maestro. Mueve ficha –repite–, levántate. Claro que a veces no es tan fácil levantarse, es decir, arrancar y ponerse en marcha.

Mi maestro interior me dice a menudo: limítate a poner una palabra tras otra, es tu trabajo, ¿no eres escritor? Lo demás vendrá por añadidura. No se puede ser escritor sin ponerse a escribir. Si eres gimnasta, ve al gimnasio y entrena. Si eres cocinero, pon las cazuelas en el fogón. Si jardinero, empieza a abonar y a arrancar las malas hierbas. Todo, o casi, está en empezar. Cualquier oficio supone estar continuamente empezando. Así es en la práctica del silencio que llamamos meditación, desde luego; pero así es también en la práctica de la palabra que llamamos escritura, así como en las artes en general (todas las artes requieren de una mente de principiante y del talante de un eterno aprendiz).

Nosotros quisiéramos empezar, pero dejándolo todo atrás: pasando página y olvidándonos del resto. Pero no. El maestro dice: Carga con tu camilla, no te olvides de lo que eres, no prescindas de tu cruz. No puedes ir por ahí dejando todo el camino sembrado de camillas que entorpezcan el paso. Lo tuyo, llévatelo, para que mientras caminas te enseñe lo que te tenga que enseñar. Esa camilla, esa cruz, es pesada, nadie lo niega; pero sin ella, el camino que recorres deja de ser el tuyo.

Por último, ponte a andar, es decir, que además de empezar es preciso continuar. Basta un poco, veinticinco minutos, por ejemplo, o una hora. Luego puedes tomarte una pausa para reponer fuerzas. Y algo más tarde puedes recomenzar y volver a la faena otros veinticinco minutos, o el tiempo que te hayas fijado de antemano. Todos los caminos se hacen así: empezando, cargando con lo que uno es y recorriendo un trecho, con independencia de que luzca el sol o esté nublado. Ésa es la ficha que siempre hay que mover. Nos lo han dicho infinidad de veces, lo sabemos de sobra, es el principio de realidad. Y entonces, ¿dónde está el problema?

Lo que en este pasaje está en juego –como siempre en la vida– es la camilla. Porque, ¿fue la parálisis la que condujo a ese hombre a la camilla –como seguramente todos creerán, incluido él mismo– o más bien la camilla lo que le condujo a la parálisis? A menudo nos agarramos a nuestras camillas para evitar tener que hacer frente al sinfín de desafíos que la vida nos presenta. Y todas esas camillas, desde las más sofisticadas hasta las más elementales, van paralizándonos inadvertida e inevitablemente hasta que llega el día en que nos encontramos con que no podemos movernos. Luego, sin apenas darnos cuenta, llega también el día en que descubrimos que han pasado treinta y ocho años y no nos hemos movido de nuestro cuarto, de nuestra creencia, de nuestra forma de cerrar el envase o de doblar la servilleta, de nuestras pequeñas e incontables costumbres y manías. Alguien tiene que venir entonces a removernos un poco, si es que estamos dispuestos a abandonar esa poltrona. Porque en la camilla, después de todo, hay que reconocer que no se está tan mal. Desde esa camilla –sea la que sea– siempre podremos decir que el mundo ha sido injusto con nosotros. O que no hemos tenido suerte. O que hemos jugado en el bando de los perdedores por causa de nuestros padres, de la situación sociopolítica del país, de las monjas del colegio... Siempre podremos decir que nos salieron malas cartas en esa mano.

La disyuntiva que la vida nos presenta es siempre clara y se podría formular en estos términos: la camilla o la piscina, el lugar propio o el común, tumbado o en pie, lo consabido o lo novedoso. Bajar a la piscina para bañarse es –para qué negarlo– bastante incómodo. Por de pronto hay que incorporarse –lo que no es poco sacrificio, sobre todo tras años de parálisis. También hay que quitarse la ropa y descalzarse, es decir, quedarse desnudo, viendo claramente en lo que te has convertido. Por si esto fuera poco, hay que acercarse a un territorio común, donde siempre habrá gente que tenga cosas que decirte o, si no te las dice, que sin duda las pensará y que –es inevitable– murmurará sobre ti. Por último –y esto es lo peor–, hay que mojarse y hasta sumergirse, con lo fría que está el agua. Los que están dentro siempre aseguran que no está tan fría como parece al entrar, pero ¿será verdad o lo dirán sólo para que sufras como ellos? Los que salen, dan saltitos y aseguran que el baño les ha resultado muy tonificante. Pero, si llegamos a decidirnos, ¿nos ocurrirá a nosotros igual?

La piscina o la camilla es la encrucijada permanente. Por eso, las principales tentaciones que padecemos son la distracción, la indolencia y la inconstancia, por ese orden. Distracción significa estar en todo y en nada, no estar en ninguna parte, en definitiva. Indolencia es ver en lo que se debe actuar y, por pereza, por una fuerza pegajosa que tira de nosotros hacia abajo y hacia atrás, dejarse llevar por lo más cómodo. La inconstancia es emprender, sí, pero terminar por abandonarlo; comenzar –para que no se diga–, pero cambiar enseguida de actividad, no mantenerse en la brecha, buscarse otros estímulos y, al cabo, claudicar.

Éstos son nuestros tres pecados básicos: no ver, ver y no querer, querer y abandonar. Éste es el dilema que plantea este evangelio: si no te purificas, te quedas paralítico, así de sencillo. No se puede creer en el espíritu sin dejar esa tumbona desde donde contemplas cómo otros –los vivos– participan de la fiesta del buceo y de la natación. ¡Levántate de la tumbona y anda!, dijo Jesús al hombre que se encontró en aquel balneario, holgazaneando y viviendo a costa de los demás.

53. El paralítico de Cafarnaún
Romper el caparazón de nuestra resistencia

Al cabo de unos días volvió a Cafarnaún y se corrió que estaba en casa. Se reunieron tantos, que no quedaba espacio ni a la puerta. Y les exponía el mensaje. Llegaron unos llevando un paralítico entre cuatro y, como no lograban acercárselo por el gentío, LEVANTARON EL TECHO ENCIMA DE DONDE ESTABA *Jesús, abrieron un boquete y descolgaron la camilla en que yacía el paralítico. Viendo Jesús su fe, dice al paralítico: Hijo, se te perdonan los pecados. Había allí sentados unos letrados que discurrían para sus adentros: ¿Cómo habla éste así?, ¿quién puede perdonar pecados, sino Dios solo? Jesús, adivinando lo que pensaban, les dice: ¿Por qué estáis pensando eso? ¿Qué es más fácil: decir al paralítico que se le perdonan los pecados o decirle que cargue con la camilla y eche a andar? Pues para que sepáis que este Hombre tiene autoridad en la tierra para perdonar pecados; dice al paralítico: Contigo hablo, levántate, carga con la camilla y vete a casa. Se levantó al punto, cargó con la camilla y salió delante de todos. De modo que todos se asombraron y glorificaban a Dios: Nunca vimos cosa semejante.* (Mc 2, 1-12)

Llama la atención que unos cuantos hombres rompieran un tejado para descolgar por ahí a un paralítico. Aunque las viviendas de aquella época y lugar fueran seguramente construcciones elementales, bajar al enfermo en su camilla –con un complicado sistema de cuerdas– requeriría seguramente de no poca fuerza y habilidad y tuvo que causar importantes desperfectos en el inmueble. La operación, pues, comportaba su riesgo. Sin embargo, vista la muchedumbre que se había congregado en torno al maestro, aquélla parecía ser la única vía. Así que aquellos albañiles improvisados se pusieron manos a la obra, se encaramaron a la techumbre y empezaron a picar en el tejado. Una locura así predispone, ciertamente, al milagro.

No podemos bajar a nuestro corazón sin la ayuda de los otros, eso es lo primero que enseña este relato. Son muchos los que quieren salud, pero pocos, en cambio, los que están dispuestos a romper su tejado. Nuestro espacio interior está recubierto por una suerte de envoltorio con el que lo protegemos de cualquier agresión, pero con el que también imposibilitamos nuestro propio acceso. Es así como ese espacio interior pasa a ser para nosotros mismos (en virtud de ese envoltorio: nuestros mecanismos de defensa) un territorio desconocido y hasta comanche. Los pocos aventureros que se han adentrado algunos metros en esas regiones nos dan informaciones vagas que interpretamos con dificultad.

Romper el caparazón de nuestra resistencia, ahuyentar las continuas distracciones de la mente es, ciertamente, bastante más arduo y laborioso que echar abajo el tejado de una casa. Podríamos decir que el evangelio se queda aquí corto en su metáfora: a veces se requieren hasta años de práctica meditativa para dar los primeros pasos en la vida interior. Pero hay que bajar al propio corazón –eso parece claro–, pues es ahí, en lo recóndito, donde nos espera Jesús.

Meditar es bajar una y otra vez, sorteando todo tipo de dificultades, hasta las profundidades de nuestro silencio. Esto supone una operación que, a menudo, requiere de colaboración (otros cuatro, en este episodio) y hasta de cierta técnica (una polea, cuerdas resistentes, cálculos matemáticos…). Parece complicado, pero lo más difícil es lo que pone todo este proceso en marcha: una decisión: no me dejaré llevar por lo que piensen los demás, la gente no va a desanimarme, voy a entrar por arriba, voy a romper el tejado...

También llama la atención que, ante un paralítico, Jesús no se sienta urgido a, en primera instancia, curarle de su enfermedad, sino más bien a perdonar sus pecados. A nosotros esto nos sorprende muchísimo, porque damos infinitamente más importancia al bienestar físico que al espiritual. Jesús, por el contrario, sabe que la máxima tristeza que puede albergar un corazón humano es no amar y no sentirse amado, no poder amar a quien nos ha ofendido. Esa falta de amor es lo que nos va secando, lo que nos va paralizando, lo que nos hace morir. Por eso, no debería maravillarnos que Jesús hable en esta coyuntura del pecado. Él siempre va a la raíz de la cuestión, que nunca está en el cuerpo, siempre en el espíritu. ¿De qué sirve aliviar el síntoma, si la enfermedad sigue dentro?

La neta separación entre cuerpo, mente y espíritu –típica de nuestras sociedades modernas–, así como la consiguiente cualificación diversificada de los médicos, psicólogos y sacerdotes, supone una visión analítica –no sintética– del ser humano y, en consecuencia, una pérdida de la dimensión holística o integradora.

A ti te digo, ¡levántate y anda! Éste es el centro del relato.

Agitado todavía por el trajín que ha supuesto su descenso y por la expectación que ha causado entre los presentes, aquel paralítico cogió y se levantó de hecho, quedando frente a frente ante Jesús. Todos se les quedaron mirando, estupefactos. Es un momento de gran tensión. Ninguno de ellos quiere creerse del todo aquello de lo que han sido testigos.

Tanto en esta historia del paralítico de Cafarnaún como en la de la piscina de Betesda, el escenario de sanación es comunitario: se enciende una luz para que todos vean. La palabra del maestro, como toda palabra verdadera, nunca se queda en mera palabra, sino que se hace carne y se traduce en hechos. De algún modo, Jesús escenificó lo que estaba diciendo: su anuncio se hizo visible. Las palabras verdaderas se reconocen porque se materializan. Por eso no es difícil creer en ellas.

Maestro, ¿qué tengo que hacer para no ser un minusválido? Rompe el tejado de tu casa y desciende cuanto puedas. Ahí te espera –silenciosa y sanadora– la Palabra. La gracia se reconoce como tal precisamente porque nos pone en pie, porque nunca nos deja abatidos.

54. El endemoniado de Gerasa
Vivimos en guerra contra nosotros mismos

Pasaron a la otra orilla del lago, al territorio de los gerasenos. Al desembarcar, un hombre poseído de un espíritu inmundo le salió al encuentro de entre los sepulcros. Habitaba en los sepulcros. Ni con cadenas podía nadie sujetarlo, pues muchas veces lo sujetaban con cadenas y grillos y él hacía saltar las cadenas y rompía los grillos, y nadie podía con él. Se pasaba las noches y los días en los sepulcros o por los montes, dando gritos y golpeándose con piedras. Al ver de lejos a Jesús, echó a correr, se postró ante él y, dando un grito estentóreo, dijo: ¿Qué tienes conmigo, hijo del Dios Altísimo? Por Dios te conjuro que no me atormentes. (Pues le decía: ¡Espíritu inmundo, sal de este hombre!) Le preguntó: ¿Cómo te llamas? Contestó: Me lla- mo Legión, porque somos muchos. *Y le suplicaba con insistencia que no los echase de la región. Había allí, en la ladera, una gran piara de cerdos hozando. Le suplicaban: Envíanos a los cerdos para que entremos en ellos. Se lo concedió. Entonces los espíritus inmundos salieron y se metieron en los cerdos. La piara, unos dos mil, se lanzó por un acantilado al lago y se ahogaron en el agua. Los pastores huyeron, y lo contaron en la ciudad y en los campos, y fueron a ver lo sucedido. Se acercaron a Jesús y vieron al endemoniado, que había tenido dentro una legión, sentado, vestido y en sus cabales, y se asustaron. Los que lo habían presenciado les explicaban lo sucedido al endemoniado y a los puercos. Y empezaron a suplicarle que se marchase de su territorio. Cuando se embarcaba, el endemoniado le suplicaba que le permitiese acompañarlo. No se lo permitió, sino que le dijo: Vete a tu casa y a los tuyos y cuéntales todo lo que el Señor, por su misericordia, ha hecho contigo. Se fue y se puso a pregonar por la*

Decápolis lo que Jesús había hecho con él, y todos se maravillaban. (Mc 5, 1-19)

A nuestra mentalidad moderna sorprende mucho la actividad exorcista de Jesús y, sin embargo, todos tenemos dentro demonios que van minando nuestra confianza en la vida y ensombreciendo nuestro rostro. Es así como, sin apenas darnos cuenta, nos convertimos en una caricatura de nosotros mismos y nos alejamos de aquello a lo que fuimos llamados. El *sim-bolo* es aquello que une; el *diabolo*, en cambio, lo que separa. Sí, dentro de nosotros hay espíritus puros e impuros: fuerzas que nos construyen o que nos destruyen, voces que nos estimulan o que nos achantan, pensamientos certeros o erróneos, oscuros o luminosos. Nos sentimos llamados al amor y a la unión, pero también al individualismo y a la separación.

Una vida es sana si resulta simbólica, es decir, si nuestros gestos, silencios y palabras son expresivos de nuestro ser y, por ello (porque el ser es común), generan comunión. Nuestra vida está enferma, por el contrario, si estamos divididos o separados por dentro, si permitimos –por utilizar el lenguaje del evangelio– que nos habite y envenene un espíritu impuro.

¿Qué es lo impuro? Un sentimiento limpio es nítido, no tiene doblez: si lo experimentas, lo experimentas, nada te hace dudar. Estás alegre y, sencillamente, estás alegre. Estás esperanzado y, sencillamente, tienes esperanza. La impureza va confundiendo el juicio, que comienza a dudar sobre qué es exactamente lo que está viendo y hasta si de verdad lo está viendo. La duda –el espíritu de la impureza– se va extendiendo por el alma como un cáncer, sembrándola por completo de sospecha y envenenándola con la desconfianza. ¿Cabrá –ante tal devastación– obtener algún año una buena cosecha?

En este pasaje del endemoniado de Gerasa, su protagonista habita reveladoramente en un cementerio, lugar de muerte. Allí se autolesiona y da voces, completamente fuera de sí. Ha perdido el control; está desbordado, desparramado; se derrumba por dentro y pelea contra sus fantasmas. *Cualquier pecado y cualquier blasfemia se perdonará a los hombres, pero la blasfemia contra el Espíritu no será perdonada* (Mt 12, 24-32). Si el espíritu es nuestro yo más íntimo y auténtico y si hablamos mal de él y lo rechazamos, ¿quién podrá entonces redimirnos? Si no aceptas lo que se te regala, ¿quién podrá aceptarlo por ti sin destruir tu libertad? Estamos en una guerra encarnizada contra nosotros mismos. Por eso Jesús utilizó esa metáfora de un reino dividido para quien está luchando contra sí. *Todo reino dividido contra sí mismo queda asolado y una casa se desploma sobre la otra,* leemos en Lucas (11, 17). *El que no está conmigo, está contra mí; y el que no recoge conmigo, desparrama* (11, 23). Se trata de una descripción muy precisa de la lamentable situación que padece este loco desatado. Cuando te coge, la impureza te amarra con sus cadenas y, al tiempo, no hay cadenas que amarren la impureza, que rompe a su víctima por dentro, obligándola a buscar desesperadamente una salida.

Las cadenas son, ciertamente, una imagen poderosa. Casi tanto como la de los dos mil cerdos cayendo por un acantilado y estrellándose en el agua.

¿Hay una salida para nuestro mal? Nos lo hemos preguntado en incontables ocasiones. ¿Saldré de ésta? ¿Superaré esta crisis? ¿Pasará esta mala racha? ¿Me curaré? ¿Me quedarán secuelas? No hay cadena lo bastante gruesa y poderosa con que atar al espíritu de impureza. Sólo Cristo: únicamente en lo profundo es posible alcanzar la paz. Sólo nuestra naturaleza original puede conseguir que nuestra voluntad no esté dividida, queriendo una cosa por un lado y otra por el otro. Sólo desde el yo profundo dejan nuestros afectos de ser dramáticamente contradictorios, deseando algo y su contrario. Únicamente si vivimos desde el ser podemos sentirnos como en casa siempre y en cualquier parte.

Porque aquí tenemos por un lado al poseso, que pide a Jesús con toda firmeza que le deje en paz. ¡No te metas conmigo! ¡Vete, vete, olvídate de mí!, es así como lo increpa. ¿Qué tienes tú que ver conmigo?, le pregunta. ¡Tú y yo somos distintos! Pero, por el otro lado, también se nos informa que aquellos espíritus le imploraron a Jesús: ¡Mándanos a los cerdos y déjanos entrar en ellos! ¡Ven, márchate!, esto es lo que está implorando esta alma atribulada. No sabe lo que quiere, es evidente que está rota por dentro. ¿Cómo contener esta contradicción? ¿Puede haber algo que ponga un dique a la desdicha humana?

La humanidad ha inventado todo tipo de cadenas con que domeñar esa furia estructural que tenemos dentro, ese inconformismo, esa rebelión... Pero romper esa multiplicidad y dispersión que nos caracteriza (el protagonista de este episodio confiesa ser muchos y llamarse reveladoramente Legión), sólo es posible con la fuerza del Uno. Esa piara de cerdos precipitándose por un abismo apunta a nuestras identidades falsas e irreales, que también deben caer pendiente abajo hasta esfumarse en las oscuras aguas en donde nacieron.

¡Pobres cerdos! ¿Qué habían hecho ellos, al fin y al cabo, para merecer este final tan violento? ¿Qué dirían de esta historia los ecologistas, los animalistas...? ¿Y cuál sería la reacción del propietario de todos aquellos cerdos? Porque aquí se trata nada menos que de dos mil animales y una pérdida de tal magnitud es más que suficiente para arruinar a cualquiera. Se mire como se mire, eso de ahogar a dos mil cerdos para exorcizar a un poseído parece excesivo. Ahora bien, quizá fuera justamente aquí –a este exceso– adonde Jesús quería llegar. También los maestros zen, por poner un ejemplo, son muy aficionados a afirmaciones extremistas que –fuera de su mundo, fuera de la lógica ilógica de la iluminación– resultan excéntricas y ridículas.

En el lenguaje popular se dice que hay ocasiones en que el veneno que nos corroe por dentro es tal que podemos llegar a escupir sapos y culebras. El evangelio da un paso más, es aún más excesivo: podemos llegar a escupir cerdos. ¿Será posible que haya personas que puedan tener dos mil cerdos dentro de sí? ¿Cuántos tendremos nosotros? ¿A cuántos echamos de comer con nuestros rencores, maledicencias o celos? ¿Se trata de una metáfora desproporcionada o podría ser, por el contrario, que se hubiera quedado corta? Mándanos a los cerdos, déjanos entrar en ellos: esta súplica estremece. Habla de lo insoportable que es el bien para el mal. De cómo, para protegerse de la luz, las tinieblas buscan atrincherarse aún más en la oscuridad.

El endemoniado de Gerasa tenía dentro, según parece, demasiados cerdos como para que pudieran salir con simples gritos y pedradas. Todos aquellos cerdos estaban esperando a Jesús, al igual que la noche espera que rompa el día. Por eso, en cuanto Él aparece, ellos le increpan para que se vaya y los deje tranquilos, en sus dominios. Pero Jesús, que es la Luz del mundo, ve los sapos que tenemos dentro y que a veces engordan hasta convertirse en cerdos. Los ve y les habla con autoridad, mandándoles que salgan de la casa del hombre. Ésta puede quedar de nuevo limpia y ordenada, todo puede recomponerse y volver a su sitio. Es posible recuperarse. Pasar página. Salir del atolladero. Pero para que esto se produzca y nuestros fantasmas sean exorcizados hasta el punto de revelar su carácter ilusorio, precipitarse y desaparecer, el ser humano debe situarse ante Cristo, el maestro interior.

El loco del cementerio vestido y en su sano juicio tuvo que ser una visión inolvidable para las gentes de Gerasa. Parecía otra persona, apenas podían reconocerle. ¿Eres tú de verdad el loco?, habrían querido preguntarle. ¿Qué ha pasado con tu camisa de fuerza? ¡De modo que era un hombre así, casi guapo, el que se escondía tras el esperpento al que estábamos acostumbrados!, pensarían. Aun bajo las formas más viles y despreciables (violadores, terroristas, pederastas...) siempre hay un hombre o una mujer así: digno, hermoso, sensato... ¡Quién habría imaginado que toda aquella agitación y frenesí habrían quedado en nada!

Por horrendo que sea el mal y por hondo que sea el pozo en que se ha podido caer, siempre, siempre hay posibilidad para una Gerasa distinta. Porque Gerasa habría podido pasar a la historia como sinónimo de enajenamiento mental y posesión diabólica. Pero Gerasa, sin embargo, puede y debe evocar la recuperación del sentido común y la victoria de la armonía.

¿Qué nos ha podido pasar a los hombres para que rechacemos la armonía? Porque aquella gente –no lo olvidemos– pidió a Jesús que se marchara por donde había venido. No querían saber nada más de él ni de sus trucos de magia. En su comarca no querían ver más cerdos apareciendo y desapareciendo. Con la que habían presenciado, de historias que impresionan e inquietan a la gente ya habían tenido más que suficiente.

Desde nuestra mentalidad, ese endemoniado de Gerasa, como todos los demás que aparecen aquí y allá en las páginas del evangelio, padecía alguna enfermedad mental. Pero allí donde abundan los enfermos psíquicos (y parece que en aquella época –como en la nuestra– no faltaban), habrá que preguntarse si no será la sociedad quien los enferma. No es que nos pongamos enfermos porque hayamos nacido con un defecto de fábrica, sino que ese defecto se despliega y nos devasta porque padecemos una presión intolerable o una injusticia sistemática.

Yo era un descerebrado y este hombre me ha devuelto a la sensatez. Poco más o menos era eso lo que decía aquel loco furioso cuando relataba su restablecimiento. Estaba hundido y me sacó del agujero. Estaba arrojado en una cuneta y me puso de nuevo en el camino. Vivía en el desorden más absoluto y con sus palabras me devolvió a mí mismo. ¿Cabe esperar que vuelva el buen juicio a la atribulada historia de la humanidad? ¿Cuántos cerdos deben todavía caer por los abismos para que el planeta tierra vuelva a la cordura?

55. La casa vacía, limpia y ordenada
Perderse es una posibilidad real

Cuando un espíritu inmundo sale de un hombre, recorre parajes ári-
dos buscando domicilio, y no lo encuentra. Entonces dice: me vuelvo
a la casa de donde salí. Al volver, la encuentra deshabitada, barrida y
arreglada. Entonces va, se asocia a otros siete espíritus peores que él,
y se meten a habitar allí. Y EL FINAL DE AQUEL HOMBRE RESULTA
PEOR QUE EL COMIENZO. (Mt 12, 43-45)

Este fragmento comienza en el punto en que terminaba el
anterior: un espíritu inmundo ha salido de un hombre y
éste ha quedado, para el asombro de todos, sentado, vestido y con buen juicio. Qué sucede con el enfermo que ha
recuperado la salud es una pregunta interesante, pero también lo es qué pasa con la enfermedad de la que se ha libra-
do. ¿Se esfuma, simplemente desaparece? ¿Es cosa tan sencilla como un abracadabra y ya no está?

¿Quién puede dudar de que el espíritu humano está po-
blado de sombras? Celos, venganzas, pesadumbre, maqui-
naciones, rabia, desolación... También somos víctimas de
la ansiedad, la maledicencia, el atropello, la acedia... Todos
estamos heridos, de un modo u otro, por estos y por tantos
otros espíritus oscuros que nos han ido envenenando hasta
sacar lo peor de nosotros. Pues bien, todo este estrato oscuro que se ha infiltrado en nuestro ser (hasta el punto de
hacernos creer que el ser es eso) puede salir del corazón
humano. Que pueda salir significa que no pertenece a su
esencia. Todos tenemos dentro algún mal, seguramente

algo que se nos ha quedado sin resolver. Pero podemos redimirlo, podemos vivir sin eso.

Claro que el poder de las tinieblas no queda sin más eliminado en el mundo por el simple hecho de que alguien se haya purificado y liberado de su influjo. Las tinieblas siguen vagando por el mundo, según expone el evangelista. Las tinieblas no encuentran reposo –y esto es lo terrible– hasta que vuelven a su casa, es decir, al alma del ser humano. Así que el mal considera que el interior de cada hombre es su casa. De ser así, de estar el mal dentro, no sólo fuera, habría que concluir que la purificación es un trabajo primordialmente espiritual, no sólo social.

Esto es algo que nos deja un tanto incómodos o, al menos, desconcertados. ¿Hay que suponer entonces que el mal existe con independencia de nosotros? ¿Es lo maligno, como sostiene la biblia y, en general, la visión mitológica del mundo, una fuerza personal, independiente del sujeto humano? Nuestra cosmovisión es hasta tal punto antropológica y psicológica como para tener dificultad para creer en algo así. Pero –me pregunto–, ¿no estaremos limitando la fantasía barroca de Dios al centrarlo todo en el hombre y sólo en él? Entre la visión mitológica y la psicológica, entre la clásica y la moderna, ¿no hay alguna intermedia que haga justicia a esa interioridad y a esa exterioridad en que consiste ser persona? Sea como sea, a lo largo de los siglos y de las culturas, son muchas las tradiciones que han sentido que el mal tiene consistencia propia, buscando qué casa ocupar y qué alma devorar.

Un alma sin sombras está vacía, limpia y ordenada. La exégesis tradicional juzga negativo este estar desocupado, y ello porque, al no haber allí ningún espíritu luminoso, lo oscuro podría volver a ocupar esa alma disponible en cualquier momento. En su visión dialéctica de lucha del bien contra el mal, la teología clásica piensa que todos pertenecemos a alguien. Que alguien gobierna necesariamente nuestra vida, que por fuerza ha de estar en la luz o en la tiniebla. La vacuidad, limpieza y orden (que son los rasgos con los que aquí se define al espíritu humano liberado de las sombras) son, sin embargo, estados muy hermosos: apuntan al espacio y a la armonía que reinan allí donde las tinieblas se han disipado.

Ahora bien, según este texto resulta claro que no basta con habernos purificado, que no todo termina con ese vaciamiento e higiene interior, con esa paz que produce el orden. La invitación es a estar siempre alerta, puesto que *el enemigo, como león rugiente, ronda buscando a quién devorar* (1 Pe 5, 8). Lo oscuro se extingue con lo luminoso –eso resulta indiscutible–, pero también es cierto que lo oscuro se siente atraído por lo luminoso, puesto que en el fondo sabe que la luz es su identidad más radical. De ahí, precisamente, que lo oscuro ataque de nuevo, y esta vez con redoblada fuerza: siete espíritus impuros en vez de uno.

Si llegas a una casa y te la encuentras vacía, limpia y ordenada, ¿qué haces? Te quedas, es lo natural. Ni te plantearías quedarte si la encontraras llena, sucia y caótica. El vacío, la pureza y el orden tienen que ver con el espíritu. El ser humano es precisamente eso (vacío, orden y pureza), de modo que, cuando lo encuentra, comprende que ha llegado a su patria.

Vacío, orden y pureza, ¿corresponde esta tríada a la de la santísima Trinidad? ¿Cabría decir, sin violentar la ortodoxia, que el Padre es el vacío; el Hijo, el orden; y el Espíritu Santo, esa energía que se mueve en el vacío, dándole vida y corazón hasta dejarlo armónico y puro?

La vida monástica y, en general, la vida contemplativa procura vivir –y así lo reglamenta– según estos tres ideales. Las órdenes religiosas (nunca mejor dicho eso de órdenes) proponen el vaciamiento o desprendimiento como estilo de vida, en vistas a una purificación de la mente y del corazón. Esa casa que es el cuerpo, los monjes y las monjas intentan dejarlo, por medio de sus prácticas, libre de cualquier demonio, de todo pensamiento o afecto desordenado, pulida como un cristal en el que el propio Dios pueda reflejarse. Todas las religiones están concebidas, a fin de cuentas, como sistemas de purificación y de ordenamiento. Todas ellas constituyen una propuesta espiritual y jurídica, neumática e institucional. El monacato está planteado, en todas las tradiciones religiosas, como un camino desde el desorden hasta la paz.

Ese camino es un combate sin tregua, y el final –como nos advierte este evangelio– puede ser peor que el principio: podemos perdernos, perdernos es una posibilidad. Si no lo fuera, el combate no sería serio.

A nuestra sensibilidad contemporánea le repele hablar de combate para referirse a la vida espiritual (lo que no se corresponde con el incremento de la violencia en nuestra sociedad). Cualquier referencia a lo militar *(conquista, miliciano, legión...)* rechina –y con razón– al oído actual. Según el testimonio de sus representantes más insignes, sin embargo, el camino de la interioridad no es sólo de rosas. También hay espinas, trampas, noches oscuras... Y, aunque creer supone confiar en que todo acabará bien, lo cierto es que también podemos acabar nuestros días en la ignorancia, sin iluminación de clase alguna y vencidos por el espíritu combatiente de la oscuridad.

56. La orla del manto
La mística necesita de la poesía

Jesús atravesó, de nuevo en barca, a la otra orilla, y se reunió junto a
él una gran multitud. Estando junto al lago, llega un jefe de sinagoga,
llamado Jairo, y al verlo se echa a sus pies y le suplica insistentemen-
te: Mi hijita está en las últimas. VEN Y PON LAS MANOS SOBRE ELLA
para que se cure y conserve la vida. Se fue con él. Lo seguía una gran
multitud que lo estrujaba. Había una mujer que llevaba doce años
padeciendo hemorragias, había sufrido mucho a manos de médicos,
se había gastado la fortuna sin mejorar, antes empeorando. Oyendo
hablar de Jesús, se mezcló con la multitud, y por detrás le tocó el
manto. Pues pensaba: Con sólo tocar su manto, me curaré. Al instan-
te la fuente de sangre se restañó, y sintió en el cuerpo que estaba
curada de la dolencia. Jesús, consciente de que una fuerza había sali-
do de él, se volvió entre la gente y preguntó: ¿Quién me ha tocado el
manto? Los discípulos le decían: Ves que la gente te está apretujan-
do, ¿y preguntas quién te ha tocado? Él miraba en torno para descu-
brir a la que lo había hecho. La mujer, asustada y temblando, pues
sabía lo que le había pasado, se acercó, se postró ante él y le confesó
toda la verdad. Él le dijo: Hija, tu fe te ha curado. Vete en paz y sigue
sana de tu dolencia. Aún estaba hablando, cuando llegan los envia-
dos del jefe de la sinagoga para decirle: Tu hija ha muerto. No impor-
tunes al maestro. Jesús, entreoyendo lo que hablaban, dijo al jefe de
la sinagoga: No temas, basta que tengas fe. No permitió que lo acom-
pañase nadie, salvo Pedro, Santiago y su hermano Juan. Llegan a
casa del jefe de la sinagoga, ve el alboroto y a los que lloraban y gri-
taban sin parar. Entra y les dice: ¿A qué viene este alboroto y esos
llantos? La niña no está muerta, sino dormida. Se reían de él. Pero él,

echando afuera a todos, tomó al padre, a la madre y a sus compañe-
ros y entró donde estaba la niña. Agarrando a la niña de la mano, le
dice: Talita Qum (que significa: ¡Chiquilla, te lo digo a ti, levántate!).
Al instante la muchacha se levantó y se puso a caminar. (Tenía doce
años.) Quedaron fuera de sí del asombro. Les encargó encare-
cidamente que nadie lo supiese y les dijo que le dieran de comer.
(Mc 5, 21-43)

Jesús es llamado por uno de los jefes de la sinagoga y, mientras va de camino para atender a su hija moribunda, le aborda una enferma de flujos de sangre, quien consigue curarse
sólo por tocarlo. No es precisa la mediación de la mente:
cuerpo y espíritu se bastan para sembrar el bien.

Pon tus manos sobre ella, le pide a Jesús aquel jefe de la
sinagoga y, poco después, la hemorroísa toca delicada y
anónimamente la orla de su manto. No parece bastar con
la palabra, para sanar necesitamos también del contacto
corporal. El dolor nos separa –es cierto–, pero las manos
que acarician o abrazan salvan o atenúan esa separación.
El dolor aísla, pero el contacto humano acerca a quien la
enfermedad ha dejado aislado.

La orla del manto, las puntas del vestido, la firma del autor de culto, la foto que testifique que estuvimos allí... La
orla del manto es una necesidad del corazón humano. Todos necesitamos de alguna orla del manto que nos evoque
al manto entero y, sobre todo, a quien lo viste. Sólo los
espíritus zafios y groseros rechazan las orlas de los mantos
de las que nos servimos los buscadores del Absoluto, ar-
guyendo que eso sólo son formas y que lo que nos interesa
es ir al fondo. Por supuesto que el culto que Dios quiere es
en espíritu y verdad, más allá por tanto de un templo u
otro, o de rituales o prácticas determinadas. Pero necesitamos a Jesús para llegar al Cristo, necesitamos de la poesía para llegar a la mística. La cuestión aquí es cómo no

quedarse en la orla del manto, cómo no sucumbir a la idolatría.

Lo más probable es que a la hemorroísa, como a cualquiera, le habría gustado estar un buen rato a solas con Jesús, arrojarse a sus pies, contarle sus cosas... Pero atempera sus deseos, modera su ambición y se conforma: le basta algo (aunque sea poca cosa, la orla en este caso) que mantenga viva su fe y activa su esperanza.

Al jefe de la sinagoga se le ruega que no moleste más al maestro, pues su hija ya ha fallecido. No hay nada que hacer –le dicen, poniéndole la mano en el hombro, para aliviarle de su pena. El combate ha terminado, final de partida, deja al médico en paz.

Decimos frases parecidas cuando alguien es desahuciado o cuando acaba de fallecer. Sin embargo, ¿quién podía esperar que el ciego de nacimiento pudiera volver a ver?; ¿o que el paralítico de Betesda, tras treinta y ocho años en su camilla, llegaría a levantarse y a caminar?; ¿o que el loco del cementerio de Gerasa era, después de todo, un hombre guapo y juicioso, capaz de hablar con sensatez? Con esa transfusión de médula se ha quedado en los huesos –decimos–; con esos electroshocks, lleva meses con la mirada perdida, ¿sobrevivirá?; ya le han operado de su virus cerebral, pero se ha quedado sin capacidad de deglución y le han tenido que practicar una traqueotomía... ¿Saldrá adelante? Siempre cabe esperar y esperar hasta el final. Pero ese final –y esto es aquí lo importante– no es la muerte, sino un paso más allá. Jesús sabe que la muerte ha sido vencida y por eso habla de dormición. Ni siquiera lo que parece para siempre en este mundo, lo es verdaderamente.

Talita Qum, levántate: ésta es la orden que Jesús nos da también a nosotros, a menudo abatidos por el exceso de trabajo, o por nuestros vaivenes emocionales, o por la preocupación por el futuro. También a nosotros nos advierte: no estás muerto, sólo dormido; sal de tu pequeño mundo y despierta.

Salir del agujero en el que normalmente nos hemos instalado para escondernos de los demás –y hasta de nosotros mismos– requiere dos condiciones ineludibles. Una: pedirlo con confianza como lo hace Jairo, el jefe de la sinagoga: ven, me estoy muriendo; ayúdame, sácame de este lodazal; dame fuerza para la pelea... Y dos: actuar como la hemorroísa, que se acerca hasta él y se atreve a tocarlo. Basta pedir a corazón abierto y se nos concederá. Basta tocar con fe para que se nos revele el inmenso poder sanador que tienen nuestras manos.

Necesitamos una fuente en que beber, un horizonte al que implorar: no un simple fundamento autónomo (nosotros mismos) o heterónomo (Dios, el Espíritu). Necesitamos definitivamente la orla de un manto que podamos tocar, es decir, una huella en la materia que nos permita con fundamento el vuelo espiritual. Necesitamos de la prosa y de la poesía.

Hija, tu fe te ha sanado, dice Jesús, poniendo de manifiesto que lo que nos salva es la fe que imprimimos a los gestos y a las palabras, y el aliento que insuflamos a nuestro cuerpo. Que todo depende del espíritu con que afrontamos lo cotidiano.

57. El cortejo fúnebre
Sentarse a meditar es entrenarse a morir

A continuación, se dirigió a una ciudad llamada Naín, acompaña-
do de los discípulos y de una gran multitud. Justo cuando se acerca-
ba a la puerta de la ciudad, sacaban a un muerto, hijo único de una
viuda; la acompañaba un grupo considerable de vecinos. Al verla,
sintió compasión y le dijo: No llores. Se acercó, tocó el féretro, y los
portadores se detuvieron. Entonces dijo: Muchacho, contigo hablo,
levántate. EL MUERTO SE INCORPORÓ Y EMPEZÓ A HABLAR. *Jesús se*
lo entregó a su madre. Todos quedaron sobrecogidos y daban glo-
ria a Dios diciendo: Un gran profeta ha surgido entre nosotros,
Dios se ha ocupado de su pueblo. La noticia de lo que había hecho
se divulgó por toda la comarca y por Judea. (Lc 7, 11-17)

Perdió el control del volante y se salió de la carretera. Le
detectaron un cáncer fulminante que se lo llevó en tres meses. Se fue apagando como una velita hasta que una mañana
no se levantó. ¿Dónde quedaron entonces sus deseos de tener un huertecillo, de comprarse una casa, de cuidar a sus
nietos, de escribir un libro…? Todo eso ya pasó, se acabó lo
que se daba. ¿Quién habría podido imaginar que todo con-
cluiría un día de suave sol y cielo despejado? ¿Cómo podría
haber previsto que su accidente me pillaría de viaje?, ¿que
expiraría justamente cuando yo salía al balcón, a echarme
un cigarrillo?, ¿que iba a morirse en plena juventud, cuando
estaba a punto de conseguir su sueño, nada más conseguir-
lo, recién casado, recién jubilado, poco después de dar a luz?
De un modo u otro, éstas son noticias que nos llegan.

Si somos afortunados (pues es una fortuna), vemos la muerte cara a cara: entraremos en el velatorio para dar el pésame y hacer acto de presencia, por ejemplo; besaremos la frente del difunto, le tocaremos la mano y nos sorprenderá la frialdad de su piel, su rostro apacible, sonriente, ajeno, abultado, muerto... Entraremos en el cuarto hospitalario y nos sorprenderá la inconfundible atmósfera de la muerte, que tarda horas –y a veces días– en desaparecer. O incluso veremos cómo preparan el cadáver, para que tenga un aspecto presentable: cómo le anudan una corbata al cuello, o le ponen una flor en la solapa, o le ensartan las cuentas de un rosario entre los dedos. El joven Siddhartha tuvo la suerte de salir de su palacio siendo joven y de cruzarse con un cortejo fúnebre. La visión del cadáver le permitió convertirse años después en Buda. Cerca de Naín, en otra comitiva fúnebre, Jesús de Nazaret tuvo también su oportunidad. Todo muere y renace a cada instante, iluminarse es darse cuenta.

Ver a un muerto es importante para escuchar en nuestro interior una voz imperiosa que nos diga: ¡Levántate! Si no vemos los extremos a los que conduce la vida, a menudo no vivimos esa vida. Esto va en serio, nos dice cada difunto a quien despedimos de este mundo. Eres un peregrino, es bueno que nos lo recuerden. Tendemos a olvidarlo. Todo muerto que se te cruza por el camino es –o debería ser– un buen puñetazo en el centro de tu cara, para que así te despiertes. ¿Cuántos puñetazos te han dado? ¿Cuántos te faltan para que la vida te deje KO? ¿En cuántos cortejos fúnebres debes participar todavía antes de que sea el tuyo?

Cada vez que nos ve caídos o apesadumbrados por el embate de la vida, Cristo nos dice de muy diversos modos: ¡levántate! En realidad, el muerto de este evangelio –como todos los cojos, ciegos y leprosos– somos nosotros, puesto que son muchas las dimensiones de nuestra vida, probablemente demasiadas, que apenas pueden ya sobrevivir. La vida, el Dios de la vida, nos sale al paso a cada rato, si se lo permitimos. Y nos levanta para –como al hijo de esta viuda– devolvernos a la madre, es decir, reintegrarnos a la vida.

Jesús no devuelve a este joven difunto a su madre para que él siga con sus cosas, como si nada hubiera sucedido, sino para que se ponga realmente a vivir. De ahí, probablemente, que nada más salir del silencio de los muertos este redivivo se ponga enseguida a hablar. Algo similar sucede en el episodio de la curación de la suegra de Pedro (Lc 4, 38-44), quien, recuperada de su enfermedad, por obra del maestro, se pone de inmediato a servir la mesa. Uno no pasa por experiencias como éstas para quedarse igual, sino para comprender que hemos de salir del cascarón y ponernos de una vez por todas al servicio de la comunidad.

Así que es en un cortejo fúnebre donde nos está esperando la vida, parece una broma. El caso es que aquella procesión funeraria terminó por convertirse en una marcha por la vida. Volvieron sobre sus pasos y, en lugar de ir al cementerio –que es a donde se dirigían–, regresaron a la ciudad, para hacer allí una gran fiesta. Toda caravana de la muerte está llamada a convertirse en una caravana de la vida. Quizá tengamos que morirnos para despertar de verdad, pero casi mejor que despertemos ahora, más que nada para ayudar a otros en su camino. Porque todo el que ayuda a vivir a otros, todo el que es una ocasión para que los otros se levanten de su sueño de muerte, es, de un modo u otro, un profeta.

Sentarse a meditar es entrenarse a morir. Meditar es morir un poco. Durante algunos minutos –los de nuestra práctica– nos quitamos de la circulación y lo dejamos todo de lado. Cuando nos vamos acostumbrando a ir dejándolo todo de lado, todo, antes o después, nos deja también a nosotros. No es agradable morir y, sin embargo, la idea del vacío –e incluso a veces su experiencia– atrae a los meditadores hasta el punto de sentarse en silencio y quietud cada día (varias veces al día incluso). La madre que tenemos dentro, nuestra particular viuda de Naín, llora en cada meditación por nuestras pérdidas. La luz aparece sólo cuando nos hemos muerto. Y aparece para devolvernos a la vida y para ponernos al servicio de los vivos.

58. El salto
Cuando se busca a Dios se encuentra al hombre

Juan oyó hablar en la cárcel de la actividad de Jesús y le envió este mensaje por medio de sus discípulos: ¿ERES TÚ EL QUE HABÍA DE VENIR O TENEMOS QUE ESPERAR A OTRO? *Jesús respondió: Id a informar a Juan de lo que oís y veis. Ciegos recobran la vista, cojos caminan, leprosos quedan limpios, sordos oyen, muertos resucitan, pobres reciben la buena noticia.* (Mt 11, 2-5)

¿El asunto está aquí o hay que esperar a más adelante? Esto es lo que Juan el Bautista está planteando desde su prisión y lo que nosotros nos planteamos desde la nuestra, sea la que sea. ¿Tenemos lo que buscamos a la vista, al alcance de la mano, o hemos de seguir buscando? ¿Dónde está la vida, después o ahora, aquí o en otra parte?

La expresión «vida eterna» ha sido interpretada en el catolicismo durante siglos como la vida más allá de la muerte. Esto ha sido un error de nefastas consecuencias, pues ha llevado a pensar que hay dos vidas: ésta y la otra, cuando en realidad sólo hay una vida como sólo hay un Dios. Para entender lo que Jesús quiso decir habría que traducir más bien «vida verdadera», esto es, una vida que se deja sentir ya en este mundo y en esta historia. La importancia del momento presente, tan subrayada por el budismo, pertenece también al patrimonio cristiano. De hecho, *hoy se cumple esta Escritura*, dice Jesús tras leer el pergamino del profeta Isaías ante los sabios y doctores de su tiempo, el día en que expuso en público su programa de actuación (Lc 4, 21).

En realidad, somos víctimas de un gran error: creer que el presente está desligado del pasado del que proviene y del futuro al que tiende. Todo presente contiene su pasado (está hecho con el pasado, es el pasado mismo, pero renovado), al igual que contiene su futuro. Por definición, el presente está abierto a lo que pueda suceder. Todo instante es pleno justamente porque es una puerta, porque es apertura. La plenitud es apertura.

Ésta es, pues, la hora de Jesús y, desde luego, la nuestra. No podemos vivir con dignidad más que con la consciencia del carácter irrepetible e irrevocable de este preciso segundo, de esta jornada, de esta época, que es la nuestra. Que todo dependa de este momento significa que todo se juega en nuestra consciencia actual. La consciencia es siempre actual. El evangelio es actual porque Jesús vuelve una y otra vez a decirnos: *Llegó la hora.*

La respuesta del maestro a la pregunta de Juan es una invitación a ver y a oír, y a ver y a oír nada menos que el milagro. El milagro es que donde antes había oscuridad, ahora hay luz; que donde había parálisis, ahora hay movimiento; que donde reinaba la derrota y la muerte, reina ahora la victoria y la vida. Éstos son los hechos incontestables que testimonian el paso de Jesús: los desgraciados encuentran alivio; los solitarios, compañía; música, los sordos; esperanza, los desahuciados... El mundo está lleno a rebosar de milagros de todo tipo, el mundo es, realmente, un milagro constante. Pero ¡claro!, ¡hay que verlo y oírlo! Porque, ¿para qué sirve el milagro si no lo podemos percibir? *¡Maestro, que vea!*, es el grito del discípulo.

El problema se cifra en que nosotros quisiéramos primero ver la realidad para luego, con cierto fundamento –con la seguridad que da haber visto–, poder saltar a ella y sumergirnos en la fiesta. Lo cierto, sin embargo, es que la realidad no podemos verla hasta que no nos sumergimos en ella. El salto es la condición de la visión. Lo que se nos va a dar es lo que se nos pide; sólo si confías en que lo tienes, lo puedes encontrar.

Resulta bonito hablar de saltar, pero ¿cuántas veces hemos saltado de verdad, lo que se dice saltar? ¿De dónde y hacia dónde? ¿Qué pasó cuando perdiste tierra, cuando miraste al abismo, cuando comenzaste a desplomarte o a volar?

Saltar, de acuerdo –podemos llegar a decir–, pero ¿a la realidad? Nosotros pensábamos que a donde había que saltar era al Reino, a un mundo distinto y luminoso y bueno: un imperio en el que toda debilidad hubiera sido vencida, donde la razón fuera irrefutable, donde la contradicción hubiera sido extinguida y resplandeciera la verdad. Nos cuesta conformarnos con ver que un árbol es un árbol, maravillarnos con el canto de un pájaro o quedarnos absortos ante la salida del sol… ¿Es esto todo, no hay algo más?

¿Eres tú la mujer que estaba esperando, la casa que debo comprarme, la ciudad en que quedarme a vivir, la vocación que abrazar…? ¿Eres tú lo que busco, lo que he soñado desde que era un niño, aquello que me ha sido asignado, lo que Dios había pensado para mí? La verdad, eres mayor de lo que pensaba, no eres un príncipe azul, tienes sobrepeso, una mancha, un tic, un defecto, una familia horrible, un pasado oscuro… La verdad, eres ciego, paralítico, de otra religión, de otro partido…, ¿verdaderamente eres tú?

Lo que pasa –argüimos– es que en la vida real el leproso luego no se cura; el sordo no recobra la audición y el paralítico se queda en su silla de ruedas. ¡Mentira! Que no veamos al ciego ver, al paralítico incorporarse o al cojo echar a andar no significa en absoluto que no lo hagan. Significa sólo que no hemos dado el salto, por eso no lo hemos visto. Todo está aquí, pero eso sólo lo ves si realmente tú también estás aquí.

¿Eres tú entonces de veras el que había de venir?, nos preguntamos todavía hoy. Porque yo esperaba a Dios, pero es Jesús de Nazaret quien ha venido. ¿Debo conformarme? ¿No es escandaloso que se pretenda saciar mi sed de Absoluto con algo tan humano como Jesús?

Cuando el hombre reza de corazón a Dios con lo que se encuentra es con el hombre. ¿No será entonces que cuando busquemos de verdad al hombre nos encontraremos finalmente con Dios? Jesús es –lo sabemos– la piedra de toque, la piedra de escándalo… Sólo en esa colisión, en ese darnos de bruces con esa piedra (un choque doloroso, decepcionante, desestabilizador…), sólo ahí comienza la aventura.

VII

Trampas de la mente

59. La cultura
Rendir culto al misterio de la luz y del amor

Guardaos de los letrados. Les gusta pasear con largas túnicas, que los saluden por la calle, los primeros asientos en las sinagogas y los mejores puestos en los banquetes. Con pretexto de largas oraciones, devoran la hacienda de las viudas. Recibirán una sentencia más severa. [...] DEL MÉDICO NO TIENEN NECESIDAD LOS SANOS, SINO LOS ENFERMOS. *Id a estudiar lo que significa misericordia quiero y no sacrificios. No vine a llamar a justos, sino a pecadores. Nadie echa un remiendo de paño sin cardar a un vestido viejo, pues lo añadido tira del vestido y hace un rasgón peor. Ni se echa vino nuevo en odres viejos, pues los odres reventarían, el vino se derramaría y los odres se echarían a perder. El vino nuevo se echa en odres nuevos y los dos se conservan.* (Mc 12, 38-40; Mt 9, 12-13; 16-17)

Con gran ingenuidad pensamos que el camino espiritual es transitado por «los buenos». Nada de eso: no necesitan de salud los sanos –asegura Jesús–, sino precisamente los enfermos. Nadie emprendería un camino de búsqueda espiritual si no fuera consciente, al menos en parte, de que su alma está afligida por alguna enfermedad. ¿Enfermedad? ¿Qué enfermedad? Nuestro cuerpo y nuestra mente nos revelan que hay algo que no funciona: nos falta espíritu. Para ser discípulo basta tomar consciencia de esta carencia, escuchar la llamada a crecer y, en fin, ponerse a caminar. Ningún fallo es un verdadero obstáculo si existe el deseo honesto de superarlo.

Un camino espiritual es un conjunto de pautas o consignas que orientan la transición desde un origen oscuro, o al menos insatisfactorio, hasta una meta luminosa, enseñando cómo superar las dificultades o trabas que se puedan presentar. Un camino espiritual es bueno si nunca pierde de vista ni el horizonte último al que tiende ni el paso siguiente que debe darse para ir a él: ambos polos deben permanecer siempre unidos, pues sólo esta unión es la que conforma un camino. La función del maestro espiritual es mostrar al discípulo que ese horizonte lo tiene dentro (que es su verdadera identidad) y que el siguiente paso que debe dar para alcanzarlo lo tiene ante sus ojos, al alcance de la mano.

Suelen atribuirse a Jesús toda suerte de críticas e invectivas contra los fariseos, pero lo más probable es que sean un mero reflejo de los conflictos de convivencia de la primera comunidad cristiana con la comunidad judía. Sea como fuere, parece claro que el único grupo social con el que Jesús no fue benevolente ni compasivo fue precisamente con el de los escribas y fariseos, conformado por supuestos maestros espirituales que se creían en posesión de la verdad y que utilizaban las leyes como arma arrojadiza por su ambición de poder. Con ellos, Jesús no tuvo pelos en la lengua. Les insultó directamente: *¡Ay de vosotros, maestros de la ley y fariseos, hipócritas! ¡Sepulcros blanqueados! ¡Estúpidos y ciegos!* (Mt 23, 27). Les acusó de frivolidad, presunción y apropiación indebida, incriminándoles por su flagrante estupidez: *¿Qué es más importante, el oro o el templo por el que ese oro queda consagrado? [...] ¿Qué es más importante, la ofrenda o el altar por el que esa ofrenda queda consagrada?* (Mt 23, 13-22). Y aconsejó a todos que se mantuvieran lejos de gente de esa calaña: *Guardaos de los letrados.*

Lo más fácil sería pensar que los fariseos eran gente estrecha, incapaz de ir más allá de lo que indicaban sus mil y una prescripciones que, más que ayudar en el camino, lo convertían en una verdadera carrera de obstáculos.

Lo más cómodo también es pensar que los fariseos son los otros. No habría que descartar, sin embargo, que todas esas diatribas con que Jesús les increpa –siempre según los evangelistas– se dirijan en último término contra nosotros, tan aficionados a meterlo todo en cajones, archivos, carpetas, categorías... para así quedarnos tranquilos, con la sensación de haber domesticado la realidad. Sí, nos ponemos normas para vivir mejor, pero luego son esas mismas normas las que nos impiden cualquier clase de vida verdadera.

Fariseo es quien se queda en lo exterior, juzgando por la apariencia. Fariseo es quien busca ponerse en el centro de la vida social y se ríe y hasta aprovecha de quien está en la periferia. Fariseo es quien hace de la vida un mero cumplimiento, es decir, quien absolutiza la norma hasta pervertirla. Al final, no vivimos: nos limitamos a cumplir un horario, un programa, un reglamento... Vivimos cumpliendo unas pautas que nos ha puesto la sociedad, el estado, la iglesia o incluso nosotros mismos, pero que ya no comprendemos.

También sería sencillo pensar que Jesús fue algo así como un rabino tolerante, que se esforzó cuanto pudo para que todos fueran más abiertos y progresistas, flexibilizando una ley muy rígida que oprimía al pueblo y que imposibilitaba la vida del espíritu. De hecho, no son pocos los que hoy ven a Jesús como un pionero del liberalismo cristiano, un tipo laxo que sólo pretendía que la gente no se agobiase con la religión y la moral. Pero no, definitivamente Jesús no fue eso. Porque más que flexibilizar todas esas leyes, tan numerosas como opresivas, lo que más bien hizo fue radicalizarlas.

Frente a una política de mínimos (no matarás), Jesús presenta una de máximos (no te encolerices). Su propuesta no es, por tanto, la mera convivencia cívica, sino la fraternidad universal: un ideal imposible si no se va a la raíz de la ley, a su espíritu, a la raíz de la consciencia, al yo profundo. Este viaje a la raíz, esta aventura por las profundidades del alma humana, no puede realizarse –según Jesús– sin la sabiduría de quienes nos precedieron: *habéis oído que se dijo*. Esto significa que la vida espiritual es un acto cultural: se trata de una búsqueda interior, por supuesto, pero desde las enseñanzas que nos legaron nuestros antepasados. Este pasado cultural hay que tenerlo siempre en cuenta, es el punto de partida. Pero sólo el punto de partida. Partimos de la tradición, pero no para quedarnos en ella, sino para que nos sirva de plantilla para entender y vivir la situación de hoy. En conclusión: Jesús no quiso eliminar las leyes del camino, sino ir a su cepa, donde su número y complejidad se simplifica enormemente: ama. *Ama a Dios sobre todas las cosas y al prójimo como a ti mismo* (Mt 22, 37-39). A esto se reduce la ley entera.

La espiritualidad cristiana no se entiende sin Dios. Dios es el misterio de la luz y del amor. El verdadero problema es que Dios queda muy lejos de la sensibilidad contemporánea. Las razones de esta lejanía son múltiples y complejas. El caso es que al hombre de hoy le parece inaudito que a Dios haya que darle algo. ¡Será posible que Dios quiera algo de nosotros!, nos decimos escandalizados. ¡No podría dejarnos un poco en paz, con lo que ya tenemos encima! Ésta es la típica argumentación pagana, que en el fondo nace de la ausencia de la fe. En efecto, que Dios quiera algo de nosotros queda muy lejos de nuestra mentalidad laica –y hasta laicista–, y ello porque casi nadie cree ya realmente en Dios. Al menos en Occidente. La sociedad del bienestar ha hecho un cielo de este mundo y, como resultado, ha provocado que nos olvidemos del otro. Los gobiernos de los pueblos desarrollados, portavoces de la voluntad de sus ciudadanos, han ido arramblando con el sentido de lo sagrado. ¿Dónde beber ahora el vino nuevo del espíritu?, nos preguntamos. ¿Qué podemos hacer si nuestras almas están enfermas? ¿Cómo se rinde culto hoy al misterio de la luz y del amor?

Los viejos judíos sí que pensaban que a Dios había que darle algo. Desde su mentalidad pragmática, comprendieron que darle algo a Dios suponía tres cosas. Una: fijar un tiempo específico en que dárselo (el sábado, por ejemplo). Dos: fijar un espacio en que Él fuera el protagonista (el templo). Y tres: fijar una determinada organización social que fuera a su imagen (la familia). Pues bien, estos tres pilares básicos: el sábado, el templo y la familia son, precisamente, los que Jesús, con sus dichos y hechos, dinamita.

El culto que yo quiero es abrir las prisiones injustas, liberar al oprimido (Is 58, 7-10). Jesús parece sustituir los sacrificios rituales por el amor al prójimo. El verdadero culto para él es el cultivo de sí mismo y de las relaciones, la cultura, la sociedad.

Destruid este templo, y en tres días lo levantaré (Jn 2, 19). Hoy sabemos que se refería a su cuerpo, porque el cuerpo es el verdadero templo del espíritu. Y porque los templos son –o deberían ser– invitaciones a que entremos en nuestro propio cuerpo y a que nos demos cuenta de su sacralidad.

Los viejos judíos, por otra parte, sabían muy bien que si no se obligaba a descansar (y para eso instituyeron el sábado), la gente se pasaría toda la vida trabajando (que es lo mismo que nos sucede hoy). Sabían que, si no se prescribía un descanso, la gente nunca estaría en casa y que –y ésta es la cuestión– si no se estaba en casa se acabaría perdiendo la unidad familiar. ¿Y cuál sería la consecuencia de perder la familia? Pues que ya no había sentido de pertenencia: cada cual quedaría desarraigado, solo, sin nadie. Y sin comunión humana no hay posibilidad de una fe en un Dios que no por casualidad se define como unidad. La consecuencia parece insólita, pero es lógica: no descansar conduce al ateísmo.

El conflicto entre Jesús y la religión de su tiempo era inevitable. Para nosotros la cuestión es cómo organizar un tiempo y un espacio desde los que cultivar nuestra relación con el espíritu. ¿Qué podemos hacer hoy por la verdadera cultura, por ese cultivo de sí que nos hará cultos y, por ello, instados a dar culto, es decir, a reconocer y agradecer? Y una pregunta más: ¿Es o puede ser la religión todavía una forma cultural apropiada para el espíritu?

A estas preguntas Jesús responde diciendo: *El vino nuevo se echa en odres nuevos*. Estos versículos, que identifican espíritu con novedad (sin que eso suponga ignorancia o desprecio de la tradición), deberían presidir todos los templos y todas las academias del mundo. Porque sólo alimenta al alma lo que está vivo y es actual.

60. El descanso
El amor no cansa ni se cansa

Atravesaba unos sembrados en sábado y los discípulos de camino se pusieron a arrancar espigas. Los fariseos le dijeron: Mira lo que hacen en sábado: algo prohibido. Les responde: ¿No habéis leído lo que hizo David cuando pasaba necesidad y estaban hambrientos él y sus compañeros? Entró en la casa de Dios, siendo sumo sacerdote Abiatar, y comió los panes presentados (que pueden comer sólo los sacerdotes), que repartió entre sus compañeros. Y añadió: EL SÁBADO SE HIZO PARA EL HOMBRE, NO EL HOMBRE PARA EL SÁBADO. *De suerte que este Hombre es Señor también del sábado.* (Mc 2, 23-28)

Todos los enfrentamientos y las guerras entre los pueblos y las personas tienen su raíz, en última instancia, en esta precedencia del sábado sobre el hombre. Éste es el fundamento de toda intransigencia y de todo fanatismo, así como de ese lamentable fundamentalismo que a menudo convierte la religión –cualquier religión– en una triste caricatura de sí misma.

Conviene recordar que las leyes del camino espiritual, como las de la organización social en general, no se promulgan para ser respetadas, sino para servir al hombre. Que la construcción y plenitud del ser humano es o debería ser siempre el criterio, nunca el mero cumplimiento de la ley. Agarrarse a la ley, por tanto, limitarse a lo que dictan unas determinadas normas, haciendo caso omiso del espíritu e intención que las motivó, revela la cortedad de miras y estrechez de un corazón. Esta actitud formalista e inflexible desvela temor y esclavitud: temor a la vida –que no cabe en unos papeles– y esclavitud a unos mandamientos –que erigimos como fines en sí mismos, olvidando que son meros medios.

Por desgracia, los fariseos nunca mueren y están siempre al acecho. Viven a nuestro alrededor y se hacen fuertes entre nosotros, a veces sobre todo entre nosotros. Y no sólo fuera, sino también dentro de nosotros. Ésta es la segunda trampa de la mente. La primera –lo hemos visto–, es orillar al espíritu: creer que a Dios no hay que darle nada, que el culto es un sinsentido. La segunda, el legalismo o formalismo, que es casi siempre la principal sombra de quienes siguen un camino espiritual: quedarse en la superficie, construir y decorar el barco –y ello hasta la saciedad, hasta el más mínimo detalle–, pero nunca lanzarse a la travesía. ¡Mira qué bonito es mi barco!, dice el fariseo que tenemos dentro. Sí, pero ¿para qué lo quieres –deberíamos responderle– si nunca levas anclas y te haces a la mar?

Los legalistas se entretienen y derrochan sus vidas escrutando las heterodoxias ajenas. Acusan a quienes viven en libertad –o al menos lo intentan– y no cejan en sus acusaciones hasta que les condenan, porque no han entendido –ni quieren entender– que la verdad no es un concepto, sino ese respeto y hasta promoción de la diferencia en que consiste el amor. El legalista que tenemos dentro alimenta y engorda a la mente, asfixiando al espíritu.

El precepto del sábado no es otro que el de la obligatoriedad del descanso, sin el cual –es evidente– caemos en el activismo primero y, acto seguido, en el agotamiento físico y mental. Todos estamos de acuerdo en que es importante descansar, pero nos incomoda y hasta irrita que nos obliguen a ello, por lo que nos resistimos. Ahora bien, ¿quién se resiste a descansar? Se resiste el ego, que nunca puede aflojar en su afán de rendimiento (el ego no se suelta nunca por sí mismo, ego es sinónimo precisamente de no soltar) y que sufre lo indecible cuando ve cómo las personas descansan, contemplan y disfrutan de su descanso y de su contemplación.

Venid a mí todos los que estáis cansados y agobiados y yo os aliviaré. Cargad con mi yugo y aprended de mí, que soy manso y humilde de corazón, y encontraréis vuestro descanso. Porque mi yugo es llevadero y mi carga ligera (Mt 11, 28-30). Quizá sea ésta la cita evangélica que más necesitan escuchar todas esas personas estresadas y activistas que han generado nuestras sociedades superproductivas. La espiritualidad es –o debería ser– una fuente de descanso. La espiritualidad es una invitación a la suavidad, no hay espiritualidad donde no hay amabilidad con uno mismo y con los demás. Un trabajo espiritual que agobie está cavando su propia fosa. Lo diré más expresivamente: sin descanso, ¡no hay posibilidad de contemplación!

La abolición del sábado (del domingo en nuestra cultura occidental, como jornada en la que no se trabaja y se va a misa) sólo ha servido para disparar el culto al rendimiento laboral y, como consecuencia, para destruir la convivencia familiar. Los viejos y astutos judíos no estaban, después de todo, tan equivocados. A las empresas, y más en general al Estado, les alegra infinitamente y sale a cuenta nuestra estructural incapacidad para descansar.

La Torá no se limitaba a prohibir en sábado todo tipo de actividad –aun la más pequeña–, sino que insistía en la importancia de que todo el mundo se quedara ese día en su casa. ¿Por qué esta insistencia?, hemos de preguntarnos. Para que hubiera al menos una jornada a la semana en que todos se pudieran encontrar con todos y, de este modo, pudiera construirse un hogar. Porque la cuestión no es simplemente descansar –es obvio–, sino descansar juntos, en familia, de manera que unos y otros puedan compartir sus alegrías y sus penas. Sin convivencia, no hay hogar posible. Nuestras ciudades son hoy a menudo ciudades-dormitorio porque hemos olvidado esta ley y porque ya no hay posibilidad de encontrarse. Nuestras viviendas, con frecuencia unipersonales, se han convertido en meras residencias, donde nos refugiamos durante algunas horas de la inclemencia del mundo.

Si ya no hay un día oficial de celebración, el resultado es que nunca podremos celebrar todos juntos. Si las actividades se extienden de forma indiscriminada a lo largo de los siete días de la semana, el resultado es que todo es hacer y ya no hay tiempo para simplemente estar y ser. Si te resulta indiferente celebrar el miércoles, el jueves o el domingo, entonces es que no te importa que estemos todos en la celebración.

El asunto, sin embargo, es más complicado, puesto que no cansa tanto el trabajo en sí, sino la ley del trabajo: si uno trabaja en lo que quiere y como quiere, su alma no se cansa; al contrario, se realiza. Es la obligatoriedad institucionalizada del trabajo lo que lo convierte en una condena.

En esta misma línea, el descanso obligatorio no descansa, sino que cansa más. ¿Por qué? Porque lo que cansa es lo que viene de fuera (una ley heterónoma). Sólo cuando no hay dentro ni fuera (donde hay unidad) podemos descansar de verdad. Por eso mismo, lo que descansa no es el sábado o el domingo, ni el lunes o el martes, sino el amor. *El amor no cansa ni se cansa*, el amor es el sábado que trae Jesús. Ésta es la razón por la que conviene estar muy atento a las leyes que una comunidad se autoimpone, pues lo que de entrada parece un trampolín que nos ayudará a ir lejos y a sortear los agujeros del camino se convierte con frecuencia en una sofisticada trampa de letra pequeña e ilegible en la que antes o después metes el pie y tropiezas. Aunque no se quiera –y ése es el peligro de toda ley–, la letra tiende a constreñir al espíritu (sin que esto niegue, por supuesto, que haya letras –sobre todo las poéticas– que acompañen y hasta susciten el espíritu).

¿De qué ayunos tiene nuestro cuerpo necesidad para que sea un cuerpo abierto a lo que está vivo?, ésta es la cuestión. O, lo que es lo mismo: ¿Cómo descansar? ¿Cómo cuidar el cuerpo para que sea verdaderamente el templo del ser que es? ¿Cómo cultivar-nos? Éstas son las grandes preguntas religiosas. El verdadero problema religioso no es el trabajo, sino el descanso. La mente no quiere que descanses, y si no estás descansado, sino abotargado, el espíritu no puede entrar. Tanto Jesús como los fariseos lo entendieron perfectamente.

61. El ayuno
Callar es un acto de respeto a la realidad

Entonces se le acercaron los discípulos de Juan y le preguntaron: ¿Por qué nosotros y los fariseos ayunamos mientras que tus discípulos no ayunan? Jesús les respondió: ¿Pueden los invitados a la boda hacer duelo mientras el novio está con ellos? Llegará un día en que les arrebaten el novio y entonces ayunarán. [...] LO QUE CONTAMINA AL HOMBRE NO ES LO QUE ENTRA EN SU BOCA, SINO LO QUE SALE DE ELLA. (Mt 9, 14-15; Mc 7, 15-16)

En el camino espiritual hay tiempos para el ayuno y para la fiesta: tiempos para la purificación –que son los de meditar y ayunar–, y tiempos para la iluminación –que son los de festejar y disfrutar. En plena fiesta –es obvio–, no tendría sentido ponerse a ayunar o sentarse en silencio, en lugar de comer, beber y conversar con los demás. Ahora bien –y éste es el punto–, el ayuno está en función de la fiesta, no al revés. El ayuno tiene sentido si luego hay fiesta. Nos quedamos en silencio para luego escuchar bien los sonidos del mundo. Cerramos los ojos para, al abrirlos, poder ver realmente lo que hay. La conclusión es que ayunar es necesario porque no celebramos lo suficiente y porque no celebramos bien. Y si no celebramos bien es porque… ¡no vivimos bien! En la vida –como en muchas fiestas, por cierto– tenemos de todo, pero nos falta el espíritu. El ayuno es un trabajo corporal que prepara la irrupción y la consciencia del espíritu.

¿A qué compararé la gente de este tiempo? –se pregunta Jesús, en esta misma línea en otro contexto (Mt 11, 16-19).

Es comparable a los niños que se sientan a jugar en las plazas y gritan a sus compañeros: Tocamos la flauta, y no bailasteis; cantamos canciones tristes, y no llorasteis. Porque vino Juan, que ni come ni bebe, y dicen que tiene un demonio dentro. Luego ha venido el Hijo del hombre, que come y bebe, y dicen que es glotón y bebedor, amigo de gente de mala fama y de los que cobran impuestos para Roma.

Tenemos libros extraordinarios y no los leemos; músicas portentosas y no las escuchamos; parajes inolvidables y no los visitamos; ocasiones oportunas y no las aprovechamos. A nuestro lado hay personas magníficas y apenas las tratamos; maestros de los que podríamos aprender muchísimo y no les frecuentamos; fuegos en los que calentarnos en compañía y, a menudo, preferimos quedarnos fríos y solitarios. A decir verdad, la vida es un auténtico banquete de oportunidades que, por desgracia, pasa inadvertido para muchos. ¿Por qué? Porque no han ayunado. Porque no se han preparado para la fiesta. Porque viven en su agujero, no en la realidad. El espíritu de nuestra época tiende más a la sospecha que al asombro, más a la crítica que al elogio, más a enredarse con las sombras que a, sencillamente, disfrutar de la luz. El verdadero problema religioso es el disfrute. ¿Cómo disfrutar bien, es decir, sin culpa ni reservas de ningún género? Una religión es auténtica si ayuda a disfrutar de la vida. Sólo disfrutándola podremos agradecerla. Y la gratitud –reconocer con alegría lo recibido– es decididamente el culto que Dios quiere.

Todo este asunto del ayuno se plantea en el evangelio porque a los fariseos de aquel tiempo, como a los del nuestro, les molestaba mucho que los discípulos de Jesús disfrutaran tanto y no practicaran –como hacían ellos– duros ejercicios ascéticos. Siempre hay gente a quien fastidia que los demás se lo pasen bien. Lo primero que la mente tiene que objetar es que el cuerpo disfrute, eso le molesta muchísimo porque cuando el cuerpo disfruta, la mente está muy lejos y el espíritu, en cambio, muy cerca. Disfrutar es, al fin y al cabo, olvidarse gozosamente de uno mismo y hacerse uno con el mundo. Se ayuna para que el disfrute sea más intenso y genuino. Esto la mente no lo soporta.

Si disfrutar es hacerse uno con lo disfrutado, no puede extrañar que el sexo y la comida se hayan convertido en las formas por excelencia del disfrute. Porque al comer te haces uno con la comida; y al tener relaciones con el ser amado te haces uno con él. Las constantes disputas entre los fariseos y Jesús son, en última instancia, ejemplos del conflicto entre la ley y la vida. Está vivo (despierto) quien está unido a lo que es (la realidad); quien no está unido, sino separado, necesita de la ley, que apunta a lo que tiene que ser, pero todavía no es. La ley es sólo para los que están dormidos. En rigor, una persona espiritual camina sin ley.

Tras todas estas explicaciones, estamos ya en condiciones de entender la cuestión del ayuno, al menos tal y como Jesús la plantea. *Lo que contamina al hombre no es lo que entra en su boca* —nos asegura—, *sino lo que sale de ella.* Son incontables los pasajes en los que el maestro de Galilea nos invita a mantener los ojos y los oídos bien abiertos (Mc 8, 17), dando a entender que la iluminación es un ver y un oír. Pero también exhorta a que se mantenga la boca cerrada, pues es de ahí —según él— de donde sale toda impureza. El problema nunca está fuera —nos advierte—, sino dentro. Por activa y pasiva, Jesús proclama sin cesar una religión de la interioridad, es decir, una espiritualidad. Esto significa que los ritos y los mitos que conforman toda religión, es decir, los gestos y las palabras en los que se explicitan y desgranan sus ceremonias y escrituras, deberían estar siempre y exclusivamente en función del alimento del alma. *¿Así que vosotros tampoco lo entendéis?*

(Mc 7, 18), pregunta Jesús a los suyos. No entenderlo implica quedarse en la apariencia y en lo exterior.

El problema está en lo que sale de la boca. Y, ¿qué es lo que sale de la boca? ¡Palabras! Son palabras lo que sale, prácticamente sin interrupción, de nuestras bocas. Es de eso de lo que nos hemos de purificar. ¡Un ayuno de palabras! Hablar sólo lo necesario. Pero ¿por qué? ¿Qué hay de malo, después de todo, en hablar? ¿Por qué debe sopesar todo discípulo sus palabras antes de pronunciarlas? Callar es importante para dar tiempo a la realidad a que se manifieste, para no condicionarla, para no abortarla. Para ir a Dios es mejor guardar silencio que hablar mucho, pues quien habla mucho no tiene tiempo para escuchar, que es el primer mandamiento. De hecho, todos los grandes hombres han sido o son silenciosos. El silencio es el más claro indicio de la interioridad; sin silencio no hay vida interior de clase alguna.

Callar es un acto de respeto a la realidad. Cuando entramos en un mortuorio, por ejemplo, solemos hacerlo en silencio. El silencio es aquí sin lugar a duda la expresión de nuestro respeto a lo que está pasando en ese lugar. La vida que se ha ido nos enmudece porque por fin nos hemos dado cuenta de que ahí había vida. La vida que aún no se ha ido debería enmudecernos aún más. El silencio es el marco perfecto para la percepción de esa vida.

En esta misma línea, resulta revelador que, en las pinturas, esculturas o fotografías de grandes santos o iluminados, éstos nunca aparezcan con la boca abierta. En las fotos publicitarias, por el contrario, todos aparecen con sus bocas bien abiertas: riendo y enseñando sus blancas y brillantes dentaduras. ¿Por qué? Porque la felicidad mundana vive del exterior y la celeste, por el contrario, de lo interno.

En boca cerrada no entran moscas, dice el refranero popular. En boca cerrada no entrará el Señor de las Moscas, que es el Maligno. Pero callarse –esa estrategia frente al mal– no es sólo cuestión de tener los labios cerrados (ése es sólo el primer paso), sino de tener pocas palabras en la mente. ¿Por qué? Porque si tienes muchas, antes o después saldrán.

Cuando oréis –nos dice Jesús en otro contexto, abundando en esta idea (Mt 6, 7)– *no utilicéis muchas palabras. No seáis como los paganos que se creen que por mucho hablar van a tener a Dios contento.* Parece que el silencio suele ser un buen indicio para reconocer a una persona de fe. Así que el primer mandamiento de todo buscador espiritual debería ser no profanar la realidad con palabras, no abaratarla. Permitir que se exprese, antes de sellarla con el lenguaje, que suele encasillar. Callarse es una señal de rendición ante lo que quiere manifestarse. Un gesto de humildad frente a la verdad. Un homenaje a lo Real.

Es clarísimo el vuelco radical que Jesús da al asunto de la impureza, que tanto agobiaba a los fariseos. Para él, en el camino espiritual el conflicto reside en las palabras, que son el cuerpo del pensamiento. El problema, por tanto, es la mente. Es la mente (no el cuerpo o el sexo, como ha insistido la Iglesia a lo largo de los siglos) lo que contamina el corazón del hombre. Las trampas de la mente son el problema del espíritu.

En Occidente se ha asociado la impureza con la sexualidad, no con el lenguaje. Es el lenguaje (la mente) lo que ha condenado la sexualidad, escindiendo de este modo al hombre, a menudo dramáticamente, entre lo corporal y lo espiritual. La vía para volver a unir ambos polos (que es aquello que Dios había unido y lo que el hombre nunca habría debido separar) es precisamente el silencio, el acallamiento de lo mental. Cerrar la boca es, al fin y al cabo, tan sólo el primer paso para cerrar la mente y dejarla descansar. El silencio externo es el primer paso para el silenciamiento interno en que consiste la práctica meditativa. Éste es el campo en el que todo caminante espiritual debe trabajar: el ayuno de la mente y del corazón, de los pensamientos y las emociones. Son los pensamientos desordenados y oscuros, así como las emociones tóxicas e incontroladas, los que destruyen nuestro cuerpo. Y cuando el cuerpo está enfermo, es difícil que pueda disfrutar, esto es, entrar en comunión con el mundo.

Esta enseñanza de Jesús sobre la contaminación por vía oral tiene un claro precedente en el Antiguo Testamento, donde se relata con mucha viveza cómo el profeta Isaías es purificado para su misión precisamente limpiándole la boca. *Entonces un serafín voló hacia mí* –leemos–, *llevando en la mano un carbón ardiente que había tomado con unas tenazas del altar. Me tocó la boca y dijo: Mira, esto ha tocado tus labios, se ha retirado tu culpa y se ha perdonado tu pecado* (Is 6, 1-7). Si la palabra es sagrada (o sea, vehículo para la comunión), no debería extrañar que quienes la reciban para predicarla tengan que prepararse a fondo, eliminando de raíz todo lo que pueda distorsionar el mensaje.

Esta advertencia frente al peligro de las palabras no acusa a todas ellas –es evidente– de ser perniciosas. Hay palabras mentales, que son las que amueblan la cabeza. Con ellas, el ser humano responde al don de la razón, que es una puerta de acceso a la verdad. Pero estas palabras de la mente, si se desconectan del corazón, pueden pervertirse, generando discursos inanes que dejan el alma triste. La tristeza de ánimo depende sobre todo de las palabras inútiles, es decir, de las palabras desconectadas de la corporeidad. Palabras que no tienen referentes, meros constructos, el fruto más engañoso de la separación.

Pero junto a las palabras mentales están las espirituales, que son las que alimentan el alma. Palabras espirituales son aquellas que nacen del silencio y que abocan a un silencio mayor. *Te quiero*, por ejemplo. *Gracias. Perdón.* Este tipo de palabras ratifican y hasta ensanchan la experiencia del amor. Necesitamos palabras así porque la realidad está hecha de palabras (*y dijo Dios...*, Gn 1, 3), y porque pronunciándolas entramos en las cosas y ellas en nosotros.

Callar no es un acto de desprecio a la palabra, todo lo contrario: sólo callando –y abriendo la boca únicamente cuando procede– aprendemos el verdadero valor de la palabra. Si algo sobreabunda, pierde su valor. Así sucede con las palabras, que con facilidad pueden deslizarse por la pendiente de la palabrería, tergiversando su sentido e intención. No se puede ser una persona espiritual y, al tiempo, un charlatán. El silencio es el espacio interior en el que nacen las palabras. Sin ese espacio, las palabras no son sino pompas de jabón que quedan en nada o, peor aún, piedras con que se va sepultando el alma.

Una palabra oportuna es un don incomparable: nos ayuda a comprender la realidad y a ahondar en su misterio. Una palabra inoportuna, en cambio, amenaza la realidad, pudiendo llegar a matarla. Revisa las palabras que tienes dentro. Comprueba si te limpian o te ensucian, si te elevan o te abajan. Purifica tus palabras enfermas o equivocadas con un mantra o palabra sagrada. Testa las palabras conforme te vayan llegando, quédate con las buenas y desecha las malas. Busca la palabra que eres y descubre que esa palabra es.

62. La limosna
Poseer te impide ser

Sentado frente al cepillo del templo, observaba cómo la gente echaba monedillas en el cepillo. Muchos ricos echaban mucho. Llegó una viuda pobre y echó dos cuartos. Jesús llamó a los discípulos y les dijo: Os aseguro que ESA POBRE VIUDA HA ECHADO EN EL CEPILLO MÁS QUE TODOS *los otros. Pues todos han echado de lo que les sobra; ésta, en su indigencia, ha echado cuanto tenía para vivir.* (Mc 12, 42-44)

Una pobre viuda es ensalzada por Jesús por no haber echado de lo que le sobra, sino de lo que necesita. Pero también porque lo hace con discreción, sin autobombo. *Que tu mano derecha no sepa lo que hace tu izquierda* (Mt 6, 3) no significa simplemente que no hayamos de vanagloriarnos por nuestras buenas obras –cediendo a la vanidad–, sino que... ¡ni siquiera hemos de perder el tiempo en consideraciones sobre nuestro yo! Porque mientras valoramos o ponderamos lo que hacemos o dejamos de hacer, la verdad es que no actuamos. El pensamiento, en vez de servir entonces como motor propulsor de la acción, actúa como freno. Con la mente vacía, en cambio, la acción es más pura y límpida. El amor no se piensa, se vive. Dónde hay cálculo mental, es difícil que pueda haber verdadera entrega. De haberla, será una entrega tan pensada y sensata, tan dosificada y tardía, que apenas satisfará al alma.

En las cosas verdaderamente hermosas apenas interviene el pensamiento: un buen chapuzón en la piscina, por ejemplo, o un paseo por las montañas, un encuentro íntimo con el ser amado, una canción improvisada..., ¡tantas cosas! Lo hermoso nunca es fruto de la reflexión y de la voluntad, sino de la gracia. No es el resultado de un esfuerzo, sino un regalo inesperado. Mientras pensamos si abrimos o no ese regalo, la verdad es que no lo estamos disfrutando.

Nada de esto quiere ser una condena implacable al pensamiento en general, sino más bien una advertencia del peligro constante de que el pensamiento lo colonice todo, paralizando en consecuencia todo lo demás. El ego se alimenta de pensamientos. Es seguro que los ricachones que hacían grandes donaciones al templo de Jerusalén pensaban mucho en lo que habían hecho y estaban muy satisfechos consigo mismos.

La aplicación a la práctica meditativa es inmediata: ¿meditas para hinchar tu autoimagen? ¿No es alucinante que hasta de la espiritualidad –cuyo propósito es someter al ego– se haga un camino para reforzarlo? Y otra más: el tiempo que los meditadores ofrecen a Dios (siendo el tiempo el principal bien espiritual, la gran «moneda»), ¿es del que les sobra, una vez que se han puesto al día con las múltiples obligaciones de este mundo, o más bien del que se necesita para vivir? ¿Damos a Dios el tiempo restante o el preferente? Y una última pregunta todavía: ¿Cuánto de mí mismo estoy echando en el arca de las ofrendas, en el altar del sacrificio, en la mesa de trabajo, en el cojín o en el banquito de meditación?

La gran cuestión existencial es siempre cuánto invierto de mí mismo en cada uno de los quehaceres que comporta cada día. Cuánto me entrego a lo que tengo entre manos. ¿Me uno a lo que hay o me mantengo aparte y separado?

Hay que tener los ojos en su sitio para ver en la escasez de las monedas de una vieja la sobreabundancia de un corazón. Como en tantos otros textos, en éste se muestra con claridad que la mirada de Jesús no se deja engañar por lo grandilocuente y ruidoso (las grandes fortunas que donan los millonarios), sino que es capaz de rescatar lo pequeño y hasta despreciable a ojos humanos. Ver el corazón que late en cada acontecimiento, por mínimo que parezca, no es posible sin tener el corazón abierto, y algo así supone, ciertamente, una larga preparación.

Hay un misterioso vínculo entre lo pequeño y lo alto (entre el Niño y la estrella, ése es el misterio de Belén). A quien no viva desde lo interior (el núcleo), le resultará muy difícil no dejarse embaucar por la apariencia (la superficie), cayendo en las falsas promesas de lo grande. Esto podría decirse de otra manera: la experiencia del Padre se traduce en atención a los hijos, el cuidado de lo pequeño es un signo preclaro de la experiencia de Dios. Lo inmensamente grande (Dios) está cerca de lo inmensamente pequeño (la viejuca y sus pocas monedas). Ésta es, precisamente, una de las principales características de una persona espiritual: su capacidad para conmoverse tanto ante la grandiosidad de una noche estrellada, por ejemplo, como ante un insecto diminuto que se posa en el pétalo de una flor. Las personas no espirituales, por contrapartida, están demasiado ensimismadas en el mundo y en sus cosas como para poder reparar en lo verdaderamente grande y en lo verdaderamente pequeño, cuyos extremos se tocan. La mente desprecia lo pequeño, ésa es la trampa que tiende. El espíritu, en cambio, sabe que nada hay verdaderamente grande que no haya pasado por ser pequeño.

La viuda de este relato nos debería hacer pensar en todas las viudas que, seguramente, han ido apareciendo a lo largo de nuestra vida y que, por una u otra razón, no hemos sido capaces de reconocer. Todas las monedas que hemos despreciado simplemente porque eran pocas. Todo lo valioso que hemos desdeñado porque no era grande y resplandeciente.

Ver a las pobres viudas que sin duda nos rodean es importante para poder llegar a descubrir a la pobre viuda que cada uno en el fondo es.

Ver las monedas ajenas (muchas o pocas, eso ahora no importa) debería hacernos pensar en las monedas propias y, sobre todo, en qué arca las estamos echando –si es que las estamos echando en alguna parte y no nos limitamos a acumularlas para quién sabe qué futura e hipotética necesidad.

El ricachón que se vanagloria de sus abundantes donativos eres tú. Pero también la viuda pobre y generosa eres tú. Las monedas son tus talentos. El arca es la vida. Los fariseos son tu mente, que siempre te aconseja cautela y que te acusa y condena si eres desprendido. Jesús, en fin, es tu conciencia, capaz de ver el corazón de las personas. Sí, hace falta mucho entrenamiento de la consciencia para vivir atento al corazón.

Nos engañamos al pensar que cuanto más tengamos más podremos dar. Es exactamente al revés: todo lo que tienes es un obstáculo para ser lo que eres. La viuda puede darlo todo precisamente porque tiene poco. Tener no es definitivamente un buen camino para ser.

63. Las obras

No debo ir a ninguna parte, tengo todo lo que necesito

> *Se celebraba en Jerusalén la fiesta de la Dedicación y era invierno.*
> *Jesús paseaba en el templo, en el pórtico de Salomón. Lo rodearon*
> *los judíos y le preguntaron: ¿Hasta cuándo nos tendrás en vilo? Si*
> *eres el Mesías, dilo claramente. Jesús les contestó: Os lo dije y no*
> *creéis. Las obras que yo hago en nombre de mi Padre dan testimo-*
> *nio de mí. Pero vosotros no creéis porque no sois ovejas de las mías.*
> *[...] EL PADRE Y YO SOMOS UNO. (Jn 10, 22-26; 30)*

A los mismos fariseos que un día molestó que Jesús encumbrase a una pobre viuda que echó lo que tenía en el arca de las ofrendas, escandaliza ahora que este hombre se identifique nada menos que con Dios. Quien se escandaliza de lo modesto (las pocas monedas de la viuda) se escandaliza necesariamente también de lo excelso (Dios). Pero para quien está en el espíritu no hay modesto o excelso, grande o pequeño, no hay dualidad ni separación. No importa su grandeza o pequeñez, su sencillez o esplendor –la forma–, sino que es –el fondo.

La autoridad de Jesús, su aplomo al hablar y al actuar, su rotundidad en el ser, su ser él mismo y no otro o ninguno, deriva de su conexión con el Padre, el Uno. *Por eso los judíos tenían aún más ganas de matarle, porque no sólo no observaba el mandato sobre el sábado, sino que además se hacía igual a Dios al decir que Dios era su propio Padre* (Jn 5, 17-30).

Al decir que Dios era su propio Padre, lo que Jesús estaba afirmando es, a fin de cuentas, que confiaba en su naturaleza. Al decir que sólo hacía lo que veía hacer a su Padre, estaba sosteniendo que siempre seguía su conciencia, que ya era lo que estaba llamado a ser. Al decir que no hacía nada por su propia cuenta, aseguraba que en su interior no había división. Jesús es una invitación continua a conectarnos con nuestra propia Fuente. Yo estoy en la Fuente –dice Jesús–; no debo ir a ninguna parte, tengo todo lo que me hace falta. Pero no invita a ello sólo con palabras, sino con hechos. Son los hechos los que testimonian, para quien realmente quiera verlos, quiénes somos: *Las obras que yo hago en nombre de mi Padre dan testimonio de mí.*

Nuestra vida –lo sepamos o no, lo queramos o no– es un espejo de lo que tenemos dentro. Si aquellos judíos preguntaron al Mesías por su identidad no es porque no la vieran, sino porque no la querían ver. Para creer (para saber que Él es Él, para saber qué es vivir...) hay que ser de sus ovejas, es decir, hay que estar en el redil de la realidad, no en el de las ideas.

Al igual que el Jesús adolescente entró en conflicto con sus padres en el templo de Jerusalén –cuando se presentó ante los doctores–, entra ahora una vez más en conflicto, ya de adulto, y de nuevo ante los doctores, por el mismo motivo: su especialísima unión con su Padre. Pero hay una diferencia sustancial entre ambas escenas. Entonces, de niño, sus interlocutores (María y José) supieron guardar en su corazón lo que excedía a sus mentes, mientras que ahora, ante los fariseos, esos nuevos interlocutores no son capaces de dar el salto al corazón, sino que se quedan en lo mental, donde las palabras de Jesús, tan radicales, no logran penetrar. Lo que en la adolescencia se disolvió suavemente –dando lugar a la vida adulta–, ahora se enquista dramáticamente (un drama que, como sabemos bien, acabará en la cruz).

Jesús no entra en conflicto con los sabios de su tiempo porque fuera un contestatario, como tantos de sus intérpretes nos lo han querido hacer ver. El conflicto se plantea porque este hombre se hace una sola cosa con Dios (y eso es la oración), porque asegura que el Padre y él son uno solo. ¿Hay lugar para el misterio de la unidad en un mundo dual? ¿Quién nos ayudará a superar la trampa de la separación?

El ayuno nos prepara para recibir. Lo primero es el cuerpo biológico. La limosna para dar. Lo segundo es el cuerpo social. La oración para ser. Lo tercero es el cuerpo místico, que es la celebración del cuerpo biológico y del social. La oración es ayuno de sí mismo. ¿No es la oración, al fin y al cabo, la cuestión central? Las últimas páginas del evangelio responden a este dilema. La pasión y muerte de la Luz están cada vez más peligrosamente cerca.

64. El divorcio

Sólo donde no hay división nace y pervive el espíritu

> *Se acercaron unos fariseos y, para ponerlo a prueba, le pregunta-*
> *ron: ¿Puede un hombre repudiar a su mujer? Les contestó: ¿Qué os*
> *mandó Moisés? Respondieron: Moisés permitió escribir el acta de*
> *divorcio y repudiarla. Jesús les dijo: Porque sois obstinados escribió*
> *Moisés semejante precepto. Pero al principio de la creación Dios*
> *los hizo hombre y mujer, y por eso abandona un hombre a su padre*
> *y a su madre, se une a su mujer, y los dos se hacen una carne, de*
> *suerte que ya no son dos, sino una sola carne. Pues* LO QUE DIOS
> HA UNIDO QUE NO LO SEPARE EL HOMBRE. (Mc 10, 2-9)

Cuando dos personas se aman, lo que desean en el fondo de sus corazones es que eso que están experimentando el uno por el otro perdure para siempre, no sólo unos pocos años. *Lo que Dios ha unido que no lo separe el hombre* es un precepto (o más bien una aspiración) que recoge y ratifica esta aspiración humana fundamental: que este amor del que podemos llegar a disfrutar sea eterno, que lo circuns-tancial nunca venza sobre lo esencial.

Lo que no hay que separar es al espíritu de la ley, al rito de la fe, al ser humano de su Fuente. Éstas son las separaciones que nos hacen daño. Sólo donde no hay división de ninguna clase puede nacer y pervivir el espíritu.

La actitud farisaica se caracteriza por dar preponderancia a la ley sobre el espíritu, de ahí que los doctores de la ley es-tén preguntando a cada rato sobre la licitud o ilicitud de determinados comportamientos. Pretenden ajustar la vida a una prescripción para vivir sin problemas de conciencia o, lo que es peor, para tener un arma más poderosa e irrefutable con que acusar al prójimo incapaz de ajustarse a la normativa.

Ante esta calamitosa situación, lo primero que hace Jesús (como han hecho sus detractores) es entrar en el territorio de la pregunta, pero para desarticularla desde dentro. Porque este tipo de preguntas de carácter legalista –a menudo formales y meramente especulativas– nos sacan de la existencia concreta y nos sumergen en problemas imaginarios. Son las típicas preguntas de los hombres intelectuales, no de los espirituales. Al buscador espiritual le interesa, por el contrario, lo práctico; su corazón está siempre en lo más cotidiano y elemental.

La estrategia de Jesús es remitirlos a su propia tradición, dado que tan aficionados son a ella: ¿Qué os ha dicho Moisés –les pregunta–, el arquetipo de la ley? Con ello, les está indicando que aquello que les propone engarza bien con su pasado cultural y religioso. Porque Jesús no reniega de sus antepasados, pero se atreve a ir más lejos. No actúa como actúa por afán polemista, sino porque sabe que la historia del espíritu tiene un progreso: hay cosas que hoy pueden verse y decirse mejor que años o siglos atrás. Hay cosas que deben decirse y vivirse de manera diferente. La renovación es la clave para que la fidelidad no degenere en mero conservadurismo. Es más: el simple mantenimiento de un legado, sin su renovación, supone tantas veces una velada infidelidad.

Los guardianes de la ley y los representantes oficiales de la religión difícilmente estarán conformes con ninguna de las nuevas interpretaciones. Ni lo estuvieron en tiempos de Jesús ni pueden estarlo ahora. Por eso mismo, Jesús les recuerda los orígenes *(Dios los creó hombre y mujer)* y la finalidad de la Creación *(para que sean una sola carne)*. Dicho de otro modo: les advierte que en un principio reinó una unidad que no niega la diferencia (hombre y mujer), y que, al término de la historia, reinará de igual manera esa unidad *(de modo que ya no sean dos)*.

Esta enseñanza concluye con esta advertencia: *Lo que Dios ha unido, que no lo separe el hombre*. Porque nosotros tendemos a separar, dividir, escindir, divorciar... Frente a esta arraigada inclinación, la oración contemplativa es el antídoto más eficaz. Porque al orar tendemos a reunificar lo que estaba dividido o separado para ver el mundo como Dios lo ve. Ahora bien, entrar en la lógica de Dios implica abandonar nuestro antiguo modo de pensar y de sentir. Sólo así podremos abrirnos a otra perspectiva, radicalmente diferente e infinitamente más honda.

Claro que en este pasaje no se está hablando sólo del divorcio entre esposos, sino del repudio de la mujer en general. Aquí se está hablando de cómo nuestra cultura (no sólo la de Jesús) sigue exaltando el valor de la inteligencia y de la voluntad –asociados tradicionalmente al varón– y rechaza, por contrapartida, a nuestra mujer interior, que representa –todavía hoy– lo emocional y lo corporal.

Nuestra tendencia a la antítesis y a la oposición (masculino-femenino, cuerpo-mente, acción-contemplación…) revela lo lejos que aún estamos de la síntesis e integración, propias de toda vida espiritual. Pero la inteligencia y la voluntad, sin el cuerpo y las emociones, dejan de ser humanas. Separando al hombre de la mujer, destruimos al hombre y a la mujer. Si llegada cierta edad dejamos al padre y a la madre (el hogar), es precisamente para hacer la aventura de la unión: ser una sola carne con el mundo y con Dios.

65. El fracaso
Sólo a la intemperie hacemos la experiencia del ser

Seguro que me diréis aquel refrán: Médico, cúrate a ti mismo. Lo que hemos oído que sucedió en Cafarnaún, hazlo aquí, en tu ciudad. Y añadió: Os aseguro que NINGÚN PROFETA ES BIEN RECIBIDO EN SU PATRIA. (Lc 4, 23-24)

No es posible escuchar bien la propia voz en casa, hay que partir al extranjero si realmente queremos escucharla. Debo salir de lo mío para empezar a oír la voz que me dice que con lo mío no basta. El texto que somos y que espera ser escuchado no puede resonar sin un contexto de éxodo y de riesgo. En el contexto cotidiano, lo más habitual es que no nos escuchemos. O nos escuchamos, sí, pero no nos damos credibilidad, puesto que hay otras voces que parecen inspirarnos más confianza que la nuestra.

No es fácil escuchar nuestra voz más auténtica, ésos son los hechos. Pero, si llegamos a hacerlo, somos heridos de muerte y quedamos sin posibilidad de marcha atrás. Quien ha escuchado su verdadera voz, siempre tendrá nostalgia de ella. Somos, en última instancia, nostalgia de esa voz.

Por no perder a nuestro grupo de referencia estamos dispuestos casi siempre a traicionarnos a nosotros mismos. En verdad, la traición a la singularidad es el pan nuestro de cada día, puesto que nadie quiere nadar a contracorriente: resulta incómodo, fatigoso y difícilmente se llega lejos. Los otros nos dejan solos en cuanto ven que no queremos ser

347

como ellos. Pronto nos califican de bichos raros, de casos excepcionales –dignos de estudio–, de casos perdidos incluso, ¡con lo mucho que prometíamos! No es uno de los nuestros, se dicen entre sí. Has cambiado, nos aseguran. Y están en lo cierto: desde que estás en las cosas del espíritu, tu mundo es otro.

No es cuestión de que te hayas apartado o de que seas un marginal, sino que tu interés por Dios (el silencio, la espiritualidad, llámalo como desees) te ha hecho entrar en otra esfera: tienes otros intereses, lees otros libros, vas con otras gentes, pasas tu tiempo libre de otra forma. Tu corazón, en pocas palabras, está en otro sitio. No hay buscador espiritual de verdad que no haya pasado por todo esto: el extrañamiento de lo propio, la pérdida de la vieja patria.

Hay que dejar de pertenecer al mundo para pertenecer a Dios. Tus padres y tus hermanos no son ya tus verdaderos padres y hermanos. Por supuesto que lo son, pero ya no es lo mismo. Tus verdaderos padres y verdaderos hermanos son aquellos con quienes compartes el camino espiritual; también ellos han escuchado su propia voz y se esfuerzan por cumplirla. También ellos sienten la nostalgia de sí mismos y viven para ella. Es en ellos donde encuentras estímulo y descanso. Ellos (por muy diferentes que en apariencia sean a ti) son ahora en el fondo tus iguales. Los vínculos de sangre (¡con lo que tú, seguramente, habías creído en ellos!) no son ya tan incontestables. La sangre es relativa, lo absoluto es la nostalgia de esa Voz.

Ten por seguro que tus padres y amigos no te dejarán marchar tan fácilmente como te gustaría. Te dirán que has enloquecido e intentarán retenerte con toda clase de señuelos. Te llevarán al psicólogo, siempre hay alguien que conoce a uno que es muy bueno. Alguien que ha visto casos semejantes, casi idénticos. Gente que le ha dado por ahí, como a ti. Te pedirán incluso que postergues tu decisión, que te lo pienses un poco más, por favor, que no tires por la borda tu pasado y tu futuro… También te asegurarán que desde todas partes se puede hacer el bien, eso nunca falla. Que no hace falta ser tan radical, eso tampoco suele fallar. Que te están engañando, que te han engañado, que se trata de un fenómeno pasajero, que aún no sabes lo mucho que cambian las cosas… ¿Te resulta todo esto familiar?

No juzgues todo lo que te digan en este sentido y mucho menos les juzgues a ellos. No son malos porque hablen o actúen así. Es sólo que no soportan que hayas cambiado. Quieren tu seguridad, no creen que sólo Dios baste. Ésa es su experiencia y nadie puede negársela, no debes rebatírsela, no merece la pena. Tu opción les pone en crisis. También ellos tienen su nostalgia del absoluto, pero a mil metros bajo tierra, pues les aterroriza. ¿Por qué ir por un sendero inexplorado –te preguntan– habiendo tantas autopistas cómodas y seguras?

Cuando empiezas a caminar en pos de tu propia voz, tendrás fuerza para hacer frente a todas estas tentaciones y a tantas otras. Con el paso del tiempo, sin embargo, diluido un poco tu entusiasmo inicial, también tú te preguntarás al cabo, ya al borde de la traición: ¿No será esa voz, después de todo, una mera ilusión? ¿No tendría que fiarme de mi gente, que tanto me quiere? ¿No me habré equivocado? ¿No estaré exagerando?

Es entonces cuando mirarás hacia atrás con melancolía, a lo que fuiste, y cuando descubrirás que ya no te apasiona tanto lo que tuviste y lo que en su día tanto te entusiasmó. Ése, justo ése, es el instante perfecto para empezar la aventura espiritual. No tienes ya el ardor del horizonte –como al principio–, pero tampoco el consuelo de lo que dejaste. Todo está al fin lejos: tu pasado y tu futuro. Estás por fin en el presente, puedes vivir de la fe. No eres ya el hombre o la mujer que dejó la casa paterna (tu mundo anterior), pero tampoco el hombre o la mujer que tu voz te había dicho que podías ser. No eres quien eras ni quien deseabas ser, puedes empezar a ser tú.

Sólo a la intemperie hacemos la experiencia del ser. Cuando no se puede regresar ni avanzar, sencillamente eres. Pero antes de todo eso hay, como no podía ser de otra forma, desconcierto, llanto, protesta, agotamiento, rendición y abandono al fin... Todo lo que sucede cuando ya no sabes qué más puede suceder es lo espiritualmente interesante.

Uno quisiera crecer sensatamente, poco a poco, sin accidentes... Quisiéramos crecer sin tener que tropezarnos ni darnos de bruces. Sin sentirnos perdidos. Sin protestar. Sin mirar hacia atrás con nostalgia. Sin arrepentirse por haberse fiado de una voz de la que tantos te habían aconsejado no fiarte. Pero no. Definitivamente no es posible crecer sin error, aunque sí vivir ese error sin drama. O al menos sin enamorarse del drama, sin instalarse en él.

Cuesta aceptar que los cristianos siguen a un fracasado. Nadie ha dicho con suficiente claridad que la historia de Jesús fue, a fin de cuentas, un completo fracaso: su familia le tomó por loco; su pueblo le llevó al patíbulo; el poder religioso y político de su tiempo le sentenció y se lo quitó de en medio; sus discípulos le abandonaron... ¿Cómo puede no fracasar quien pretende cambiar el fundamento mismo de la sociedad (la forma de relacionarse con el pasado y con el mañana, con los otros y con Dios)? ¿No es el fracaso, después de todo, el desenlace natural del hombre que se enfrenta al mundo?

VIII

Relatos para el Despertar

66. El sembrador
Entenderse a sí mismo como campo de cultivo

Salió el sembrador a sembrar la semilla. Al sembrar, unos granos cayeron junto al camino, los pisaron y los pájaros se los comieron. Otros cayeron sobre piedras, brotaron y se secaron por falta de humedad. Otros cayeron entre cardos, y al crecer los cardos con ellos, los ahogaron. Otros cayeron en tierra fértil y dieron fruto centuplicado. Dicho esto, exclamó: Quien tenga oídos que escuche. Los discípulos le preguntaron el sentido de la parábola, y él les respondió: A vosotros se os concede conocer los secretos del reinado de Dios, a los demás se les habla en parábolas, para que viendo, no vean, y oyendo, no entiendan. El sentido de la parábola es el siguiente. LA SEMILLA ES LA PALABRA DE DIOS. Lo que cayó junto al camino son los que escuchan, pero enseguida viene el diablo y les arranca del corazón la palabra para que no crean y se salven. Lo que cayó entre piedras son los que al escuchar acogen con gozo la palabra, pero no echan raíces. Ésos creen por un tiempo; pero, al llegar la prueba, se echan atrás. Lo que cayó entre cardos son los que escuchan, pero con las preocupaciones, la riqueza y los placeres de la vida se van ahogando y no maduran. Lo que cae en tierra fértil son los que con disposición excelente escuchan la palabra, la retienen y dan fruto con perseverancia. [...] ¿A qué se parece el reinado de Dios? ¿A qué lo compararé? Se parece a un grano de mostaza que un hombre toma y siembra en su huerto, crece, se hace un arbusto y las aves anidan en sus ramas. (Lc 8, 5-15; 13, 18-19)

Salió el sembrador a sembrar. El sembrador: lo primero es Dios. Es Él quien tiene la iniciativa, nada de todo lo que vendrá después sucedería sin Él. Y ¿qué hace ese Dios? *Salió:* ése es el verbo que le caracteriza, un éxtasis divino. Así que todo empieza porque ese Dios sale de sí mismo. Y sale para sembrar, es decir, para fecundar el mundo con su divinidad.

La semilla es la palabra de Dios, dice el texto más adelante. La palabra de Dios es, pues, la huella de Dios en el mundo. Lo que la humanidad sabe de Él es por medio de su palabra (que no debe entenderse únicamente –es obvio– en su vertiente lingüística o verbal). Palabra de Dios es todo lo que habla de Él, lo que remite al misterio y señala el origen.

Lo primero con que compara Jesús el Reino es con una semilla, la más pequeña: un grano de mostaza. Ya esto lo dice todo de Jesús: él no es un teórico que ofrezca brillantes ideas, sino un artista atento a lo concreto, enamorado de las imágenes y sensible a lo fresco y contradictorio. Porque pese a ser una semilla diminuta, el grano de mostaza puede crecer hasta convertirse en un gran árbol y, lo que es más importante, un gran árbol en el que los pájaros puedan construir sus nidos o, simplemente, posarse en alguna de sus ramas para descansar.

Según Jesús, ese Reino que está dentro de nosotros es como el grano de mostaza, es decir, se trata de algo oculto, frágil y fecundo. Oculto porque está enterrado y, por ello, pasa tantas veces desapercibido. Frágil porque puede malograrse; ésta es una posibilidad que Jesús nunca olvida remarcar: el asunto puede acabar mal. Nuestro optimismo estructural puede ser irresponsable. Fecundo, en fin, porque, de ser atendido y cultivado, se hace grande y hospitalario, llegando a ser un gran árbol, de copa materna, donde cientos de pájaros, miles, se posan para descansar de sus vuelos y cantar. Es una metáfora muy exacta de la vida espiritual: oculta (pues no se ve con los ojos de la cara, sino con los del corazón), frágil (basta poco para echarla a perder) y fecunda (puede cambiarte de arriba abajo).

Apreciar la potencialidad de la semilla es capital para entrar en los misterios del Reino. Lo poderoso, en el evangelio, siempre nace de lo que resulta irrelevante a ojos humanos: un niño en Belén, por ejemplo, es el redentor del mundo; por una humilde muchacha entra la salvación en la historia; la predicación de la buena noticia, con los signos que la atestiguan, se confía a un grupo de rudos pescadores... La lista sería muy larga.

Que la palabra de Dios entre al mundo revestida de palabra humana es algo a lo que nuestras mentes y nuestros corazones se resisten. Todavía hoy (en realidad, siempre) tendemos a pensar que la intervención de Dios –de haberla– es sólo interior: un mero fenómeno de la conciencia. El cristianismo insiste, sin embargo, y desde sus orígenes, en que la experiencia espiritual no es sólo mística, sino también carnal. Que algo ha pasado verdaderamente en la historia y que no todo se reduce al mito o a la explicación, más o menos profunda o ingeniosa. La semilla existe. El resucitado pide de comer cuando se aparece. El árbol da frutos de verdad y los pájaros que se posan en él cantan melodías que realmente podemos escuchar.

Dios, el sembrador, ha colocado esa semilla en nuestro corazón, de modo que todos los hombres y las mujeres de este mundo tenemos una interioridad y hemos sido llamados a cuidarla. Nunca se sabe con precisión dónde caen las semillas, eso sólo Dios lo sabe. Él lleva el control de la siembra, a nosotros todo eso se nos escapa. Lo que sí sabemos, en cambio, es que la semilla es para todos, que la llamada a relacionarse con Dios es universal, no el privilegio de unos pocos. Pero el futuro de esta semilla, casi invisible, dependerá de nuestra respuesta.

El propio Jesús, inmediatamente después de contar esta parábola a un amplio auditorio, la interpreta para su pequeño círculo de allegados. Esboza cuatro vías de interpretación que, sin especial dificultad, cabe aplicar a la práctica meditativa: el camino, las rocas, las zarzas y la tierra buena. Cambiaré el orden para que la comparación sea más expresiva.

La primera posibilidad de la semilla es que caiga *entre zarzas*, es decir, que, si nos dejamos vencer por el peso de las múltiples preocupaciones que nos acechan a diario, si estamos demasiado enredados en los asuntos de este mundo, con mucha dificultad conseguiremos concentrarnos algún minuto durante nuestro tiempo de conexión interior.

La segunda posibilidad es que la semilla caiga *entre las rocas* y que allí se seque por falta de humedad. Esto apunta a que podemos ser inconstantes y a que, sin el agua de un ejercicio espiritual diario, esa pequeña semilla difícilmente prosperará.

En tercer lugar, esa semilla puede caer *en el camino* de nuestra conciencia, sí, pero para ser devastada pronto por nuestras sombras o heridas del alma –que inevitablemente aparecen cuando nos silenciamos. Las experiencias negativas pueden pesarnos de tal modo que terminemos por rendirnos y abandonar la meditación. Lo oscuro puede haber arraigado con tanta fuerza en nosotros que sea muy difícil de erradicar.

Por último, la tierra buena. Meditar no es tirar de la semilla hacia arriba, a ver si así crece más deprisa, sino limitarse a cuidar la tierra: levantarse cada mañana y regarla, y dedicarla unos minutos cada noche, antes de acostarse. Basta sentarse a orar con un corazón puro, eso es todo. Basta entenderse a sí mismo como campo de cultivo.

La garantía de que una vida deja espacio al espíritu es que esa vida se va simplificando. Si continuamos enganchados al tabaco o a la bebida, por ejemplo, al sexo o a los placeres de la comida, a las películas o a las redes sociales…, la eficacia de la meditación, que luchará por crecer entre malas hierbas y espinos, quedará contrarrestada. No es que las cosas de este mundo sean malas, lo malo es nuestro apego a ellas. Apegarnos significa que las constituimos en fines, no en medios. Por eso, sin ejercitarse en la ascesis del desprendimiento, difícilmente se progresa en esa buena tierra que es la meditación silenciosa.

La semilla (de la palabra, de la contemplación) tendrá posibilidades de convertirse en fruto sólo si muere en la tierra. Morir allí, en lo profundo y oscuro, significa que nosotros no veremos su evolución, que tendremos que fiarnos de que el abono haga su trabajo; que la lluvia –que no depende de nosotros– haga también su trabajo; y que el sol, que sale y se pone ajeno a nuestra voluntad, cumpla también con su cometido. Todo depende, por tanto, de mil y un factores bastante imponderables, quedando en nuestras manos una sola cosa: sembrar. Sembrar y confiar en que la tierra, el Dios de la tierra, haga su trabajo para que todo tenga al final su sentido y podamos cosechar. Pero el evangelio acentúa mucho más la siembra que la cosecha, la invitación es de hecho a sembrar. Quizá ni siquiera tengamos tiempo para asistir a la germinación y al crecimiento de la semilla, con lo que serán otros, probablemente, quienes se beneficien de nuestro trabajo.

¿Qué más puede hacer el meditador sino sentarse en silencio y quietud, confiando en que el espíritu haga el resto? El resto es la noche invernal, en la que nadie diría que están pasando cosas. El resto son los vientos y las lluvias, siempre tan caprichosos, acaso el despunte de la primavera cuando estábamos a punto de claudicar. El crecimiento en el espíritu es siempre bajo tierra, en lo invisible. Y casi nunca es un crecimiento armónico y equilibrado, sino dramático y hasta trágico, pues incluye la muerte y el nacimiento.

Salió un sembrador a sembrar…, se sentó un meditador a meditar…

67. El hijo pródigo
Volver a casa

Un hombre tenía dos hijos. El menor dijo al padre: Padre, dame la parte de la fortuna que me corresponde. Él les repartió los bienes. A los pocos días el hijo menor reunió todo y emigró a un país lejano, donde derrochó su fortuna viviendo como un libertino. Cuando gastó todo, sobrevino una carestía grave en aquel país y empezó a pasar necesidad. Fue y se comprometió con un hacendado del país, el cual lo envió a sus campos a cuidar cerdos. Deseaba llenarse el estómago de las algarrobas que comían los puercos, pero nadie se las daba. Entonces, recapacitando, pensó: A cuántos jornaleros de mi padre les sobra el pan mientras yo me muero de hambre. Me pondré en camino a casa de mi padre y le diré: He pecado contra Dios y te he ofendido, ya no merezco llamarme hijo tuyo. Trátame como a uno de tus jornaleros. Y SE PUSO EN CAMINO A CASA DE SU PADRE. Estaba aún distante, cuando su padre lo divisó y se enterneció. Corriendo, se le echó al cuello y le besó. El hijo le dijo: Padre, he pecado contra Dios y te he ofendido, ya no merezco llamarme hijo tuyo. Pero el padre dijo a los criados: Enseguida, traed el mejor vestido y ponédselo, ponedle un anillo en el dedo y sandalias en los pies. Traed el ternero cebado y matadlo. Celebremos un banquete. Porque este hijo mío estaba muerto y ha revivido, se había perdido y ha sido encontrado. Y empezaron la fiesta. El hijo mayor estaba en el campo. Cuando se acercaba a casa, oyó música y danzas y llamó a uno de los mozos para informarse de lo que pasaba. Le contestó: Es que ha venido tu hermano y tu padre ha matado el ternero cebado, porque lo ha recobrado sano y salvo. Irritado, se negaba a entrar. Salió su padre a exhortarlo. Pero él respondió a su padre: Mira, tantos años llevo sir-

viéndote, sin desobedecer una orden tuya, y nunca me has dado un
cabrito para comérmelo con mis amigos. Pero, cuando ha llegado ese
hijo tuyo, que se ha comido tu fortuna con prostitutas, has matado
para él el ternero cebado. Le contestó: Hijo, tú estás siempre conmi-
go y todo lo mío es tuyo. Había que hacer fiesta porque este hermano
tuyo estaba muerto y ha revivido, se había perdido y ha sido encon-
trado. (Lc 15, 11-32)

Aquel joven andaba sucio, solo y hambriento, sobre todo
hambriento, eso era lo peor. Tal era el hambre que le acechaba y la congoja que sentía que a cada rato se echaba a
llorar. Lloraba porque se acordaba de su deplorable situación, y eso le rompía el corazón; lloraba durante horas hasta que, rendido y desfogado, se iba quedando dormido.

Las horas en que no lloraba, sin embargo, eran las peores. Le invadía entonces una pesadumbre que le ensombre-
cía hasta el punto de llegar a desear la muerte. ¡Él, que había soñado con viajar y recorrer el mundo! ¡Él, que había
vivido como un príncipe y que ahora vivía como un pordio-
sero en una cloaca!

Así pasó aquel pobrecillo varias semanas.

Una mañana, mientras echaba de comer a los cerdos, se
llevó a la boca una algarroba, que masticó aprisa para evitar su sabor. La tragó rápidamente, como quien bebe una
medicina. Víctima de un hambre que le enloquecía, se comió otra, y otra más algo después, y así hasta una ración
entera. Poco más tarde, entre penosas arcadas, lo había vo-
mitado todo.

Durante algún tiempo, aquel joven vivió así: comiendo,
vomitando y llorando por una insoportable nostalgia de su
casa. Recordaba el patio de los limoneros, el rastrillo y la
azada en el porche, el pozo con la enredadera, los geranios,
las palmeras… Todo se le presentaba con dolorosa nitidez.
Aquellos recuerdos le afligían tanto que comenzó a recha-
zarlos no bien le sobrevenían. Fue así como aquel joven se

fue alejando de sí mismo hasta el punto de no saber ya ni quién era. Caminaba, comía y se vestía como si nunca hubiera sido un príncipe. Como si llevara la vida entera en aquella comarca, trabajando desde el alba. Nadie en el mundo habría dicho que aquel ser asilvestrado y primitivo había mantenido alguna vez una conversación, que hasta había tocado un instrumento musical, que había escrito poemas de amor.

Todo siguió así hasta la mañana en que los cerdos que cuidaba, quién sabe por qué, dejaron por unos momentos de devorar y de gruñir. Primero fue uno de aquellos cerdos, luego otro, un tercero más adelante, todos al final. Se le quedaron mirando, en silencio. El inexplicable silencio de aquellos cerdos logró lo que sus muchas lágrimas y sollozos no habían conseguido: al fin, aquel joven se puso a pensar. Hacía mucho que no pensaba. Primero, porque había vivido alocadamente; y luego porque la tristeza era tan honda que anulaba todo lo demás. Pero en el instante en que pudo pensar, se dijo algo que no se le había ocurrido hasta entonces: Volveré a la casa de mi padre. Y no esperó ni un minuto para hacer el hatillo y ponerse en camino.

El hijo que se pone en camino hacia su padre camina hacia su verdadera libertad. ¡Qué maravilla emprender este camino!, exclamó aquel hijo, sorprendido por este pensamiento. Descubrió entonces lo bonito que era caminar: lanzar un pie hacia delante, flexionar la rodilla, impulsarse con el pie de atrás. Pese a los largos meses de una vida envilecida, su cuerpo seguía respondiendo a su voluntad. Este pensamiento redobló sus fuerzas, y miró sonriendo hacia el horizonte. ¡Dios mío, había un horizonte! ¿Cuánto tiempo había pasado desde su última sonrisa? ¿Sería posible que sólo ponerse en camino tuviera sobre él todos estos efectos reparadores?

La incertidumbre le asaltaba a cada paso, pues no sabía cómo sería recibido cuando llegara. También le asaltaba a menudo una abrasadora vergüenza de sí, puesto que tendría que reconocer ante todos su equivocación. Yo sólo quería disfrutar a tope de la vida, habría dicho. Yo pensaba que sin la autoridad paterna podía disfrutar de una ilimitada libertad.

Pero, aun en medio de aquella incertidumbre, tan dolorosa, y aun en medio de aquella vergüenza –tan abrasadora–, lo cierto era que había empezado a sentirse más ligero y más libre. Había empezado su recuperación. Dejaba a los cerdos atrás, sus gruñidos, su hedor. Dejaba atrás aquel inexplicable silencio animal, que misteriosamente le había hecho recapacitar. Dejaba atrás el miserable cuchitril en que había vivido los últimos meses, sus incontrolables explosiones de llanto en medio de las noches invernales, las vejaciones y los improperios de su patrón... Partía hacia su casa y –lo iba comprendiendo– hacia la libertad. A cada paso caminaba hacia sí mismo. Ya sólo estaba a tres jornadas, a dos, al día siguiente llegaría por fin a su hogar.

Peregrinar hacia uno mismo, no hay nada más hermoso. Volver a ser quienes fuimos en la mente de Dios..., caminar hacia lo que somos. ¡Cuántos son los caminos en los que incautamente perdemos el nuestro! ¿Cómo es que hay que perderse tanto para reencontrar el camino? Aquel hijo pródigo fue muy feliz en su viaje de regreso. Cada día más cerca, cada día más determinado y restablecido. Y así hasta que un atardecer divisó su casa, a lo lejos.

¡Su casa, Dios mío! ¡Cuánto había pensado en ella! En aquella fachada de color tierra de Siena, en el tilo y el limonero que crecían junto a la puerta, en aquella luz rosada que lo bañaba todo y en aquella brisa que en un segundo le trajo toda su infancia y adolescencia. Ralentizó el paso. Ahora que por fin tenía su casa tan cerca, casi no quería llegar. Le pareció que habían pasado siglos desde su partida. Le pareció que no tenía que haber regresado. Le pareció que tal vez estaba a tiempo de volverse atrás. Sus rodillas, temblorosas, apenas le sostenían.

Tardó en distinguir a su padre en una figura que se acercaba corriendo hasta él y, en cuanto lo hizo, se puso a correr también él a su encuentro. Corrieron ambos hasta que, frente a frente, se detuvieron. Uno se arrojó entonces a los brazos del otro, el padre al hijo, el hijo al padre, fundiéndose ambos en un abrazo que duró aproximadamente un siglo.

El hijo pródigo somos nosotros, que dilapidamos el tesoro que Dios ha puesto en nuestras manos, buscando fuera –en la diversión– lo que sólo podemos encontrar dentro –en la patria de nuestra conciencia. Nosotros somos los que ante ese «plato de algarrobas» que la vida nos presenta con macabra regularidad, nos damos cuenta, avergonzados (¡bendita vergüenza!), de cómo vivimos muy por debajo de lo que nos corresponde. ¿Qué hago yo en este trabajo?, nos preguntamos entonces. O ¿qué hago junto a estas personas, tan ajenas a mi mundo de intereses? O ¿cómo he llegado a algo tan sórdido o indecente? Volveré, nos decimos entonces. Retornaré –decidimos–, y emprendemos, paso a paso, el camino del retorno al hogar.

También nosotros partimos en su día (es lo más probable) a buscar la vida, malgastando como niños ricos nuestro patrimonio: los talentos, los sueños, las posibilidades... Media vida, por no decir toda ella, nos la hemos pasado seguramente correteando de aquí para allá, consumiendo todo tipo de experiencias, viajando, estudiando, trabajando, manteniendo relaciones y tropezando una y otra vez con la misma piedra... Media vida, casi toda, derrochando el tiempo –como si fuera eterno–, la esperanza –como si fuera indestructible–, la energía...

El joven vividor de esta parábola volvió a su casa por la experiencia de vacío por la que tuvo que pasar al encontrarse sin nada ni nadie, arrojado a una cuneta. Tuvo que experimentar la vanidad de este mundo para ponerse en camino hacia el verdadero mundo. Ésta es la condición del hombre que quiere acercarse a Dios: sin la experiencia del vacío, nunca regresaría al Padre. Ese vacío puede ser un matrimonio roto, un proyecto profesional que se ha venido abajo, la pérdida de un ser querido, una larga y difícil enfermedad...

La samaritana siente el vacío de su vida cuando conversa con Jesús. Zaqueo siente la necesidad de dar su dinero cuando se encuentra con él. Los discípulos dejan sus redes y van tras sus huellas. Siempre es así: el vacío lleva a Dios y Dios, de algún modo, lleva a vaciarse de todo lo que no es Él. No es complicado: a nadie le cuesta desprenderse de una bagatela cuando encuentra un tesoro. Si cuesta es que no lo hemos descubierto como tesoro.

En aquella familia –lo sabemos– había también un hijo mayor. Quizá por no haberse marchado de casa, por no haberlo perdido todo, aquel hijo mayor no sabía todavía ni quién era. Por eso se ensombrece tanto ante la suerte de su hermano pequeño. Por eso reclama al Padre lo que éste le está dando incondicionalmente desde siempre. No entiende que su padre dé a su hermano la absolución sin haberle hecho pasar antes por la amargura de una penitencia. No entiende la lógica del amor, sino sólo la de la justicia distributiva. Se compara con su hermano (como Caín ante Abel) y siente primero indignación, luego rabia y, al final, amargura y rencor. Indignación porque en un segundo se han hecho pedazos los criterios que han guiado su existencia. Rabia porque no soporta la alegría ajena, que le recuerda su propia mezquindad. Rencor porque no se ama a sí mismo, ahogado en su propio veneno. Es un rencor que le recuerda que también él habría podido marcharse, vivir, disfrutar, volver y contar a todos sus gozos y sus penurias. Es el rencor que nace de una obediencia que no es vivida por respeto y amor, sino por miedo o –peor aún– por simple hábito o convencionalismo. ¡Yo, que no te he desobedecido nunca!, arguye ante un padre que le mira y escucha con una tristeza infinita.

La aventura del hermano mayor es mucho más dramática que la del pequeño, quizá justo por ser menos épica y vistosa. Porque todos quisiéramos identificarnos con el hermano pródigo, quien, a fin de cuentas, corre grandes aventuras. La no aventura del hermano mayor pone en primer plano nuestro propio conformismo y cobardía: la envidia que sentimos ante quienes han vivido, la absurda reclamación de quien ya lo tiene todo.

En esta historia –uno de los relatos fundacionales de Occidente– hay un tercer personaje, con quien también podríamos identificarnos: el padre. Si queremos asomarnos –aunque tan sólo sea un poco– a las profundas aguas del corazón de Jesús y a la razón más íntima por la que relató esta parábola, es ésta la figura que principalmente conviene atender. Se trata de un padre que deja que nos marchemos y que permite incluso que nos perdamos. Es un padre que se limita a sufrir por nosotros y que, sin interferir, no se cansa de esperarnos. Es el yo profundo que hace fiesta cuando nuestro pequeño yo, tras mil y un periplos y tribulaciones, vuelve sobre sí y regresa. El padre es la casa. Hay un lugar al que volver, hay una patria. La perdición, la depravación, no es la única posibilidad. En la patria de la conciencia siempre es fiesta cuando llegan los peregrinos, por achacosos o devastados que lleguen. Es la fiesta de la unidad, que celebra la reunión de lo que estaba separado.

En medio del abrazo, el hijo pródigo tiene la tentación de echar la vista atrás. *Padre, he pecado contra el cielo y contra ti, ya no merezco llamarme hijo tuyo* –arguye entre sollozos–, *trátame como a uno de tus siervos*. No merezco el abrazo –sigue gimoteando–, no merezco al yo profundo.

Déjame estar aquí, pero ¡no me hagas una fiesta! ¡No soporto que me quieras! A toda esa retahíla de autoinculpación, el padre invita a dejar atrás lo que ya ha pasado. Feliz culpa la que te ha traído a este abrazo, le dice. Sumérgete en el presente de mis brazos.

Nuestra dificultad para sumergirnos en el presente es doble: la culpa y el miedo. La culpa es la enfermedad del pasado. El miedo, la del futuro. Ambas nos atenazan y nos impiden vivir en el abrazo del presente. Crecer es volver a los orígenes –cargados de las experiencias que nos han destruido y construido– y abrazar a quienes fuimos.

68. El buen samaritano
El otro eres tú

Un hombre bajaba de Jerusalén a Jericó. Tropezó con unos bando-
leros que lo desnudaron, lo cubrieron de golpes y se fueron deján-
dolo medio muerto. Coincidió que bajaba por aquel camino un
sacerdote y, al verlo, pasó de largo. Lo mismo un levita, llegó al lu-
gar, lo vio y pasó de largo. Un samaritano que iba de camino llegó
a donde estaba, LO VIO Y SE COMPADECIÓ. *Le echó aceite y vino en*
las heridas y se las vendó. Después, montándolo en su cabalgadura,
lo condujo a una posada y lo cuidó. Al día siguiente sacó dos dena-
rios, se los dio al posadero y le encargó: Cuida de él, y lo que gastes
te lo pagaré a la vuelta. ¿Quién de los tres te parece que se portó
como prójimo del que tropezó con los bandoleros? Contestó: El
que lo trató con misericordia. Y Jesús le dijo: Ve y haz tú lo mismo.
(Lc 10, 30-37)

El buen samaritano es, en esencia, un buen contemplativo.
Diré por qué.

La primera virtud del buen samaritano es su capacidad
para ver al malherido. Ver lo que hay es el primer paso sin
el que no podría darse ningún otro paso más. Casi todos
creemos, no sin ingenuidad, que vemos la realidad. Creemos que la vida es sota, caballo y rey, olvidándonos del
resto de la baraja. Pensamos que la vida es, a fin de cuentas,
el vestíbulo en el que nos hemos instalado, ignorantes de
que tras esa antesala hay todo un castillo por descubrir.

Pero ¿por qué no vemos lo que pasa? Porque sólo nos
vemos a nosotros mismos. Y ¿por qué nos vemos sólo a

nosotros mismos? Porque vivimos bajo una fuerte presión de rendimiento. Nos han enseñado que somos y valemos en la medida en que producimos y poseemos. Producir y poseer nos tiene tan ocupados que no vemos lo que hay a nuestro alrededor.

El propósito de la práctica meditativa es la purificación de los ojos, los oídos y el corazón para ver, oír y sentir el clamor de lo real. Si la meditación silenciosa no nos ayuda a ver el mundo es que no es verdadera meditación. Cuidar el alma no te saca del mundo, te introduce en él. ¿Realmente ves lo que hay a tu alrededor?, ésa es la gran pregunta. Si a tu alrededor no hay enfermos, marginados, emigrantes, deprimidos…, no es que no los haya, sino que no los ves. Si no te entregas a lo que hay –sea lo que sea–, no podrás verlo. La visión viene de la entrega, puesto que entregarse es meterse dentro de lo que hay.

Lo extraordinario del buen samaritano no es en primera instancia su responsabilidad moral. Este hombre no es ejemplar porque se haya formulado las preguntas correctas y porque haya sabido estar a su altura. Todo es mucho más simple: su ejemplaridad se cifra en que tenía el corazón en su sitio y que, por eso, vio y se conmovió. Sin estos ojos del corazón –que son los que realmente ven–, todo el discurso de la fraternidad universal no pasa de ser un bonito ideal.

La filosofía cabe luego, cuando el malherido está atendido en la posada, no mientras está en la cuneta, desangrándose. Mientras los hombres sufren, la filosofía no deja de ser un lujo y hasta una ofensa. Los filósofos han dicho que ese hombre vejado y arrojado en el camino no es otro que una imagen de Adán, es decir, de cualquiera de nosotros. Que de lo que hemos sido desposeídos es de la gracia sobrenatural, de ahí nuestro estado miserable. Que el buen samaritano es Cristo, que acude a nuestra miseria para socorrerla. Que el camino de Jerusalén a Jericó es el de la vida, normalmente trufado de incontables malheridos.

La segunda virtud del buen samaritano fue darse cuenta de que el malherido no era otro, sino él mismo. Si una madre ve a su hijo agonizante y corre en su ayuda, a nadie en su sano juicio se le ocurrirá decir que se trata de una madre virtuosa, solidaria o altruista. Se comporta de este modo porque quien está pasándolo mal es su hijo, su familia, porque es algo suyo y, en definitiva, ella misma. Si, por el contrario, el agonizante es un desconocido y ella no corre a socorrerlo, no es porque sea necesariamente una mujer perversa o inmoral, sino porque no se ha dado cuenta de que ese individuo es su familia, su padre, su hermano, su hijo..., ella misma. El problema fundamental nunca es de carácter moral, sino de ignorancia: Nos hemos separado tanto unos de otros que hemos perdido el sentimiento y hasta el concepto de humanidad.

La meditación silenciosa conduce a la experiencia de unidad con el otro, con cualquier otro y, por ello, de la unidad consigo mismo y con el misterio de Dios. Sin la experiencia de haber sentido los destinos ajenos como propios no puede hablarse de verdadera meditación.

La tercera virtud del samaritano –consecuencia natural de la anterior– es que trata al malherido como le habría gustado que le trataran a él. No fue por simple lástima, que es esa conmoción que guarda la distancia del que sufre. Fue por compasión, es decir, por la comprensión de cómo el sufrimiento ajeno es, o al menos podría ser, el propio. No se trata de una comprensión teórica, evidentemente, sino la que brinda un corazón que se rompe porque sabe que no es así como deberían ser las cosas. Quien es compasivo no se queda en lo afectivo, pasa a lo efectivo: no puede por menos de ser también pragmático. No da un rodeo a la realidad porque no permite que su mente se ponga a dar vueltas. Entre la realidad y la emoción no hay para él mediación alguna: la virtud del compasivo es que se hace uno con lo que tiene enfrente.

¿Y qué significa con precisión ser compasivo? ¿Qué es lo que ven los ojos del corazón, que los otros ojos, los de la cara, no suelen ver? El corazón ve el centro, no la periferia. El corazón no se queda con que la persona que tiene ante sí es judía, galilea o griega, pues simplemente ve a un necesitado. No se entretiene pensando si es hombre o mujer, anciano o niño, religioso o ateo, bueno o malo. Es una persona, eso es todo. Podría ser cualquiera, yo mismo.

Vivir en la periferia impide ver el centro. Para ver a las personas, con independencia de sus circunstancias, hay que estar en el propio centro. En ese centro, ayudar a los demás y creer en Dios es exactamente lo mismo. En el centro no hay diferencias y el amor es sólo uno.

Por supuesto que este samaritano, como el levita y el sacerdote que le precedieron en el camino y que no se detuvieron, estaba sometido (es de suponer) a una alta presión de rendimiento. Pero él fue capaz de dejar su presión a un lado y de atender al presente. Cambió su programa, sí, pero no su proyecto. Ésta es, justamente, la actitud del meditador: no es que quienes se sientan a meditar no estén (o estemos) sometidos a la presión del rendimiento que caracteriza a nuestra sociedad, sino que la dejan (la dejamos) a un lado por un momento. Este sistemático dejar de lado esa presión por un momento, cada vez que meditamos, es lo que hace que tal presión –propia de la vida en las grandes urbes– se vaya desarticulando con el tiempo.

La cuarta virtud del buen samaritano es que no se limita a curar y a vendar las heridas del herido que ha encontrado, sino que lo deja a buen recaudo para que, en su ausencia, sean otros quienes cuiden de él. No se desentiende, sino que comparte su preocupación y extiende la compasión. Siembra en otros la misión de ayudar.

Quien realmente cuida su alma –cabría decir–, no se conforma con tan sólo meditar, sino que se interesa por difundir el poder transformador de esta práctica espiritual. El criterio de verificación de una iluminación es la compasión. La gracia se verifica en caridad.

La quinta y última virtud del samaritano es que, dejado el malherido al cuidado de otros, vuelve a su camino, rumbo a Jericó. El logro de un proyecto depende en buena medida de nuestra capacidad para cambiar el programa mediante el cual lo llevamos a cabo. El arte de la vida es el de una fidelidad fundamental en medio de infidelidades circunstanciales. Así que hemos de mantenernos en la autovía que hemos decidido recorrer; pero, al mismo tiempo, conviene ser flexibles e ir tomando de vez en cuando alguna de las carreteras secundarias que se nos vayan presentando. Estas carreteras secundarias, que nos retrasan y que en apariencia nos alejan de nuestra meta, paradójicamente nos acercan más a ella.

Cualquier camino está lleno de necesitados, es decir, hay infinidad de carreteras secundarias. La sabiduría del camino podría resumirse en la sabiduría del desvío y en la del retorno: saber alejarse y saber volver. Lo principal es mantener los ojos bien abiertos, ajenos al egocentrismo, las preocupaciones y la idolatría del proyecto personal.

Meditamos para encontrarnos con nuestro yo profundo, que nos espera en nuestro centro, en nuestro Jericó particular.

En ese camino, lo primero que encontramos es a los salteadores, que son las bofetadas que nos ha dado la vida —cierto—, pero también las que nos propina el simple ejercicio de meditar: las molestias corporales, las distracciones mentales, la inquietud…

Acto seguido, apaciguadas esas molestias y distracciones, aparece en nuestra práctica meditativa el levita, esto es, el intelectual que todos tenemos dentro. Porque la mente es incansable a la hora de plantear dudas y de esgrimir opiniones o teorías. Nuestro levita interior, que nos estaba esperando en ese recodo desde el principio, nos pregunta una y otra vez para qué meditar. Intenta disuadirnos de nuestro propósito, nos tienta mostrándonos la dificultad y hasta inutilidad de nuestra búsqueda espiritual.

Sorteado este nuevo obstáculo —respiración a respiración—, encontramos otro más: el sacerdote, que es el arquetipo de lo religioso. Porque la práctica del silencio pone necesariamente en crisis nuestras convicciones religiosas, sean las que sean. La religión siempre se desmorona ante la experiencia mística. Existe cierta afinidad entre misticismo y agnosticismo, un cierto no saber en el que ambos se hermanan. *Para ir a Dios hay que ir sin Dios*, se ha escrito.

Superado este obstáculo religioso —si es que llega a superarse—, aparece, por fin, el samaritano, es decir, el extranjero, el desconocido. Porque dentro de nosotros hay también un samaritano que podría aliviar las heridas de nuestro yo profundo, habitualmente tan abandonado y maltrecho. Porque nuestros sufrimientos han sido a menudo de tal envergadura que los hemos arrojado a lo más profundo del inconsciente, en la esperanza de que ahí —ocultos— nos hagan padecer menos. Ahora bien, hay algo o alguien en nuestros adentros que, por mucho que nos cueste imaginarlo, podría pararse ante nosotros para conducirnos a una posada.

Sanados al fin por este personaje compasivo —nuestro testigo interior—, podremos continuar con nuestra peregrinación. Y descubrir —ya con ese buen samaritano dentro— a otros tantos malheridos en ese largo y sinuoso camino hacia nosotros mismos.

Cuando estemos a las puertas de nuestro centro, entrando al fin, reconciliados con nuestro ser, quizá entonces veamos, estupefactos, que Dios mismo es el malherido.

69. El rico Epulón y el pobre Lázaro
El infierno es el aislamiento

Había un hombre rico que vestía de púrpura y lino y banqueteaba espléndidamente cada día. Y había un pobre, llamado Lázaro, cubierto de llagas y echado a la puerta del rico. Quería saciarse con lo que caía de la mesa del rico. Hasta los perros iban a lamerle las llagas. Murió el pobre y los ángeles lo llevaron junto a Abraham. Murió también el rico y lo sepultaron. Estando en el Hades, en medio de tormentos, alzó la vista y divisó a Abraham y a Lázaro a su lado. Lo llamó y le dijo: Padre Abraham, ten piedad de mí y envía a Lázaro, para que moje la punta del dedo en agua y me refresque la lengua, pues me torturan estas llamas. Respondió Abraham: Hijo, recuerda que en vida recibiste bienes y Lázaro por su parte desgracias. Ahora él es consolado y tú atormentado. Además, ENTRE VOSOTROS Y NO-SOTROS SE INTERPONE UN GRAN ABISMO, *de modo que, aunque se quiera, no se puede atravesar desde aquí hasta vosotros ni pasar desde allí hasta nosotros. Insistió: Entonces, por favor, envíalo a casa de mi padre, donde tengo cinco hermanos, que los amoneste para que no vengan a parar también ellos a este lugar de tormentos. Le dice Abraham: Tienen a Moisés y a los profetas: que los escuchen. Replicó: No, padre Abraham; si un muerto los visita, se arrepentirán. Le dijo: Si no escuchan a Moisés ni a los profetas, aunque un muerto resucite, no le harán caso.* (Lc 16, 19-31)

Dos hombres frente a frente. El primero es rico y celebra espléndidas fiestas. El segundo, por contrapartida, es pobre y mendiga. Pero hay más diferencias. El primero está solo, no hay nadie con él celebrando esas fiestas tan espléndidas. Ese aislamiento es su infierno, él infierno es el aislamiento. Al segundo, en contraposición, le acompañan unos perros, que lamen sus heridas. Los animales saben muy bien qué es lo bueno; y ese cuidado animal –esa compañía tan especial– ya es en cierto sentido el cielo. Hay otra diferencia, más importante aún. El primero, el rico, no tiene nombre. Sólo la tradición posterior le conoce por Epulón. Del segundo, en cambio, sabemos que se llama Lázaro, el único nombre propio en todas las parábolas de Jesús.

Entre un hombre y el otro, el pobre y el rico, se abre –según este evangelio– un abismo insalvable: el que va de la vida a la muerte, del estar dormidos al despertar. Así que ese abismo tan insalvable que se interpone entre unos y otros es la consciencia. El propósito de la práctica meditativa es, precisamente, traspasar ese abismo para descubrir que no estamos solos ni aislados. El rico Epulón ha poseído toda clase de bienes: no ha hecho la experiencia del vacío, sin la que no hay posible comunión. El pobre Lázaro, una vez más por contraposición, ha carecido de todo y, por eso –porque a lo largo de su vida ha hecho espacio–, ahora puede recibirlo todo.

Lázaro ha sufrido, sabemos que tenía llagas: ha atravesado la sombra que lleva a la luz. Epulón, por su parte, no ha hecho más que festejar y embotarse los sentidos. Al pobre se le acercaban los perros para lamerle; el rico quiere ahora que le refresquen la lengua. Eso –asegura él– le consolaría mucho. Pero entre ellos hay un abismo: no podemos echar la mano atrás y cambiar el pasado a nuestro antojo. La vida es seria: todo lo que se ha perdido, se ha perdido sin remedio. No hay Abraham que pueda hacer que las cosas no sean como fueron.

El tono implacable y casi cruento de esta parábola contrasta con el infinitamente más llevadero de la parábola del hijo pródigo o la del buen samaritano, que terminan bien. En éstas, el destino de perdición del ser humano no parece tan irrevocable: cabe ver al malherido y ayudarle, cabe volver a casa y ser acogido. Aquí, en cambio, se habla de la inutilidad de los bienes de este mundo, de cara a lo que de verdad importa; de la seriedad de lo que tenemos entre manos –que no es indiferente o banal, sino precisamente definitivo–; y, sobre todo, de la urgencia del despertar: mira quién está echado en tu portal, mira a quién le cae lo que cae de tu mesa de rico, no esperes a morir para echar una mirada al seno de Abraham.

En realidad, hay un pobre Lázaro, hambriento y olvidado, dentro de cada uno de nosotros. La mesa de la consciencia está llena de espléndidos manjares, pero nosotros creemos que el mundo es sólo de Epulón, ignoramos a Lázaro como si no existiera.

Este Lázaro de la parábola, cubierto de llagas, nos recuerda demasiado a Jesús, a quien también expulsaron del banquete de este mundo.

Por si todo esto fuera poco, después de haber vivido ignorando al pobre Lázaro (que él tenía a sus pies y nosotros dentro), el rico Epulón (esto es típico de los ricos) se permite enmendarle la plana a Dios. Le reprocha que no ha hecho bien el mundo. Le pone una reclamación, dado que ahora ni siquiera se le permite mojarse los labios para encontrar cierto alivio. Epulón no se está lamentando por haberse olvidado de Lázaro, sino porque piensa –y lo dice abiertamente– que él habría hecho el mundo mucho mejor que el propio Dios.

En los últimos versículos de la parábola llega a pedirle a Abraham que envíe a otros emisarios a la tierra, para que se despierten a la verdad quienes todavía viven allí dormidos. Al rico Epulón le parece que Dios no ha sido lo bastante claro. Que habría tenido que brindarnos una gran demostración de su divino poder para que todos cayesen rendidos ante Él. Para que de una vez por todas se acabara el misterio y se instaurara la evidencia.

Los sobrados, los soberbios, tienen de todo y encima se quejan. Todo lo que tienen es justamente lo que les ciega y, en definitiva, se quejan porque han tenido tantas cosas que no han podido ver. Quienes tienen poco, en cambio, suelen ser agradecidos. Por ser tan poco lo que han tenido, han podido verlo y ver también lo que tenían –o no tenían– los demás.

¿No podríamos sentar a nuestro rico Epulón y a nuestro pobre Lázaro a la misma mesa? Porque a los dos los tenemos dentro. ¿No estamos aún a tiempo de que conversen los dos, de que vean que no son dos?

70. Los jornaleros tardíos
La bondad anula las jerarquías

El reinado de Dios se parece a un propietario que salió de mañana a contratar braceros para su viña. Se apalabró con ellos en un denario al día y los envió a su viña. Volvió a salir a media mañana, vio otros ociosos en la plaza y les dijo: Id también vosotros a mi viña y os pagaré lo debido. Ellos se fueron. Volvió a salir a mediodía, y a media tarde e hizo lo mismo. Al caer de la tarde salió, encontró otros parados y les dijo: ¿Qué hacéis aquí parados todo el día sin trabajar? Le contestan: Nadie nos ha contratado. Y él les dice: Id también vosotros a mi viña. Al anochecer, el amo de la viña dijo al capataz: Reúne a los braceros y págales su jornal, empezando por los últimos y acabando por los primeros Pasaron los del atardecer y recibieron un denario. Cuando llegaron los primeros, esperaban recibir más, pero también ellos recibieron un denario. Al recibirlo, protestaron al amo: Estos últimos han trabajado una hora y los has igualado a nosotros, que hemos soportado la fatiga y el calor del día. Él les contestó: Amigo, no te hago injusticia, ¿no nos apalabramos en un denario? Pues toma lo tuyo y vete. Que yo quiero dar al último lo mismo que a ti. ¿O no puedo yo disponer de mis bienes como me parezca? ¿O has de ser tú tacaño por ser yo generoso? Así SERÁN PRIMEROS LOS ÚLTIMOS Y ÚLTIMOS LOS PRIMEROS.
(Mt 20, 1-16)

El propietario de la viña paga a todos sus obreros al finalizar el día el mismo salario, sin tener en cuenta si comenzaron la faena al amanecer, al mediodía, al atardecer o hasta por la noche. Es lo mismo que en una familia, donde todos los hijos son tratados con igualdad por sus padres, con independencia de que hayan nacido antes o después.

Si esta actitud del propietario nos escandaliza es porque funcionamos con la mentalidad individualista del mérito, no con la solidaria de la necesidad. Este texto no nos escandalizaría si no creyéramos ser nosotros los jornaleros de la primera hora, lo que implica una visión autocomplaciente. La distribución nos parece injusta por la sencilla razón de que no vemos al otro como a un hermano, sino como a un extraño y hasta como a un competidor.

Esta parábola es otra versión de la del hijo pródigo: lo mismo que en aquella se indigna el hijo mayor, que no comprende que su padre sea bueno con el menor, así se indignan aquí los jornaleros de la primera hora, quienes tachan al amo de injusto por su conducta con los tardíos.

La espiritualidad no funciona con las leyes del mundo. La veteranía no es un grado en la vida espiritual. Empecemos el camino antes o después, todos somos siempre principiantes. No hay derechos adquiridos en la iluminación, que siempre es gracia. Compararse con otros caminantes o discípulos implica siempre perder el horizonte del camino.

En verdad os digo –dice Jesús poco después de este fragmento– *que los publicanos y las prostitutas llegarán antes que vosotros al Reino de Dios* (Mt 21, 28-32). También los que llegan a la Iglesia en último lugar recibirán el mismo trato que los que son católicos de toda la vida (o incluso mejor), puesto que Dios no mira cuándo ha llegado a la viña cada cual, sino el simple hecho de que ha llegado. Es tan extraordinario que finalmente estén aquí que... ¿importa algo que llegaran a las tres o a las seis y cuarto? ¡Están aquí, por fin están despiertos! ¿Vamos ahora a perder el tiempo con un pormenorizado cálculo de los méritos?

El alma mezquina siempre está midiendo. El alma grande, en cambio, está acostumbrada a alegrarse con lo que hay y a festejarlo. ¿Y qué es lo que le produce al alma grande tanta alegría, si puede saberse? Estar en la vida, haber llegado a ella. En verdad, es asombroso estar en la realidad, sobre todo por lo mucho que normalmente nos cuesta llegar a ella. Y es asombroso por el largo periplo que, por lo general, hemos tenido que dar: un recorrido innecesariamente doloroso, tortuoso incluso, y hasta desesperado en ocasiones. Pero un recorrido que, bien mirado, nunca se le ha ido a Dios de las manos. Ésa es la maravilla: que todo cuanto sucede y como sucede es el mejor modo –para ti– para llegar a Dios. Has llegado a Dios a la hora séptima, a la décima, a la undécima... No importa. Por fin lo has comprendido, tus resistencias han cedido, te has entregado y tu corazón rebosa de gratitud.

Uno de los signos más claros de la presencia de Dios en el alma humana es la alegría y, desde luego, la gratitud. La gratitud es la consciencia de la alegría. No es posible estar alegre si uno se compara con los demás: éste llegó a las nueve, éste a las diez, aquél a las once, del que llegó a las doce no quiero ni hablar... ¡Cuánta energía, Dios mío, derrochada en sandeces!

Cuesta mucho llegar a ser un feliz trabajador de la viña. Feliz, trabajador y viña, las tres cosas son importantes: cómo, qué y dónde. No podemos ser felices fuera de la viña. No podemos ser felices sin trabajar (y sin descansar del trabajo). No podemos estar en la viña y trabajar más que siendo felices. Toda la vida es para aprender esta lección elemental. El dónde es la viña. El cómo es sin contar, sin calcular, alegrándose de que los últimos reciban el mismo trato que los primeros y, en definitiva, contento porque no haya discriminación y reine la igualdad. No hay últimos ni primeros, hay personas. La viña es el lugar de las personas. Las personas son las criaturas que juegan y trabajan, desplegando lo que son, como prueba de su agradecimiento a su Creador.

Son probablemente los mismos viñadores homicidas que mataron al hijo con el innoble propósito de apropiarse de lo que no era suyo quienes ahora quieren excluir a los que han llegado más tarde (sólo porque han llegado más tarde). No quieren compartir. Se sienten ultrajados porque reina la igualdad.

El trabajo espiritual que plantea esta parábola es claro: no compararse con los demás. La única forma de no caer en la tentación de compararse es teniendo los ojos –y el corazón– en lo esencial. Siempre que nos comparamos, hemos perdido nuestro centro: nos hemos distraído y estamos enredados en lo circunstancial o en lo anecdótico. No mirar lo que te falta, sino lo que tienes. Lo que te falta está siempre en lo que tienes. Tienes siempre todo lo que necesitas y más.

Todos nuestros sufrimientos son por un error de perspectiva. Sufrimos porque nos hemos metido en una jaula. No es que nos hayan encerrado en ella, sino que nosotros la hemos fabricado. El verdadero pecado es transformar en jaula la libertad de la viña. Es fabricar esas cárceles, a las que nos autocondenamos. El mal que el ser humano es capaz de infligirse a sí mismo es indecible. No nos hiere la vida, ni mucho menos Dios, sino nosotros mismos, siempre nosotros mismos. Por alguna razón, hay en todos nosotros un impulso a la autodestrucción. Despertar es darse cuenta de este mecanismo y desarticularlo. ¡Basta de cárceles! Cualquier pena puede vencerse y, más aún, puede ser la misteriosa causa de nuestra futura plenitud.

71. La viña

El tesoro está escondido en tu corazón

Un propietario plantó una viña, la rodeó con una tapia, cavó un lagar y construyó una torre; después la arrendó a unos labradores y se marchó. Cuando llegó la vendimia, despachó a sus criados para recoger de los agricultores el fruto que le correspondía. Ellos agarraron a los siervos; a uno lo desollaron, a otro lo mataron, al tercero lo apedrearon. Despachó otros criados, más numerosos que los primeros, y los trataron igual. Finalmente les envió a su hijo, pensando que respetarían a su hijo. Pero los labradores, al ver al hijo, comentaron: Es el heredero. Lo matamos y nos quedamos con la herencia. Agarrándolo lo echaron fuera de la viña y lo mataron. Cuando vuelva el amo de la viña, ¿cómo tratará a aquellos labradores? Le responden: Acabará por las malas con aquellos malvados y arrendará la viña a otros labradores que le entreguen su fruto en la vendimia. Jesús les dice: ¿No habéis leído nunca en la Escritura: LA PIEDRA QUE DESECHARON LOS CONSTRUCTORES ES AHORA LA PIEDRA ANGULAR, *es el Señor quien lo ha hecho y nos parece un milagro? Por eso os digo que os quitarán el Reino de Dios y se lo darán a un pueblo que dé los frutos debidos. El que tropiece con esa piedra se hará trizas, al que le caiga encima lo aplastará. Cuando los sumos sacerdotes y los fariseos oyeron sus parábolas, comprendieron que iba por ellos. Intentaron arrestarlo, pero tuvieron miedo de la gente, que lo tenía por profeta.* (Mt 21, 33-46)

Una de las primeras palabras que los niños aprenden es «mío, mía». ¡La herencia es nuestra!, gritan los labradores de esta parábola, tras asesinar a los criados y al hijo del amo.

Ser señores de esa viña no implica tan sólo el derecho a la propiedad (con la seguridad que los bienes materiales pueden llegar a reportar), sino también el más sutil derecho a mandar y, en última instancia –si lo consideráramos necesario, o simplemente gustoso– también a tiranizar, imponiéndose sobre los demás. De esto es de lo que se habla en esta parábola: de la rebelión humana ante el hecho de tener a un Dios por encima, de la pulsión que sentimos a dar la vuelta a este estado de cosas, aun por medio de la violencia y del asesinato.

La viña es el mundo. Algunos nos lo hemos apropiado y asesinamos a quienes consideramos que quieren una parte de lo que nos parece nuestro.

Pero la viña es también la Creación, la naturaleza en la que, evidentemente, Dios ya no cuenta, pues funcionamos sin tenerle en consideración: arramblando con los recursos naturales, devastando con una inconsciencia culpable o, lo que es peor, con la soberbia de quien se cree dueño y señor. Así es: nos hemos secularizado, nos hemos independizado, somos por fin autónomos de ese invento llamado Dios (así lo piensan muchos), propio de mentes infantiles o calenturientas. Pero ¿podemos vivir en la viña como si realmente fuera de nuestra propiedad? ¿No es un usurpador quien se erige en propietario de algo que no le pertenece?

La Modernidad, con su antropocentrismo y olvido de Dios, nos recuerda demasiado a esta parábola, es casi como su traducción histórica. Porque al declarar que Dios ha muerto o, como se hace hoy, al sostener que eso es algo irrelevante y, en todo caso, exclusivamente privado, lo cierto es que nosotros mismos nos erigimos en Dios, esto es, en el criterio absoluto. Libres por fin de Él, tras siglos de alienación, somos finalmente los propietarios de la tierra y podemos hacer en ella lo que nos parezca. ¡Por fin somos los señores! ¡Ya no hay nadie por encima nuestro! ¡La viña es del hombre!, decimos, ebrios de poder.

Esa «piedra» que hemos despreciado los hombres es Jesucristo. Hemos matado al Hijo y, por ello, imaginamos haber matado también al Padre. Nos sorprende que pueda seguir habiendo un Padre esperando nuestro regreso tras una vida pródiga, nos maravilla que se nos corresponda con amor. Pero el Padre (así lo dice la fe) sobrevive a todos esos asesinatos nuestros, que son suicidios.

Esa piedra preciosa y desechada (por la que, según Mt 13, 45-46, un mercader vendió todo lo que tenía para comprarla) es el tesoro escondido en nuestro corazón. Sorprende que nos pasemos la vida buscándola, teniéndola tan cerca. Que emigremos a otros países, estando en el nuestro. Que vivamos como si fuéramos pobres, siendo ricos.

Y así se nos pasa la vida, entre búsquedas y lamentos, hasta que de pronto sabemos de alguien que dice haberla encontrado: una chica joven y llena de futuro, por ejemplo; o un vegetariano que hacía artes marciales, o alguien que hace años que se había ido a las misiones… Siempre es así: uno que leyó no sé qué libro o que escuchó quién sabe qué programa, uno que participó en un retiro, que conoció a un famoso maestro, alguien que se sentó frente al mar o bajo un árbol mientras caía la tarde y soplaba la brisa… Algo se remueve en nosotros siempre que nos llega la noticia de que otros han encontrado esa piedra. Esa chica joven y llena de futuro, ese practicante de artes marciales, ese impecable ejecutivo, esa joven promesa del baloncesto… Todos ellos aseguran que no han hecho nada en particular, que todo se reduce a que estaban realmente ahí: que abrieron un libro y leyeron, que encendieron el televisor y escucharon, que fueron a quién sabe dónde y, sencillamente, vieron lo que había. No recuerdan qué árbol era aquel a cuya sombra se sentaron. Ni siquiera recuerdan cómo se llamaba ese gran maestro o quién era al que escucharon tan emocionados en aquel retiro tan especial. El espíritu les encontró preparados y el tesoro, simplemente, salió a la luz. Fue entonces cuando, llenos de alegría, fueron y vendieron lo que tenían. Porque no se puede –ni debe– vender sin alegría. Porque el camino espiritual se reconoce sobre todo por la alegría.

¿Y nosotros?, nos preguntamos entonces. ¿No somos también nosotros, al fin y al cabo, buscadores? ¿No escuchamos programas, no leemos libros, no viajamos de aquí para allá en busca de esa piedra del conocimiento? ¿Por qué a nosotros nunca nos encuentra preparados el espíritu? ¿Qué más tendríamos que hacer? ¿Hay algo que todavía podamos hacer?

Esa «piedra» desechada es la conciencia, y ahora se nos hace claro que es la principal: que sin ella no hay humanidad posible, que es ella la que nos permite el contacto con nosotros mismos y con la realidad.

La conciencia –que no es sino el interior iluminado por la atención– es esa «viña» para la que Dios *puso una cerca, construyó un lagar y levantó una torre*. ¡Tanto ha mimado Él nuestra alma y nosotros, sin embargo, vivimos casi siempre lejos y fuera! Matamos a los mensajeros de la vida –y la vida misma– al instalarnos en la superficie de la inconsciencia.

Este evangelio nos invita a ser «labradores» y a que cultivemos nuestra interioridad, allí donde se esconde ese gran tesoro que no se acaba. Ese tesoro del espíritu, despreciado por la sociedad del consumo y de la producción, es ahora –no hay ninguna duda– la piedra principal.

72. El banquete de bodas
El novio, la novia eres tú

El Reino de Dios se parece a un rey que celebraba la boda de su hijo. Despachó a sus criados para llamar a los invitados a la boda, pero éstos no quisieron ir. Entonces despachó a otros criados encargándoles que dijeran a los invitados: Tengo el banquete preparado, los toros y cebones degollados y todo listo, venid a la boda. Pero ellos se desentendieron: uno se fue a su finca, el otro a su negocio, otros agarraron a los criados, los maltrataron y los mataron. El rey se encolerizó y, enviando sus tropas, acabó con aquellos asesinos e incendió su ciudad. Después dijo a sus criados: El banquete nupcial está preparado, pero los invitados no se lo merecían. Por tanto, id a las encrucijadas y a cuantos encontréis invitadlos a la boda. Salieron los criados a los caminos y reunieron a cuantos encontraron, malos y buenos. El salón se llenó de convidados. Cuando el rey entró para ver a los invitados, observó a uno que no llevaba traje apropiado. Le dijo: Amigo, ¿cómo has entrado sin traje apropiado? Él enmudeció. Entonces el rey mandó a los camareros: Atadlo de pies y manos y echadlo fuera, a las tinieblas. Allí será el llanto y el crujir de dientes. Pues SON MUCHOS LOS INVITADOS Y POCOS LOS ESCOGIDOS. *(Mt 22, 1-14)*

El lenguaje de las parábolas, como el de los apotegmas de los padres y las madres del desierto (o –más lejano culturalmente– como el de los cuentos y los koan del zen japonés), suele resultarnos muy extraño. Porque las parábolas no buscan instruir o educar (nunca son políticamente correctas), sino estimular y provocar. Quieren ser algo así como una flecha directa al corazón o como un buen jarro de agua fría que nos ayude a despertar.

El escenario de esta parábola es un banquete y, más en concreto, un banquete nupcial. A lo que se está invitando, por tanto, es a una mesa para comer y beber, para confraternizar. Y para celebrar unos esponsales: los del novio con la novia, es decir, los del mundo con Dios, los del espíritu con la carne. Por fin se unen, indisolublemente, el cielo y la tierra, lo visible y lo invisible. Y estamos ahí para celebrarlo.

El anfitrión es un rey y las bodas son las de su hijo, un príncipe. También nosotros somos reyes y reinas, de ahí precisamente que seamos convidados a ese festín. La tradición dice que somos creados a imagen de Dios, lo que significa que participamos de su naturaleza regia y divina. Éste es –a fin de cuentas– el mensaje que trae Jesús, ésta es su experiencia de la trascendencia.

La invitación que se nos ha hecho se repite una, dos y hasta tres veces; y es una invitación que se dirige a todos, sin distinción ni excepción. Nadie está excluido de esta posibilidad de unir lo mundano con lo celestial. Todos podemos y debemos hacer esa aventura.

Ahora bien, no son pocos los que por desgracia hacen oídos sordos a este convite. Arguyen excusas, se pierden en justificaciones… Prefieren estar en sus negocios, en sus familias, en sus asuntos… El evangelista Lucas especifica sus razones. *Uno dijo: He comprado un campo y necesito ir a verlo. Dispénsame, por favor. Otro dijo: He comprado cinco yuntas de bueyes y voy a probarlas. Dispénsame, por favor. Otro: Me acabo de casar y, por ello, no puedo ir* (Lc 14, 18-20). Ninguna de todas estas personas es capaz de dejar de lado sus preocupaciones y asuntos, les cuesta alejarse de lo suyo. Están tan atrapados por lo inmediato y por lo urgente que se pierden lo esencial. Es nuestra historia de cada día: por alguna extraña razón, preferimos trabajar sin parar a descansar un rato, encerrarnos en nuestra casa a ir a la plaza, quedarnos en lo nuestro y mantener a los demás a distancia. Escuchamos la invitación a la boda, sí, pero nos quedamos en nuestro ámbito y continuamos labrando nuestras fincas.

¡Cuántas son las fiestas a las que la vida me invita y cuya invitación, quién sabe por qué, declino continuamente! Quiero protegerme, seguramente, no involucrarme, salvar mi intimidad –o eso digo–, soñar que soy distinto...

Hay un criterio para saber si nuestra prevención frente a los otros es virtuosa o más bien egocéntrica: si tras esa soledad vamos a la comunidad con renovada fuerza, si los momentos solitarios son para recargarse por dentro para estar luego más presente en los comunitarios. Si el ayuno –en una palabra– es preparación de la fiesta. Equilibrar los tiempos sociales y los personales nunca es tarea fácil. Depende del carácter, de la circunstancia... No podemos resolver la vida de una vez por todas, sino más bien mantener serenamente la tensión que le es propia.

El dueño de la casa se indigna ante nuestro absentismo, es natural. Lo que le indigna es la incapacidad de tantos para alegrarse con la alegría ajena. Y toma una determinación: *Sal aprisa a las plazas y calles de la ciudad y tráete aquí a los pobres, a los lisiados, a los ciegos y a los cojos* (Lc 14, 23). Aquellos a quienes les va bien –porque tienen campos, ganado o familia– no acuden; los que tienen dificultades, en cambio (los ciegos, cojos y lisiados, que pueblan las páginas del evangelio), son quienes responden positivamente, quizá porque están necesitados.

Esos pobres e indigentes están en el cruce de los caminos, es ahí donde se va a buscarlos: no están en un camino concreto, sino en un cruce, en una encrucijada, sin saber por dónde tirar para que su vida no sea tan penosa. Por estar en la encrucijada pueden escuchar esa llamada.

Sólo hay una condición para participar: purificarse, vestirse de blanco, es decir, morir al hombre viejo para nacer al nuevo, despegarse del ego para abrirse al verdadero yo.

La práctica de la meditación es algo así como un vestirse de blanco –atraído por la música de la fiesta–, un entrar en un banquete de bodas –maravillado al ver que todos están ahí, esperándote–, y un descubrir, estupefacto, que eres conducido al altar –en volandas, de la mano...–, puesto que el novio, la novia –¡quién iba a decirlo!– eres tú.

IX

Corazón de pastor

73. La piedra

Necesitamos un nombre para poder amar

Jesús, fijando su mirada en él, le dijo: Tú eres Simón, el hijo de Juan;
TE LLAMARÁS CEFAS, QUE QUIERE DECIR, PIEDRA. (Jn 1, 42)

Jesús llama a sus discípulos por su nombre, lo que es tanto como recordarles quiénes son en realidad y abrir con ellos la posibilidad de una relación. Sin nombre no existe la relación, es decir, la posibilidad de amar. Sólo pueden amarse propiamente las personas, pues sólo ellas tienen consciencia y libertad. Los lugares pueden gustarnos, podemos aficionarnos a las cosas, respetar las ideas, admirar la belleza... Pero para hacer la experiencia de dar y recibir libremente hace falta que haya personas, y el nombre es la condensación simbólica de la persona.

Según esto, que a Dios se le llame Dios, energía, universo o cualquier otro término más o menos indefinido no es irrelevante. Si a Dios se le niega el nombre (si decimos que da igual que le llamemos de una manera u otra), estamos imposibilitando la fe.

Dios comunicó a Israel su nombre –Yahvé–, si bien evitó las vocales, resultando *Yhv*. Opta por esto para poner a las claras que su cercanía no quitaba ni un ápice a su misterio. Jesús, por su parte, le llamó Padre. Ni él ni el pueblo judío escogieron estos nombres al azar. Estos nombres no se los inventaron, sino que les fueron dados: son fruto de una experiencia, de una revelación. Son los nombres que generan esas tradiciones que llamamos judaísmo y cristianismo. Una familia religiosa, al igual que una biológica, se constituye gracias a un determinado nombre, que es lo que le otorga identidad, es decir, lo que permite que se diferencie de las demás. Olvidarse que Dios se llama Dios es, por tanto, cultivar el agnosticismo. Tener para Él un nombre, por el contrario, es abrir la posibilidad de conocerlo. Y sin conocimiento no hay amor.

Jesús se permite recordarle a Simón que es el hijo de Juan, es decir, que está inserto en un grupo familiar. Él nunca debería entenderse aisladamente, sino formando parte de una larga estela o tradición. Simón debe recordar que no viene de la nada. Que tiene una genealogía y una historia, es decir, un pasado (es el hijo de Juan) y un futuro (Cefas, que es el nombre que Jesús le va a dar). Ésta es la otra cara de la moneda: Cefas es su proyecto, su vocación, su tarea en este mundo. La cosa está clara: sin Juan no hay Cefas, sin pasado no hay futuro, sin tradición no hay camino espiritual. El presente es Simón, el pasado es Juan y el futuro es Cefas: esto es un ser humano. El presente es la confluencia del pasado y del futuro. Sin estas dimensiones temporales, no hay presente que valga, sólo *presentismo* y vanidad.

Cefas significa piedra o, lo que es lo mismo, fundamento, solidez. Una relación debe establecerse sobre cimientos sólidos. Lo efímero y pasajero puede tener mucho encanto: somos ríos que pasan, nunca atravesamos el mismo río... Pero en el río no sólo hay agua, también hay tierra y piedras: hay cosas que duran, que pasan de época a época. El amor y la fe, esa relación entre dos personas o entre la persona y Dios, están llamados a esa estabilidad.

Un camino espiritual debe ser firme y estable, lo que no significa que no deba ser también dúctil y flexible. La *impermanencia* no es la única verdad. También es verdad que hay fidelidades para siempre. Para construir una casa o una relación de verdad necesitamos piedras. Definitivamente, no podemos construir sobre agua. El espíritu nos asienta, nos da estabilidad en medio de la permanente movilidad del mundo. El espíritu es quien nos dice que hay un centro en el que podemos estar y ser, aunque todo lo demás se mueva sin cesar a nuestro alrededor. Por eso el espíritu es quien nos da nuestro verdadero nombre, por medio del cual se nos impulsa hacia delante –sin dejarnos nunca donde estamos.

La consciencia del momento presente incluye siempre el futuro: hay un Cefas en todo Simón, siempre hay un más allá y un más acá. Aquí y ahora lo contienen todo, porque se trascienden a sí mismos. Porque no son autosuficientes, sino que están abiertos. Tener fe es creer que nuestro aquí y nuestro ahora son mucho más de lo que parecen.

74. La barca
Yo *no soy mis circunstancias*

Después de despedir a la gente, subió él solo a la montaña a orar. Al anochecer estaba él solo allí. La barca estaba ya a buena distancia de la costa, batida por las olas, porque tenía viento contrario. A la cuarta vigilia de la noche se acercó a ellos caminando sobre el lago. Al verlo caminar sobre el lago, los discípulos se asustaron y dijeron: ¡Es un fantasma! Y gritaban de miedo. Al punto Jesús les dijo: ¡Ánimo!, soy yo, no temáis. Pedro le contestó: Señor, si eres tú, mándame ir por el agua hasta ti. Le dijo: Ven. PEDRO SALTÓ DE LA BARCA Y ECHÓ A CAMINAR POR EL AGUA acercándose a Jesús. Pero, al sentir la fuerza del viento, tuvo miedo, empezó a hundirse y gritó: ¡Socorro, Señor! Al punto Jesús extendió la mano, lo agarró y le dijo: ¡Hombre de poca fe!, ¿por qué dudaste? Cuando subieron a la barca, el viento amainó. Los de la barca se postraron ante él diciendo: Ciertamente eres hijo de Dios. (Mt 14, 23-33)

La oración requiere ante todo despedir a la gente, es decir, atreverse a la soledad. La intimidad con ese yo profundo que los creyentes llaman Dios no es posible más que en un cara a cara, sin testigos. Ahora bien, esa soledad que requiere la oración no es sólo exterior (ausencia de personas), sino también interior (ausencia de pensamiento e imaginación). No es sólo retiro, también es recogimiento. Tú eres lo que queda cuando desaparecen tus pensamientos y fantasías. Ahí conoces tu verdadera soledad y ahí ves con claridad lo que eres.

Para orar, hemos de bajar a un pozo (el subconsciente). Pero no para quedarnos allí abajo, por supuesto, sino para luego subir a una montaña (el sobre-consciente). Para alcanzar la dimensión espiritual –ésta es la lección–, antes hay que haber pasado por la animal. Sólo así sabremos que nuestras búsquedas no son simples buenos deseos, proyecciones de la mente o meros idealismos.

La oración debe realizarse preferentemente al atardecer, esto es, cuando el mundo se recoge –invitándote a que también tú te recojas. También puedes orar por la mañana: para abrirte, para inspirar la vida, para disponerte a la aventura. Pero es por la tarde cuando recapitulas y ordenas lo vivido, colocando cada cosa en su sitio. Es por la tarde cuando bendices, agradeces y asumes el don de la jornada. Cuando espiras y vuelves al hogar.

Normalmente estamos en la barca de nuestros afanes, zarandeados por las olas de nuestros problemas y agitados por los vientos de las adversidades. La vida es como un mar agitado que llega a poner en peligro la estabilidad de nuestra barca. Así solemos vivir tanto los quehaceres cotidianos, amenazados a menudo por las circunstancias más imprevistas, como la práctica meditativa, boicoteada casi siempre por el parloteo mental. Las olas son nuestros estados de ánimo, que suben y bajan dejándonos desconcertados: los malos presagios, el cansancio acumulado o repentino, la opresión por un problema, la sospecha de una insidiosa enfermedad... Los vientos son lo que sucede a nuestro alrededor: la familia que se derrumba, la salud que se resquebraja, los amigos que se alejan, las noticias que nos desestabilizan... Todo se mueve a nuestro alrededor mientras nosotros, en la barca, buscamos el timón.

La oración es siempre así hasta que Él se acerca: nuestro Cristo interior, nuestro yo profundo. Justo cuando el riesgo es máximo y la suerte parece estar echada es cuando emerge sobre las aguas la figura del Salvador. Eso que se acerca es, evidentemente, lo mejor de nosotros mismos: nuestra capacidad de amar. Por eso llega hasta nosotros caminando sobre las aguas, es decir, más fuerte que los vaivenes internos y que las circunstancias externas.

Nunca nos acabamos de creer que algo así pueda sucedernos. Por eso pretendemos convencernos, a base de gritos, de que se trata de un fantasma. La alegría viene a ti y tú dices no, no puede ser, no me lo merezco, es una ilusión. Lo más profundo nos parece irreal, puesto que lo desconocemos. Nos atemoriza nuestra propia fortaleza. ¿Por qué? Porque desenmascara lo estúpidos y vagos que hemos sido. Porque nos deja sin excusas.

Para sobrevivir al encuentro con nosotros mismos necesitamos ánimo, fuerza en el alma. Necesitamos verificar que el yo profundo y el superficial pueden unirse de una vez por todas. Por eso suplicamos: *Mándame ir donde ti sobre las aguas*, es decir, quiero vivir por encima de las circunstancias, como señor de lo que sucede y no como una víctima. ¡Ven, ven!, nos dice nuestro yo profundo cuando por fin nos sentamos a meditar, dispuestos a recorrer la turbulencia de las aguas. Meditamos porque hemos escuchado esa llamada y para escucharla.

Ante las palabras de ánimo de su maestro, Pedro se olvida de que está en unas aguas encrespadas y, sin pensárselo dos veces, salta de la barca para dirigirse hacia él. ¿Cómo puede? ¿Cómo es que no se hunde? ¿Cuál es la fuerza que le sostiene sobre las aguas? Sólo una: sus ojos están fijos en su Señor. Este contacto visual, este contacto esencial es el que le hace superar esta dificultad. Cuando nuestro corazón está en la Fuente, no hay aprieto o peligro que no pueda ser vencido. Cuando nos focalizamos en lo esencial, los vientos contrarios y las olas encabritadas (sin desaparecer) dejan de resultar amenazantes.

Éste es el núcleo de la experiencia mística: pase lo que pase, si estoy en el ser, en el amor, estoy bien. Yo no soy mis circunstancias, por mucho que me haya pasado la vida identificándome con ellas. Éste es el éxtasis al que estoy llamado: yo soy, aunque las cosas cambien. Soy con independencia de cualquier mar agitado. Por mucho que la tormenta arrecie, ni el agua ni las olas son lo determinante.

Claro que caminar sobre las aguas no es, desde luego, tan fácil. Rara vez nos mantenemos largo tiempo en esta sabiduría. Antes o después, por lo general pronto, nos ponemos a dudar y, evidentemente, comenzamos a hundirnos en esas mismas aguas sobre las que poco antes habíamos caminado. Nos formulamos preguntas capciosas, no podemos evitarlo. Miramos cómo caminan los demás, en lugar de estar simplemente atentos a nuestro propio paso. Miramos hacia atrás, cuando estábamos al seguro en nuestra barca. O empezamos a soñar con otras barcas, con otras aguas, con otros horizontes… Nos sosteníamos porque teníamos los ojos fijos en Jesús, como Pedro. Con la mirada en las circunstancias, en cambio, volvemos a hundirnos.

Con Jesús en la barca, el viento amaina. Ningún sentimiento nos puede y ninguna circunstancia nos amenaza cuando estamos en nuestro centro. Al contrario: con el timón rumbo al templo interior, los vientos son favorables y posibilitan una dulce navegación.

Todo acaba en una confesión, alentada por una experiencia mística: *Verdaderamente, tú eres el Hijo de Dios.* Verdaderamente, hay algo en mí más fuerte que cualquier circunstancia.

75. La deserción
Sin espíritu no hay vida de verdad

*Muchos de los discípulos que lo oyeron comentaban: Este modo de
hablar es duro, ¿quién puede escucharlo? Jesús, conociendo por dentro que los discípulos murmuraban de ello, les dijo: ¿Esto os escandaliza? ¿Qué será cuando veáis a este Hombre subir a donde estaba
antes? Es el Espíritu quien da vida y la carne no vale nada. Pero hay
algunos de vosotros que no creen. (Desde el comienzo sabía Jesús
quiénes no creían y quién lo iba a traicionar.) Y añadió: Por eso os
tengo dicho que nadie puede acudir a mí si el Padre no se lo concede.
Desde entonces muchos de sus discípulos se echaron atrás y ya no
andaban con él. Así que Jesús dijo a los doce: ¿TAMBIÉN VOSOTROS
QUERÉIS MARCHAROS? Le contestó Simón Pedro: Señor, ¿a quién vamos a acudir? Sólo Tú tienes palabras de vida eterna. (Jn 6, 60-68)*

El encuentro con Jesucristo marca indeleblemente al discípulo. En realidad, uno no sabe hasta qué punto ha quedado marcado sino al cabo de los años. Décadas después de
la llamada, sea ésta abrupta o progresiva, se empieza a
comprender algo de lo vivido.

Al principio –es natural– todo es entusiasmo. Pero luego vienen las crisis: una tras otra, a veces largas, a veces
innecesariamente alargadas.

Y luego vienen también las caídas, por supuesto, dado
que reaparecen de pronto cosas que parecían definitivamente superadas. Esto te deja desconcertado y avergonza-
do, como si no hubieras caminado nada después de muchos años.

En el camino llega casi siempre un momento de aparente sensatez en el que se pacta con la realidad. Se piensa entonces que responder a la llamada es, después de todo, compatible con el mundo. No con todo lo que tiene el mundo —claro está—, pues hay cosas claramente opuestas al espíritu. Tiene que pasar un poco más de tiempo para que nos demos cuenta de que hay que dejarlo todo atrás, si es que Jesús te ha llamado. Y no sólo una vez, sino siempre. En efecto, no basta con venderlo todo para empezar el seguimiento. Hay que seguir vendiéndolo todo el rato para continuarlo. Es entonces cuando llegan las dudas de verdad. Es entonces, después de bastante tiempo de traiciones y de fidelidad, cuando en el corazón del discípulo resuena la terrible pregunta del maestro: ¿también tú quieres dejarme?

Normalmente tenemos una imagen muy blanda y edulcorada de Jesucristo. Por eso, no deja de sorprendernos que el evangelio cuestione nuestro estilo de vida y nos invite a cambiar. La tentación de abandonar a Jesús se abre entonces en nuestro horizonte como una posibilidad real. Con esta u otra formulación, decimos lo que dijeron en su día los primeros discípulos: *Este modo de hablar es duro, ¿quién puede escucharlo?* Nos revolvemos entonces y nos preguntamos: ¿qué significa dejarle o seguir con él? ¿Acaso no le he abandonado ya hace mucho? ¿No estoy a su lado, a fin de cuentas, de forma meramente nominal? Sólo hay una razón por la que desertamos del camino del espíritu: tememos perder el mundo.

Consciente de nuestro problema, Jesús nos advierte que es el Espíritu quien da vida y que la carne —sin la energía que la revitaliza— no sirve para nada. *Las palabras que os he dicho* —insiste— *son espíritu y vida* (Jn 6, 63). El mensaje es muy claro: sin una dimensión espiritual, ninguna vida es vida de verdad. Podremos tener todas las riquezas del mundo, ser inteligentes y cultos, conquistar quién sabe qué cosas y alcanzar los más altos reconocimientos... Nada: sin espíritu, no hay vida. Y ese espíritu, esa vida –ésta es la cuestión– está en las palabras que él nos ha dicho.

Con todo, algunos no creen. Pareciera como si el dato sorprendiese a Jesús. Con todo lo que hemos vivido juntos –es como si les estuviera diciendo–, con lo mucho que habéis visto y oído..., ¡y seguís sin confiar! Éste no es un pasaje banal. Porque lo sorprendente no es que haya quien se entregue al espíritu y a la vida, sino precisamente que haya tantos escépticos que se resistan y desconfíen. Lo sorprendente es que se escuche música y no se baile, que uno vaya al mar y no se bañe, a un banquete y ni coma ni converse. Lo sorprendente es estar en la vida y estar muerto.

Nadie puede acudir a mí, si el Padre no se lo concede. Hasta el impulso de buscarle, de sentarnos a meditar para escucharle, es Suyo, no nuestro. Más aún: eso que nos lleva a orar es Dios mismo, que rotunda o discretamente se llama a Sí en el escenario de nuestra consciencia.

Desde entonces –termina diciendo este fragmento evangélico–, *muchos de sus discípulos se echaron atrás y ya no andaban con él.* En el grupo, como en todo grupo, también si es de carácter religioso o espiritual, hubo unas cuantas bajas.

También en el mundo de la práctica meditativa hay continuamente bajas, en particular cuando debe darse el gran paso: el del hacer al ser, el de la actividad a la contemplación. No es que ya no se puedan hacer cosas, no es ésa la cuestión; pero ya no está ahí el centro de nuestra atención. Del hacer se ha pasado al permitir que se haga por nuestro medio.

La renuncia a la acción es probablemente de las más difíciles de cuantas se presentan en el camino espiritual. Sólo renuncia al hacer quien se ha dado cuenta de que ya no es protagonista, que en realidad nunca lo ha sido.

Quien supera ese paso ha llegado en su camino –y lo sabrá– a un punto de no retorno.

El seguimiento de Jesús (no el cristianismo sociológico) es un camino de minorías. Ésa es su dificultad: nos distanciamos de los otros, damos la nota, hacemos la experiencia del extrañamiento del mundo y hasta del extrañamiento de Dios. Porque siendo cierto que *aquello que sucede en la vida de Cristo, sucede siempre y en todas partes* –convicción sobre la que se sustenta todo lo hasta aquí he escrito–, también lo es que Dios es lo totalmente otro y que, como tal, ejerce sobre el hombre una fascinación tan poderosa que le aparta de lo común.

En la juventud, dejas el mundo por el evangelio con alegría. Eres inconsciente del tamaño de tu renuncia. No piensas en lo duro que es el modo de hablar de Jesús, por decirlo al modo de los primeros seguidores. En la madurez, dejas el mundo por el evangelio (si es que lo dejas) con pesar. Has entendido por fin de lo que te privas, y te apena. Te das cuenta de lo duro que es, efectivamente, su modo de hablar, sus exigencias, su radicalidad... Sólo cuando se alcanza la sabiduría se deja el mundo por el evangelio con amor. Has comprendido al fin –te ha costado la vida entera– que ése es el mejor modo de amar al prójimo y de abrirle una estela. Entiendes que su modo de hablar no es duro, sino simplemente justo.

Señor, ¿a quién vamos a acudir?, contesta Pedro a la pregunta por su posible deserción. *Sólo tú tienes palabras de vida eterna.* Este *sólo tú* es capital en la vida del discípulo. Sólo ese *sólo tú* indica que el buscador espiritual ha encontrado realmente el tesoro escondido. La radicalidad del evangelio no es distinta, al fin y al cabo, a la del verdadero amor.

76. Las llaves

Ser piedras sobre las que otros puedan construir

Cuando llegó Jesús a la región de Cesarea de Felipe, interrogó a los discípulos: ¿Quién dicen los hombres que es este Hombre? Contestaron: Unos que Juan el Bautista, otros que Elías, otros que Jeremías o algún otro profeta. Les dice: Y vosotros ¿QUIÉN DECÍS QUE SOY YO? Respondió Simón Pedro: Tú eres el Mesías, el Hijo de Dios vivo. Jesús le replicó: ¡Dichoso tú, Simón, hijo de Jonás, porque no te lo ha revelado nadie de carne y sangre, sino mi Padre del cielo! Pues yo te digo que tú eres Pedro y sobre esta piedra construiré mi iglesia, y el imperio de la Muerte no la vencerá. A ti te daré las llaves del Reino de Dios. Lo que ates en la tierra quedará atado en el cielo, lo que desates en la tierra quedará desatado en el cielo. Entonces les ordenó que no dijeran a nadie que él era el Mesías. (Mt 16, 13-20)

¿Quién soy yo? Ésta es la pregunta espiritual por excelencia. Sólo desde una respuesta correcta a esta cuestión podremos responder también con acierto al resto de las preguntas capitales: ¿qué puedo saber?, ¿qué debo hacer?, ¿qué me cabe esperar? Únicamente sabiendo quiénes somos, realizaremos aquello para lo que hemos venido a este mundo. Sólo así empezaremos a parecernos a lo que Dios había proyectado para nosotros. De lo contrario, pasaremos la vida entera dando palos de ciego. El gran dilema es siempre el de la identidad.

A esta gran pregunta respondemos al principio –como no podía ser de otra forma– en clave cultural, es decir, poniéndonos en relación con aquellos que nos precedieron:

eres como Juan, como Elías, como alguno de los profetas de la historia. Conocemos por correlación, por comparación, por afinidad, diferencias, puntos en común... Pero, ciertamente, cabe ir más allá. Junto al conocimiento racional, propio del pensamiento, cabe el silencioso, propio de la meditación. Cabe también el conocimiento amoroso, propio de la relación personal. Cabe, en fin, un conocimiento externo (lo que dice la gente) y un conocimiento místico o interior.

A la pregunta por nuestro propio ser sólo podremos responder de forma cabal apelando al Ser con mayúscula. Por aficionados que seamos a ellas, las respuestas circunstanciales o coyunturales no resultan finalmente satisfactorias. Podemos definirnos por nuestro oficio o profesión, por ejemplo, o por nuestra condición civil o religiosa, o como padres o madres de familia... Pero en cualquier momento podemos perder a los hijos, o al cónyuge, o vernos urgidos a cambiar de trabajo..., y no por ello nuestro yo desaparece de este mundo. Nuestras formas más habituales de definirnos son aproximaciones a la identidad que no tocan lo nuclear. Porque lo radical es el Ser, y sólo si nos definimos en su relación nos acercaremos al misterio de lo que realmente somos.

Cuando Pedro exclama *Tú eres el Cristo, el Hijo de Dios vivo*, está desvelando tanto el misterio del hombre que tiene ante él como el suyo propio.

Tú ya no te llamarás Simón, sino Pedro, y sobre esta piedra edificaré mi iglesia. El descubrimiento de la Luz arroja luz sobre nuestra propia y verdadera identidad (Pedro, no simplemente Simón) y sobre nuestra misión (ser piedra de apoyo para otros, puesto que no sabremos quiénes somos si no es en relación con los demás y para ellos).

Este descubrimiento de la propia identidad en relación a los otros está permanentemente amenazado. De ahí que convenga leer este pasaje, en el que Jesús exalta la sabiduría de Pedro, junto al que vendrá poco después, en el que le reprueba de forma casi cruel: *¡Apártate de mí, Satanás! ¡Tú piensas como los hombres, no como Dios!* (Mc 8, 33).

En última instancia, ese *tú eres el Mesías, el Hijo de Dios vivo* que exclama Pedro ante Jesús, podría decirlo cada ser humano respecto de sí mismo. Yo soy vida, yo soy hijo, es decir, yo soy alguien que puede decir que está vivo y que es la vida misma.

Si confías, si te entregas a la vida hasta el punto de identificarte con ella, recibirás tu verdadero nombre: tú eres Pedro. Y tu verdadera misión: ser piedra para una construcción. Sobre ti –que eres tan frágil–, si confías, puede construirse un imperio sobre el que ningún infierno prevalecerá y que ninguna muerte destruirá. Estamos, pues, llamados a ser piedras sobre las que otros puedan construir. Para ello –para nada más– tenemos el poder de las llaves, esto es, la clave para este conocimiento interior. Lo que abramos aquí con esas llaves, nos hará ver y disfrutar lo de allí.

Pero, atención: *Lo que atéis en la tierra quedará atado en el cielo, lo que desatéis en la tierra quedará desatado en el cielo* no significa que haya dos vidas: ésta y la otra, ultraterrena. Hay una sola vida, puesto que hay un solo Dios, que es la Vida. Significa más bien que lo que haces fuera, te lo haces dentro; que lo que haces a los otros, te lo haces a ti mismo; que lo que haces a las formas, lo haces en el fondo de tu ser. Si aquí atas, allí, en tu corazón, te estás atando. Si aquí, en cambio, desatas, allí, en tu interior, has desatado, te has soltado, has empezado a descubrir que tienes alas en tu espalda. Amar es desatar, es empezar a volar. No es en absoluto casual que la metáfora por excelencia del Espíritu sea una paloma. Amar es soltar la paloma que llevamos dentro. Por eso, aquí y ahora es uno de los nombres de Dios. Aquí y ahora desato, descubro la suavidad y ligereza del ser, comprendo que soy espíritu.

Todos estos descubrimientos, como dice el evangelista Mateo, no los revela la carne ni la sangre, sino el Padre de los Cielos. Las ciencias humanas (la psicología, la filosofía y tantas otras) pueden ayudarnos en el autoconocimiento. Pero el saber de todas estas disciplinas es siempre penúltimo, no radical. El misterio de lo que somos sólo se nos desvela por medio de la espiritualidad. Por el contacto con la Fuente, por el silencio que nos conecta con el Ser.

Si somos capaces de escuchar la voz de la conciencia y, como Pedro, de ponerla en palabras –armonizando lo de dentro con lo de fuera–, entonces Dios nos bendice *(dichoso tú, Simón)*; y nos otorga nuestra verdadera identidad *(tú eres Pedro)*; y nos hace fecundos *(sobre esta piedra voy a edificar mi iglesia)*, dándonos autoridad, que no es sino identidad reconocida *(te daré las llaves)*.

Todo este maravilloso proceso, que es el de la verdadera humanización, se despliega con una única condición: hemos de preguntarnos ¿quién soy yo?, ¿quién es Él?

77. La montaña
Somos un misterio de luz

En aquel tiempo, Jesús tomó consigo a Pedro, a Santiago y a su hermano Juan y se los llevó aparte, a una montaña alta. Y MIENTRAS ORABA, SE TRANSFIGURÓ DELANTE DE ELLOS: *su rostro resplandecía como el sol y sus vestidos se volvieron blancos como la luz. De repente, dos hombres conversaban con él: eran Moisés y Elías, que, apareciendo con gloria, hablaban de su muerte, que iba a consumar en Jerusalén. Pedro, entonces, tomó la palabra y dijo a Jesús: Señor, ¡qué bien se está aquí! Si quieres, haré tres tiendas: una para ti, otra para Moisés y otra para Elías. No sabía lo que decía. Todavía estaba hablando, cuando llegó una nube luminosa que los cubrió con su sombra. Se asustaron al entrar en la nube. Y una voz desde la nube decía: Éste es mi Hijo, el amado, escuchadle. Al oírlo, los discípulos cayeron de bruces, llenos de espanto. Jesús se acercó, les tocó y les dijo: Levantaos, no temáis. Al alzar los ojos, no vieron a nadie más que a Jesús, solo. Cuando bajaban de la montaña, Jesús les mandó: No contéis a nadie la visión hasta que el Hijo del hombre resucite de entre los muertos.* (Mt 17, 1-9; Lc 9, 28b-36)

Lo primero es la llamada de Jesús, quien en su día escogió a Pedro, Juan y Santiago, entre sus discípulos, y que ahora sigue llamando a otros, quizá también a ti. La vocación es personal, única e intransferible: resuena en la propia conciencia e invita a una relación.

Que sea personal no significa, desde luego, que no sea también universal. Que Dios llame a algunos en particular no significa que no estemos todos llamados a contemplar y a compartir, a experimentar y a expresar. Cada cual según su capacidad, pero nadie queda excluido de la llamada de la Montaña; basta escuchar su voz y secundarla.

Esta llamada al Tabor (nombre que no aparece en el evangelio, pues se trata de una localización posterior de la tradición) es para llevar a los discípulos aparte. Jesús les separa del resto. Se trata, en principio, de una segregación, si bien con vistas a una posterior congregación.

Jesús les conduce a un monte alto, que es en todas las religiones el lugar por excelencia de la presencia de Dios: la geografía espiritual por antonomasia. Si el desierto es el ámbito de la prueba o tentación –el lugar en que se lucha contra los propios demonios–, la montaña –a la que hay que subir para apartarse de lo terrenal y para respirar un aire más puro– es el de la revelación.

¿Y cómo es esa revelación o encuentro con Dios? Es una transfiguración. Es un encuentro que sucede *mientras* (Jesús) *oraba*, es decir, que la transfiguración es lo que acontece en la oración. Gracias a la oración, esta experiencia de Dios llega ahora al cuerpo y al corazón. Lo divino no interviene sin nuestra colaboración: pide nuestra disposición de apertura para poder entrar.

Pero no es que Jesús se transfigurase sólo en ese momento concreto. La transfiguración es más bien el estado habitual de su ser, es sólo que ahora, en ese monte del Tabor, los discípulos lo pueden ver. Se hacen cargo por fin de lo que tienen delante.

Como todos los milagros, también éste de la transfiguración tiene algunos signos que lo acreditan: el rostro de Jesús cambió –se nos dice–, y sus vestidos empezaron a brillar: lo que nos sucede por dentro se manifiesta por fuera. No se trata, evidentemente, de un espectáculo de luz y sonido, a modo de demostración: lo espiritual nunca es amigo de lo espectacular. Se trata, más bien, de cómo el espíritu incide en la carne, de cómo la estigmatiza. Como es visible en los grandes santos, la práctica espiritual reblandece las facciones, las dulcifica y hasta las ilumina. No en vano el término «Dios» significa luz.

La transfiguración, por tanto, no alude a un cambio de sustancia, sino de figura: en Jesús no se ha producido aquí una transformación en lo esencial, sino sólo en lo aparente. Lo que se quiere resaltar es que es en la carne de Jesús donde se manifiesta la gloria de Cristo. Que es en lo profano donde, paradójicamente, podemos hallar lo sagrado. Que nuestra naturaleza original es un diamante, y que hay ocasiones –místicas– en las que se nos concede poder verlo.

Una persona transfigurada es alguien que ha «visto» y que, por eso, ha comprendido. La comprensión es fruto de una visión, es la visión la que te transfigura. Pero esto no es un privilegio de unos cuantos iluminados, sino que todos participamos de esta identidad transfigurada. Nosotros somos un misterio de luz; es sólo que no lo vemos, que necesitamos escuchar la llamada al monte para descubrirlo. Descubrirlo supone superar la pesadilla de la separación en que vivimos, darnos cuenta de que formamos un todo y de que estamos a su servicio. Así que la llamada a la montaña es a descubrir nuestra naturaleza original, nuestro verdadero ser.

Esa naturaleza, ese Ser, se refleja en Jesucristo de manera excepcional. Él es para sus discípulos el mejor espejo de su propia identidad. Él les recuerda quiénes son ellos mismos y les invita a que sean «un espejo del ser» para los demás. De modo que lo que se llama «gloria de Dios» nada tiene que ver con lo que se entiende por gloria humana: cetros, coronas, fama, honores, poderío… Todo eso no es más que la gran tentación, la gran tergiversación. Nuestras ideas religiosas en general y, en particular, la de un Dios omnipotente, son casi siempre lo que mayormente nos impide comprender a Jesús.

Lo que él enseñó, por el contrario, es que hemos de deshacernos de la escoria de nuestro falso yo para descubrir el oro puro de nuestro verdadero ser. Tantas veces, sin embargo, seguimos esperando que Dios recubra de oropel o de purpurina la escoria que a menudo somos, confiando en que así todos caerán rendidos ante nuestro esplendor.

La gran pregunta que el Tabor presenta es si aceptamos que es en la carne, débil y enfermiza, donde acaece el milagro de la luz. O si más bien preferimos seguir soñando con luces falsas y refulgentes, ajenas a nuestra condición humana, necesariamente frágil y mortal.

En medio de esta maravillosa visión aparecen de pronto dos personajes: Moisés y Elías. Sabemos que también ellos recibieron en una montaña la revelación de Dios. Ahora aparecen aquí, dialogando con Quien es la revelación de Dios en persona.

Moisés y Elías son los símbolos de la Ley y de los Profetas, es decir, los dos pilares de la religiosidad judía. Es así como el escritor sagrado está mostrando la continuidad de la propuesta de Jesucristo con su pasado cultural.

Ahora bien, en el centro de esta tríada profética está Jesús, lo que significa que Él es para ellos la referencia última: el cauce o camino por antonomasia para el despertar espiritual.

Aún en ese trance de gloria, Moisés y Elías están hablando de la muerte. Esto indica que ni en el mayor de los éxtasis desaparece el dolor y el sufrimiento. Que la luz no olvida o margina la oscuridad, sino que, misteriosamente, la integra.

El cabecilla de esta tríada apostólica se siente tan a gusto que exclama: *Maestro, ¡qué bien se está aquí! ¡Hagamos tres tiendas!* En su significado más histórico, esas chozas o tiendas que Pedro pretende confeccionar para prolongar aquel glorioso momento son una clara alusión a una fiesta judía en la que se conmemoraba el paso por el desierto, de la esclavitud a la libertad. Pero en su significado más espiritual, esas chozas son lo mismo, exactamente lo mismo, que habríamos pedido cualquiera de nosotros. Porque siempre deseamos instalarnos al calor de nuestros descubrimientos para disfrutar a nuestras anchas de la luz, de la paz, del círculo de bienestar que en ocasiones nos regala la vida (la mundana, pero también la espiritual).

¡Si al menos fueran simples tiendas lo que pretendemos instalar cuando la vida nos va bien! Pero no. ¡Qué va! Más bien montamos castillos (en el aire), templos (fastuosos), modernos apartamentos (súper-equipados... ¡y con video-cámaras de vigilancia!). Y no sólo castillos, templos o refugios materiales, sino sobre todo afectivos e ideológicos (o incluso teológicos, para poner a Dios al servicio de nuestro ansiado bienestar).

Pedro *no sabía lo que decía*, nos advierte el evangelista. Tampoco nosotros lo sabemos al pasarnos la vida trabajando para luego (pero ¿¡cuándo!?) poder descansar... El principal ídolo, el peligro fundamental, es el bienestar. Nuestro deseo de bienestar es tan total y generalizado que tratamos de aplicarlo también a lo espiritual. Pero lo espiritualmente rico suele ser corporalmente incómodo: instalarse en lo que ya se tiene supone siempre un riesgo fatal.

Tú estás llamado a subir a la montaña y a bajar de ella casi constantemente; tan peligroso es para ti permanecer demasiado tiempo arriba como abajo. Hay que permanecer arriba y hay que permanecer abajo, pero sólo el tiempo necesario.

De pronto aparece una nube, que es el modo en que Dios se manifestó a Moisés en el desierto. La nube es un símbolo de la presencia protectora de Dios en la adversidad. Se trata de una nube luminosa –según leemos–, pero también de una nube que ensombrece: interrumpe la visión, la difumina o enturbia. Revela, pero también vela.

Creíamos estar con Dios, y de pronto ya no estamos tan seguros. Conocer a Dios es desconocerle, entrar más y más profundamente en su misterio. Es *la nube del no saber* la que impide que la experiencia se convierta en seguridad –y que termine por matar el camino.

Entrar en esa nube asusta –es lógico–, pues se pierden las habituales coordenadas de referencia. Asusta porque se entra en otra lógica. O porque no hay lógica en absoluto ni suelo bajo nuestros pies. A nadie le gusta caer y, sin embargo, la caída es la condición del vuelo. No, no hay posibilidad de experimentar la maravilla sin pasar por el temor y el temblor de esa nube.

Esa nube adviene sólo cuando se ha superado la tentación del bienestar, nunca antes. Esa nube –esa divina confusión– es la que te va a permitir que escuches tu consciencia.

La voz de la consciencia –la consciencia en forma de voz– siempre te dice esto: *Éste es mi Hijo, el escogido, escuchadle*. En la mentalidad bíblica, la voz es el medio por el que Dios comunica su voluntad. Por eso, el imperativo ético por excelencia –tanto para judíos como para cristianos– es escuchar: *Escucha, Israel*. Hoy y aquí lo traducimos así: medita, es decir, retírate, relájate, recógete. Atiende a la aventura que llevas dentro. Si la atiendes, descubrirás que tú eres el hijo, es decir, que puedes confiar. Que no eres el origen de todo –y mucho menos el centro–, que estás ligado a todo en una relación de interdependencia, que todo es tu familia.

Escucha esta verdad y escúchate para descubrir esta verdad.

Claro que escuchar no es sólo cuestión del oído, puesto que se escucha con todo lo que somos: los ojos, las vísceras, el corazón… Escuchar es tanto como practicar la hospitalidad. Éste es todo el misterio de la meditación silenciosa.

Mantenerse en esa nube del no saber, simplemente escuchando, no es, desde luego, tan fácil; de ahí que los discípulos se caigan de bruces. Ésta es nuestra experiencia habitual: caemos en la realidad. Cuando parecía que todo empezaba a marchar, la vida nos abofetea y nos saca a la fuerza de nuestro ensueño. Aunque nos fastidie, necesitamos periódicamente caer de bruces: chocarnos con las cosas como son, confrontarnos unos con otros, desilusionarnos de los demás y de nosotros mismos, flaquear, desmoronarnos, volver a levantarnos...

Sólo así hacemos la experiencia del Jesús que se acerca, pues Él se acerca únicamente al que está caído. Sólo así hacemos la experiencia del Jesús que toca, pues nunca nos levantaríamos sin su toque amoroso. Sólo así escuchamos la orden que siempre deseamos oír: levántate, vive a la altura de ti mismo. No, no nos alzaríamos del polvo sin esa voz, tan taxativa como delicada, que nos interpela y que nos devuelve la dignidad.

Hay que bajar del monte, no es posible permanecer siempre arriba, en la visión. Hay que volver al mercado, a la ciudad, con los otros, al trabajo de cada día, con nuestros compañeros y con nuestra familia... La montaña es un escenario excepcional, pero necesario.

Has de subir a la montaña periódicamente, pero no para construir en ella tres tiendas, desentendiéndote de todo lo demás, sino para poder ver de nuevo cómo son de verdad las cosas, para que no se te olvide que lo que allí has visto es real.

Contra lo esperado, Jesús no invita a ir por ahí contando a todo el mundo lo que acaban de ver y experimentar. No quería publicidad, pero predicaba. Curaba, pero exigía que sus curaciones se mantuvieran en secreto. Realizaba gestos sorprendentes, pero era reacio a lo milagrero. Se movía siempre en un filo paradójico y sutil. En esta ocasión, dice: callad lo que habéis visto, no lo profanéis con palabras, no lo devaluéis al comunicarlo, guardadlo en el corazón para que allí crezca y se haga fuerte. Que la propia experiencia hable por sí misma en vosotros, sin necesidad de que la traduzcáis. No se trata de hablar, sino de ser. Ser la Palabra. Todo lo demás viene por añadidura.

78. La reprimenda
Ninguna iluminación es un antídoto definitivo

A partir de entonces comenzó a explicar a los discípulos que habría de ir a Jerusalén, padecer mucho por causa de los senadores, sumos sacerdotes y letrados, sufrir la muerte y al tercer día resucitar. Pedro se lo llevó aparte y se puso a increparlo: ¡Dios te libre, Señor! No te sucederá tal cosa. Él se volvió y dijo a Pedro: ¡APÁRTATE DE MÍ, SATANÁS! Quieres hacerme caer. Tú piensas como los hombres, no como Dios. (Mt 16, 21-23)

El mismo hombre sobre quien Jesús prometió edificar su iglesia y a quien entregó las llaves del Reino (Mt 16, 13-20) es al que ahora aparta con desdén. El mismo Pedro que asiste, junto a un pequeño grupo de escogidos, al milagro de la transfiguración es a quien ahora Jesús no duda en llamar Satanás. ¿Qué significa esto?

Una situación similar entre el maestro y su discípulo se producirá con ocasión del famoso lavatorio de pies. Allí, ante la loca idea de que Jesús realizase una tarea reservada a los esclavos, Pedro, preso por la indignación, exclama: *¡No lo permita Dios, Señor! Eso no puede pasar* (Mt 16, 22). *No me lavarás los pies jamás* (Jn 13, 8). ¿Qué es lo que le sulfura tanto? ¿Por qué se resiste con tanta vehemencia? Un mesianismo por la vía del abajamiento y del servicio le resulta a Pedro inadmisible. Él no está dispuesto a aceptar que la salvación pueda llegar por lo pequeño. Todavía cree que los pensamientos de Dios son los del mundo. Todavía no ha entendido que hay que probar el sabor del fracaso mundano para vivir las bienaventuranzas.

La resistencia de Pedro es la misma que la de cualquier buscador espiritual de cualquier tiempo. Todos estamos apegados al mundo y a su lógica, no aceptamos la Pasión, nos escandaliza la propuesta de Jesús. Es la misma resistencia que tiene la sociedad contemporánea (y la de siempre) frente al cristianismo. Es el ego –personal y colectivo– que no se resigna a claudicar y que presenta, una y otra vez, su batalla.

Ninguna iluminación es un antídoto frente al infierno, éste es el sentido profundo de este pasaje. Pedro ya había sido iluminado en el Tabor cuando negó por tres veces consecutivas a su maestro. Toda experiencia, mientras estemos en este mundo, puede ser contrastada. Cabe que la oscuridad vuelva a sorprendernos cuando estamos en medio de la luz, pensando haber llegado quién sabe adónde y confiando en haber superado no sé cuántas etapas. De pronto –sin explicación posible–, volvemos a estar en el fango. Definitivamente, la vocación de un hombre no se sabe con certeza hasta que no se ha muerto.

Mientras que la pasión nos escandalice y asuste, estaremos todavía lejos de la verdadera luz. Mientras el dolor nos descoloque, seremos merecedores todavía de un correctivo semejante al que aquí recibe Pedro de labios de Jesús. La luz no excluye la sombra, la incluye, la alumbra. Hay que bajar y lavar muchos pies para intuir algo semejante. Hay que sumarse día tras día a esa caravana que permanentemente sube hacia Jerusalén en la historia de la humanidad.

La actitud de Pedro (negar la realidad cuando no nos gusta) es la más frecuente de todas. Alguien nos informa que debe someterse a una intervención quirúrgica de cierta gravedad y, sin apenas darle tiempo a que nos precise de qué se trata, le decimos: seguro que no es nada. Una pareja rompe su vida conyugal y familiar tras veinte años de vida en común y, casi mecánicamente, le aseguramos: seguro que es para bien. En cuanto la sombra hace su aparición, la negamos.

Según este texto, sin embargo, pareciera que esta negación de la oscuridad es, precisamente, la vía por la que entra en el hombre el diablo –por decirlo con la terminología evangélica. ¿No será entonces que lo oscuro tiene también sus derechos? ¿No será que su sistemática negación es la causa de su instalación en el corazón humano?

También hay que considerar aquí el movimiento complementario, puesto que la luz es normalmente cuestionada en cuanto aparece. Alguien se asocia a un grupo religioso y nos falta tiempo para pensar: ¡Otro que ha sido víctima de una secta! Una mujer se enamora de un hombre acaudalado y no hay quien no sospeche: ¿No irá tras sus dineros? Nuestra permanente y automática puesta en tela de juicio tanto de la luz como de la sombra revela nuestra fatal tendencia a vivir en la indefinición y en la ambigüedad. Pero un mundo en el que las cosas no son blancas o negras, sino grises, es un mundo que pierde definición y, con ello, enturbia nuestro entendimiento y confunde nuestro corazón. Muchas perspectivas son posibles y legítimas, pero no todas. Si todo cabe, hemos sucumbido al agnosticismo y al relativismo moral.

En nuestro clima cultural, moralmente relativista, la reprimenda de Jesús a Pedro, tan bienintencionado, resulta casi anacrónica. En nuestra habitual atmósfera de generalizada tolerancia, nadie se atreve hoy a reprender a nadie. La llamada corrección fraterna, practicada por las comunidades cristianas de antes, parece hoy bastante pasada de moda. Esta desaparición, sin embargo, no obedece en la mayor parte de los casos a un creciente respeto a la diversidad ajena, sino más bien a una generalizada indiferencia.

79. La perseverancia
Permanecer en el amor pase lo que pase

Le dice Simón Pedro: Señor, ¿adónde vas? Le respondió Jesús: A DONDE YO VOY NO PUEDES SEGUIRME POR AHORA, ME SEGUIRÁS MÁS TARDE. *Le dice Pedro: Señor, ¿por qué no puedo seguirte ahora? Daré mi vida por ti. Le contesta Jesús: ¿Que darás la vida por mí? Te aseguro que antes de que cante el gallo, me negarás tres veces.* (Jn 13, 36-38)

Estamos en la Última Cena, Jesús está a punto de marcharse al monte de los Olivos para vivir su trágica noche. Pedro no se resigna y se destaca del resto con estas palabras: *Aunque todos pierdan su confianza en ti, yo no* (Mt 26, 33). No sabe hasta qué punto es flaca la devoción que cree sentir por su maestro, quien le predice sus negaciones. Las horas decisivas están por llegar. Todavía tiene que cantar el gallo, es decir, Pedro tiene todavía que despertar.

Desconcertado por el decurso de los acontecimientos, Pedro no entiende nada. Está demasiado apegado a su admiración por Jesús, demasiado apegado a la pasión que experimenta por ese hombre de carne y hueso. Mucho menos todavía puede entender las últimas palabras que Jesús le dedica, signo de su misión como pastor universal: *yo he rezado por ti para que no falle tu fe. Y tú, una vez convertido, fortalece a tus hermanos* (Lc 22, 32).

Señor, ¿adónde vas? Ésta es siempre la pregunta del amado. Queremos ir donde dicta nuestro corazón, por supuesto; pero también hay algo, en ese corazón nuestro, que todavía no lo quiere del todo. *A donde yo voy no puedes seguirme por ahora; me seguirás más tarde.* Hay que esperar, aunque la idea no nos guste. Hay que prepararse, la vida no puede darse de golpe, cuando a uno le da la gana, sino poco a poco. ¿A qué esperar? Al despertar. ¿Por qué seguir esperando? Para entregar a otros nuestro despertar. Para irnos pareciendo al Hijo. Para llegar a ser realmente otro Cristo.

Cuando padecemos una crisis de ansiedad, no queremos ni oír hablar de que nos hagan esperar. Cuando los jóvenes toman un camino equivocado, nos parece muy bien decir que conviene esperar a que vuelvan al camino correcto, pero sólo si no son nuestros hijos. Cuando un ser querido está en vida vegetativa y en cuidados paliativos, nos escandaliza que nos digan que hay que esperar. ¡¿Esperar a qué, Dios mío?! Le enmendamos la plana a Dios en más de una ocasión, vaya eso por adelantado. La dificultad de esperar radica en que creemos que nuestro ritmo es mejor que el propuesto por Dios. Que Dios, por decirlo claramente, es demasiado lento.

Pero entonces –nos preguntamos–, ¿es bueno que mis hijos se hagan un daño irremediable? ¿Es bueno que esta familia pase tantos años sufriendo, en una situación sin salida? ¿Es bueno no entender, claudicar de nuestro impulso a comprender, rendirse a lo que hay y abandonar la lucha? Esperar es mantener con buen ánimo la tensión del cumplimiento.

Te lo aseguro, cuando eras joven, tú mismo te ceñías e ibas a donde querías; cuando envejezcas, extenderás las manos, otro te ceñirá y te llevará a donde no quieres (Jn 21, 18).

Se trata de esperar hasta llegar al punto en que realmente ya no quieres esperar más, puesto que sólo así estará tu entrega despojada de tu propia voluntad. Se trata de esperar hasta llegar al punto en que dejes de decirle a Dios qué es lo que tiene que hacer para ser Dios. Hasta el punto en que aceptas con tranquilidad y alegría lo que Él decida. Éste es un camino muy largo, desde luego: hay que atravesar mucha debilidad física, mental y espiritual –imbricadas una en la otra– para llegar a una espera así, tan pura y desinteresada.

Lo primero que debe aprender Pedro es a devolver la espada a su vaina. *Simón Pedro, que iba armado de espada, la desenvainó, dio un tajo al siervo del sumo sacerdote y le cortó la oreja derecha (el siervo se llamaba Malco)* (Jn 18, 10-11). No es así como debe entregar su vida, la no violencia es siempre la primera lección. En segundo lugar, debe aprender a reconocer su traición: *Salió afuera y lloró amargamente* (Lc 22, 54-62). El fracaso es la segunda lección. Debe aprender a beber la copa que le dará el Padre. Ésta es la lección definitiva. Con esa copa, Pedro podrá identificarse por fin con su amado maestro, por quien tan inconsciente y prematuramente había asegurado querer dar la vida.

Nos asusta la enfermedad y la vejez no tanto por el dolor o los achaques que comportan, sino porque nuestro desvalimiento implicará que no seremos autosuficientes y que dependeremos de los demás. Todos queremos amar –¡claro!–, pero no ser la ocasión para que otros nos amen. Nos gusta amar activamente, pues así nos autoafirmamos.

La lección pendiente para cualquiera de nosotros es la de la pasividad: pasar del hacer al ser, de la actividad a la contemplación. Ser para que otros hagan y contemplar lo que los otros hacen (también en nosotros). Eso es lo que todo discípulo debe aprender: no a ser un héroe, sino precisamente un discípulo.

A los cincuenta, conocí los decretos del cielo. A los sesenta, los escuché con oídos dóciles, escribió sabiamente

Confucio. Tal vez podría haber añadido que a los setenta empezó a vivirlos y a los ochenta pudo transmitírselos a los demás. Hay que aprender a esperar, a perseverar, a permanecer, pase lo que pase, en el amor y en la oscuridad.

La vida la damos lo queramos o no, pero a menudo no en el modo en que nos gustaría. Darla requiere tres pasos. Uno: superar la tentación de la violencia (pensar que podemos imponer nuestra voluntad). Dos: llorar por nuestra flaqueza y purificar nuestra intención. Y tres: esperar a que el amor nos vaya ablandando. Esperar a estar por encima de los propios deseos. Esperar para dejarse forjar por el Espíritu a imagen de Cristo, a su ritmo.

80. La pregunta
La sabiduría debe verificarse en compasión

> Dice Jesús a Simón Pedro: Simón de Juan, ¿me quieres más que
> éstos? Le responde: Sí, Señor, tú sabes que te quiero. Le dice:
> Apacienta mis corderos. Le pregunta por segunda vez: Simón de
> Juan, ¿me quieres? Le responde: Sí, Señor, tú sabes que te quiero. Le
> dice: Apacienta mis ovejas. Por tercera vez le pregunta: Simón de
> Juan, ¿ME QUIERES? Pedro se entristeció de que le preguntara por
> tercera vez si lo quería y le dijo: Señor, tú lo sabes todo, tú sabes que
> te quiero. Le dice: Apacienta mis ovejas. [...] Dicho esto, añadió:
> Sígueme. (Jn 21, 15-17; 19)

Jesús parece no cansarse de preguntarle a Pedro por el
amor que le profesa. La vida, después de todo, nos hace
continuamente esta misma pregunta. Cada momento es
una invitación a fundirnos en él o, por contrapartida, a
rechazarlo y escaparnos quién sabe adónde. A cada instante debemos elegir entre involucrarnos o quedarnos fuera, entre ser generosos o apáticos, entre responder o, simplemente, reaccionar. *¡Sígueme!*, ésa es la llamada que nos
hace a cada instante la vida. *¿Me quieres?*

Pedro es el hombre que ha negado a Jesús y que se ha purificado con sus lágrimas. Por eso ahora es capaz de responder: *Señor, tú sabes que te quiero.* Es una respuesta
dada con el corazón, no con la cabeza o con las vísceras.
Es una respuesta que apunta al horizonte más noble: el
amor. Pero también es una respuesta dada con la cons-

ciencia del propio límite. Una declaración de amor que no haya pasado por la experiencia del fracaso amoroso, es poco fiable.

Para entender su *Señor, tú sabes que te quiero*, dicho con tanto corazón, hay que entender al menos otras dos afirmaciones suyas que preceden a ésta: *¡No lo permita Dios, Señor! Eso no puede pasarte* (Mt 16, 22), exclama Pedro cuando Jesús predice su Pasión. *¡No me lavarás los pies jamás!* (Jn 13, 18), protesta cuando ve que su maestro se rebaja hasta el punto de asumir una faena de esclavos. ¡Qué duro es ver pequeños a quienes creemos grandes!

Este Pedro, que se resiste a que se cumpla el trágico destino de su maestro tiene un corazón noble, pero inmaduro. Esta inmadurez suya la mantiene casi hasta el final, cuando desenvaina la espada y corta la oreja del criado Malco, para defender a Jesús cuando vienen a prenderlo. Con todo lo que ya ha visto y oído, todavía no se ha enterado de nada. No se ha hecho cargo aún de que el amor no es cuestión de fuerza, arrojo o confrontación.

¿Qué le falta entonces a Pedro para madurar? Ya ha llorado por su traición. Ya ha limpiado su mirada con lágrimas y se ha dado cuenta de que ningún amor puede edificarse sobre uno mismo. Ahora que por fin ha dicho: *Sí, Señor, tú sabes que te quiero,* lo que le queda de vida es para hacer realidad esta afirmación. Le queda la vida entera, tras la partida de su maestro, para ir realizando en su vida, poco a poco, la voluntad de Dios. Para irse dejando colonizar del todo por su Señor. Sólo desde aquí puede entenderse que Jesús le responda por tres veces consecutivas con un *apacienta mis corderos*. El amor que se le profesa –ésa parece ser la conclusión– debe traducirse en repetida y paciente atención a los más débiles. La sabiduría debe verificarse y acrisolarse en compasión.

Nosotros –eso no hay ni que decirlo– preferiríamos que todo fuese de golpe, en un único acto, heroico y definitivo. De este modo, nos quitaríamos el asunto de encima. El obrar de Dios en el hombre, sin embargo, es siempre poco a poco. No hay amor sin pedagogía. La historia de amor entre Jesús y Pedro es una lección magistral del amor pedagógico de Dios. Es la historia de cómo un ego va cediendo hasta finalmente quedar vencido. Es el relato de cómo se prepara, tras años de aventuras y desventuras, el corazón de un pastor.

Un pastor como Dios manda tiene que haber sido un necio, haberse resistido, haber llorado… Un pastor como Dios manda tiene que haber pasado, de algún modo, por todas las situaciones por las que pasan sus ovejas. Sólo así podrá decir que las conoce. Sólo así se sentirán ellas conocidas y llamadas por su nombre. La formación de un pastor de almas es necesariamente atribulada. Sólo así, algún día, podrá su vida ser espejo del Buen Pastor.

Sentarse a meditar, día a día, con inquebrantable fidelidad y con una humildad puesta a prueba, es el signo incontestable de que queremos escuchar, una y otra vez, esta pregunta: *Pedro, hijo de Juan, ¿me amas?* La vida que llevemos –sólo eso– será nuestra respuesta.

X

Metáforas de la identidad

81. Yo soy la puerta
Un maestro de verdad nunca se apunta a sí mismo

Os lo aseguro: el que no entra por la puerta en el redil, sino saltando por otra parte, es ladrón y bandido. El que entra por la puerta es el pastor del rebaño. El portero le abre, las ovejas oyen su voz, él llama a las suyas por su nombre y las saca. Cuando ha sacado a todas las suyas, camina delante de ellas y ellas detrás de él, porque reconocen su voz. A un extraño no lo siguen, sino que escapan de él, porque no reconocen la voz de los extraños. Ésta es la parábola que Jesús les propuso, pero ellos no entendieron a qué se refería. Así pues, les habló otra vez: Os aseguro que yo soy la puerta del rebaño. Todos los que vinieron antes de mí eran ladrones y bandidos; pero las ovejas no los escucharon. Yo soy la puerta: QUIEN ENTRA POR MÍ SE SALVARÁ; PODRÁ ENTRAR Y SALIR Y ENCONTRAR PASTOS. (Jn 10, 1-9)

Encontrar un gran amor es posiblemente lo mejor de cuanto puede brindarnos la vida. No ya porque de este modo encontramos a una persona que nos quiera y a quien querer, sino porque gracias a esa persona amada hallamos la puerta para amarlo todo. Ésta es la cuestión: no podemos amarlo todo (que es lo que deseamos) más que amando algo o a alguien a fondo. El ser amado no es la casa, sino una puerta para entrar en casa.

Encontrar un gran maestro es tan maravilloso y capital en la vida de un hombre como encontrar un gran amor. No se da uno cuenta de hasta qué punto estaba necesitando un maestro hasta que de hecho lo encuentra. Porque un maestro –como un amor– es una puerta para amarlo todo, para aprenderlo todo, para ser el discípulo –el hijo– que estamos llamados a ser. Nada necesitamos más que un padre, que un origen. Y necesitamos también de un camino o de un maestro que nos lo muestre y que nos conduzca hasta él. Al final del camino está el origen: sólo así descubrimos que pasado, presente y futuro son todo uno.

De todas las definiciones que Jesús da de sí mismo *(Yo soy el pan de vida, yo soy la luz del mundo, yo soy el buen pastor…)*, quizá sea ésta –la puerta– la más indicada para adentrarse en estas metáforas de su identidad. Porque Jesús dice de sí que él es el camino, la verdad y la vida; que él es la vid verdadera, que él es la resurrección y el agua viva… Todas estas imágenes son muy hermosas y elocuentes, y todas ellas expresan –como sólo sabe hacerlo la poesía– que Él vino para que tengamos vida en abundancia. No para juzgar. Mucho menos para condenar. Sólo la vida es el criterio para medir la presencia de lo divino.

Una metáfora es una palabra que nos acerca a una realidad a la que no podríamos acceder de otra forma. Las metáforas son las palabras más abiertas, pero no porque no sean concretas, sino porque estimulan la imaginación. Una verdadera metáfora nunca se acaba, es como un pozo del que siempre es posible sacar agua. Las metáforas son símbolos verbales: nos unen con lo que no podemos ver, sea porque está muy lejos o muy cerca.

Así sucede con Jesús como metáfora de Dios, o con la luz como metáfora de Cristo. Y así sucede también con la metáfora puerta. Jesús dice que él es la puerta, aunque no se trata, ciertamente, de una puerta cualquiera. Él es la puerta del redil, es decir, la puerta del lugar donde hay vida y protección. Fuera del redil de la vida reina la confusión y la muerte. Por eso mismo, quienes no entran por esa puerta, quienes no están vivos, están necesariamente fuera de ese reino de cuidado y atención.

El camino es un lugar de tránsito, la puerta es el lugar del pasaje. Un maestro de verdad nunca se apunta a sí mismo. La puerta no invita a quedarse en ella, sino a entrar en el edificio del que forma parte. Jesús (la puerta) forma parte de la casa (el Padre, el Reino, el amor).

Somos lo bastante sagaces como para saber la estación del año que se avecina a partir de algunos signos que nos da la naturaleza. Quienes han cultivado su inteligencia y sensibilidad pueden también, a partir de algunos signos, deducir qué es lo que nos pasa a las personas por dentro y por qué se nos hace tan difícil acceder a ese Reino. *Cuando las ramas se ponen tiernas y brotan las yemas, deducís que el verano ya está cerca* –leemos en Marcos–; *pues cuando veáis suceder todo esto, sabed que Él está cerca, a la puerta* (Mc 13, 24-32). De modo que la luz del conocimiento sirve para separar el trigo de la paja. Para discernir.

La puerta, como símbolo, nos habla de la posibilidad de acceder al mundo espiritual. Pero también nos sitúa ante la necesidad de optar entre pasar al otro lado o quedarnos fuera. Por eso mismo, toda búsqueda espiritual se articula a partir de una serie de ritos de paso. Toda búsqueda espiritual es necesariamente un itinerario, un proceso. Poco a poco vamos sabiendo cómo de lejos o de cerca está ese Reino. En realidad, Él y su Reino están siempre cerca: no pueden ni quieren alejarse. Hablar de distancia o de cercanía es aquí lo mismo en el fondo que hablar de consciencia o inconsciencia. La práctica meditativa ayuda a conocer y a saborear Su cercanía, a descubrir Su misteriosa ausencia como una buena noticia. Él está a la puerta, es decir, en el umbral entre la atención y la distracción.

Mira que estoy llamando a la puerta. Si alguno oye mi voz y abre la puerta, entraré en su casa y cenaré con él y él conmigo (Ap 3, 20). Son frases alentadoras, que estimulan la búsqueda. Pero en la Escritura también las hay –y muchas– amenazantes y hasta terribles: *Las vírgenes que estaban preparadas entraron con él a la boda y se cerró la puerta. Más tarde llegaron también las otras vírgenes diciendo: ¡Señor, Señor, ábrenos! Pero él respondió: os aseguro que no os conozco* (Mt 25, 10-12; Lc 13, 25).

Así que la puerta, aunque nos pese, es también un símbolo de la selección (puesto que no todos son o somos dignos de entrar por ella). De hecho, Jesús advierte que esa anhelada puerta es estrecha, pues exige conversión para poder traspasarla (Mt 7, 13-14; Lc 13, 24).

En el cristianismo, esa puerta estrecha es el bautismo. Cuando Jesús es bautizado en las aguas del Jordán, las puertas del cielo se le abren –según relata el evangelista– para que sea así la entera humanidad la que tenga acceso al Espíritu (Lc 3, 22). Meditamos en busca de esa puerta santa que nos conduzca a lo que está vivo. Meditamos para darnos cuenta de que tenemos y somos lo que buscamos. De que la puerta… ¡somos nosotros!

Nos pasamos la vida –a veces toda ella– buscando una puerta que nos conduzca a la felicidad: la puerta del despertar o de la iluminación; la puerta de la palabra y los sacramentos; la puerta del arte, la de los hijos… No importa demasiado cómo la llamemos.

Hay quienes encuentran esa puerta tras mucho buscarla, o incluso sin buscarla demasiado. ¿Ha llegado para ellos el instante de la dicha? No, todavía no, puesto que lo más habitual es que esa puerta se encuentre cerrada cuando se llega a ella.

Al principio llamamos con los nudillos, con suavidad y educación. Más tarde la golpeamos con fuerza, al comprobar una y otra vez que somos ignorados. Nuestro descorazonamiento llega a tal punto que hasta nos planteamos echar la puerta abajo, desvencijar la cerradura… Porque no parece que haya forma humana de que se abra. No la hay. Y nos desesperamos.

Finalmente, rendidos a la evidencia, nos sentamos frente a esa puerta y empezamos a mirarla, aunque por sí misma no tenga el menor interés. Registramos entonces en nuestro corazón los sentimientos más variados: rabia, aburrimiento, esperanza, resignación...

Sólo hay una forma para que esa puerta se abra (o al menos así fue como se abrió para mí): sentarte frente a ella y decidir que no te moverás de ahí el resto de tus días, pase lo que pase. La puerta se abre cuando aceptas estar ante ella aunque no se abra.

Cuando traspasas el umbral (el umbral de la contemplación), descubres algo sorprendente: lo que hay al otro lado... ¡es lo mismo que lo que hay en éste! No ha cambiado nada, eres tú quien ha cambiado. Has pasado del pensar al percibir, del hacer al ser. Haces cosas, pero podrías no hacerlas y sería lo mismo. Eso, sin embargo, hace que todo sea muy diferente.

Cuando estás al otro lado descubres que había muchas puertas, muchísimas, y que podías haber entrado por cualquiera de ellas. Está la puerta de la religión, por ejemplo, pero también la del amor a la pareja, la puerta de la filosofía, la del ejercicio físico, la de la enfermedad, la de la ayuda a los pobres... En realidad, todo sin excepción es una puerta, es decir, una ocasión para el despertar: un viaje, el sabor de una fruta, la sonrisa de un niño, una mala noche... Cuando se descubre que todo es una puerta, lo que en verdad se está descubriendo es que no hay puerta alguna. ¡Que ya estabas dentro!

82. Yo soy el buen pastor
Existo cuando te escucho decir mi nombre

Al desembarcar, vio una gran multitud y SINTIÓ COMPASIÓN DE ELLOS, PUES ERAN COMO OVEJAS SIN PASTOR. *Y se puso a enseñarles muchas cosas. [...] Yo soy el buen pastor: conozco a las mías y ellas me conocen, como el Padre me conoce y yo conozco al Padre; y doy la vida por las ovejas.* (Mc 6, 34; Jn 10, 14-15)

Nuestras sociedades no son hoy mayoritariamente agrícolas o ganaderas, de modo que decir que Jesús es el Buen Pastor parece algo trasnochado que necesita renovarse. Esta metáfora pastoril, sin embargo, no es en absoluto intercambiable por cualquier otra. Como tampoco lo es llamar a Dios Padre, por dar otro ejemplo, o utilizar los símbolos del pan y del vino en la misa.

Más allá de esta cuestión cultural, la imagen del pastor nos resulta hoy obsoleta porque nuestro corazón se ha endurecido y ya no se compadece al ver a tanta gente vagando de aquí para allá, entregándose a todo tipo de experiencias –incluyendo las más peligrosas y destructivas–, sin nadie que les diga absolutamente nada. Sin nadie que se preocupe por ellos. Perdidos como ovejas sin pastor. Lo más probable es que esta metáfora haya perdido vigencia por indiferencia ante el destino ajeno. Porque pensamos que la vida de los otros es simplemente suya, no también nuestra. Por individualismo y cerrazón. Ahora bien, enseñar al que no sabe sigue siendo una virtud. Como guiar al que se ha perdido, orientar al confuso, o apuntar hacia la luz a quien vive entre tinieblas. No se trata de estúpidos paternalismos, sino de corresponsabilidad y, en última instancia, de sentimiento de pertenencia a una gran familia.

Al desembarcar Jesús vio un gran gentío y sintió compasión de ellos, pues eran como ovejas sin pastor, y se puso a enseñarles muchas cosas.

Estamos en un redil y ese redil es la vida. Si no entramos en ese redil, si no estamos en la vida, no tendremos acceso a su misterio. Todo lo que se diga de Dios que no pase por la vida es sencillamente ideológico. Podrá amueblar la cabeza, pero no alimentará el alma.

Estar en un redil significa que la vida no nos pertenece, sino que somos nosotros quienes pertenecemos a ella. Pertenecemos a ese redil, ¡estamos vivos! Pertenecer a alguien es tanto como haberse unido a él –o a ella– irrevocablemente. ¿Sentimos que la vida nos cuida o que le trae sin cuidado lo que nos suceda? Tener fe es saber que la vida no es neutra o aséptica, sino que está decididamente de nuestra parte. Es el caso: Alguien vela por nosotros, nos saca por la mañana a los pastos, nos vela durante el día –por si nos perdemos–, nos alimenta solícitamente y nos recoge por la noche. Él no es únicamente nuestro pastor (quien nos vela en el redil), sino que también es nuestro pasto (se deja comer para alimentarnos). No estamos dejados de la mano de Dios, sino precisamente cuidados por Él.

Por supuesto que a nadie le gusta hoy ser comparado con una oveja, sobre todo por la connotación de gregarismo y sumisión que encierra esta imagen. Lo cierto es, sin embargo, que quien no ha experimentado ser cuidado, difícilmente podrá cuidar de nadie. Nadie puede dar lo que no tiene. Todo verdadero padre ha sido antes hijo. Es reconociendo una guía como se puede guiar a otros. Esta ley vale tanto para la transmisión biológica como para la de la sabiduría.

Decir esto es hoy una provocación, puesto que pertenecemos a una generación que, como se ha repetido hasta la saciedad, ha «matado» al padre. En nuestra búsqueda de la mayoría de edad o madurez, hemos dinamitado el principio de autoridad. Esto nos ha conducido a la situación actual, de gran desorientación: nadie quiere ser responsable de nadie; nadie se erige en maestro de nada; todos preferimos la comodidad del hijo o del discípulo que espera que todo se lo den hecho.

Sin embargo, conscientes o no, casi todos sentimos, bajo distintas formas, la nostalgia de un padre, de un pastor: de un fundamento en el que apoyarse, de alguien a quien recurrir y que nos conozca, puesto que estaba desde el principio.

Alguien que nos conozca. Alguien tan insensato como para abandonar las noventa y nueve ovejas que le quedan en el redil y para salir a buscarnos a nosotros, la oveja perdida, cuando nos hemos alejado. ¿Insensato? Sí. Porque el amor no lo rige la prudencia o la sensatez, sino la pasión. Lo prioritario es siempre atender al necesitado, no conservar a quienes ya están dentro y asegurados. La pasión amorosa, que es la de Dios, se reconoce precisamente por hacer muchas cosas tan conmovedoras como insensatas. Por eso, Dios no ve las noventa y nueve ovejas por un lado y la una por el otro, sino sólo ve una, la necesitada. Porque Dios es uno, por eso ve uno. Hoy, en cualquier caso, esta metáfora no ofrece ninguna duda, puesto que son noventa y nueve ovejas las que están fuera, y dentro sólo dos o tres, en el mejor de los casos.

Alguien que nos conozca. Oveja es quien reconoce la voz de su pastor, se nos advierte en este pasaje. La práctica meditativa consiste en escuchar la voz interior y, precisamente, en reconocer que dice nuestro nombre (o sea, que nos otorga la identidad). Si decimos el nombre del ser amado, el recuerdo de su imagen nos sobreviene. El nombre es la condensación simbólica de la persona. El nombre trae a la persona invocada a la mente y al corazón. Existimos porque otros dicen nuestro nombre y porque nosotros decimos el nombre de otros. Existir es necesariamente nombrar: recibir y dar palabras a las cosas y a las personas. No somos sin palabras, puesto que la palabra es el modo de ser persona.

Esa voz que dice nuestro nombre lo dice amorosamente, pues es la voz de un pastor, de un cuidador. Más que un conocimiento (llegar a saber algo que desconocíamos), a lo que esa voz interior invita es a un reconocimiento: ya sabíamos lo que ahora, de pronto, se nos hace claro y evidente: que somos conocidos y cuidados. Que no se puede conocer sin unirse a lo conocido y que, por tanto, amor y conocimiento son lo mismo.

La imagen cristiana de Dios no es tanto la del maestro (que también, es decir, la de quien ilumina o enseña), como sucede en el budismo, sino la del padre y la del pastor, esto es, la de quien engendra y cuida. Dios es para los cristianos el Creador, el Cuidador y el Dador de vida.

Al meditador cristiano se le invita a tomar consciencia de que está cuidado y, por ello, invitado a cuidar. El trabajo espiritual podría resumirse, probablemente, en ética de la atención (y eso es la meditación) y ética del cuidado (y eso es la caridad o la compasión).

83. Yo soy la luz del mundo
La oscuridad es sólo una luz que todavía no lo sabe

Yo soy la luz del mundo, quien me siga no caminará en tinieblas, antes tendrá la luz de la vida. Vosotros sois la luz del mundo. No puede ocultarse una ciudad construida sobre un monte. NO SE ENCIENDE UN CANDIL PARA TAPARLO CON UN CELEMÍN, *sino que se pone en el candelero para que alumbre a todos en la casa. Brille vuestra luz ante los hombres.* (Jn 8, 12; Mt 5, 14-16)

Luz es, probablemente, la metáfora más afortunada para hablar de Dios. Sabemos que la palabra *Dios* significa luz del día y/o ser de luz. En confrontación al demonio, ser de la oscuridad. Eso que Dios es, es lo que Jesús dice que somos nosotros: *Vosotros sois la luz.*

Esa sustancia luminosa es invisible: nunca vemos la luz, sino sólo lo iluminado. Así que la Luz (Dios) es aquello que permite que el mundo salga de su oscuridad y pueda verse. Ésa es nuestra tarea, según Jesús: los llamados a trabajar para que el mundo se vea –y para que vea– somos nosotros. Estamos llamados, por tanto, a iluminarnos y a colaborar a que todo salga de las tinieblas en que normalmente está.

Claro que la iluminación no adviene sin el trabajo previo de la purificación. Así como tomamos consciencia del tiempo cuando no lo llenamos de quehaceres, tomamos consciencia del espacio cuando lo vaciamos. Es en el vacío del tiempo y en el vacío del espacio cuando se hace la luz, nos dice nuestra tradición. De modo que purificarse consiste fundamentalmente en vaciarse o desapegarse, una tarea que, para ser eficaz, debe ser constante y paciente.

Todo camino espiritual invita siempre a la búsqueda –por supuesto–, pero llega el momento en que también se nos invita a avanzar decididamente por una senda en concreto, sin vacilaciones o flirteos con otras posibilidades (sólo por curiosidad, o por ansiedad, o porque queramos ser perpetuos adolescentes sin compromiso).

Perseverando en este trabajo de vaciamiento o purificación se descubre algo sorprendente: que todo lo que nos amenaza no es más que un disfraz de la luz, a la que gusta esconderse en su contrario. El secreto del día, por ejemplo, es la noche; el de la noche, por contrapartida, el día. El secreto del presente es el pasado, sin el que no podemos entenderlo; pero también el secreto del pasado es el presente, al que desemboca. Creer es ver iluminado el propio pasado, es decir, entender la relación entre ese pasado y tu presente. Y descubrir esa relación es darse cuenta de que todo cuanto ha sucedido y sucede no es arbitrario o casual, sino que obedece a un plan o designio providente. El recuerdo de la luz de que gocé, y que en último término fui, puede conducirme a la luz que soy. Saber eso infunde fuerzas para afrontar cualquier futuro. La espiritualidad cristiana se basa en estos esponsales permanentes entre amor y dolor, cruz y luz, pasado y presente, vida y muerte... Tener fe es darse cuenta de que lo dual es inconsistente, que todo está unido.

Pero entonces, si somos luz, ¿cómo es que insistimos tanto en lo oscuro? Es como si no fuera ya lo bastante oscuro, o como si de por sí tuviera para nosotros mucho más interés que lo luminoso... Pongamos el ejemplo de la literatura. Se ha escrito que con buenos sentimientos no puede haber verdadera literatura. Esta idea ha emponzoñado la historia de las letras y ha hecho sufrir lo indecible a poetas y prosistas desde el romanticismo en adelante.

Nos hemos enamorado de la sombra, ése es el verdadero problema. Pensamos que sin ella no seríamos nosotros mismos. Nos atrae el abismo del infierno, no sólo el del cielo. Perdemos a nuestro cónyuge y nos definimos como la viuda o el viudo... ¡para siempre! Caemos enfermos y decimos *soy un enfermo*, olvidándonos de todo lo demás. Por otro lado, pareciera que necesitásemos verificar una y otra vez hasta dónde somos capaces de llegar. Queremos probarnos, sometiéndonos a experiencias extremas y corriendo todo tipo de aventuras (aún las más extravagantes, y ello hasta el punto de atravesar situaciones peligrosas o, incluso, de arriesgar la propia vida). Algo en nosotros sabe que a la paz más profunda sólo se llega tras haber experimentado el más angustioso terror. El riesgo es olvidar que si nos hemos metido en el desierto es para llegar a un oasis. El peligro del desierto es el espejismo de su eternidad.

Jesús vino a decirnos que lo oscuro ha terminado, que ha comenzado una nueva época. No seas necio, no te agarres a lo de antes, no vivas como cuando eras un adolescente y no sabías aún que la luz no había entrado en el mundo. No te creas que sabes lo que te conviene mejor que Dios. No escondas tu lámpara en un cajón. Ponla sobre la mesa para que ilumine tus papeles y puedas leer. No te olvides de que tienes una lámpara, de que eres una lámpara. No te olvides de que el mundo necesita lámparas y de que tú estás aquí para iluminarte y para irradiar.

Está muy bien que escribamos la biografía de nuestros silencios, pero hemos de escribir también la biografía de nuestra luz. Necesitamos biografías de la luz –como la de Jesús de Nazaret– que nos enseñen a leer nuestra propia historia en clave de Dios. Por eso, no pierdas ni un minuto más flirteando con tu sombra. Dentro de poco –mucho antes de lo que crees– el tiempo se te habrá acabado y entonces lamentarás haber tenido tu lámpara tanto tiempo escondida en un cajón. Ábrelo, desempolva tu lámpara, comprueba su nivel de aceite y enciende una cerilla. La oscuridad nos ha vencido cuando nos ha impedido ver que tenemos una lámpara. La oscuridad de una habitación sólo se disipa cuando alguien enciende una vela o acciona un interruptor. Así que no se trata de luchar contra lo oscuro, sino de encender una luz. Lo mejor que uno puede hacer para saber quién es y qué debe hacer es no enredarse con lo malo e insistir en lo bueno, en lo verdadero y en lo hermoso. El resto vendrá por sí solo.

Cristo no vino al mundo simplemente como luz, sino como luz en la oscuridad (Jn 1, 5). Esto significa que, para hacer la experiencia de Cristo, para vivir nuestro ser en plenitud, hemos de entrar en la luz, sí, pero también en la oscuridad. Sin ambos polos –luz y tinieblas–, no podremos entender el misterio del origen, lo que llamamos la creación del universo.

Según el Génesis, Dios hizo el mundo de la nada (en algunas traducciones, del «caos»); de donde se desprende que sin la nada no habría mundo. El mundo está, pues, hecho de nada. Ahora bien, esa creación no es algo que sucedió en un pasado remoto –quién sabe cuándo–, sino algo que sucede cada vez que alguien mira cualquier cosa con atención. En efecto, contemplar de verdad es ya crear, la mirada contemplativa es necesariamente creativa. No tiene importancia si miras un geranio en la ventana, una sábana al viento o el crepitar de un fuego. Toda mirada atenta y amorosa arranca lo que mira de su oscuridad y convierte a quien así mira en su creador. Claro que un geranio, una sábana tendida o el fuego de una chimenea son agradables a la vista. El problema empieza cuando lo que hay que mirar es una úlcera infectada, o a una persona que te ha hecho daño, o un virus que devasta el mundo, un hombre pegando a una mujer, un mendigo borracho y degradado...

Mirar todo eso contemplativamente significa mirar con mucha dulzura la oscura matriz de la que nace. A esa oscura matriz sí que puede uno entregarse confiadamente, puesto que es la matriz de la luz. Entra, pues, en esa oscuridad profunda (cruz la llaman los cristianos) y en esa luminosidad profunda (la llaman redención), y entra –y esto es lo importante– al mismo tiempo, en la misma y única mirada. Verás entonces, maravillado, que la oscuridad es sólo una luz que todavía no lo sabe: una luz que depende de tu mirada amorosa para saberlo. Ésa es la creatividad a la que todo hombre y toda mujer está llamado. La fidelidad no es posible sin creatividad, y la creatividad no es posible sin aceptar lo diferente. Ésta es la misión de un buscador del espíritu.

84. Yo soy el camino, la verdad y la vida
Consagrarse al conocimiento y al amor

En casa de mi Padre hay muchas estancias; si no, os lo habría dicho, pues voy a prepararos un puesto. Cuando vaya y os lo tenga preparado, volveré a llevaros conmigo, para que estéis donde yo estoy. Ya sabéis el camino para ir a donde yo voy. Le dice Tomás: Señor, no sabemos adónde vas, ¿cómo podemos conocer el camino? Le dice Jesús: Yo soy el camino, la verdad y la vida. *Nadie va al Padre si no es por mí.* (Jn 14, 2-6)

Aunque a menudo nos presenta su cara más amarga, y hasta su negación más absoluta (la muerte), todos defendemos nuestra vida porque nos gusta. La vida es de verdad, la vida es la verdad, eso es incuestionable. Nos agarramos a ella, pero también hay veces en que nos alejamos tanto de la vida verdadera que hasta comenzamos a dudar de ella, llegando a preguntarnos si será verdaderamente tan buena –como de modo espontáneo pensábamos y sentíamos cuando éramos niños. Quien duda de la verdad, duda de la vida. Y es entonces cuando surge la necesidad de un camino que nos devuelva la perspectiva justa.

Nuestra sociedad ha exaltado tanto el valor de la vida en este mundo que se ha cerrado a Dios y, como consecuencia, ha hecho un tabú de la muerte.

Todos buscamos la vida, aun bajo las formas más paradójicas y hasta contradictorias. Buscamos la vida incansablemente porque las ofertas de vida que nos hacen, tanto desde la sociedad del bienestar como desde la filosofía y la religión, a menudo no terminan de satisfacernos. Son un señuelo durante cierto tiempo, pero al final nos dejan desolados y vacíos. No ha nacido el hombre que no anhele un contacto directo y sencillo con la vida –con ese secreto de la vida que los creyentes llaman Dios. Para satisfacer el corazón humano ese contacto debe tener ambas características: directo y sencillo.

Las mediaciones son necesarias, pero su riesgo es quedarse en ellas en vez de ir a donde apuntan. La mediación afectiva, por ejemplo, pierde su carácter de mediación cuando degenera en dependencia y sentimentalismo. La mediación intelectual, otro ejemplo, se pervierte si pasa a ser ideología e intelectualismo. El rito deja de ser expresión y cauce de la experiencia cuando se convierte en ritualismo, como sucede tan a menudo. La pregunta es ésta: ¿hay algún camino, alguna mediación que nos lleve a la vida de forma directa y sencilla?

Yo soy el camino, la verdad y la vida, dijo Cristo. Él se identificó tanto con el camino para ir a la fuente que pudo llegar a decir algo que hasta entonces nadie había dicho de sí mismo: *Yo soy el camino, solamente por mí se llega al Padre*.

De manera análoga, todo buscador espiritual está llamado a descubrir que sólo por él mismo puede llegar a sí mismo. Y que, por haber hecho Jesús esta experiencia de ser el camino, cabe descubrir en Él el modo de hacer lo mismo: ser el camino, identificarse con el ser, saber que la separación es sólo un error de perspectiva. Ese buscador podrá entonces llegar a decir estas o parecidas palabras: *ésta es la vida eterna: que te conozcan a ti, único Dios verdadero, y a tu enviado, Jesucristo* (Jn 17).

Claro que cuando habla de conocer a Jesucristo, el evangelista no se refiere a un conocimiento meramente teórico o intelectual, sino íntimo y vital. Es un conocer amoroso. Es un amar la verdad. Porque el cielo y la tierra podrán pasar –podrán cambiar las costumbres, caer los imperios, destruirse enteras civilizaciones–, podrá pasar cualquier cosa, pero la verdad del amor y el amor a la verdad prevalecerán más allá de todo eso (Mt 24, 35). En la mentalidad bíblica, no hay conocimiento sin amor ni amor sin conocimiento. Entre quien conoce y lo conocido sólo cabe, si hablamos de verdadero conocimiento, una relación de amor.

Buscador espiritual es quien se entrega o consagra a este conocimiento y a este amor. *Por ellos me consagro yo, para que también se consagren ellos en verdad* (Jn 17, 17; 19). ¿En qué consiste esta entrega al conocimiento amoroso? En ofrecerse al misterio, en abandonarse sin resistencia en sus manos. Este ofrecimiento y este abandono es el verdadero culto de todo buscador, aquello para lo que vive, el sentido de su existir.

Habitualmente nos consagramos en cuerpo y alma a nuestros hijos. Nos consagramos a menudo en cuerpo y alma a nuestros trabajos. Nos consagramos, si hemos cultivado las semillas del espíritu, al misterio de la vida (que los cristianos identifican con el conocimiento del Dios de Jesucristo). Esta triple consagración a la familia, a la vocación y a Dios, esta consagración a Dios que se expresa en la consagración a unas personas y a un oficio o a una profesión, supone una cierta separación de los otros, pero en vistas a una más profunda comunión con ellos. Es como el artista que se aleja de los suyos para crear su obra, pero que luego vuelve a ellos para ofrecérsela. De igual manera, el consagrado se retira para descubrir la obra que él mismo es, y para luego poder serlo en plenitud ante sus semejantes. Esto significa que la consagración a Dios implica la pertenencia a los hombres. Que la consagración al conocimiento y al amor, a la vida y a la verdad, es la forma para vincularse del modo más profundo con la humanidad.

El consagrado da su palabra y su cuerpo (se consagra por estos medios) a seguir un camino que lo lleve a la vida de verdad. Lo afirma en público para que pueda ser amonestado si no lo cumple. Lo afirma con humildad, pues sabe que esa obra es de Dios, quien no contará con él sin su positiva disposición.

Consagrarse es reconocer abiertamente el carácter sagrado de la propia vida. El consagrado declara con su vida que el culto o cultivo de todo –empezando por sí mismo– va a ser –está siendo– su ocupación fundamental. Que luchará con todas sus fuerzas para que no haya más distracciones –o, al menos, para que sean vencidas en cuanto las reconozca. Consagrarse es declarar: siempre voy a caminar hacia mi centro, ésa es mi determinación. Me pongo en vuestras manos para que me ayudéis en este propósito. Orad por mí para que sea fiel a lo que he discernido durante años como mi llamada más íntima y personal.

Los consagrados simbolizan lo que todo hombre y toda mujer en el fondo es. En este sentido, son las primicias de la verdadera humanidad.

Me voy a la casa del Padre, dice Jesús. Lo sepamos o no, lo queramos o no, también nosotros caminamos hacia nuestra patria. Todavía más: todo lo que hacemos es –torpe o certeramente– una vuelta a esa casa paterna (a la que podemos llamar Dios, plenitud, felicidad…). Sea cual sea el nombre que demos a lo que Jesús llamaba Padre, en el fondo de nuestro corazón deseamos orientarnos hacia Él, pues es de Él de donde provenimos. Nos hace bien saber que estamos volviendo a casa y que allí tenemos una morada preparada.

Al meditar, invocamos y recogemos la energía para recorrer el camino –respiración a respiración– que nos conduce a esa morada. Según la mentalidad bíblica, la respiración es el nexo de unión entre el mundo material y el espiritual. Si Dios ha creado al hombre –según el Génesis– infundiéndole un halito de vida, es sensato presumir que será por medio de ese aliento como el hombre volverá a Él.

Sabemos el camino: el propio Jesucristo y tantos hombres y mujeres a lo largo de la historia lo han recorrido antes que nosotros. Es el camino de la consciencia. Es el camino de la obediencia (*ob-audire*, la escucha atenta). Es el camino de la pasión, que es el modo de decir amor y dolor en una sola palabra. Sólo por esta senda, la del amor que sufre por el amado y la del dolor que se transita amorosamente hasta redimirlo, se llega a la Patria.

Un camino es tanto un horizonte al que tender como la tierra que tenemos bajo nuestros pies. Los dos polos son necesarios e ineludibles para nuestro crecimiento vital: el cielo y la tierra, el ideal y la realidad, aquí y allá (ambos, no sólo aquí), sentarse y mirar, diríamos para referirnos a la práctica de la meditación. Sin aquí, no hay allá; sin camino, no hay horizonte. Pero sin horizonte tampoco hay camino. Nos convertimos entonces en meros vagabundos, y dejamos de ser peregrinos. Perder cualquiera de ambos polos siempre resulta fatal: sin la tierra, degeneramos en espiritualismo; sin el cielo, en materialismo. Es fácil confundirse, por eso necesitamos de guías y maestros.

Estamos bien cuando estamos en un camino, sea el que sea: un camino intelectual, físico, espiritual... Sin un camino, por el contrario, desnortados y sin suelo bajo nuestros pies, nos sentimos perdidos y nos encontramos mal.

Casi toda la vida nos la pasamos buscando caminos, dibujando horizontes, ensayando posibilidades y soñando proyectos. Así hasta que llega el día –gracias a un libro que leímos, a una conferencia que escuchamos, a una persona que conocimos...– en que nos damos cuenta de que es el camino quien nos buscaba a nosotros. El camino no había que inventarlo, sino simplemente descubrirlo. También llega el día –aunque un poco más tarde y no sin perseverar como peregrinos– en que descubrimos que nosotros mismos somos el camino. Que no es preciso hacer nada en especial. Que basta con ser lo que somos. Que caminar es vivir, sólo vivir. Y que la vida nos ofrece lo necesario para entrar en esa patria a la que Jesús llamaba Padre.

85. Yo soy la vid verdadera
La unidad es nuestra máxima aspiración

Yo soy la vid verdadera y mi Padre es el viñador. Los sarmientos que en mí no dan fruto los arranca; los que dan fruto los poda, para que den más fruto. Vosotros estáis ya limpios por la palabra que os he dicho. Permaneced en mí y yo en vosotros. Como el sarmiento no puede dar fruto por sí solo, si no permanece en la vid, tampoco vosotros, si no permanecéis en mí. Yo soy la vid, vosotros los sarmientos: QUIEN PERMANECE EN MÍ Y YO EN ÉL DARÁ MUCHO FRUTO; *pues sin mí no podéis hacer nada. Si uno no permanece en mí, lo tirarán afuera y se secará: los recogen, los echan al fuego y se queman. Si permanecéis en mí y mis palabras permanecen en vosotros, pediréis lo que queráis y se os dará.*
(Jn 15, 1-7)

Lo sepamos o no, lo formulemos de esta manera o de cualquier otra, la unidad es nuestra máxima aspiración. Nos sentimos bien cuando estamos unidos; nos sentimos mal, por contrapartida, si nos dividimos. Nuestro principal problema es, por tanto, que estamos separados unos de otros y de nosotros mismos. Más aún, con frecuencia estamos rotos por dentro, enfrentados unos con otros y, obviamente, lejos de la naturaleza, nuestra casa. Todo lo que hacemos –todo sin excepción– busca recomponer esta unidad primordial.

La experiencia de la unidad es para todas las tradiciones espirituales la cima de sus propósitos. En la teología cristiana, por ejemplo, se habla del Cielo como de esa realidad en la que el ser humano salvado *verá* a Dios y estará *unido* a

Él. De modo que ver y unir son los verbos que –según la tradición católica– se conjugan en ese estadio que llamamos eternidad.

Pedid lo que queráis y se os dará, nos dice este texto, es decir, ya no habrá fractura entre el deseo y la realidad. No estará por una parte el mundo con sus cosas y yo, por la otra, con las mías, sino que el mundo y yo caminaremos a la par, finalmente de acuerdo. Todo lo que pida se me concederá hasta el punto en que ya no pueda pedir nada más. No se me ocurrirá qué más pedir, puesto que me habré dado cuenta de que el universo entero está a mi favor.

Que todos sean uno, como tú, Padre, en mí, y yo en ti, que ellos también lo sean en nosotros, para que el mundo crea que tú me has enviado (Jn 17, 11). El mundo creerá en la luz: el hechizo de la sombra se desvanecerá, si mantenemos la unidad. Ésta es la promesa. Pero la unidad debe verse, debe poder reconocerse. La reconocemos de hecho en ocasiones y, en esos casos, sabemos con el corazón que es posible gracias a una fuerza que nos trasciende.

Claro que nosotros no estamos siempre conectados, sino más bien dispersos –y ello aun después de años de meditación y de intensos entrenamientos. Separados, nos secamos y somos echados fuera. Una perspectiva nada halagüeña. Porque, ¿para qué sirve una mano sin un cuerpo, un ojo sin una cara, una higuera sin higos, una ventana que da a un muro? No es que separados seamos menos, es que no somos nada. La tristeza que a menudo reina en el corazón del hombre se debe a que estaba llamado a ser una fruta jugosa y dulce y, por separarse, ha quedado reducido primero a una fruta seca y luego a nada.

Pero podemos ser podados y limpiados para dar más fruto, ésa es la buena noticia. Y lo que nos poda y limpia –según el evangelista– son Sus palabras. La palabra del evangelio limpia, ése es su efecto. Nos quita del corazón toda la morralla y la porquería que se nos había ido adhiriendo, creándonos una costra. Necesitamos palabras sanadoras, palabras que nos hablen de la salud que somos. Palabras como éstas de *yo soy la vid y vosotros los sarmientos*. Nosotros pertenecemos a una cultura del vino y podemos entender bien esta metáfora.

Un sarmiento sólo puede dar fruto si por él fluye la fuerza de la vid. Si nosotros somos los sarmientos y queremos dar fruto, nuestra atención no debe estar dirigida a los frutos, sino precisamente a la vid. Sin esta conexión, nada de lo que hagamos será sólido o duradero. Lo que hace madurar los frutos es la fuerza de la vid, no el esfuerzo de los sarmientos. Porque los sarmientos son puros canales, no la fuente misma. De modo que nuestra atención debería estar siempre en la vid (que es Cristo) y no en la maduración de los frutos (es decir, en nuestro crecimiento personal o en nuestra eficacia profesional o laboral).

Este mensaje es hoy particularmente actual porque nuestro afán de rendimiento es a menudo tan grande que presionamos todo lo que vemos y tocamos, a fin de que se ajuste a nuestros deseos o preferencias. Todavía más: nos presionamos a nosotros mismos hasta el punto de creer que ser es lo mismo que producir. La consecuencia no tarda en desprenderse: hay que acabar con los que no producen, puesto que no sirven para nada. Ésta es la gran perversión de la sociedad contemporánea.

Cristo es la vid. Su irradiación, paz y amor brillan en el mundo a través de las personas. Para que esto sea posible, sólo es preciso una cosa, sólo una: permanecer en la vid, dejarle hacer a Él. No se trata, por supuesto, de estar ociosos o inactivos, sino tan sólo de reservarse a diario tiempos para el silencio y la contemplación. Eso es todo. Su presencia se irá desplegando de este modo en nosotros, lenta y misteriosamente, e irá ocupando su espacio.

La clave de todo está en permanecer con Él en medio de todas las vicisitudes de la vida. Permanecer en su amor, con paciencia, aun cuando las circunstancias nos sean adversas. Porque entusiasmarse al principio, cuando todo parece ir bien, es fácil: todos somos más o menos sensibles, a todos nos gustan las sensaciones agradables y el placer. Pero persistir en el desierto, soportar el calor de sol a sol, así como las noches gélidas en un precario refugio, continuar caminando cuando parece que nunca se llegará al oasis, y hasta cuando se duda de que exista el oasis, proseguir en la entrega cuando se apaga el fuego de los inicios, eso ya es, desde luego, otro cantar. Sostiene entonces la fe pura, el puro amor. Y sabe uno en esos momentos que no está ahí por las gratificaciones o los beneficios, sino simple y llanamente porque ha comprendido que ése es su lugar y ésa, su misión.

Quizá en ningún tiempo como en éste ha sido oportuno hablar de la importancia de permanecer. De no cambiar constantemente en busca de estímulos vertiginosos que nos hagan sentir vivos. De atravesar la llanura de la monotonía y resistir la tentación de volver siempre a la magia de cuando empezábamos. De esperar para dar tiempo al tiempo, para que el tiempo sea lo que es y pueda hacer con nosotros lo que tiene que hacer.

¿En qué se sostiene mi sí? No lo sé, Dios mío, pero ahí está. Se sostiene quién sabe cómo. Quizá ser persona consista en sostenerse –y sostener a los otros– aun cuando a menudo no se encuentre la razón. Quizá me sostenga, aunque a menudo no lo sienta ni lo crea, porque soy sostenido por Otro.

86. Vosotros seréis mis testigos
Entregar lo contemplado

Vosotros seréis mis testigos. [...] Como el Padre me envió, yo os
envío a vosotros. Dicho esto, sopló sobre ellos y les dijo: Recibid el
Espíritu Santo. A quienes les perdonéis los pecados les quedan per-
donados, a quienes se los mantengáis les quedan mantenidos. [...]
A LOS CREYENTES ACOMPAÑARÁN ESTAS SEÑALES: *en mi nombre*
expulsarán demonios, hablarán lenguas nuevas, agarrarán serpien-
tes, si beben algún veneno, no les hará daño, pondrán las manos so-
bre los enfermos y se curarán. (Jn 15, 27; 20, 21-23; Mc 16, 17-18)

Es muy diferente hacer las cosas por simple gusto personal
que realizarlas porque sabes que es Dios mismo quien te las
pide. Quien vive para Dios no puede seguir siendo autorreferencial. El modo de plantearse la existencia, el trabajo
que desempeña, las decisiones que va tomando..., nada tiene ya su raíz en la mera inclinación del gusto –por noble
que éste pueda ser–, sino en algo mucho más profundo y
radical. Es muy diferente vivir obedientemente –es decir, en
clave de respuesta– que guiándose sólo por el propio parecer. Saberse con una misión da a la propia vida una seriedad de la que carece la vida de quienes no van más allá de
sus apetencias u opiniones. La misión otorga a los días del
hombre un vuelo infinitamente más alto, dotando a cada
instante de una resonancia que lo libra de la banalidad.

Sentirse con una misión implica experimentar dentro de sí
el impulso de un espíritu que, por íntimo y familiar que

pueda ser, no se identifica sin más con nosotros. No es posible saberse con una misión sin antes haber sentido el entusiasmo o la posesión de los dioses.

Esta experiencia del entusiasmo posee algunos rasgos que permiten su identificación: dota de vida todo lo que ve y toca; no deja a quien la disfruta donde está, sino que le impulsa a la actividad y a la contemplación; viene y va, es inaprensible; a veces es muy tenue –como una brisa suave– y otras muy impetuosa –como un viento huracanado–; se deja olvidar, pero vuelve en cuanto se le presenta una oportunidad; todo lo renueva siempre desde lo que hay, pero también lo abre siempre a lo más insospechado; se retira cuando se le quiere encasillar...

No es posible sentir todo esto y no verse urgido a compartirlo. Todo contemplativo es, en este sentido, un misionero en potencia, un embajador. Recibir le conduce a dar, dar es la garantía de que ha recibido. El criterio para saber que el Espíritu habita en alguien es su imperiosa necesidad por compartirlo. Toda experiencia auténtica se verifica en una expresión, que la realiza y conduce a su plenitud. De modo que no podemos limitarnos a conservar el don recibido. Simplemente conservar puede ser la mayor traición. Hemos de entregar lo contemplado. Entregado, se profundiza y multiplica.

Para la comunicación de su Espíritu, el Resucitado sopla sobre sus amigos. El verbo soplar, usado aquí por san Juan, es curiosamente el mismo que se emplea en la biblia cuando Yahvé insufla vida sobre el barro del primer hombre (Gn 2, 7). De manera que el mismo Espíritu que forja y plasma a la humanidad en la Creación es el que la lleva a su plenitud en esa nueva creación que es la Redención. Ese Espíritu, ese soplo, capacita para amar como Jesús y para ser –como Él– paz y fuente de renovación para el mundo.

Según el evangelio, Jesús es Aquel cuyas acciones no se lleva el viento de la historia, Aquel cuyas palabras no pasarán. Esto significa que lo que realicen aquí y ahora quienes participen de su espíritu servirá y traerá consecuencias en los aquí y ahora que vendrán. Hay un vínculo invisible pero eficaz entre lo de arriba y lo de abajo, no es indiferente lo que se haga. Existe una conexión entre el cielo y la tierra. Esa unión, esa trascendencia y valor de todo –por pequeño o insignificante que parezca– es lo que hay que anunciar.

Ese anuncio será respaldado por una serie de signos. El primero –siempre según el evangelio– es expulsar demonios, esto es, sanar y liberar a quienes estén sufriendo. El segundo es hablar nuevas lenguas, es decir, crear posibilidades de comunicación y de comunión. El tercero es coger serpientes, o sea, atravesar adversidades y salir ileso de ellas. Beber algún veneno y no quedar dañados significa meterse dentro de las sombras –o meterse las sombras dentro– y descubrir que es posible redimirlas. Por último, poner las manos sobre los enfermos y descubrir, en fin, que es posible ser salud para los demás. Éstos, no otros, son los verdaderos frutos de la práctica espiritual: quienes así vivan, sembrarán paz y alegría, no falsas expectativas y malestar. Sus palabras nunca quedarán en mera palabrería, sino que generarán vínculos. Serán capaces de los mayores riesgos, pues sabrán que nada hay que temer en último término.

No hay caminos del espíritu que no estén infestados de serpientes, esto es algo que conviene subrayar. La garantía que el Espíritu da a sus testigos no es que esas serpientes no les vayan a picar, sino que el veneno no les hará daño. Es decir, se caerá en los peligros, pero se superarán. Sin peligro, no hay camino que pueda considerarse tal.

Junto a las inevitables dificultades del camino, en este texto el Espíritu promete el poder de las manos, que no es el de sortear o embrujar a las serpientes –como nos gustaría–, sino el de poder hacer frente a sus picaduras o neutralizar su veneno. El Espíritu nunca promete paraísos idílicos (sin serpientes), sino antídotos contra el veneno.

Entre las distintas partes del cuerpo, el Espíritu se centra en las manos, a las que concede especiales poderes para la sanación. Un misionero no se va de su misión sin haber bautizado antes a todos sus feligreses, es decir, sin haberles impuesto sus manos para trasmitirles la energía y sellarles con el amor. El corazón humano podrá luego –en el peor de los casos– enfriarse, pero la llama de ese Espíritu –por la fuerza de la palabra y del signo– ya está dentro, ya ha tocado a la persona. La pregunta es cómo bautizar hoy, es decir, cómo dejar en el corazón de los hombres la inconfundible huella del amor.

Un testigo no es primordialmente quien dice lo que ha visto, sino aquel que ve. El iluminado es aquel que ve el esplendor de la vida y, por ello, proclama sorprendido: ¡Ahí está, y ahí, y ahí también! Un iluminado es quien se maravilla ante la prodigalidad e intensidad de la belleza del mundo. Este asombro es lo que todo testigo del Espíritu testifica con sus palabras y con sus obras, pero sobre todo con la propia vida. Nadie puede por menos que atestiguar ante los demás aquello de lo que ha tenido experiencia.

La fe no es, por tanto, un asunto esencialmente mental (asentir a una serie de creencias); ni siquiera sobre todo cordial (adherirse sentimentalmente a una Persona), sino –¿cómo diríamos?– carnal, corporal: el creyente queda estigmatizado por la realidad y comprende que forma parte de un gran cuerpo. En ese gran cuerpo –según se nos asegura– *existimos, nos movemos y somos* (Hch 17, 28). Sentir y saber algo así es obra del Espíritu de Cristo en nosotros.

Ese Espíritu vive, yo lo he visto y lo he sentido. Es probable que muchos piensen, llegados a este punto, que todo esto es sólo poesía (¡como si la poesía fuera poco!), tan sólo una manera de hablar. Pero no. Él vive. No se trata de una mera metáfora o de un simple recurso literario. No es una ilusión, una proyección o una esperanza sin contenido. ¿Fue entonces todo realmente como nos lo cuentan? Sí. Fue como está escrito. Yo no estaba ahí, por supuesto; pero a mi modo puedo decir que también yo soy testigo. Él vive. También a mí me ha hablado. Con los ojos del corazón, también yo le he visto.

XI

Pasiones del alma

87. La subida
Al final entregamos lo que somos

Cuando se iba cumpliendo el tiempo de que se lo llevaran, afrontó decidido el viaje a Jerusalén. Mientras iban de camino, uno le dijo: Te seguiré a donde vayas. Jesús le contestó: Los zorros tienen madrigueras, las aves tienen nidos, pero ESTE HOMBRE NO TIENE DÓNDE RECOSTAR LA CABEZA. *[...] Mirad, estamos subiendo a Jerusalén: este Hombre será entregado a los sumos sacerdotes y los letrados, lo condenarán a muerte y lo entregarán a los paganos, que se burlarán de él, le escupirán, lo azotarán y le darán muerte, y al cabo de tres días resucitará. Se le acercaron los hijos de Zebedeo, Santiago y Juan, y le dijeron: Maestro, queremos que nos concedas lo que te pidamos. Les preguntó: ¿Qué queréis que os haga? Respondieron: Concédenos sentarnos en tu gloria uno a tu derecha y otro a tu izquierda. Jesús replicó: No sabéis lo que pedís. ¿Sois capaces de beber la copa que yo he de beber o bautizaros con el bautismo que yo he de recibir? Respondieron: Podemos.* (Lc 9, 51; 57-58; Mc 10, 33-39)

Jesús sube a Jerusalén junto a sus discípulos, porque para él ha llegado la hora de la verdad: el momento sublime de su Pasión y entrega definitiva. Lo que a Jesús y a los Doce va a sucederles durante esa subida nos da una idea de cómo es para todos el camino de la vida. Porque también nosotros, seamos o no conscientes, caminamos hacia nuestro Gólgota particular. Siempre nos dirigimos hacia la entrega de lo que somos. Siempre estamos subiendo, de un modo u otro, a Jerusalén. Estamos optando permanentemente entre avanzar o retroceder, entre vivir caminando hacia la muerte o morir agarrándonos a la vida.

El primer aspirante al discipulado con quien esta comitiva se cruza (más tarde aparecerán otros) es tan inconsciente y pretencioso que asegura a Jesús que está dispuesto a seguirle adondequiera que él vaya. No sabía lo que estaba diciendo. Quizá imaginaba que la aventura espiritual que estaba por comenzar no le iba a resultar, después de todo, muy difícil; o que quizá sí que lo sería, pero que al menos sería hermosa; o, en el peor de los casos, ni siquiera hermosa, pero al menos digna de ser relatada y merecedora de posteridad. No sabía bien (nunca lo sabemos del todo) que seguir a Jesús supone siempre caminar hacia un Calvario. Jesús no le hace falsas promesas y se lo hace saber al instante.

Este hombre no tiene dónde recostar la cabeza, le dice. O, lo que es lo mismo: para mí ya no hay descanso. ¿Quieres vivir sin descansar?, podría haberle preguntado. No tengo lugar, no hay espacio para alguien como yo en este mundo –le podría haber dicho también. ¿Estás dispuesto a vivir sin una tierra, sin suelo bajo tus pies?

El discípulo ha escuchado todo esto muy bien, pero se atreve a pensar lo contario. ¿Cómo no vas a tener un lugar tú, que eres la Luz del mundo? ¿Cómo va a ser posible que el bien no tenga ningún derecho entre los humanos? Estás exagerando, todos los maestros exageran, dices eso sólo para probarme... ¡Tú eres un maestro poderoso!

Los cristianos han convertido el fracaso de Jesús en un éxito camuflado. Pero, muy a nuestro pesar, el espíritu insiste: No mires lo que hay tras el fracaso. Quédate en él, quédate en la noche, no escribas *Noche* con mayúscula, ésa es tu tentación: la tentación de escapar de la realidad con la ideología. No basta desapegarse de cosas y personas, es preciso soltar también las palabras, el reclinar tu cabeza en los ideales. Porque cualquier discípulo se hace una idea de Dios, antes o después, a partir de sus experiencias y lecturas. Cualquier discípulo encuentra en Dios una plantilla desde la que entenderse; realiza algún tipo de culto, se entrega a unas prácticas... Hace años que vivo así –le dice por ello ese discípulo a Jesús– y ahora me vienes con que no puedo descansar en mis ideas ni en mis experiencias; me dices que puedo abandonar mis prácticas tranquilamente; me aseguras que Tú no eres una plantilla para mí, y que eso es utilizarte. Que no hay nada, ¡nada!, donde pueda apoyarme. Que no sueñe con que en algún momento podremos descansar... Maestro, ¡déjame al menos que te interprete y me interprete como me parezca! ¿O es que tampoco me vas a dejar la poesía? ¿También de la poesía tengo que vaciarme para ser de los tuyos? Maestro –al discípulo se le quiebra la voz–, pero ¿qué seré yo sin poesía? ¿Seré alguien si no hay nadie que cuente mi epopeya? Jesús sonríe con tristeza cuando escucha todo esto. Se alegra de que toques fondo, desde luego; pero se entristece por tus resistencias. No te dice nada más. Eres tú ahora quien ha de ver hasta dónde quieres llegar.

Mientras subían a Jerusalén, los hijos del Zebedeo han estado discutiendo sobre quién sería el más grande en ese nuevo Reino prometido por Jesús: quién de ellos estaría más arriba y sería el más importante. Debatieron animadamente sobre los puestos de honor más codiciados. Y no tuvieron vergüenza en manifestar sus mundanales aspiraciones ante su maestro: *Concédenos que nos sentemos en tu gloria uno a tu derecha y otro a tu izquierda.* Lo dicen así, sin pudor, como si fuera lo más natural del mundo. No han entendido nada después de tres años de convivencia diaria con su maestro, escuchando sus enseñanzas y presenciando sus milagros. Están igual que al principio, quizá peor.

¿Cómo tuvo que sentirse Jesús ante semejante cerrazón y necedad? Él, angustiado por lo que se le venía encima, les acababa de predecir su pasión –deseoso, seguramente, de que le apoyasen en ese trance tan terrorífico. Todavía no quiere creer que sus amigos le vengan con ésas, de modo que les pregunta si están dispuestos a compartir la suerte que le espera. Si están listos para dejarlo todo, muchísimo más de lo que ya han dejado. Si saben que habrán de besar a los leprosos en los labios. Si se han preparado para el escarnio y la mofa, para morir y ser olvidados. Los discípulos no entienden ni una palabra de lo que les está diciendo, es probable que ni siquiera le hayan escuchado. Ellos han seguido hablando tranquilamente de sus cosas: asuntos mundanos, ¡de qué iban a hablar! Aspiraciones personales, preocupaciones cotidianas, afanes pasajeros... Resulta escalofriante hasta dónde puede llegar la ceguera de quienes en teoría son para Jesús sus seres más cercanos y queridos.

Esta advertencia que Jesús hace a los suyos (voy a sufrir, voy a morir...) es la que la vida –la mejor maestra– nos hace a nosotros a cada momento. Todo pasa, entérate. Estás muriendo a lo que eras hace un segundo. Ya no eres tan joven como ayer. No mires para otro lado cuando aparecen los primeros signos de tu decadencia. Como esos discípulos necios, también nosotros preferimos vivir ciegos a la sucesión de una generación tras otra, a la fugacidad de los acontecimientos, a la vanidad de las cosas... Todo indica que estamos de paso, pero no aceptamos nuestra condición de peregrinos. No queremos padecer, morir ni resucitar, lo que significa que no queremos lo que esta vida implica. Somos, definitivamente, esos hijos del Zebedeo que, mientras a nuestro alrededor –muy cerca, a nuestro lado– se avecina, despliega o consuma el sufrimiento, pensamos en nuestra propia gloria. Nuestra gloria puede ser la seguridad económica, el bienestar familiar, el proyecto laboral que tenemos entre manos, nuestras próximas vacaciones o, incluso, la iluminación.

¿Sois capaces de vivir esta vida?, les insiste Jesús. ¿Podéis realmente estar aquí, en el camino, conmoveros ante lo que sucede, acompañarme hasta el final? ¡Podemos!, responden ellos. Pero ¡qué van a poder! ¿Cómo podrían si se les ha pasado la mañana discutiendo cómo se iban a repartir las carteras ministeriales del nuevo gobierno?

Lo opuesto a la vida no es la muerte o el sufrimiento, sino nuestra ceguera y cerrazón ante la muerte y el sufrimiento. La muerte y el sufrimiento no son apetecibles, desde luego, pero podemos llegar a desearlos –sin ceder al masoquismo– como puede desear el atleta el más riguroso entrenamiento, a sabiendas de que sólo ése es el camino de la victoria.

Desprenderse, entregarse, morir: ése es el plan. No acabamos de creernos que el amor y la entrega a los demás comporten, necesariamente, la muerte y el escarnio (el escarnio sobre la propia muerte por amor). Algo así nos parece tan radicalmente injusto que ni siquiera nos atrevemos a pensarlo. Amar sí, pero ¿morir?, nos decimos. ¿Qué necesidad hay de morir también? ¿Por qué es la muerte la otra cara de la moneda del amor? Entregarse y perderse no es la lógica del mundo. La lógica del mundo es afirmarse y ganar; y afirmándose y ganando es como el mundo acaba con quienes se entregan y se pierden.

En el camino de la vida, subiendo a nuestro Gólgota, no nos enteramos de lo que pasa a nuestro alrededor porque vamos pensando en nuestras cosas, casi siempre recordando el pasado o planificando el futuro. En el camino de la meditación nos sucede exactamente lo mismo, puesto que la meditación es un espejo de la vida. Durante la práctica meditativa, antes o después se nos acercan distracciones (llámense Santiago, Juan o como se quiera) que nos invitarán a fantasear, divagar, proyectar, ensoñar, entretenernos... Si se les da crédito y se atienden sus demandas, se descubre que siempre piden lo mismo: la gloria, la autoafirmación, ocupar nuestro centro, poseernos...

Nuestro yo profundo (el Jesús del evangelio) nos advierte continuamente que todas esas ensoñaciones y fantasías (por hermosas que puedan ser, justo porque son a menudo tan hermosas) nos harán incapaces de beber el cáliz que él va a beber, o a bautizarse con la sangre con que él se va a bautizar: por su propia naturaleza el ego es incapaz de negarse a sí mismo y de quitarse de en medio. Es probable que Santiago y Juan sintieran bochorno al escuchar la reprimenda de Jesús: el mismo bochorno –idéntico– que experimenta nuestro ego o pequeño yo cuando el yo profundo le desenmascara y desplaza a la periferia.

Todo lo que aparece en el territorio de nuestra mente cuyo aspecto sea grande acaba por tiranizarnos y oprimirnos. No se practica la meditación en busca del placer, sino de la vida. En esa vida que anhelamos reina la paz, aunque no, ciertamente, una paz utópica o idílica.

88. La entrada
La muerte como fiesta

Fueron los discípulos y, siguiendo las instrucciones de Jesús, le lleva-
ron la borrica y el pollino. Echaron los mantos sobre ellos y el Señor
se montó. Una gran muchedumbre alfombraba con sus mantos el
camino. Otros cortaban ramas de árbol y alfombraban con ellas
el camino. La multitud, delante y detrás de él, clamaba: ¡Hosana al
hijo de David! BENDITO EL QUE VIENE EN NOMBRE DEL SEÑOR. *¡Ho-*
sana al Altísimo! (Mt 21, 6-9)

Dentro de ti hay también una Jerusalén que se viste con sus
mejores galas, preparándose para recibirte triunfalmente.
Es una fiesta por tu regreso al hogar: por fin vuelves a casa,
finalmente termina tu larga peregrinación. Ya has hecho lo
que debías en este mundo, puedes retornar y descansar con
el deber cumplido. Llevas mucho tiempo fuera de tu centro;
por eso –ahora que ya estás más cerca– hay que extender
mantos por el camino. Estás en una gala, te han puesto la
alfombra roja, una muchedumbre bate las palmas y te acla-
ma: tu consciencia te reconoce que has llegado hasta las
puertas de ti mismo. Por eso te encumbran y te dan vítores.
Te aplauden, te lo mereces, te conmueves, estás a punto de
cumplir tu sueño...

Jesús elige entrar en la gran ciudad montado en un asno:
es la única vez –que se sepa– que monta en una cabalgadura; pero no es un caballo, símbolo del guerrero y del político. También Salomón montó sobre una mula cuando fue
coronado por su pueblo. ¿Quién es éste, que va sobre una

borrica?, te preguntas. ¿Es realmente un rey? ¿Soy yo un rey? ¿He cumplido, después de todo, mis profecías, se ha realizado lo que prometía? Todo en tu interior te lo está diciendo: sí, eres tú, por fin eres tú, lo has conseguido, has llegado a la meta, todos te reconocen porque al final te has decidido a entrar en el reino de la vida.

Conocemos el desenlace de la historia y sabemos que bastan pocos días para que quienes hoy aclaman al Hijo del hombre terminen por condenarlo. Sabemos que esta entrada triunfal es a la muerte. Sabemos que llegar a uno mismo no es más que morir a quienes fuimos. Pocos han presentado la muerte como una fiesta, pero eso es a lo que apunta este texto. ¡Alégrate, caminante espiritual, pues vas a morir para nacer a tu verdadero yo!

Al aceptar entrar en Jerusalén como lo haría el nuevo rey, Jesús consintió que el gentío proyectara en él la imagen del *hijo de David*, que se ilusionaran pensando que él era el nuevo líder que encabezaría la revuelta frente al poder de ocupación. Porque muy bien podía Jesús haberse bajado del asno a las puertas de la ciudad y haber entrado a pie, como todo el mundo. Podía perfectamente haber dicho: ¡Dejaos ya de ramos y de cantos, que mi Reino no es de este mundo! Algo así, sin embargo, sólo lo diría Jesús después. Él admitió explícitamente ser rey únicamente cuando era evidente que su reinado no podía ser de este mundo. Pero aun entonces –esto es lo extraordinario–, aun desnudo, burlado y martirizado, a punto de ser llevado al patíbulo, aun entonces sigue Jesús hablando de su Reino. Eso sí que es fe en sí mismo. Todo va a terminar mal, le queda un resquicio para salir vivo y este hombre continúa insistiendo en lo mismo que ha dicho durante los últimos años.

Encontrar en el pasado referentes o modelos de uno mismo (Jesús como nuevo David, por ejemplo) es tan consolador como peligroso. El consuelo es el de la compañía, el peligro es el del destino. Al ver la propia biografía en un marco más grande del habitual –ceñido normalmente a lo circunstancial y concreto–, el horizonte se amplía y la identidad se ensancha. La contrapartida es que se reduce tu margen de libertad: eres poco más que un simple ejecutor, un mero eslabón en una cadena de cuya magnitud apenas es posible hacerse cargo.

89. El látigo
Una poética del espacio

Como se acercaba la pascua judía, Jesús subió a Jerusalén. Encontró en el recinto del templo a los vendedores de bueyes, ovejas y palomas, y a los cambistas sentados. Se hizo un látigo de cuerdas y expulsó a todos del templo, ovejas y bueyes; ESPARCIÓ LAS MONEDAS DE LOS CAMBISTAS Y VOLCÓ LAS MESAS; *a los que vendían palomas les dijo: Quitad eso de aquí y no convirtáis la casa de mi Padre en un mercado. Los discípulos se acordaron de aquel texto: el celo por tu casa me devora.* (Jn 2, 13-17)

Te quedas quieto, guardas silencio, escuchas lo que tienes dentro y te das cuenta de que todo es allí ruido y banalidad. ¿Cómo no enfadarse ante este panorama? El espacio reservado para lo hermoso y lo genuino está ahora profanado por la zafiedad y el griterío.

Algo similar tuvo que sucederle a Jesús cuando entró en el templo de Jerusalén, su casa. Él no ignoraba, desde luego, que los comerciantes y mercachifles habían hecho de aquel lugar sagrado un tenderete para sus negocios y trapicheos. Pero una cosa es saberlo y otra, por supuesto, verlo con sus propios ojos: tocar el escándalo, verificar el daño que están haciendo a tus hijos, por ejemplo, no correr en ayuda de quien está a punto de precipitarse por un abismo.

Jesús se enciende. Es la primera vez en el evangelio que le vemos encolerizado y rabioso. No se concede tiempo para pensar y, con un ímpetu que muchos ignoraban que tuviera, se arroja a las mesas de los cambistas, que vuelca con violencia, dispersando las existencias. No se le conoce otro arrebato como éste. Todo el mundo se queda estupefacto. Nadie intenta sujetarle o disuadirle. No es que tengan miedo a un loco desatado, sino que se dan cuenta de que ese pronto, en un hombre manso y sabio como él, sólo puede ser fruto de la ira de Dios.

¿Y esta salida de tono?, tuvieron que pensar algunos. Pero ¡si tú eres el Cristo! ¡Tú no puedes permitirte estos prontos! Este tipo de desahogos no van contigo, debes controlarte, aún tienes mucho que aprender; me has decepcionado; no te ajustas al patrón de mesías y salvador; ya sabía yo que el globo acabaría por pincharse. Así lo vieron algunos, otros no tuvieron tiempo de todas estas cábalas: lo que habían visto les había dejado literalmente mudos y paralizados.

Este episodio no sucede en un momento indeterminado de la vida de Jesús, sino al final de la misma, cerca ya de su pasión: cuando parece bastante claro que el poder de este mundo y el del espíritu están netamente enfrentados y que no hay entre ellos una posible conciliación.

El templo es sólo un símbolo; pero, cuando caen los símbolos, caen también, con ellos, lo que representan. La casa de oración ha dejado de ser casa de oración. Israel ya no es el verdadero Israel. Debe venir alguien que lo reinstaure. Alguien que devuelva a las palabras su significado y que diga bien claro que un templo es un templo, que una ofrenda es una ofrenda, que un sacerdote es un sacerdote, y que Dios es Dios, y no un sucedáneo improvisado.

Con su rotunda actitud, Jesús reclama para todo buscador espiritual una poética del espacio: un lugar cuidado, donde lo externo sea reflejo de lo interno. Un ámbito para el culto, es decir, para la cultura, para el cultivo de sí. Un sitio para ser, donde se invite a quienes allí entren a mirar hacia dentro y hacia arriba.

Un templo es un lugar para educarse en el misterio. Por eso se entra en él en respetuoso silencio. Por eso se hacen allí reverencias, genuflexiones y postraciones… Para mostrar con el cuerpo que no pretendemos comprender ni dominar la realidad, sino respetarla. Todo en el templo está en orden al respeto: al reconocimiento de que todo es más grande que nosotros, que formamos parte de ese todo, que no estamos por encima. El templo es un recordatorio de nuestro ser espacial.

¡No hagáis un mercado de la vida!, protesta un Jesús exasperado. ¡No introduzcas en todo la lógica mercantil! ¡No te dejes guiar siempre por lo utilitarista o lo pragmático! ¡No pienses continuamente en el beneficio o en las ventajas! Si todo lo miras por lo que vas a sacar para ti, lo perviertes. Permite que las cosas sean más allá de tu interés. No hagas de la casa de la vida un mercado. Éste es el mensaje de esta acción simbólica de Jesús. Porque no todo se traduce en números. Porque no se debe traducir permanentemente. Hay que dejar que las cosas sean como son, sin manipularlas para que nos resulten ventajosas. La ley fundamental de todo camino espiritual es la aceptación de que la realidad no está ahí en primera instancia para ser comprendida y manipulada, sino para ser reconocida y agradecida. Esta perversión del orden natural es en el templo de Jerusalén de tal calibre que no es de extrañar que Jesús haga un látigo de cuerdas y espante a la chusma.

Nosotros juzgamos este comportamiento desde parámetros banales. Nos dejamos escandalizar por ese látigo de cuerdas con que Jesús fustiga a los vendedores. Esa firmeza suya frente al mal, sin embargo, esa determinación para expulsarlo sin contemplaciones es, sin duda, un fruto evidente de un espíritu bueno y recio. Nosotros –una generación blanda– no queremos saber nada de azotes ni de flagelaciones: hemos separado lo espiritual de lo carnal. Somos tan estúpidamente correctos con el maligno que acabamos por tolerarlo y dialogar con él, considerando que también el mal tiene, después de todo, sus derechos.

El templo es el edificio en el que entramos para ser conscientes de que somos templo. El templo es un lugar sagrado porque nos recuerda –debería hacerlo– que somos sagrados. El templo es un cuerpo de piedra que apunta al cuerpo de carne y huesos que es cada ser humano. Si entras en el templo, es para entrar en tu cuerpo, no para quedarte en lo externo.

El templo es también, por supuesto, nuestra conciencia. Si al entrar dentro de ti ves que está llena de pájaros que se están comiendo el pan de tus niños, ¿no es sensato espantarlos de un manotazo? Sin esos pájaros voraces y ruidosos, tu consciencia te aparecerá medio vacía y oscura, es cierto. Quizá eches de menos entonces a todos esos pájaros salvajes que te picoteaban y ensordecían por dentro. Pero, una vez que estés en ese santuario vacío y semioscuro, lejos ya de los pájaros, podrás encender una vela, y otra, y otra algo después. Y podrás ir distinguiendo todo lo que hay ahí, y que has ignorado durante tanto tiempo. Nadie podrá asegurarte que no entrará a veces una ráfaga de viento y que apagará todo lo que has ido encendiendo durante meses o incluso años. Pero si perseveramos en esa desolada penumbra, llega el día –no sabes cómo– en que puedes ver sin necesidad de encender ninguna vela.

90. La toalla
Un gesto que nos moviliza hacia el bien

*Se levanta de la mesa, se quita el manto, y tomando una toalla, se la
ciñe. Después echa agua en una jofaina y* SE PUSO A LAVARLES LOS
PIES A LOS DISCÍPULOS *y a secárselos con la toalla que llevaba ceñi-
da. Llega, pues, a Simón Pedro, el cual le dice: Señor, ¿tú me lavas
los pies? Respondió Jesús: Lo que yo hago no lo entiendes ahora, lo
entenderás más tarde. Replica Pedro: No me lavarás los pies jamás.
Le respondió Jesús: Si no te lavo, no tienes nada que ver conmigo.
[…] ¿Entendéis lo que he hecho con vosotros? Vosotros me llamáis
maestro y señor, y decís bien. Pues si yo, que soy maestro y señor, os
he lavado los pies, también vosotros debéis lavaros mutuamente
los pies. Os he dado ejemplo para que hagáis lo que yo he hecho.*
(Jn 13, 1-8; 12-15)

Creer en un Dios Todopoderoso agrava el problema del
mal en el mundo, puesto que si Dios realmente tiene poder
–nos preguntamos–, ¿por qué no nos ayuda? ¿Por qué permite las catástrofes naturales, por ejemplo, o el sufrimiento
de un niño, las guerras, las pandemias, la esclavitud, la ex-
plotación…? Este planteamiento religioso, por desgracia
tan generalizado, va degradando el misterio de Dios, convirtiéndolo en algo inadmisible e irracional. Los cristianos
confiesan que Dios ha hecho al hombre a su imagen y semejanza, pero la verdad es que somos más bien nosotros quienes hemos hecho a Dios a la nuestra.

El evangelio hace añicos esta idea errónea de la omnipo-
tencia divina. En la navidad, Dios se hace un niño y un po-

bre. En la semana santa, Dios se hace un ajusticiado y un moribundo. Ambas festividades –la segunda como culminación de la primera– dan a entender que Dios quiere vivir a fondo la experiencia humana. Que el sueño de Dios es ser un hombre. Y que todavía hoy, aquí y ahora, vive esta extraña pasión: lo que vivimos nosotros, es Él quien lo vive. La pasión divina por la humanidad, su identificación con nuestro destino, continúa viva y activa.

El gesto que mayormente rompe la creencia en un Dios que arregla los asuntos humanos desde arriba (si es que le da la gana de arreglarlos) es el lavatorio de pies. Jesús se despoja de su manto, siendo el vestido –en la biblia– el símbolo de la identidad. No sólo: Jesús se ciñe la toalla, siendo la toalla el utensilio propio de la servidumbre. Los discípulos de Jesús se quedaron atónitos al ver aquello: todos sus valores se pusieron en cuestión y, por un momento, el suelo se abrió bajo sus pies. El instante es muy intenso y emocional. ¿Cómo es posible que el Señor se arrodille ante nosotros?, se preguntaron entre sí, mirándose unos a otros boquiabiertos y escandalizados. Pero ¿qué estás haciendo ahí abajo?, le increparon. ¡Estás de broma! ¡Por favor! Y le invitaron a que se incorporara de inmediato.

¿Por qué reaccionamos así? Porque no soportamos ser amados. Porque no soportamos que nos sirvan. Porque la idea –y más aún la experiencia– de que nos amen de un modo tan radical nos deja desarmados –al poner de manifiesto lo lejísimos que estamos de un amor similar. No, definitivamente no queremos que nos laven los pies porque no queremos lavar los pies de los demás. Hace falta mucha humildad para dejarse servir, no sólo para servir.

El maestro, sin embargo, no sólo insiste, sino que llega a decirle a Pedro que en adelante nada tendría que ver con él si no permite que ahora le lave los pies. Debe lavar la suciedad de sus discípulos para prepararlos para la comunión; es un gesto necesario para que la eucaristía que va a celebrar acto seguido no se quede en un simple acto bonito y de buena voluntad. Tiene que ser así, le explica a Pedro. Tienes que recibir la transmisión para ser luego un verdadero apóstol y poder transmitirla tú mismo a quienes vengan detrás. Debe aparecer un maestro externo para que se despabile tu maestro interior.

Pero ninguno de todos aquellos hombres, con Pedro a la cabeza, podía aceptar lo que estaban viendo. Estás equivocado –habrían querido decirle a su extravagante rabino–, te estás pasando de la raya, no es así como se hacen las cosas… Todos ellos, como todos nosotros, estaban demasiado marcados por la manera común de pensar: demasiado encerrados en su propia cultura y época como para concebir lo que se estaba poniendo a su alcance.

Jesús no era un antisistema, como prueba el hecho que dijera: *Dad a Dios lo que es de Dios y a César lo que es del César* (Lc 20, 25). Si al César hay que darle algo, es que el maestro aceptaba en cierta medida el sistema. Más que crear un movimiento contra la tributación, estimuló a quienes le escuchaban a que se plantearan el sentido de su comportamiento.

Aceptando entrar en el juego de la sociedad de su tiempo, lo que Jesús no aceptaba, en cambio, eran muchas de sus reglas, en particular si atentaban contra la dignidad de las personas. Era un inconformista que invitaba a estar en el mundo sin ser de él. La mayoría de nosotros no estamos llamados a salir de las estructuras sociales y a crear una vida alternativa. No se nos pide dinamitar el sistema para inventar o implantar uno nuevo. La llamada espiritual no es a la revolución (dar un golpe y cambiarlo todo), sino a la reforma: ser levadura en la masa: cambiar la mentalidad para que vaya cambiando el corazón. Realizar gestos con potencia simbólica y transformadora. Al menos eso fue lo que hizo Jesús y, en buena lógica, lo que también sus seguidores están llamados a hacer.

En el relato evangélico de la curación de la suegra de Pedro (Mt 8, 14-15), leemos que, tras tocar la mano de la enferma, y una vez que su fiebre había bajado, Jesús la invitó a ponerse a servir. Jesús siempre reinserta al enfermo sanado en su medio familiar y social, lo que apunta a que la verdadera enfermedad es el aislamiento y la marginación. Jesús no cura a los enfermos para que luego, una vez sanos, se dediquen a lo suyo, sino para que se pongan a servir y den frutos de amor. Quien ha recibido un bien (la salud, en este caso), debe luego, de algún modo, poner ese bien en circulación. La circularidad del amor no debe ser rota.

De igual manera, Jesús lava los pies a sus discípulos para que ellos se laven los pies unos a otros. Para que se terminen las diferencias entre el yo estoy arriba y tú, abajo; yo soy hombre y tú, mujer; yo, el amo y tú, el esclavo. Entre cristianos, esas diferencias no deberían existir. Uno reconoce a un cristiano precisamente porque esas diferencias no existen.

¿Quiere Jesús simplemente (y no es, desde luego, tan simple) que seamos serviciales y fraternos todos con todos, o también quiere que repitamos ese gesto simbólico que es lavar los pies y partir el pan? El culto, el rito…, ¿es un lujo del alma o una necesidad del corazón humano?

Cuando Jesús instituyó la eucaristía *(haced esto en memoria mía)* y el lavatorio, no estaba impartiendo una mera enseñanza moral (sed pan para el mundo, amaos como yo os he amado), sino que estaba instituyendo un rito: un gesto significativo que da fuerzas para el camino del amor. Porque lavar los pies a un semejante puede ser, ciertamente, un acto moral, pero también es un acto simbólico. No sólo tenemos necesidad de buenas acciones, también necesitamos buenos símbolos: gestos que nos movilicen hacia el bien y que adelanten en nosotros sus frutos. Esta enseñanza de Jesús, por tanto, debe llevarse a la práctica tanto en la vida cotidiana como en el culto. El culto es la celebración de la vida cotidiana. Esa celebración no es algo secundario o prescindible: es vital ritualizar para darnos cuenta de que nuestras buenas acciones no se pierden en lo pragmático de lo cotidiano, sino que trascienden lo concreto y apuntan más allá.

Llegar a esta no acepción de personas no es un trabajo únicamente moral (ni, desde luego, simplemente celebrativo o ritual), sino también mental, interior. Mediante la meditación, educamos a la mente al no juicio y a la no discriminación. Sabernos parte de un todo nos hace por fuerza servidores de ese todo.

Este trabajo espiritual consiste en lo que llamamos vaciamiento. Vaciarse es olvidarse de sí, desapropiarse de lo que consideramos propio: no identificarnos con nuestro trabajo, con nuestra condición sexual o con nuestro estado civil, con nuestra nacionalidad o confesión religiosa. Para vivir de verdad es importante liberarse de todos los papeles, aun de los más sagrados, sobre todo de ellos. Mientras se está representando un rol, es imposible vivir, comunicar, disfrutar, estar realmente ahí. Por eso, nada hay peor que un sacerdote que siempre esté actuando como un sacerdote, por ejemplo. Nada peor, sobre todo para su hijo, que una madre que no sabe más que ser madre. Que un atleta que sólo sabe estar en la pista, que nunca se relaja. Que un intelectual que no se baja jamás de sus ideas.

Nuestro problema es que damos demasiada importancia a todo lo que es secundario o accidental: nuestros roles profesionales, de sacerdotes, de profesores, de padres de familia... En última instancia, ésta es la lección del lavatorio de pies: lo que caracteriza al Dios cristiano es la desapropiación de su condición de Dios, su no identificación con su propio ser divino. Pero esta desidentificación es la que luego le va a permitir a Jesús identificarse con el mundo y ser capaz de decir: Esto soy yo, *esto es mi cuerpo*. La condición para entrar en lo ajeno es dejar lo propio.

Jesús hace vacío de sí, por eso mismo es Dios, por eso mismo es como Dios. La Forma es Vacío. La forma (Jesús) se vacía de sí para dar lugar al fondo (Cristo). Ésa es la lección que nos enseña en la cruz, que ya no está muy lejos en su camino.

91. El cuerpo
Nada está terminado hasta que no se celebra

CUANDO LLEGÓ LA HORA, SE PUSO A LA MESA *con los apóstoles y les dijo: [...] Esto es mi cuerpo, que se entrega por vosotros. Igualmente tomó la copa después de cenar y dijo: Ésta es la copa de la nueva alianza, sellada con mi sangre, que se derrama por vosotros.*
(Lc 22, 14; 19-20)

Jesús presiente que no puede quedarle mucho tiempo en este mundo. Sabe que sobre él pesan graves cargos, algunos condenados con la pena capital: la transgresión del sábado, la blasfemia por perdonar pecados, la acusación de magia por sus exorcismos y, como culminación, la expulsión de los mercaderes del templo. De hecho, Jesús lleva meses siendo acosado y es perceptible no sólo la animadversión del sanedrín, sino el desconcierto y hasta el descontento entre sus discípulos y en el pueblo. A Jesús no le hizo falta ninguna revelación especial para darse cuenta de que el peligro le acechaba y que se acercaba su fin. Ante esta perspectiva, convoca a sus amigos a una cena de despedida. Quiere reunirse con ellos por última vez, entregarles su testamento –verbal y gestual– y, según prescribe la tradición, comer juntos la pascua.

A partir de ahora os llamo amigos (Jn 15, 15), les dice cuando por fin están todos reunidos en el cenáculo. Han ido llegando poco a poco, en pequeños grupos. Han comentado entre sí, probablemente, el carácter especial de aquella convocatoria. Porque no es igual que la pascua del año pasado, han cambiado muchas cosas. El maestro parece cansado, por ejemplo; el ambiente no es ya tan distendido: en el grupo hay infundios, murmuración... ¡Quién lo iba a decir! No mucho tiempo antes todo parecía ir de maravilla. La gente estaba contenta, con esperanza. El maestro hablaba y las muchedumbres le seguían. Había signos evidentes de la bendición de Dios: conversiones, sanaciones, sensación de novedad... Pero algo había pasado, puesto que el ambiente ya no era igual. Pues bien, es en esta circunstancia de indefinido malestar cuando el maestro les declara a sus discípulos su amistad: *No os llamo siervos* –les dice–, *os llamo amigos*. ¿Por qué escoge Jesús este momento para algo así?

Los Doce habían confiado en un hombre que les había puesto su vida patas arriba y que ahora iba a ser ejecutado de un modo cruento y desgarrador. No eran tan necios como para no sospechar que las cosas no iban bien, pero ni de lejos imaginaban lo que se les avecinaba. Si les hubieran dicho que aquella misma noche uno de ellos le iba a negar, que otro se iba a suicidar y que todos iban a huir –abandonándole a su suerte–, no lo habrían creído. Pero el maestro sí que sabe que se acercan para él horas de angustia y que precisa de su cercanía. Si de veras son mis amigos –piensa, quiere pensar–, me seguirán hasta el final. Hasta mi último desapego. La amistad a la que les está invitando nada tiene que ver con algo infantil o meramente sentimental. La amistad verdadera es apertura al otro, es intimidad con un tú.

Ajenos y egocéntricos, los discípulos no se responsabilizan de nada; no están a la altura de esta amistad. Tienen todavía que pasar lo suyo, y sin duda lo pasarán, para ser dignos de una intimidad como la que su maestro les acaba de ofrecer. La vocación de amigos les queda grande, pero sin ella no se puede entender nada de lo que les sucederá.

No debería sorprender que uno de los episodios finales de la historia de Jesús sea una cena. Si su vida pública comenzó con un banquete (el de las bodas de Caná) no parece extraño que termine con otro. Entre ambos encuentros, Jesús ha compartido incontables comidas festivas con los comensales más diversos: pobres y ricos, compatriotas y extranjeros...

Esta práctica, sentarse a la mesa junto con otros para compartir los alimentos, es seguramente la más expresiva del cristianismo. ¿Por qué comes y bebes con publicanos y pecadores? (Mc 2, 16), le habían preguntado los fariseos a Jesús. ¿Por qué nos sentamos a meditar quienes de hecho nos sentamos? Porque hemos sido invitados a un gran banquete y porque hemos aceptado esa invitación. Creer en Jesús es sentarse a la mesa con otros. Comer y conversar. Compartir el alimento material, el pan, y el espiritual, la palabra. Por eso mismo, la eucaristía es el centro de la vida cristiana. Por eso, también, los evangelios comparan el Cielo con un banquete, donde cada invitado debe vestir el traje de boda (Mt 22, 1-14).

En los banquetes hay siempre comida en abundancia, regada a menudo con vino; también hay música y a veces danza. Se festeja, se sale del propio caparazón y se entra en el territorio de lo común. Reina la alegría, si es que no es una celebración impostada o artificial.

Celebrar no es un lujo, es una necesidad. Nada está terminado hasta que no se celebra. Celebrar algo es agradecerlo, es decir, haber comprendido su sentido y alegrarse por ello. Vamos a las fiestas para participar de las alegrías ajenas, para hacerlas nuestras. Alegrarse del otro y con el otro es el nivel moral más alto, mucho más que compadecerlo. Es más difícil sentir alegría por el bien o el éxito ajeno que lástima por su desgracia o por su mal.

Una celebración sin alegría es una perversión. Es como hacer el amor sin amor. Como rezar sin fe, sólo para cumplir. Como hablar o escribir sin tener nada que decir. Pero la alegría no se improvisa. La verdadera alegría no la produce la comida, la bebida, la música o la danza. La alegría de verdad nace cuando algo ajeno se ha hecho propio y cuando algo propio se ha dado a los demás. Lo que alegra el alma es que los humanos se unan, y eso se ritualiza mediante una reunión festiva.

En el banquete cristiano lo que convoca es el vino y el pan. El centro del rito cristiano por antonomasia es el alimento material. ¿Quieres vivir en el espíritu?, se nos pregunta. Pues comulga con la materia, se nos responde. No huyas de ella. Hazte una con ella. Nada de alejarse de lo mundano o de lo corporal. Todo lo contrario. El cristianismo es una religión que pone en el centro el cuerpo y el alimento. El culto por excelencia es comer y beber. ¿Comer y beber? ¿Cómo comer y beber dando gloria a Dios?, ésa es la cuestión. Para eso solemos bendecir la mesa y dar gracias al final de las comidas. Pero ¿en eso consiste todo? Eso, bendecir, agradecer, es, desde luego, muy hermoso. Pero en eso, definitivamente, no consiste todo.

Porque en aquel ágape de despedida –conocido como la Última Cena–, Jesús tomó un pedazo de pan y lo partió. En el mundo judío eran los padres quienes partían el pan en las comidas familiares, convirtiendo este gesto en un modo de representar a Dios. Al igual que Él, los padres de familia repartían a los suyos lo necesario para poder vivir. Así que cuidar del otro no es para los cristianos algo secundario respecto del culto, sino precisamente lo que se celebra en el culto mismo. La eucaristía aúna la preocupación por Dios y la preocupación por los hombres en un mismo gesto. Ésa es la especificidad de este rito. *Quien diga que ama a Dios y no ama a su hermano es un mentiroso* (1 Jn 4, 20).

Pero es que hay todavía más. Porque ante ese cáliz y ante ese pan, Jesús dijo: Esto soy yo. Yo soy el alimento, yo soy la bebida. Yo soy esto. Yo soy tú. Yo soy todo.

A muchas divinidades se les rinde culto ofreciéndoles alimentos y bebidas. En algunas se invita a la antropofagia, a asimilar la fuerza de la víctima. En eso, la religión cristiana es afín a tantas otras. La diferencia está en que el alimento que se ofrece en la eucaristía, o al menos el que se debería ofrecer, es uno mismo. Así que no se trata ya de un sacrificio meramente ritual, sino existencial. La eucaristía tiene sentido si lo que se pone en el altar es la propia vida. Por un amigo uno da la vida. Merecen el calificativo de amigos sólo quienes dan y reciben vida de sus amigos. La pregunta es si aceptamos esta declaración de amistad.

Para vivir necesitamos pan, pero no nos vale, ciertamente, un pan cualquiera. Hay panes –muchos– que no sacian, pero hay uno que no defrauda: el de Quien nos da su propio cuerpo. Lo único que nos sacia es ser alimento para otros: no ya simplemente dar, sino darnos.

¿Cómo puede alguien dar a comer su propio cuerpo?, ésa es una gran pregunta. ¿Cómo puede uno no reservarse en absoluto y entregarse por completo? ¿Es algo así humanamente posible, es deseable? Sólo si nos soltamos de nosotros mismos y nos dejamos fluir, sólo si nos perdemos en la vida y no la guardamos para quién sabe qué momento, sólo entonces tendremos vida en abundancia y no moriremos para siempre.

El propósito de la práctica meditativa no es otro que saciar al hambriento de vida que hay en nuestro interior. Lo que ofrecemos en primera instancia al sentarnos en silencio y quietud es nuestro cuerpo. Esto soy yo, decimos. Luego *nos partimos* al atravesar nuestras sombras. Sólo partidos, frágiles, podemos ser compasivos con el mundo. Es en este proceso que vamos convirtiéndonos poco a poco en alimento y descubriendo que somos pan.

92. La agonía
Redimir la sombra colectiva

Entonces Jesús fue con ellos a un lugar llamado Getsemaní y dijo a sus discípulos: Sentaos aquí mientras yo voy allá a orar. Tomó a Pedro y a los dos Zebedeos y empezó a sentir tristeza y angustia. Les dijo: Me muero de tristeza. Quedaos aquí, velando conmigo. Se adelantó un poco y, postrado rostro en tierra, oró así: Padre mío, si es posible, que se aparte de mí esta copa. Pero no se haga mi voluntad, sino la tuya. Volvió a donde estaban los discípulos. Los encuentra dormidos y dice a Pedro: O sea que no habéis sido capaces de velar una hora conmigo. Velad y orad para no sucumbir en la prueba. EL ESPÍRITU ES FUERTE, PERO LA CARNE ES DÉBIL. *Por segunda vez se alejó a orar. Padre, si esta copa no puede pasar sin que yo la beba, que se cumpla tu voluntad. Volvió de nuevo y los encontró dormidos, pues tenían los ojos cargados. Los dejó y se apartó por tercera vez, repitiendo la misma oración. Después se acerca a los discípulos y les dice: ¡Todavía dormidos y descansando! Está próxima la hora en que este Hombre será entregado en poder de los pecadores. ¡Levantaos, vamos, se acerca el traidor!* (Mt 26, 36-46)

En el momento más difícil de su vida, Jesús se va a Getsemaní, donde experimentará toda la tribulación de ser hombre. *Le ha llegado su hora:* el lenguaje común es inequívoco, se refiere a la hora de abandonar este mundo, que es la de la verdad. Esta identificación entre la muerte y la verdad es muy expresiva, puesto que al morir se desvela lo ilusorio y nos quedamos con lo que verdaderamente importa. Es la hora de la verdad de lo que la propia vida ha dado de sí y es la hora de la verdad porque vas a encontrarte con ella, en los dos sentidos.

Jesús se va a Getsemaní precisamente para afrontar esta hora con entereza, para luchar por el último capítulo de su gran misión; pero no puede evitar sentirse abatido y, por ello, ruega a sus discípulos que le acompañen en el trance. *¡Me muero de tristeza!*, les confiesa. Pero ¡qué dices!, le respondemos nosotros. ¡Mira todo lo que has tenido en la vida! ¡La gran tarea que has podido realizar, la cantidad de gente que te quiere, lo famoso que eres en las redes sociales, cómo tienes a las mujeres...! ¡Dejadme que esté triste!, podría haberles rebatido Jesús. Lo oscuro nos atemoriza tanto que ni siquiera dejamos a los demás el derecho a sus sentimientos.

Todo esto tenía que suceder en un huerto, el mismo escenario que el del paraíso y el del pecado original. El espacio de la primera traición (el jardín del Edén) es también aquel en que se producirá esta otra traición: la de los discípulos que se ponen a pensar en sus cosas hasta que se quedan plácidamente dormidos. Pero el huerto es de igual modo el lugar de la Creación, y será también el de la resurrección, puesto que donde se entierran las semillas es también donde nacen los frutos.

No nos hacemos cargo, seguramente, de hasta qué punto la somnolencia de los discípulos sigue siendo la puerta por la que nos entra la mayor parte de los males: esa indolencia o dejación por la que a menudo nos dejamos vencer, o esa insensibilidad ante los constantes atropellos que padecen unos y otros aquí y allá. Ajenos por completo al drama de los hombres, los discípulos de entonces –como los de ahora– han elegido y seguimos eligiendo prescindir de todo lo que no les gratifica, tan molesto, tan inoportuno. Optamos normalmente por quedarnos apoltronados en nuestra culpable placidez, diciendo que no es para tanto, que al fin y al cabo poco o nada se puede hacer, que ya se ha hecho mucho –bien mirado–, o que así son las cosas y que hay que aceptarlo. Esta escalofriante falta de piedad, esta huida sistemática de los otros y ese encerramiento en lo propio, eso es lo que de hecho otorga al mal un gran poder sobre este mundo.

Así que, al volver con los suyos, Jesús –incrédulo– se los encuentra adormilados. No se han hecho cargo de su situación, han cedido al sueño, a los sueños. La agonía, es decir, la lucha entre el cuerpo y el espíritu, deberá afrontarla en una soledad completa.

El cuerpo y el espíritu están siempre luchando, es en la agonía cuando lo percibimos. La agonía es la percepción de esa lucha. Lo habitual es quedarnos dormidos, pues es un combate encarnizado que nos espanta con sólo mirarlo. Pero si decidimos librar ese combate –asistir a su desarrollo y tomar parte activa–, entonces sólo hay un camino: la oración.

Orar es implorar fuerzas para la agonía de la existencia, orar es confiar en que el espíritu vencerá a la carne. Pero la carne se resiste a ser vencida. El propio Jesús, con toda su iluminación, se estremece ante la inminencia de su muerte y ante el precipicio de la nada que se abre ante él. ¿Y si me he equivocado?, tuvo que preguntarse. Teme que el grupo que acaba de conformar, su nueva familia, se disperse antes de haber comenzado propiamente su andadura. Teme haber fracasado en su misión de implantar el Reino del que tanto ha predicado. Teme sufrir la infamia y la ignominia. Tal es su horror que suda gotas de sangre. La sombra tiene su sintomatología.

Nunca como en Getsemaní es patente la contradicción en que vive Jesús, la extrema polaridad de sus emociones. Nunca como aquí aparece su lucha interior con tanta claridad. Porque, por un lado, siente la angustia de quien sabe que todo se acaba; por lo que le pide a Dios –y con toda su alma– que le libre del horror de ese cáliz. Pero, por la otra

–y esto es lo que cuenta–, cede y le ruega que se cumpla Su voluntad. *Líbrame de esta hora, pero… ¡si para esta hora he venido!* He aquí una plegaria en la que luz y sombras chocan como en ninguna otra. ¿Cómo no resistirse al exterminio y, al tiempo, cómo no aceptar, desde su condición de hijo, la infamia y la ignominia? Hay en la vida de Jesús, sin embargo, una contradicción aún mayor que ésta, pues en este momento de Getsemaní aún confía en su Padre. Aún no siente que le haya abandonado, como sentirá dentro de unas horas en la cruz.

Los ángeles consoladores, por su parte, sólo aparecerán al final de este episodio: sólo al final de la misma se comprende realmente el sentido de cualquier lucha.

Pero antes de ese final, hay todavía un largo camino. Porque la soledad nos reserva terroríficas sorpresas: los fantasmas interiores se materializan. Es tal el temor que siente Jesús a lo que pueda pasarle, son tantos los fantasmas que entonces le acechan en su mente que, de pronto, se hacen presentes. *Se acercaron, echaron mano a Jesús y le prendieron* (Mt 26, 50).

El huerto ha dejado de pronto de ser un huerto y ha pasado a ser un bosque, en cuya negra espesura –Jesús no lo duda– ronda un lobo feroz. ¿Cómo he ido a parar a este bosque, Dios mío?, se pregunta. En ese bosque no hay, ciertamente, ningún amigo. Sólo un lobo al que Jesús no puede ver aún, pero cuya respiración casi ha empezado a escuchar. Jesús gira la cabeza para mirar hacia atrás, ha empezado a jadear. Primero, respira fuerte por la nariz; luego, incapaz de contener su agitación, toma y exhala el aire por la boca. Este bosque, Dios mío –piensa–, ¿tendrá algún fin? Hay algo que no encaja, lo sabe de inmediato. No es un lobo lo que le esté esperando en medio de la noche, sino algo mucho peor: una jauría. Primero oye voces a lo lejos, amenazantes; luego distingue las antorchas, que dejan ver, en terroríficas sombras, a una multitud que viene armada con piedras y palos. Jesús mira al cielo por última vez; luego duda si darse a la fuga, si esconderse tras un matorral o si mantenerse en pie. No lo piensa: sus pies deciden por él; se mantiene erguido y, contra lo esperado, deja de temblar. Lo peor ha pasado –piensa–, pero se equivoca. Lo peor está por llegar. Por el momento hay unos hombres de aspecto amenazante que van estrechando el círculo en cuyo centro, inevitablemente, está él.

Judas, su amigo, se abre paso y se le acerca. Es el cabecilla, le besa.

Una cosa es encontrarse cara a cara con el enemigo, para el combate, y otra muy distinta afrontar a una multitud. Ante un único enemigo –por feroz que sea su aspecto–, cabe mantener la dignidad, el ánimo templado, la respiración serena, el porte erguido… Pero ante la multitud eso es mucho más complicado, puesto que lo propio de la multitud es asustar.

Toda muchedumbre despierta la multiplicidad que llevamos dentro (eso es la mente) y que hemos tardado décadas en serenar y en reconciliar. Somos muchos, los otros nos lo recuerdan. La unidad y la simplicidad son caminos largos y sinuosos. Ninguna dictadura mueve individuos, sólo masas. Y la masa siempre está equivocada, no hay excepciones.

En Getsemaní, Jesús se asusta al comprobar que la mayor parte de toda aquella gente que le acecha en aquel instante es la misma que le aclamaba pocos días antes cuando entró triunfalmente en Jerusalén. El beso que poco antes le ha dado Judas ya no expresa amor. La gente que le aclamaba es la que ahora pide su cabeza. ¿Dónde hay algo fiable, que se sostenga? ¿Puedo yo apoyarme en algo que no me muestre escandalosamente pronto su revés?

Quizá sea ésta, precisamente, la experiencia de la práctica meditativa: nos sentamos en un lugar apartado para estar solos y nos encontramos que somos muchos; hacemos silencio y nos encontramos en medio del estruendo de la dispersión. Te falla aquello de lo que te has fiado, entras en la espiral de la pasión y de la muerte de ti mismo. Tu amigo interior te denuncia. Una muchedumbre te arresta. Te llevan a juicio. No es de extrañar que rehuyamos el silencio contemplativo, porque ¿quién afronta todo esto de buena gana?

También sobre nosotros debe caer la sombra del mundo, la jauría humana. Porque la cruz con que hay que cargar… ¡no es simplemente la nuestra, sino la del mundo! Hay que sanar pronto de las propias heridas, para poder empezar a cargar –y a sanar– las de los otros. La sombra colectiva sólo empieza a redimirse cuando ya está redimida la personal.

93. La traición
Se desespera quien niega su fragilidad

Y mientras comían, les dijo: Os aseguro que UNO DE VOSOTROS ME VA
A ENTREGAR. *Consternados, empezaron a preguntarle uno por uno:
¿Soy yo, Señor? Contestó: El que ha metido conmigo la mano en la
fuente, ése me entregará. Este Hombre se va, como está escrito de
él; pero ¡ay de aquel por quien este Hombre será entregado! Más
le valdría a ese hombre no haber nacido. Le dijo Judas, el traidor: ¿Soy
yo, maestro? Le dice: Tú lo has dicho.* (Mt 26, 21-25)

La misma mano que poco antes ha partido el pan de la
eucaristía es la que –y una vez más con pan, si bien untado
esta vez en salsa– delata al traidor poniéndoselo en la
boca. ¿No podría Jesús haber escogido un gesto distinto
para marcar las diferencias entre los procedimientos del
espíritu del bien y los del mal? No. Conviene que sea patente que el diablo y el ángel siguen estrategias muy parecidas, que entran por la misma puerta, que la oscuridad se
disfraza de luz para ser seductora, que nadie, o casi nadie,
va al mal si éste no le resulta de algún modo atractivo. El
discernimiento es necesario, las cosas pueden ser muy distintas de lo que parecen. Podemos andar muy equivocados mientras creemos cumplir la voluntad de Dios.

¿Fue entonces el propio Jesús quien impuso a Judas su
trágico destino? ¿Somos nosotros mismos quienes nos
preparamos nuestra propia ruina? Definitivamente, hay
algo en nosotros –lo sepamos o no– que quiere ponernos
a prueba.

Que uno de nuestros discípulos nos traicionará significa que algo de lo que más amamos nos fallará. Que hemos alimentado al perro que nos morderá. Que el mal no nos viene de fuera, sino de dentro. Que somos nosotros mismos los que nos destruimos.

Sabemos que Juan, el discípulo amado, apoyó durante esa cena su cabeza sobre el pecho de Jesús. Ese sagrado corazón en el que se ha recostado es la verdadera fuente de su discipulado. Tú has creado a tu discípulo, es decir, en cierto sentido al menos, tu prolongación. Pues bien, tu prolongación acabará contigo, es ley de vida.

Dado que todos los discípulos son fieles hasta que dejan de serlo, es importante no apegarse ni a quienes más se ama, ni a los propios hijos. Ser maestro, sí, pero como si no lo fueras. Ser padre, de acuerdo, pero muchas cosas más además de padre. Entregar tu corazón –eso es amar–, pero a sabiendas de que te lo partirán. Sólo así te mantendrás en pie cuando te llegue la traición y el abandono.

No es difícil imaginar la enorme decepción que tuvo que sentir Jesús al ver que era uno de los suyos quien lo entregaba. Pero, al tiempo, no cabe descartar que se preguntase por lo que él mismo podía haber hecho mal. Porque una persona que no se hace responsable en alguna medida de lo que sucede a su alrededor, no es un verdadero maestro espiritual. ¿En qué te he fallado, Judas?, podría haberle preguntado Jesús. Y tal vez Judas le habría respondido entonces que no se había sentido querido por ser quien era, sino sólo por la misión que desempeñaba. ¿Me querías por mí o para tu misión?, le podría haber preguntado. Es difícil conjeturar lo que habría respondido Jesús. ¿Es posible querer a alguien olvidándose de todo lo demás? ¿Es posible o conveniente dejar completamente el mundo aparte cuando se ama a alguien?

Lo más probable es que las relaciones entre Judas y Jesús llevaran ya un tiempo enrarecidas. Jesús tuvo que ser consciente de cómo rondaba y prosperaba un germen maléfico entre quienes le eran más cercanos. La pesadumbre y el malestar se iban dejando notar. Había menos espontaneidad cuando se reunían, menos ilusión y muchas menos risas. ¿En qué me estoy equivocando?, tuvo que preguntarse Jesús. Sigo convencido de mi vocación, sigo orando al Padre cada mañana y cada noche, cumplo con mi trabajo de predicar y de atender a los necesitados... ¿Por qué empieza ahora a desvanecerse todo? ¿Es que no hay un sueño que dure más de tres años? Nadie le respondía a todas estas preguntas; quizá nunca las formuló en voz alta. Pero era evidente que todos se preguntaban lo mismo, así como que todos atribuían al maestro la mayor parte de la responsabilidad, si no toda ella.

La persona del traidor es sólo la encarnación de una traición colectiva. Alguien debe llevar la voz cantante, pero es el grupo entero quien ha empezado a alejarse antes de que uno dé un portazo y se marche. Los compañeros de Judas quedan consternados ante su traición. No lo sintieron tanto por su maestro –que también–; ni siquiera por Judas, con quien la mayoría nunca había logrado intimar; lo sentían sobre todo por ellos mismos: porque ahora estaban menos seguros de haber hecho bien, yendo en pos de ese profeta. Porque empezaban a preguntarse si no serían ellos los siguientes en marcharse. Porque la duda –venenosa y puntiaguda– había entrado en el seno de la comunidad.

Un grupo no resiste mucho tiempo con el veneno de la duda en sus entrañas. O se escupe ese veneno o se muere, no hay otra alternativa. Los discípulos de Jesús murieron, se dispersaron, dejaron a su maestro solo, con su verdad. La verdad siempre aparece cuando los otros desaparecen y nos quedamos solos.

Todavía estaba hablando, cuando llegó Judas, uno de los Doce, acompañado de un grupo numeroso con espadas y palos, enviado por los sacerdotes y los doctores del pueblo. El traidor les había dado una contraseña: El que yo bese, ése es; arrestadlo. Enseguida, acercándose a Jesús, le dijo: ¡Salve, maestro!, y le dio un beso. Jesús le dijo: Amigo, ¿a qué has venido? (Mt 26, 47-50).

El traidor vive siempre a nuestro lado, en las inmediaciones, a menudo está ya dentro de nuestra casa. Parece insensato fiarse de nadie, sobre todo de uno mismo: ya nos conocemos, ya nos hemos visto en situaciones parecidas, ya sabemos lo que damos de sí. Esta cercanía del traidor es espantosa, puesto que mina la confianza natural que el ser humano tiene de entrada consigo mismo y con lo que le rodea.

Judas aparece en el huerto junto a una multitud armada, en la que se distinguen algunos ancianos y sacerdotes. Siempre es así: el traidor no viene solo y desarmado (así llegan los valientes), sino camuflado entre la gente y, desde luego, con armas que le aseguren su poder. La desnudez, la simplicidad (Jesús solo entre los olivos), tiene que ver con la verdad. La mentira, en cambio, necesita ruido, gritos, muchedumbres, caos y complejidad. La mentira viene por la noche; la verdad, en cambio, se abre paso a la luz del día.

¿No podía Judas traicionar más que con un beso? ¿No podía haber escogido otra forma? No. Tenía que mostrar lo poco fiable que son los signos y gestos amorosos, en eso consiste precisamente la traición. Tenía que pervertir la expresión del afecto para que en adelante todo pudiese significar cualquier cosa –y quedase roto el vínculo entre lo que significa y el significado.

¿Qué has venido a hacer, amigo?, le dice Jesús a su discípulo tras su largo beso. Todavía le llama *amigo* cuando la traición ya se ha consumado. Todavía le da

la oportunidad de retractarse con su pregunta. *¿Con un beso me traicionas?* Siempre traicionamos con un beso, es decir, vaciando las expresiones de su contenido. Al desconectar experiencia de expresión, se crea un cortocircuito. Y ya está sembrado el desengaño y la confusión.

Entonces Judas, el traidor, viendo que lo habían condenado, se arrepintió y devolvió los treinta denarios a los sumos sacerdotes y senadores, diciendo: He pecado entregando a un inocente a la muerte. Le contestaron: A nosotros ¿qué? Allá tú. Arrojó el dinero en el templo, se fue y se ahorcó (Mt 27, 3-5).

La diferencia sustancial entre Judas y Simón Pedro es que el primero no fue capaz de llorar. También él, como su compañero, se dio cuenta de su terrible error, pero no entró a fondo en su fragilidad. No la soportó. Tal fue la devastación que generó en él que, desesperado, corrió y se ahorcó. Ésta es la cuestión, que corre, es decir, que no se para, que no se toma su tiempo, que permite que el vértigo de los acontecimientos arrase con lo que queda de él.

Es posible que todos hayamos renegado alguna vez de nuestro maestro; o incluso de nuestros seres amados: de nuestros padres, de nuestros hermanos y amigos, de nuestros hijos... Alguna vez –tampoco hay que excluirlo– les hemos maldecido. Pero no todos, ciertamente, somos suicidas. Antes de sucumbir a un acto así, tan terrible, nos tomamos el tiempo para reflexionar y perdonar, en el mejor de los casos, o para rumiar lo sucedido y no ser capaces de perdonar, fraguando así la amargura y el rencor. La única salida a la desesperación –y esto es lo importante– es parar. Ver qué ha pasado. Ver dónde estamos. Ver dónde nos conduce lo que hemos hecho o vivido. Ver qué podemos hacer con ello para no ser un títere a su merced. Dar un paso hacia atrás y observar. ¿Quién sufre cuando sufrimos? ¿Quién se queja o se enfada cuando nos quejamos o enfadamos? ¿Soy yo acaso mis emociones?

Parar nos da la ocasión para no identificarnos con nuestras emociones y distanciarnos de lo que ha sucedido, sea lo que sea. Distanciarse significa en primer lugar que dejo de estar poseído por lo de fuera, por espantoso o deslumbrante que haya podido ser. Distanciarse significa en segundo lugar que dejo de estar poseído por lo de dentro, por honda que sea la herida o el gozo que me ha dejado. De haberse concedido tiempo, Judas podría haber comprendido que había cometido una traición, pero que eso no le convertía irrevocable y simplemente en un traidor. Podía arrepentirse. Podía incluso aspirar a un destino de santidad, como el resto de sus compañeros. Podía empezar de nuevo, pero no fue capaz y la noche se extendió en su alma como un manto. Sus emociones se enmarañaron y liaron su mente hasta hacerle incapaz de ver una salida.

Judas no escuchó el canto de ningún gallo. No tuvo ningún despertar. Su oscuridad no concluyó en la luz, sino en una oscuridad aún mayor. Decidió cerrar la puerta, si es que aquello fue en realidad una decisión. No se mantuvo vigilante, a la espera de alguien que viniera en su ayuda. No pidió socorro. Se encerró en su tragedia. Y todo porque no pudo soportar su propia debilidad ni la de su maestro, a quien no resistió ver preso. La desesperación es la negación de la fragilidad. La iluminación, por contrapartida, es la rendición a los límites.

Cuando Jesús dice *si quieres ser mi discípulo, toma tu cruz y sígueme*, se refiere precisamente a esto. Toma tu debilidad y mírame, toma tu flaqueza y camina. No rechaces tu fracaso o tu dolor, sino aprende de él. Puedes vivir la debilidad, la flaqueza o el fracaso como una negación (al igual que Pedro), como una traición (al igual que Judas), o como una huida (tal y como la vivió Pilato). Esas oscuridades que vivimos –y éste es el mensaje– pueden ser vividas como oscuridades definitivas o, por el contrario, como el camino más directo hacia la luz.

94. La negación
Sin tocar fondo, nuestra vida es banal

Pedro contestó: ¡No sé lo que dices, hombre! Al punto, cuando aún hablaba, cantó el gallo. El Señor se volvió y miró a Pedro, éste recordó lo que le había dicho el Señor, antes de que cante el gallo, me negarás tres veces. SALIÓ AFUERA Y LLORÓ AMARGAMENTE. (Lc 22, 60-62)

Aunque todos caigan por tu causa –afirma un Pedro bravucón–, *¡yo no caeré jamás!* Jesús le pone de inmediato en guardia, advirtiéndole que mida sus palabras. Pero el apóstol no le presta oído e insiste: *Aunque tenga que morir contigo, no te negaré.* Y el resto de los discípulos aseguraron lo mismo (Mt 26, 35). ¿Por qué actuaron así? Porque desconocían hasta dónde podía llegar su flaqueza. Porque tenían los ojos puestos en ellos mismos y en sus propias capacidades, no en Él y en su gracia –que es lo único que puede vencer la sombra.

Sin conocer la parte oscura del propio ser, es difícil que se llegue a la luminosa. En estos días de Pasión, Pedro y los suyos se van a encontrar con esas tinieblas como no pueden sospechar. Hay que atravesar los propios límites para conocer el poder de lo ilimitado.

Horas después de su ingenua confesión de perpetua fidelidad, Pedro cede al sueño. Es incapaz de velar con su maestro para apoyarle en aquella terrible prueba. Todavía más: cobarde hasta un punto vergonzoso, le niega en público por tres veces consecutivas. Sintió la presión del qué dirán, quiso cuidar su autoimagen. Probablemente, temía correr el mismo destino de aquel a quien había dicho que amaba. *¡No conozco a ese hombre!* (Mt 26, 72), grita cuando se le presiona para que diga la verdad. ¡No le conozco!, repite, con el corazón hecho trizas.

Es cierto que todavía no le conoce. Es cierto que todavía le falta purificarse para poder acceder a la iluminación. Ahora bien, lo que este lamentable grito pone a las claras es que a quien Pedro no conoce es a sí mismo. En efecto, ni él mismo se reconoce en el hombre pusilánime que está negando a su señor y maestro. Él no sabía que podía llegar a ese extremo. Desconocía el alcance de su debilidad. Le asusta verse así: tan desnudo, tan pobre, tan mezquino. ¿Éste soy yo?, se estaría preguntando. ¿Hasta aquí puedo llegar? Su espíritu es ardiente –eso nadie lo va a negar–, pero su carne es débil.

Pedro nunca imaginó que se derrumbaría porque nunca imaginó que las circunstancias serían las que de hecho fueron: su maestro de vida se había convertido en portador de la muerte. Nada estaba saliendo, en verdad, conforme a lo previsto. Algo había fallado sin remedio en el plan. Todo se había descabalado. El amigo genial resultaba que quizá no fuera tan genial, sino un auténtico peligro para su vida y la de su familia. Todo el amor que había sentido por él se deshinchó, todas las promesas con las que le había hecho soñar se desvanecieron en cuestión de pocos días. Era casi como si nunca hubieran sido verdad. Pedro piensa que quizá también él ha podido ser víctima de un engaño o de una ilusión; y, como el mal llama al mal, el miedo y la duda llamaron en su alma al embuste y a la cobardía.

En esta experiencia, Pedro toca fondo. Sin tocar fondo, nuestra vida es banal, intercambiable con la de otros. Pero en el fondo está la verdad, de modo que si llegamos a ese fondo nuestra vida empieza a ser veraz. La excesiva seguridad incapacita para ir al fondo de la cuestión: al fondo de uno mismo, a ese fondo donde habita el espíritu. Ahí sólo se puede acceder descalzo, no con botas, es decir, sin seguridad en uno mismo, sino sólo con la confianza en Dios.

Todo cambia desde el momento en que Pedro se sabe falible. Esa consciencia la provoca algo cotidiano y en apariencia insignificante: el canto de un gallo. El despertar puede producirlo cualquier mínimo suceso: el caer de una hoja, el sonido de una fuente, una orden del maestro, una buena bofetada... Lo que sacó a Pedro de su noche fue el canto de un gallo. El gallo canta y anuncia, precisamente, que es hora de despertar. El sonido de ese canto le hace recordar a Pedro lo que su maestro le había dicho; entiende en ese instante que las palabras no simplemente son, sino que se hacen realidad. La conmoción es demasiado intensa y Pedro no puede con ella. Se le viene el mundo abajo y, conmocionado, se echa a llorar.

Lloró amargamente, nos dice el evangelista. La amargura no es sólo por el pecado cometido, sino por la luz a la que se siente llamado. Lo que le hace llorar es el encuentro con la verdad. Las suyas no son sólo lágrimas por haber traicionado a alguien, sino por haberse traicionado a sí mismo. Ése es el verdadero drama, y por eso lloramos cuando recibimos el don del encuentro con nuestra sombra.

En la mística cristiana hay mucha literatura sobre el carácter purificador de las lágrimas. El llanto limpia la mirada y permite que nuestros ojos, casi siempre enturbiados por el mundo, y nuestro corazón, ofuscado por el ego, vean la luz.

Las lágrimas de Pedro son decisivas, puesto que le salvan de sí mismo: le dejan desarmado, con el ego mordiendo el polvo. Y cuando muere el ego, nos abrimos al verdadero yo. Las lágrimas penitenciales lavan el alma del apóstol, le preparan para el apostolado, le permiten ver a su maestro en su verdadera dimensión, le dan el acceso a una forma de pensar y de sentir más profunda y ajustada.

Porque quien llora ya no puede discurrir ni calcular, no puede ser sensato. Quien llora abre una espita que le introduce en una nueva fuente de conocimiento. Quien llora se ha rendido, por fin. Pedro, que algunos meses antes había caminado sobre las aguas para luego hundirse en el lago, se ahoga ahora en sus propias lágrimas. *Hombre de poca fe, ¿por qué has dudado?* (Mt 14, 31), le había recriminado Jesús en su día, tendiéndole la mano. ¿Qué tiene que sucedernos para que nos rindamos y tengamos fe?

Decir no al amor es negarse a la vida, es negar la vida. Nos duele haber dicho no a la vida. Porque se nos presentó una oportunidad, pero dijimos que no. Luego se nos presentó por segunda vez, por vigésimo quinta vez, y volvimos a decir que no: ofuscados, obnubilados, egoístas, perezosos... O tal vez dijimos que sí, puede ser; pero luego nos desdijimos, o simplemente lo olvidamos, como si nunca hubiéramos dado nuestra palabra. Como si la vida fuera una broma y la gracia una bagatela. ¿Qué hemos hecho con la vida que se nos ha regalado?, ésa es una buena pregunta. ¡Cuántas ocasiones de amor desperdiciadas! Quizá ahora sea un buen momento para, como Pedro, llorar por nuestras repetidas negaciones.

95. La humillación
La verdad brilla en el dolor

Entonces los soldados del gobernador condujeron a Jesús al pretorio y reunieron en torno a él a toda la cohorte. Lo desnudaron, lo envolvieron en un manto escarlata, trenzaron una corona de espinos y se la pusieron en la cabeza, y una caña en la mano diestra. Después, burlándose, se arrodillaban ante él y decían: ¡Salve, rey de los judíos! LE ESCUPÍAN, LE QUITABAN LA CAÑA Y LE PEGABAN CON ELLA EN LA CABEZA. *Terminada la burla, le quitaron el manto y le pusieron sus vestidos. Después lo sacaron para crucificarlo.* (Mt 27, 27-31)

La flagelación de Jesús tiene todos los ingredientes propios de la tortura. El manso es arrestado a la fuerza. Se le despoja de la ropa para agravar la vejación y que su humillación quede expuesta. Se le pone un manto sobre sus hombros, una corona en la cabeza y una caña en la mano para hacer una parodia de su supuesta realeza. La soldadesca se arrodilla luego ante él y le saluda para sellar la burla. Todo es una gran puesta en escena cuyo propósito es ridiculizar la presunta identidad mesiánica del reo y acabar con sus fabulosas pretensiones.

Empieza la flagelación. La rabia que los soldados sienten contra sus opresores la vuelcan ahora sobre él, con inusitada saña. Casi se diría que disfrutan azotándolo. Que les gusta cumplir ese deber. Que se vengan en ese cuerpo indefenso de sus repetidas e infinitas frustraciones. ¡Tú nos habías hecho creer que eras el rey, toma latigazo! ¡Tú me habías prometido nada menos que un reino, toma!, nuevo latigazo. ¡Impostor!, otro más. ¡Charlatán!, y otro. ¿Pensabas que te ibas a ir tan tranquilo, después de la que has armado? Y se enardecían unos a otros. Estuvieron flagelándole incansables, tal y como como nuestra mente nos flagela incesantemente a nosotros con permanentes reproches de todo tipo.

Si no se entiende la necesidad de volcar la agresividad humana de alguna forma, será difícil que pueda entenderse lo que sucede en la Pasión de Cristo, Quien –en este instante y ya para siempre– se convierte en el arquetipo del dolor, el fracaso y la ignominia.

Sin formas tan expresivas como las de la Pasión de Jesús (aunque a veces con formas aún más expresivas y crueles), la existencia de todo ser humano atraviesa –de los modos más variopintos– esta humillación tan radical. Porque lo preocupante no es sólo tener que morir a uno mismo, sino lo mucho que se ha de sufrir hasta que por fin se llega a esa muerte. En efecto, cuesta lo suyo marcharse de este mundo. Hay que pasar por incontables humillaciones corporales, torturas familiares, flagelaciones hospitalarias...

Por otro lado, el pequeño yo es flagelado por sistema en la práctica meditativa para que nazca el yo verdadero. Toda flagelación es siempre degradante, no sería tal si no se viviera de este modo. El encuentro con tu sombra te coloca en tu lugar, que es abajo. Y te recuerda que no se llega a la verdad sin dolor. La verdad es dolorosa, quizá porque en este mundo no existe el espacio que ella necesita para abrirse paso.

Como varón de dolores, Jesús es presentado ante Pilato, quien, a su vez, lo presenta, sin saberlo, a toda la humanidad: *¡Ecce Homo!*, dice. *¡Aquí tenéis al hombre!* (Jn 19, 5). No hay que descartar que, por acostumbrado que estuviera a estos degradantes espectáculos, Pilato no quedara impresionado ante aquel ajusticiado que mantenía su dignidad en medio de su tormento. Por fin tenía ante sí al famoso Jesús de Nazaret, pero no sólo. Porque en él estaban –era casi visible– todos los ajusticiados de la historia: los perseguidos, los torturados, los vejados por el destino o por el sistema. Claro que en esa figura se reflejaba también la impiedad de la violencia y, en fin, el poder del pecado, que devasta el corazón del hombre. Todo eso estaba ahí, la luz y la oscuridad en una misma figura, el mal y el bien más juntos que nunca: las descripciones de los sufrimientos de Cristo en su Pasión y muerte alimentan el horror y hielan la sangre. No es preciso abundar en esta literatura macabra.

Lo determinante desde un punto de vista espiritual y práctico es preguntarnos por nuestra disposición a abrazarnos a la columna a la que se le amarra a Jesús, donde se le azota. Esa columna es un claro preámbulo de la cruz. ¿Cómo permanecer en esa columna sin defendernos y, más radicalmente aún, cómo hacerlo sin desesperar? A veces es difícil no desesperar en la práctica de la meditación. Es difícil no sustituirla en ocasiones por otras prácticas espirituales o devocionales menos crudas y severas. No se aboga por el masoquismo, es evidente. Tampoco se trata de no quejarse ante la sombra, como si fuéramos estoicos. Se trata de no desesperar, de no claudicar, de no huir, de no limitarse a buscar soluciones y resolver. El punto crucial es cómo permanecer –cada cual en la columna que le haya tocado– con la máxima dignidad. Y cómo descubrir ahí, en esa perseverancia, que, en el núcleo del dolor, de cualquier dolor, está Cristo, que ya ha pasado por ahí y que lo ha redimido.

96. El juicio

Convertirse mansamente en el reo

Entró de nuevo Pilato en el pretorio, llamó a Jesús y le preguntó: ¿Eres tú el rey de los judíos? Respondió Jesús: ¿Lo dices por tu cuenta o te lo han dicho otros de mí? Respondió Pilato: ¡Ni que fuera yo judío! Tu nación y los sumos sacerdotes te han entregado a mí, ¿qué has hecho? Contestó Jesús: Mi Reino no es de este mundo; si fuera de este mundo mi Reino, mis servidores habrían peleado para que no me entregaran a los judíos. Ahora bien, mi Reino no es de aquí. Le dijo Pilato: ENTONCES, ¿TÚ ERES REY? *Contestó Jesús: Tú lo dices. Yo soy rey, para eso he nacido, para eso he venido al mundo, para dar testimonio de la verdad. Quien está por la verdad escucha mi voz. Le dice Pilato: ¿Qué es la verdad?* (Jn 18, 33-38)

El proceso al que Jesús fue sometido tuvo un carácter religioso y político, judío y romano: se le enjuició por partida doble y se le acusó, en primera instancia, por el asunto del templo.

La cuestión no era, simplemente, que Jesús flexibilizase la ley, a todas luces muy rígida. Jesús era para los judíos ortodoxos algo mucho más grave que un mero reformador, moderno y liberal. No se crucifica a nadie por relatar historias bonitas que estimulan un comportamiento cívico y moral. El problema estaba en el *pero yo os digo* que precedía a muchas de sus afirmaciones: ese *yo* de Jesús –la conciencia que tenía de sí– era lo que ponía nerviosos a los judíos de su tiempo y lo que pone nerviosos a muchos todavía hoy. Ese *yo*, tal y como él lo pronunció para referirse a sí mismo, es lo que hace de Jesús un personaje difícilmente comparable con otros fundadores religiosos.

La particularidad de Jesús consistió en que no se presentó tan sólo como un hijo de Dios, sino como *el* Hijo de Dios. Afirmó que él en persona era *el* camino, *la* verdad, *la* vida, *la* puerta, *la* luz..., y se propuso como la nueva ley, a la que la de Moisés debía someterse. Toda una provocación. Es normal que esto resultase intolerable para muchos, sobre todo para los poderosos y los intelectuales. Estas afirmaciones resuenan todavía hoy muy excluyentes, y nuestra mentalidad moderna tiende a rechazarlas. El templo es el templo y tú eres tú, un profeta si quieres, pero un pobre hombre como todos los demás –se defendían los fariseos. Pero, pese a referirse a sí mismo con la expresión *Hijo del hombre*, lo cierto es que Jesús no se veía exactamente como uno más, sino como el primogénito y, por tanto, como alguien con una relación muy particular con esa fuente de vida que llamó y enseñó a llamar Padre.

Así que Jesús fue un hereje y, como tal, fue acusado de herejía. La acusación no se equivocó, otra cosa es que reprobemos los métodos que utilizaban para castigar a los disidentes. Un hereje es un traidor al patrimonio religioso recibido de sus mayores, pues lo retoma y reformula para proponerlo de nuevo según su particularísima visión. Hubo una frontera que Jesús no respetó. Porque el cristianismo es una profundización en el judaísmo, cierto, pero también afirma y pone en práctica postulados y ritos que –se mire como se mire– no son judíos. Jesús supone una verdadera novedad: el Reino está aquí (antes de su llegada no estaba), eso es lo que vino a anunciar. Él es el Reino en persona, ésa es la cuestión que está detrás de todas las disputas religiosas entre Jesús y los fariseos.

Por lo que se refiere al juicio político, las diferencias con el religioso no son sustanciales. Si en éste la pregunta fue por su identidad de hijo de Dios, en aquel lo que preocupaba a los gerifaltes era su identidad de rey. Tú, ¿un rey?, quería saber Pilato, el asunto le inquietaba y divertía a partes iguales. Tú, ¿pretendes suplantar al imperio romano? Los judíos, en cambio, querían saber si pretendía suplantar a Moisés. Tanto Pilato como Caifás (como probablemente cualquiera de nosotros) sabían que, si de repente aparecía un profeta, lo más sensato era pensar que fuera un desequilibrado o, al menos, un exaltado. El trastorno era la posibilidad más factible, siempre lo es. La credulidad es la esperanza de los débiles.

Pero, fuera un lunático o no, lo cierto es que la metáfora *Reino* en que Jesús centraba sus discursos terminó por resultar muy peligrosa para todos. ¿No habría podido Jesús utilizar otra, más inocua? ¿No podría haber dicho desde el principio que su Reino no era de este mundo para que nadie se sintiera tan amenazado con su palabra y su presencia? No, no creo que hubiera podido. Por eso, los tribunales que examinaron la causa terminaron condenándole. Lo importante, en cualquier caso, es cómo termina nuestro juicio particular, pues es evidente que, llegados a este punto, también nosotros hemos de pronunciarnos de algún modo sobre su identidad y sobre la relación que mantenemos con él. Sobre la relación que existe entre su luz y la nuestra.

¿Es este hombre para mí distinto a todos los demás? ¿Es distinto en el mismo sentido en que todos somos distintos a cualquier otro? Parece claro que la personalidad de Jesús no entra con facilidad en una categoría determinada: un sabio, un rabino, un profeta... Él es un punto y seguido, pues algo tiene de todos estos arquetipos; pero también es un punto y aparte: un caso único e incomparable que nos recuerda, quizá como nadie en la historia, que todos estamos llamados a ser casos únicos e incomparables. Que nadie debería ser una burda copia de nadie.

Tú eres el Hijo de Dios vivo (Mt 16, 16): así fue como le definió Pedro. Ésta es la respuesta de la ortodoxia cristiana ante la identidad de Jesucristo. Pero esta contestación no debe vivirse, en mi opinión, como un cierre de actas del proceso judicial. No. La pregunta por la identidad de Jesús, aun en aquellos que responden que es el hijo de Dios, se mantiene fresca y palpitante. Responder que él es el hijo de Dios no resuelve la cuestión, sino que mantiene viva la búsqueda.

En este sentido, el juicio religioso y político puede haber terminado, pero no el existencial. Mantener la cuestión de Dios abierta es necesario si queremos mantener también abierta la búsqueda humana del autoconocimiento. No sabemos completamente quiénes somos porque no sabemos completamente quién fue Jesús, el Cristo. La búsqueda espiritual de quienes se sienten cristianos transcurre en esta senda.

Esta senda no es un límite para esa búsqueda –como algunos creen–, sino más bien una condición de posibilidad de la misma. En esa senda se va aprendiendo que todo juicio a Dios es, en definitiva, un juicio a nosotros mismos. De modo que hemos de aprender a convivir con la tensión del juicio, pero ¿cómo? No se trata de resolverlo, sino de disolvernos en él, es decir, de abandonar el papel de juez para convertirnos mansa y paulatinamente en el reo. Soltar el juicio a la humanidad y a la historia es soltar de una vez por todas la mente, y ése es el camino. Es un camino de pasión y muerte, lo sabemos. Pero también sabemos que es un camino de resurrección, puesto que Él nos ha precedido.

A Jesús hay que dejarle un poco en paz. No desentenderse de su legado, pero sí darnos cuenta de que Jesús es sobre todo una ocasión para apuntar al propio corazón. Cualquier otro propósito a la hora de leer e interpretar el evangelio no hace plena justicia a la Palabra de Dios.

El escenario de este pasaje evangélico es un tribunal en el que se va a enjuiciar a un hombre. No hay, posiblemente, un escenario que se ajuste más a lo que de hecho sucede en nuestro interior, donde estamos permanentemente juzgando y juzgándonos. Nuestro hábito por clasificarlo todo de inmediato en bueno o malo, correcto o incorrecto, nos impide que sea la propia realidad quien nos vaya desvelando, a su ritmo, su posible corrección o incorrección, su presunta bondad o maldad moral. Esa manía que tenemos por juzgarlo todo nos enajena y destruye, impidiéndonos el acceso a lo real.

En realidad, no es casual que Kafka sea el escritor por excelencia del siglo xx. Su propuesta narrativa, bajo distintos disfraces, supone entender el mundo como una inmensa sala penal. *El proceso, El castillo, En la colonia penitenciaria, Informe para una academia*…: todo son parábolas del juicio y de la condena a los que el ser humano se somete a sí mismo sin piedad.

No juzguéis y no seréis juzgados (Lc 6, 37): ésta es la exhortación evangélica que resuena ante nuestra monstruosa obsesión por clasificarlo todo y por tachar lo que no se ajusta a nuestras ideas. La tiranía de las ideas desemboca por fuerza en pérdida de la realidad. Tantas más ideas tenemos, menos vemos lo que sucede ante nuestros ojos. Juzgamos porque estamos fuera, desde dentro es imposible juzgar. Un iluminado está tan dentro de la vida que, sencillamente, no puede juzgarla: nunca la observa desde el exterior, puesto que para él no existe un exterior. *No juzguéis y no seréis juzgados*, es decir, no separéis y no os separarán.

El destino de Pilato es bastante similar al de Judas: ambos han pasado a la historia como los principales artífices de la condena y ejecución de Jesús. Uno por su desesperada traición. El otro por su calculado retraimiento. Es curioso que temples tan distintos –fogoso el primero y moderado el segundo– se hayan unido, sin tan siquiera saberlo, para el mismo y horrible fin.

La actitud de Pilato, descomprometida y huidiza, quizá sea la más frecuente entre nosotros. Claro que también hoy existen grandes pecadores como Judas: viciosos, descarriados o depravados… Y por supuesto que también hay grandes arrepentidos y conversos como Pedro. Pero lo que más abunda en nuestros días –quizá siempre– es salirse por la tangente, eludiendo el compromiso con algún argumento, más o menos cogido por los pelos. Esta deserción de la voluntad, esta capitulación de la inteligencia y esta búsqueda sistemática de la comodidad son incompatibles con el evangelio. Con un talante pusilánime, no es posible una práctica espiritual ni una vida de fe.

El meditador mira su interior y acepta su fragilidad, que es lo que Judas no es capaz de hacer. El meditador no sortea los dilemas que le presenta su conciencia, que es lo que hace Pilato –quien, desde que aparece en escena, piensa que a él no le corresponde dirimir esa contienda más que formalmente. Accede a jugar un papel en la historia, pero no se mete a fondo. Pilato es como Adán, que se esconde tras los árboles para no ser descubierto por Dios.

Formula dos preguntas –eso sí–, pero no son verdaderas preguntas, pues no están motivadas por el reconocimiento de la ignorancia y el deseo del saber. Son preguntas retóricas, preguntas-trampa, preguntas formuladas con ironía. No busca la verdad, sino poner a prueba y en ridículo al interrogado. Una: *¿Qué es la verdad?* ¿Quería saber realmente Pilato qué es la verdad? Y dos: *¿Así que tú eres rey?* Imposible que creyera que aquel despojo humano que tenía frente a él poseía una naturaleza o un destino regio. El tono de sus intervenciones revela que está fuera de la conversación, que no quiere correr el riesgo de que su interlocutor le desestabilice. Más que buscar la verdad, pretende ocultarla para que todo quede como está.

Éste es el riesgo al que sucumben muchos intelectuales, haciendo un flaco favor a la inteligencia: hablar por hablar, escribir por escribir, pervertir el lenguaje, vaciarlo, abocarlo al absurdo... El mal endémico de todo intelectual que ha perdido el contacto con las personas es meter las manos en el agua (sólo las manos y si es que llega a meterlas), lavarlas ante el público (cuanto más numeroso, mejor) y luego sacarlas, secarlas y pasar a otra cosa, como si ahí no hubiera pasado nada. Con su habitual y soporífera verborrea, muchos de estos patéticos intelectuales se creen muy listos con sus juegos de palabras: fuegos artificiales que se quedan en nada. Siembran escepticismo a base de ocurrencias irónicas. Devastan los corazones minando la capacidad de asombro y de verdadera búsqueda. Por eso el evangelio no es para los intelectuales de esta calaña, lo siento por ellos. Ellos enjuician el evangelio, pero no pueden vivirlo. Son jueces, no reos; son Pilato, no Jesús.

Pilato no se moja y sale del escenario como Judas, aunque no de forma tan dramática. Dice lavarse las manos, pero lo cierto es que condena a Jesús. No puede ser de otra forma: si entras en la dinámica del juicio, no es posible sortear la condena. El mal aparece porque hay un juicio y una condena. Sin ese juicio y sin esa condena, ¿quién sabe en qué habría quedado ese aparente mal, en qué bien habría derivado?

Esto de lavarse las manos es una actitud muy frecuente entre los humanos: fingimos que escuchamos a las partes y que somos neutrales, pero lo cierto es que las condenamos y, por si esto fuera poco, queremos luego quedar libres de toda responsabilidad. Yo no sabía, yo no quería, yo no estaba verdaderamente ahí... Es sorprendente hasta qué punto nos eximimos de cualquier tipo de responsabilidad. Hasta qué punto pretendemos ser sólo víctimas, no verdugos, de lo que sucede a nuestro alrededor. ¡Como si nuestra indiferencia y abstención no determinaran lo que realmente sucede! Como si el mundo fuera un espectáculo y nosotros estuviéramos sentados, como espectadores inocentes, en el patio de butacas.

Para esto he venido al mundo, para dar testimonio de la verdad, responde Jesús cuando es increpado. Nosotros, hijos de la Modernidad, no queremos ni oír hablar de la verdad, la excluimos de entrada; para nosotros todo son opiniones, no hay posibilidad de verdad. Pero ¿qué sería del mundo si la verdad fuera imposible, como tantos sostienen? ¿Podríamos entonces fiarnos de la justicia y confiar en sus representantes? ¿No podemos decir que hemos llegado a verdades universales e inmutables, como por ejemplo que matar a un semejante es malo? Porque, si cada uno pudiese pensar siempre lo que le viniera en gana, si cada generación pudiera contradecir las verdades de las que la precedieron con toda tranquilidad, ¿qué credibilidad tendría entonces el pensamiento? Y, lo que resulta decisivo: ¿podría ser estable la convivencia social? No soy el primero en subrayar cómo la pregunta de Pilato, formulada con un resabio de escepticismo, se nos aparece de repente como algo sumamente grave, de cuya respuesta va a depender la suerte de la humanidad.

Dar testimonio de la verdad significa que, por encima de lo que cada época pueda decir, podemos conocer la voluntad divina. Ya sólo decir esto provoca que muchos se lleven las manos a la cabeza, porque ¿no es una presunción creer que tenemos acceso nada menos que a la voluntad de Dios? ¿No comienzan así todos los fundamentalismos? La respuesta es no. Si Dios ha creado el mundo –como algunos creen–, su Huella debe estar de algún modo en este mundo y, en consecuencia, hemos de poder verla. Todos deben ser respetados, decimos, también los que no la ven, resulta claro; pero ¿debemos simplemente respetar la ignorancia o más bien tratar de ponerle remedio para que deje de ser tal?

Decir que Jesús es rey es tanto como creer que él es el criterio de la verdad, es creer que hay un camino para esa verdad (precisamente él) y que, por ello, la verdad es en cierto modo accesible. ¿Tu verdad?, ¿la mía? No, la Suya. Esto es lo que significa creer que Jesucristo sea el rey, título que sólo aceptó cuando era imposible que su reinado fuera entendido en clave política o social. Esa verdad que es Él –ésta es la cuestión–, ¿te abre a los otros o te cierra? ¿Mantiene y aviva tu búsqueda o acaba con ella? Ésta es la clave de la verdad: que te pone en clave de discípulo, no de maestro. La verdad te moviliza, no te paraliza, ése es el criterio para distinguirla. La verdad sin humildad es doctrina, porque verdad y humildad son lo mismo.

Con su actitud silenciosa y mansa, Jesús nos invita a tener ante los fenómenos que emerjan en nuestra conciencia –por aparatosos que puedan ser– una actitud silenciosa y mansa. Jesús responde con un *tú lo dices* a la pregunta por su condición regia, pero guarda silencio ante la pregunta por la verdad. Esa pregunta no se responde con palabras, el silencio es la respuesta a esa pregunta. Claro que no se trata de asumir el rol de víctima, abortando cualquier rebelión legítima. La diferencia entre el reo y la víctima es que el primero mantiene la dignidad en medio de la humillación externa. Se trata de, en medio de un contexto que victimiza, no entrar en el juego del juicio y, desde luego, mantener la compostura y la entereza. Claro que una dignidad así no se improvisa. Supone un enorme dominio interior. Mantener el porte en una adversidad de tal calibre resalta el contraste entre la altura moral de ambos personajes, juez y reo. El juicio se retuerce hasta el punto de mostrar que Jesús es el verdadero ejemplar de la condición humana y Pilato, en cambio, sólo una lamentable caricatura.

Jesús acepta en público su condición regia sólo cuando ya no hay posibilidad de que sea malinterpretada. Porque nadie puede creer en la posibilidad de un reinado político o social encabezado por una piltrafa humana. Justo entonces, cuando la forma ha perdido todo su esplendor, es cuando emerge el fondo y la verdad. Jesús nunca ha sido tanto el Cristo como en ese momento. Está a punto de convertirse en Jesucristo. Esto es lo extraordinario: la dignidad humana afirmada por encima de cualquier apariencia. Más aún: sin apariencia alguna. Sólo la forma que se vacía por amor deja ver el fondo de lo que somos. Porque somos reyes y reinas, aunque a menudo, a juzgar por nuestro comportamiento, nadie lo diría.

La sociedad contemporánea, quizá como la de todos los tiempos, juzga a Dios. Pero en el evangelio Dios no juzga, sino que más bien es el juzgado.

Nuestra mente es el escenario de un juicio y de una condena permanentes. Al Dios interior que allí quiere emerger, volvemos a someterle una y otra vez a un juicio sumarísimo y a una tácita condena. Dios, sin embargo, sigue acudiendo –manso y silencioso– a nuestro tribunal. Sigue sometiéndose a nuestro dictamen. Hasta que llegue el día en que, iluminados por este reo, no entremos más en esa monstruosa sala penal. El día en que no actuemos como jueces ni como reos y en que despertemos de una vez por todas de esa pesadilla de la separación que es la historia.

97. La muerte

El grito y el silencio son
los dos polos de la vida espiritual

También los bandidos crucificados con él lo injuriaban. A partir de mediodía se oscureció todo el territorio hasta media tarde. A media tarde Jesús gritó con voz potente: Elí, Elí, lema sabactaní (o sea, DIOS MÍO, DIOS MÍO, ¿POR QUÉ ME HAS ABANDONADO?). Algunos de los presentes, al oírlo, comentaban: A Elías llama éste. Enseguida uno de ellos corrió, tomó una esponja empapada en vinagre y le dio a beber. Los demás dijeron: Espera, a ver si viene Elías a salvarlo. Jesús, lanzando un nuevo grito, expiró. El velo del templo se rasgó en dos de arriba abajo, la tierra tembló, las piedras se rajaron. (Mt 27, 44-51)

El mayor dilema existencial no es simplemente la muerte, sino la muerte del hijo: no sólo morir a uno mismo, sino a la propia obra. Morir al hijo es morir a lo que más se quiere. Quien muere en la cruz no es el ego, sino el yo profundo; no se muere sólo a lo malo, sino también a lo bueno. Muere el yo (el testigo) para que renazca Dios (el Testigo del testigo).

Este dilema de la cruz –síntesis de todo el cristianismo– tiene su presagio en la historia de Abraham: *Toma a tu hijo único, a tu querido Isaac, vete al país de Moria y ofrécemelo allí en sacrificio en uno de los montes que yo te indicaré* (Gn 22, 1-18). Abraham –lo sabemos– no retuvo para sí su condición de padre, sino que la entregó. No se identificó con la hermosa misión de la paternidad –que, por otra parte, era Dios mismo Quien le había concedido. Fue así, renunciando a lo que más quería, como accedió a la paternidad no ya sólo de Isaac, sino de una generación de creyentes tan incontable como las estrellas. Le guste o no, con estos precedentes todo cristiano tiene un norte muy claro: el sacrificio.

La cruz es la mejor imagen simbólica de Cristo y, por ello, la señal del cristiano. El palo horizontal apunta a la humanidad; el vertical a la divinidad; el cruce entre ambos es, precisamente, lo que Cristo representa: la unión entre el hombre y Dios, la posibilidad del encuentro. Todo camino espiritual busca, de un modo u otro, ese encuentro. Traicionar cualquiera de los dos polos dejaría insatisfecho al corazón humano, tan hermosamente mundano como ineludiblemente espiritual.

Ahora bien, la cruz es también, y por definición, un instrumento de tortura, lo que significa que ese encuentro entre el hombre y Dios, entre el mundo y el espíritu, no se realiza sin dolor. Más aún, significa que el dolor es camino para el amor. Significa que la gloria se juega en la cruz, en cómo se vive la cruz. Jesús la vive perdonando: *Perdónalos porque no saben lo que hacen* (Lc 23, 34), dice. La razón que avala ese perdón es la ignorancia: *no saben lo que hacen*. Ahora bien, esa ignorancia no debe esgrimirse como causa eximente y, en último término, como justificación. Más que como excusa, nuestra ignorancia debería servirnos para estimularnos a intensificar el trabajo espiritual.

Los cristianos afirman que Jesús muere para redimir el pecado del mundo, ¿qué significa esto? Porque esto del pecado nos suena oscurantista y anticuado y, sin embargo, en el camino espiritual siempre surge un momento en el que hemos de sumergirnos en el pecado del mundo. Es un momento en el que finalmente se hace uno cargo de la monstruosidad del mal, de su alcance, de la desdicha que siembra… Es un momento en que se percibe el horror del que se forma parte y al que se contribuye con el propio egoísmo, la soberbia, la indiferencia, la impiedad... Todo esto puede sonar exagerado o incómodo; pero lo cierto es que, a mayor luz, mayor sensibilidad también para la sombra y, en consecuencia, mayor compasión. Esa compasión no es mera condescendencia (un movimiento de arriba abajo), sino asunción del dolor ajeno y –muy importante también– ofrecimiento del propio.

Este doble ejercicio (asumir y ofrecer), gracias al cual se realiza la redención, posibilita experimentar alegría en la tribulación. ¿Alegría en la tribulación? ¿Nos hemos vuelto locos? ¿No es esto contradictorio, acaso perverso? Lo extraordinario es que todo esto sucede realmente, no es una teoría; y sucede a personas que, mientras tanto, viven una vida en apariencia normal. Pero la normalidad es siempre una ficción. Siempre estamos cayendo o subiendo, colaborando con la fuerza de la gracia o con la de la oscuridad.

Según el evangelio, el dolor de Jesús no es simplemente personal, sino universal: un iluminado es una esperanza para toda la humanidad. El nacimiento de la luz supone el fin agónico de las tinieblas. Por eso, cuando Jesús muere, se produce un gran terremoto: el asunto no le afecta sólo a él, sino a toda la tierra. Todo se mueve cuando estamos a punto de nacer de nuevo. Nada se queda en su sitio, y hay cosas que se destruyen y que se pierden irremisiblemente. Toda nuestra personalidad (el cimiento de lo que somos) se agrieta; y hasta el velo del templo (la tradición), el velo del cielo (nuestro mundo interior) se parte en dos: hay un antes y un después de este nuevo nacimiento: una tradición y una interioridad renovadas.

Un terremoto no es una experiencia agradable: sin suelo bajo nuestros pies, nos precipitamos y caemos al abismo de lo desconocido. No es sólo que vayamos a otro sitio, sino que no sabemos adónde vamos. La desorientación es completa. Cuando se caen nuestras seguridades materiales, emocionales o religiosas nos sentimos huérfanos e indefensos. ¿Cómo viviré? ¿Quién me apoyará? ¿Adónde me dirigiré? ¿Qué haré conmigo mismo?

Ahora bien, que el velo del templo se haya rasgado quiere decir también que ahora ha quedado abierto un camino a Dios que hasta ese momento nos era inaccesible. La puerta de entrada a Dios se ha abierto, ¡nada impide ya ir hasta Él!

Siendo la muerte en cruz un evento cósmico (el sol se oscurece, la tierra tiembla...), el evangelio también lo describe como un acontecimiento de fe: sobrecogido por lo que está sucediendo, un centurión, que es testigo, confiesa: *Realmente éste era el Hijo de Dios* (Mc 15, 39). Quien esto dice era un romano, un pagano, lo que da a entender que la evangelización comienza en el mismo momento de la crucifixión. No cabe anunciar la buena noticia si no es bajo el signo de la cruz. Cada generación de cristianos debe aprender, en su particular contexto, esta lección: que la muerte es fecunda si se vive con amor.

Los más fuertes han muerto dos o tres veces en la vida, difícilmente más. Sólo esas muertes en vida nos preparan para esa otra muerte que es el ingreso a la otra Vida. Pero ni siquiera eso es una garantía. Por ello, frente al abismo de la muerte —en medio del terremoto— la única respuesta verdaderamente humana es el grito.

El grito es la primera respuesta cristiana frente al dolor, no la única ni la última. Quien no grite no es un verdadero ser humano. La tesis que sostiene que el cristianismo es la religión del grito y el budismo la del silencio es muy simplista. Los verdaderos gritos terminan en silencio y los verdaderos silencios terminan en grito. Sólo luego viene la confianza, que es el abandono en medio del terremoto: la rendición o entrega de las resistencias. Hemos hecho lo que hemos podido, ya no hay nada más que hacer, sólo entregarse. Es la hora de la verdad, aquella en que por fin se lo dejas todo a Dios. La medida de tu fe es exactamente la de tu abandono.

Jesús lanza un grito en la cruz: nuestra consciencia, casi siempre discreta hasta el punto de dejarse ignorar, grita cuando es llevada a su extremo. El asunto que debe hacernos pensar es si estaremos allí, en ese particular Calvario, para escucharla.

Tras ese grito, Jesús expira: entrega su vida entera en esa respiración, tal y como pretenden los meditadores cada una de las veces que espiran durante su práctica de silencio.

La consciencia grita y expira cuando se rompe la vieja personalidad para abrirse una nueva. Grita y expira de gusto y de dolor –ambas cosas–, puesto que el ser que nace es el mismo, aunque no lo mismo, que el que muere. Podemos reinventarnos cuantas veces queramos, pero siempre hay un sustrato –un ser– que permanece. No es fácil volver a la cueva de Belén, a los dolores del parto, a la huida a Egipto, a una formación de décadas hasta llegar a la madurez. El grito y el silencio son los dos polos de la vida espiritual: los gritos del silencio.

Junto a la cruz de Jesús, están las de los bandidos: el bueno y el malo, la posibilidad del cielo y la del infierno. A ese cielo o a ese infierno no se llega sin pasar por la cruz, es ahí donde se decide el destino final. La cruz del bandido malo es igual que la del bueno, pero su modo de vivir su tormento es opuesto. Esto significa que no es la cruz la que determina nuestro destino, sino el modo en que se viva. Entre ambos malhechores está Jesús, es decir, ambos tienen, a la misma distancia –física, pero sobre todo existencial– la posibilidad de salvarse, de sanarse. Como los dos bandidos, nosotros vivimos en la dualidad (de carne y espíritu, ayuno y fiesta...), pero también en la posibilidad de salvarla, de superarla. Pero la respuesta que damos ante el abismo no es siempre la misma: algunos se precipitan y caen, otros saltan y vuelan.

Uno de los bandidos implora: *Jesús, acuérdate de mí cuando llegues a tu Reino* (Lc 23, 42). Se ha dado cuenta de que el crucificado que agoniza junto a él no es un hombre como los demás. Este buen ladrón ha pasado a ser para los cristianos, con el transcurso de los siglos, el arquetipo de la esperanza. Nada está determinado hasta el último segundo, la oportunidad para el cambio está permanentemente abierta.

Hay otros muchos elementos duales en las representaciones de la crucifixión: el sol y la luna, por ejemplo, o la espada del soldado y la esponja… Cristo, en el centro, es la imagen de la superación de la dualidad, de la integración de todo en su persona. Todo lo dual sigue ahí, en el Gólgota, pero también la posibilidad de su superación. En ese monte del Calvario se inaugura una nueva posibilidad para la humanidad: Cristo es un nuevo Adán, un nuevo comienzo.

98. El silencio
La amorosa contemplación de la tiniebla

Junto a la cruz de Jesús estaban su madre, la hermana de su madre, María de Cleofás y María la Magdalena. Jesús, viendo a su madre y al lado al discípulo predilecto, dice a su madre: MUJER, AHÍ TIENES A TU HIJO. DESPUÉS DICE AL DISCÍPULO: AHÍ TIENES A TU MADRE. *Desde aquel momento el discípulo se la llevó a su casa.* (Jn 9, 25-27)

Cuando se nos acaban las esperanzas, podemos llorar con amargura –como Pedro–, quitarnos de en medio –como Judas–, o desentendernos –como Pilato. Todas estas posibilidades están ahí: nos implicamos o nos escapamos, nos bañamos o guardamos la ropa. Pero hay una más: también cabe esperar y sostenerse gracias a quién sabe qué fuerzas, confiar en medio de la noche. Esto es, precisamente, lo que celebra el sábado santo, protagonizado por una mujer que, traspasada por la aflicción, se mantuvo al pie de la cruz y junto al sepulcro.

A María de Nazaret no sólo le habían quitado a su hijo, también le habían arrebatado su fe. Porque ella creía que su hijo era divino, tal y como se le había anunciado. Sabía que, con todas las circunstancias que precedieron y siguieron a este hecho, el nacimiento de su niño había sido muy singular. Ahora, con su muerte, todo eso había quedado en suspenso y el fundamento de su vida se había resquebrajado. ¿Cómo viviría en adelante? Porque no es normal sobrevivir a quien engendramos. El dolor que se experimenta es tan grande que parece no dejar espacio para nada más. En

María, sin embargo, milagrosamente, sí que cupo algo más: la fe, puesto que ella siguió creyendo –contra toda esperanza– en las alucinantes promesas de su hijo. Sufrió, sí, pero no claudicó ni siquiera cuando todas las pruebas le decían que debía desistir. La Dolorosa representa a la humanidad entera cuando pierde a Dios.

Poco antes de afrontar sus últimas horas, Jesús les había dicho a sus discípulos que no les dejaría huérfanos (Jn 14, 18). Ninguno de ellos se acuerda ya de estas palabras, sólo María. Ella las ha guardado en su corazón de madre y, por eso, en esta hora amarga, no desespera. El dolor no se le ahorra, pero sí que se le ahorra la desesperación. Porque no se puede vivir en estado de gracia y estar desesperado al mismo tiempo. La clave es, pues, guardar palabras de vida en el corazón. Eso nos hace resistir –con dignidad– a la desgracia.

Al pie de la cruz está la madre y el hijo, es decir, el pasado y el futuro. Sólo con el pasado y el futuro, podemos sostenernos en el presente. Sin pasado ni futuro no hay presente. La solidaridad con quien fuimos y con quien seremos es la única fuerza para hacer frente a las amenazas del presente. Que al pie de esa cruz estén sólo estas dos figuras significa que, si no queremos sucumbir a la cruz que nos toque padecer, también nosotros hemos de dar entrada a nuestra madre interior y al discípulo amado que tenemos dentro. Sin ellos, no nos mantendremos al pie de nuestra cruz.

María es el arquetipo de la virginidad, es decir, de la pureza de corazón. Juan es el arquetipo del discipulado y de la amistad, es decir, de la intimidad con Cristo. Sólo con estos presupuestos deja la cruz de ser destructiva y se convierte en fuente de luz.

Este nuevo nacimiento de la luz es posible no sólo por Cristo, que se entrega a esa pérdida absoluta que es la muerte. También lo es por María, que abraza el cuerpo de su hijo difunto. Esta vida nueva, por tanto, la abren tanto Cristo como María: Cristo, por su parte, entregando su vida; María, por la suya, abrazando ese vacío y esa pérdida. Adán y Eva no aceptan la culpa y se rebelan contra ella; Cristo y María, en cambio, la toman consigo y la abrazan.

La mayor parte de los seres humanos nos hemos sentido, al menos alguna vez, huérfanos de Dios. Pocos lo formularían hoy en estos términos. Más bien dirían huérfanos de sentido y perplejos ante el futuro. Sea con una formulación u otra, lo cierto es que muchos estamos perdidos en el ir y venir de circunstancias de todo tipo e incapaces de comprender –y mucho menos de vivir– lo que nos va tocando afrontar. Todos nuestros miedos y preocupaciones derivan de este sentimiento de orfandad. Cabría decir que la sociedad contemporánea vive en una especie de sábado santo global que ya dura décadas, quizá siglos. Si nos diéramos cuenta de que nada de cuanto sucede escapa a una mirada misteriosa y providente, sin embargo, los problemas seguirían afligiéndonos, cierto, pero nunca nos abatirían. Pasaríamos noches oscuras (todos las conocemos), pero todas ellas –todas sin excepción– acabarían en alborada.

Hay pensadores que han escrito que hoy vivimos una noche oscura colectiva. Que ya no es posible creer en Dios después de Auschwitz o de la bomba atómica. Que el silencio de Dios, ante el tormento de los inocentes, es un signo preclaro de su inexistencia. El silencio de Dios es la gran cuestión. ¿No le ofende a Dios la injusticia? ¿Es el silencio Su respuesta ante el horror?

Dios no resuelve los problemas del mundo, tampoco los explica. La pregunta por el mal sigue sin respuesta. Pero eso no significa en absoluto que se desentienda o que huya de ellos, sino más bien –y esto es la fe– que los mira silenciosa y amorosamente. ¿Los mira? En efecto, ante el grito humano, Dios no ofrece teorías ni soluciones, sino una (discreta) presencia de amor que nos responsabiliza y pone en acción. En ese sentido, cabría decir que la humanidad es la meditación de Dios.

Quienes meditamos estamos llamados a asumir ante el dolor del mundo la misma actitud que, según esto, asume el propio Dios: el silencio, que es la otra cara del grito. El silencio que escucha el grito. El silencio que permite que ese grito llegue a las entrañas. Porque sólo de esa escucha –de esa amorosa contemplación del grito– puede brotar la verdadera redención. Un buscador espiritual nunca resolverá intelectualmente este problema del silencio de Dios, pero lo disolverá entrando meditativamente en él. Ser contemplativo es haber comprendido que el silencio es la gran revelación, la respuesta al dolor, la puerta de la luz. Que el silencio no está ahí para ser comprendido, sino para que nos sumerjamos en él hasta descubrir el tesoro que esconde. La palabra se niega a sí misma para que se escuche de dónde nace y adónde apunta. El silencio es la forma más discreta, paradójica e intensa del misterio de la salvación.

Todas estas palabras resultan sin duda demasiado grandes –cuando no directamente ofensivas e intolerables– mientras se persista en el generalizado infantilismo religioso. Es preciso dejar ya de esperar que Dios nos ayude desde arriba –como si fuera un mago que, con su varita mágica, arregla caprichosamente todo lo que se ha torcido. Un Dios verdadero sólo puede apelar a la madurez humana. No peticiones infantiles. No preguntas retóricas. No huidas sistemáticas al entretenimiento. Es preciso desapegarse de todas las formas religiosas, lo que en absoluto significa descuidarlas o dejar de utilizarlas. Pero conviene recordar a cada instante que sólo son medios (sólo caminos, caminos posibles entre otros muchos caminos, también posibles) para la consecución de un fin. Sí, es preciso morir a Dios para llegar a

Dios. Morir a nuestras ideas de Dios, a nuestra experiencia de Dios –como María, como Abraham…– para vivir el misterio de la vida más allá de toda comprensión simplemente racional. Si Dios responde pudorosamente ante el sufrimiento del inocente, la meditación es la respuesta pudorosa a la aflicción del mundo. Sólo desde ahí nuestra respuesta activa podrá ser sólida y fructífera.

Dios se escucha a sí mismo en el hombre que guarda silencio. Pero la Suya no es una escucha narcisista y autosatisfecha, sino dramática y pacífica a un tiempo, poliédrica, apasionada. Él vive en quien se silencia de toda forma para entrar en el fondo del misterio.

Según la Tradición, en el sábado santo Cristo bajó a los infiernos, es decir, la luz abrió las puertas de las sombras para que quedaran iluminadas y perdieran su aguijón. Lo que ha quedado abajo (lo inferior e irredento, lo subconsciente) tiene, pues, su oportunidad de cambiar de signo. La visita al infierno es siempre lo que precede a la definitiva irrupción de la luz. Pero ¿resistiremos a esta intemperie? ¿Seremos capaces de mantenernos confiadamente en medio de ese largo y gélido vacío?

XII

Destellos de Realidad

99. El primer día
Nuestra alma está alegre cuando es creativa

El primer día de la semana, muy temprano, todavía a oscuras, va María Magdalena al sepulcro y OBSERVA QUE LA PIEDRA ESTÁ RETIRADA. (Jn 20, 1)

En cuanto horizonte de toda búsqueda espiritual, la iluminación requiere un camino y unas condiciones. Es de esto de lo que nos habla todo el evangelio y este fragmento en concreto.

La organización de la biblia en un Antiguo y en un Nuevo Testamento no es más que la plantilla para narrar los hechos de salvación en dos tiempos: el primero, en el que esos hechos se anuncian y realizan en cierta medida; y el segundo, en el que esa realización se cumple y lleva a la plenitud. Así, por dar algún ejemplo, Adán, Abraham, Moisés, Jonás... son prefiguraciones veterotestamentarias de ese nuevo Adán, ese nuevo Abraham, ese nuevo Moisés o ese nuevo Jonás que es Cristo. Así que el significado de Adán, Abraham, Moisés o Jonás quedaría incompleto y sería insuficiente sin Cristo. María, en esta misma línea, es la nueva Eva. El bautismo es una prefiguración de la muerte y de la resurrección. Y así podría explicarse la revelación cristiana entera. El ejemplo más emblemático de esta forma bipartita de estructurarlo todo es la creación del mundo, que estaba a la espera de una nueva creación para ser completa. Todo camino espiritual habla de una nueva creación. Esa nueva creación en el cristianismo se llama redención.

Tras este planteamiento hay una idea clara: no podemos comprendernos sin la historia. Necesitamos de una figura del pasado para entender nuestra figura presente. No hay identidad sin alteridad. Narrar bien es explicar cómo lo que sucede ha tenido su germen en lo que sucedió. Mostrar el hilo conductor de lo uno a lo otro: de la semilla al árbol. Esta concepción se apoya en la convicción de que la historia tiende hacia su plenitud.

La Creación, toda creación, es una cuestión de tiempo. Primero del tiempo propicio para crear, puesto que no puede crearse antes de tiempo: hay que esperar a que llegue el momento oportuno, que siempre es «el primer día» (que es cuando, según el Génesis, Dios crea el mundo). Claro que esperar a que llegue ese día no supone cruzarse de brazos, sino vivir lo más intensa y dignamente que se pueda de lunes a viernes, es decir, los días del trabajo, así como con toda la intensidad y dignidad que se pueda también el sábado, la jornada de descanso. La mentalidad bíblica ofrece, por tanto, una plantilla que hace pensar que sin trabajo y sin descanso (sin espirar e inspirar), no puede haber creación (ese instante mínimo pero perceptible entre la espiración y la inspiración). Nada hermoso o memorable puede nacer de nosotros sin antes trabajar y descansar.

Trabajar es estar en las cosas y con los otros. Descansar es estar con uno mismo y con Dios. Necesitamos de la realidad, de lo múltiple, de lo exterior (eso es el trabajo); pero también necesitamos del fundamento de esa realidad, de lo uno y de lo interior (eso es el descanso). Sólo con estas dos experiencias es posible la posterior experiencia del crear. Durante el trabajo nos entregamos a las cosas y a las personas. Comprobamos en esa entrega hasta qué punto esas cosas y esas personas nos responden, entrando con ellas en una relación. Amor, entrega, atención: éstas son las condiciones para que esa relación sea fecunda. Entendido así, lejos de ser una condena, el trabajo (de lunes a viernes) es una de las formas humanas de estar en el mundo. Las otras dos son precisamente el descanso (el sábado) y la creación (el domingo).

Descansar no consiste simplemente en no trabajar. En el mundo judaico, descansar implicaba permanecer en casa con la familia y hacer hogar. Descansando se rendía homenaje al Dios que en el sábado descansaba de su Creación, disfrutando del cosmos como de un hogar. Para los judíos –como más tarde también para los cristianos–, el descanso se convirtió en un precepto porque comprobaron la facilidad con que el ser humano cae en la idolatría del trabajo. Esa idolatría consiste en querer estar siempre trabajando, es decir, siempre fuera de nosotros, nunca en silencio, con nosotros y con Dios.

Además, quien trabaja sin parar nunca tiene tiempo para disfrutar de lo que ha trabajado. No disfrutar, no reconocer ni agradecer lo que se tiene entre manos es lo que destruye al ser humano y lo que realmente ofende a Dios. Por eso, Dios le recuerda al hombre en su Ley que debe descansar. Que debe disfrutar, volver a casa y no estar siempre fuera.

El descanso relativiza el trabajo: nos hace comprender que no todo depende sólo de nosotros. Al descansar, nos quitamos de en medio y permitimos que el mundo sea, sin nuestra intervención. Descansar es, pues, una cura de humildad.

Lo que nos conduce a trabajar tantas horas no es, por tanto, como a menudo pensamos, una actitud de abnegación y servicio, o de gran sentido de la responsabilidad. Eso es sólo una justificación. Si se trabaja mucho, o incluso siempre, es simple y llanamente por soberbia. Porque todo lo queremos hacer nosotros, sin dejar espacio a Dios. Al trabajar tanto, no queda tiempo para uno mismo ni para Dios y, en consecuencia, damos paso al ateísmo. En efecto, Dios se aleja de quien no descansa. Lejos de ser encomiable, el trabajador infatigable ha hecho un ídolo de su trabajo y, de este modo, ha expulsado a Dios de su corazón.

La creación brota tras haber trabajado y descansado. Es entonces cuando el espíritu encuentra las condiciones apropiadas para la creación.

Nada hay tan difícil de definir como la creación. Tiene que ver con lo gratuito, con lo que viene por añadidura (por añadidura del trabajo y del descanso), con el descubrimiento de la verdad, la belleza y el bien. La creación es –podríamos decir– lo que conduce al trabajo y al descanso a su plenitud. La creación no sucede sin el trabajo y el descanso que la preceden, pero no es exactamente su resultado. Es más bien algo así como un regalo, un hallazgo, una sorpresa de la que su primer beneficiario sabe muy bien que él no es su causa más profunda.

Un hijo, por ejemplo, es claramente una creación. Al mirarle, sus padres saben sin ningún género de duda que ese ser que los mira entre pucheros no es el mero resultado de su unión amorosa. Que hay algo más, que hay un milagro. Ellos no serían capaces de crear algo tan vivo y maravilloso como esa criatura que les está mirando.

Pero lo mismo, o muy parecido, sucede con una obra de arte. Todo artista sabe que la ha recibido porque ha sabido trabajar y descansar humildemente (no hay arte sin humildad). O lo que sucede con un proyecto educativo, o con una iniciativa de mejora social, una agrupación en torno a un noble propósito, ¡tantas cosas! Sí, lo sepamos o no, vivimos en busca del domingo. Nuestra alma no está alegre ni en paz hasta que no se sabe creativa.

Trabajar no es aprovechar el tiempo y descansar no es perderlo. Trabajar y descansar se mueven en la misma relación que dar y recibir o que espirar e inspirar.

Pero, entre la inspiración y la espiración, al igual que entre ésta y aquélla, hay un intervalo de silencio que no lo hacemos nosotros, sino que más bien se hace en nosotros. Ese intervalo es precisamente el de la creación. Ése es el espacio del espíritu, imperceptible la mayor parte de las veces. Es justo el instante del vacío completo (de los pulmones). Pero también es justo el instante de su plenitud (están henchidos, en su máxima capacidad receptiva). Así que la creación es la experiencia del vacío y de la plenitud, tan aparentemente opuestos entre sí y, sin embargo, tan íntimamente hermanados.

Por su naturaleza, ese intervalo, esa fisura, no puede durar. Es efímero por definición. Es fugaz, pero fiel, pues vuelve una y otra vez. Es reincidente, constante, inaprensible...: es lo más parecido a Dios de cuanto sucede en el organismo humano. Porque todo lo que nos sucede sin excepción, hasta lo más prosaico, es una metáfora de Dios. La respiración y el corazón son las metáforas divinas por excelencia. Por ello, ser conscientes del propio ritmo cardiorrespiratorio es aproximarse –nos demos o no cuenta– al territorio de lo sagrado.

Claro que para crear no basta el tiempo, también es preciso el espacio. Todos los creadores saben bien que hay lugares que posibilitan y hasta estimulan su creación, mientras que otros la dificultan o, incluso, hacen inviable.

En el principio era el caos, se nos dice en el libro del Génesis, antes de relatar la Creación divina. O, en otras traducciones: *Dios hizo el mundo de la nada*. Sea el caos o la nada, el caso es que ésos son los puntos de partida de la obra creadora divina. Por fin estamos en condiciones de entender la cita evangélica que precede a todas estas consideraciones.

El escenario al que acudimos cuando nuestras esperanzas han quedado definitivamente truncadas es un sepulcro. Porque sólo puede renacerse cuando hemos muerto. Primero hay que morir, primero hay que vaciarse. Esto, como es lógico, nos puede desconcertar. Porque nosotros habríamos asegurado que para generar vida habría que ir allí donde está la vida. Pues no. Toda creación debe pasar, en cierto sentido, por su imposibilidad. Sin cruz no hay luz, suele repetirse en el cristianismo. Sin el parto, no hay alumbramiento, nos dice la biología. El grano de trigo debe morir para dar fruto. La noche debe llegar a su máximo punto de oscuridad para que empiecen a aparecer, siempre tímidos al principio, los primeros rayos del alba.

La fe cristiana nace en un sepulcro vacío. Nadie habría dicho que de una visión semejante podría haber nacido después una esperanza tan colosal. Esa esperanza no nace porque sí, sino porque alguien ha acudido a ese sepulcro vacío y porque ha permanecido allí. Porque ha atravesado esa sombra y porque, sin desesperar, la ha vivido con amor.

El fruto de un dolor vivido con amor es la creación. La noche es fecunda, cabría decir. Aunque de inmediato habría que añadir que sólo en determinadas condiciones: en las condiciones de la fe, de la esperanza y del amor.

Apuntadas ya la importancia del tiempo y del espacio, una última palabra sobre quien protagoniza este relato de nueva creación. Se trata de una mujer: María Magdalena. No hay de qué extrañarse: la mujer está siempre presente –o al menos la parte femenina de la persona– cuando se trata de generar vida. Crea, es decir, gesta y alumbra, la mujer que llevamos dentro. Jesús entra en este mundo por María, su madre, y sale de él por María Magdalena, su *hija*.

Investigadores, filósofos, artistas, reformadores…, todos ellos deben llevar en su seno, y normalmente por mucho tiempo, sus investigaciones, pensamientos, composiciones, reformas… antes de que vean la luz. Hay una larga historia de oscuridad antes de que pueda nacer, en ese primer día, una *biografía de la luz*.

100. La carrera
Sólo el amor nos sostiene ante el dolor

Llega corriendo (María Magdalena) a donde estaban Simón Pedro y el otro discípulo, el predilecto de Jesús, y les dice: Se han llevado del sepulcro al Señor y NO SABEMOS DÓNDE LO HAN PUESTO. *Salió Pedro con el otro discípulo y se dirigieron al sepulcro. Corrían los dos juntos, pero el otro discípulo corría más que Pedro.* (Jn 20, 2-4)

María Magdalena corre al sepulcro donde han enterrado a su amado y maestro Jesús, asesinado unas pocas horas antes. Su corazón late agitado al ver la piedra quitada, en medio de la oscuridad de la noche y del dolor. Poco después, corre de nuevo, pero esta vez hacia Simón Pedro y hacia Juan. *¡Se lo han llevado!*, exclama. *¿Dónde lo han puesto?*, pregunta.

Esta escena sólo puede entenderla quien de verdad haya amado y haya sufrido la pérdida de ese ser amado. Esta carrera al lugar de la muerte –como la carrera posterior de Pedro y Juan– sólo puede estar alentada por el amor. Porque el amante corre siempre, impulsado por el amor, a los brazos del amado. Así que nada habría sucedido, probablemente, si María Magdalena y los apóstoles no hubieran corrido hacia ese sepulcro en el que habían depositado a su Señor. A ese agujero negro en el que habían enterrado sus esperanzas. Sí, el amor corre hacia el dolor porque ama. Sólo el amor nos sostiene ante el dolor, evitando que huyamos espantados. Sólo el amor nos da fuerzas para estar, consciente y voluntariamente, cerca de quien sufre. El amor es la única medicina que sana el dolor de raíz.

La historia del cristianismo habría sido muy diferente si los primeros testigos de la resurrección se hubieran acercado al sepulcro en un tranquilo y apacible paseo matutino, en lugar de ir para allá corriendo. También nuestra propia historia espiritual es de hecho muy diferente si lo que nos conduce al silencio y a la meditación es, simplemente, el deseo de estar mejor o, por el contrario, un insaciable anhelo de consuelo y de sentido. Vemos la luz en una medida exactamente proporcional al impulso que nos pone en camino hacia ella.

La vida no puede manifestarse si no hay una gran expectativa. Si no tenemos sed, no recibiremos agua. La cuestión está en cómo mantener y acrecentar la sed, ese deseo esencial que nos define como humanos pero que vamos apagando por el ruido y la ofuscación, o acaso por el desgaste y el cansancio. ¿Por qué ya no corremos hacia nada? ¿Ya no hay nada hermoso tras lo cual correr? ¿Quién nos ha robado nuestra sed?

También Juan y Pedro corren en esta escena. El testimonio de las mujeres ha desatado su mundo interior: las promesas de una vida futura, lo que el maestro dijo del tercer día, la resistencia a aceptar que todo hubiera terminado con su trágica muerte…

Antes de que su mente pueda comprender todo esto y de que su corazón pueda alegrarse por ello, el cuerpo de Pedro y el de Juan ya se han puesto en movimiento. ¿Qué ha pasado?, se estarían preguntando. ¿Podría ser que alguien hubiera robado el cadáver? ¿Y si hubiera sucedido un milagro? Pensamientos que se atropellan en su carrera y en los que se mezclan, en inequívoca humanidad, la esperanza y el temor.

Tras la noticia –en este caso de labios de María Magdalena–, lo primero que se pone en marcha es el cuerpo.

El cuerpo responde mucho antes de que puedan hacerlo los pensamientos o los sentimientos, siempre más lentos. Y el cuerpo responde inequívocamente: va hacia el amor, no yerra de destino. Pies y manos saben mejor que la cabeza qué es lo que nos conviene. Los escritores sabemos bien que la escritura es un trabajo manual, antes que mental. No tenemos una idea y la escribimos, sino que escribimos y nos encontramos con la idea. Fiarse de la mano, ésa es la cuestión. Ir allí donde ella te lleve, aunque parezca un paraje monótono o estéril. Así que el primer problema, tras el anuncio del primer día, es el cuerpo.

La noticia es que Él vive, que hay vida tras la muerte, que la pasión de Cristo es el arquetipo de la permanente transformación de la consciencia. Corred hacia vuestros sepulcros, hacia cualquier sepulcro. El vacío y la plenitud son las dos caras de la misma moneda. Ésta es la noticia de la resurrección, esto es lo que todos necesitamos escuchar una vez tras otra.

María Magdalena, la primera testigo, transmite el mensaje de que Jesús está vivo a Pedro y al otro discípulo, el amado. No nos basta sólo con ella, necesitamos también de él, de ellos y de los demás apóstoles, que serán quienes se lo transmitan a las siguientes generaciones y éstas a nosotros en una cadena de testigos ininterrumpida desde entonces. Es importante que María Magdalena acuda precisamente a Pedro, la roca, la autoridad. No le mueve un simple compartir fraterno, sino un hecho doloroso *(se lo han llevado)* y una pregunta acuciante *(¿dónde lo han puesto?)*. Todos pedimos ayuda siempre por lo mismo: porque *se lo han llevado* (porque hemos sufrido una pérdida y estamos desconcertados) y porque queremos saber *dónde lo han puesto* (adónde ir, qué hacer, cómo responder en esta nueva situación...).

En el encuentro entre María Magdalena y Pedro, ella tiene la experiencia (ha visto, ha asistido a un destello de vida, que siempre rompe los esquemas) y él, en contrapartida, tiene el reconocimiento del maestro y la autoridad del grupo (es la cabeza de los Doce). Es ella quien ha entrado en el vacío; no sólo ha entrado en la sombra o en la noche, sino en el vacío. Porque a veces ni siquiera nos queda el consuelo del cuerpo (del delito); hay ocasiones en que nos quitan incluso la razón de nuestro dolor y, como consecuencia, estamos aún más perdidos.

También ella es quien se pregunta qué hacer, cómo actuar, y constata que el vacío nos deja vacíos (de respuestas, de acciones). Ella es quien habita el no saber, la parálisis completa, la pérdida de referencias… Pero corre, corre lo más rápido que puede hacia la autoridad para comunicar la situación. Se deja llevar por su cuerpo, acude a quien tiene las llaves del asunto y sale del agujero en la dirección correcta.

Así que el hombre y la mujer deben juntarse para que la vida se manifieste y la noticia pueda extenderse. María y Pedro: la autoridad de la experiencia y la de la expresión. Mística y poética: necesitamos de las dos para que la vida llegue al mundo.

101. La losa y las vendas
Lo que amamos nunca muere

*Pasado el sábado, al despuntar el alba del primer día de la semana, fue
María Magdalena con la otra María a examinar el sepulcro. Sobrevino
un fuerte terremoto y un ángel del Señor,* BAJANDO DEL CIELO, LLEGÓ
E HIZO RODAR LA PIEDRA Y SE SENTÓ ENCIMA. *Su aspecto era de relámpago y su vestido blanco como la nieve. Los de la guardia se echaron a
temblar de miedo y quedaron como muertos. El ángel dijo a las mujeres: Vosotras no temáis. Sé que buscáis a Jesús, el crucificado. No está
aquí, ha resucitado como había dicho. Acercaos a ver el lugar donde
yacía. Después id corriendo a anunciar a los discípulos que ha resucitado y que irá por delante a Galilea, allí lo veréis.* (Mt 28, 1-7)

Se relatan aquí dos fenómenos extraordinarios, simultá-
neos y vinculados entre sí: uno de orden natural (el terremoto) y otro de orden espiritual (la irrupción del ángel).
El mensaje es claro: cuando lo espiritual adviene, lo terreno o mundano se descabala. Nosotros quisiéramos una
iniciación espiritual que fuera progresiva y sensata, no
algo que nos rompa y nos genere el vértigo del vacío y, lo
que es casi peor, el de la transformación. Pero no. La gracia respeta la naturaleza –cierto–, pero la conduce hasta
un límite que nadie sospecha.

El ángel rueda la piedra y se sienta sobre ella. Es una
imagen preciosa: sentado en la cátedra de la muerte, este
ángel se dispone a dar una noticia de vida: ha resucitado. No os dejéis poseer por el espíritu del miedo, puesto
que tanto el terremoto como el relámpago son fenóme-

nos pasajeros. Lo importante es Él. Lo importante es que el Crucificado ha resucitado y que el mal no tiene la última palabra. Claro que antes de decir todo esto ha tenido que correr la piedra de aquella cámara mortuoria. Hemos de mover todo lo que se ha endurecido en nuestro interior para que nuestro ángel particular pueda expresarse.

Los guardias, atemorizados ante él –sigue diciendo el texto–, *se pusieron a temblar* (Mt 28, 4) por causa del aspecto refulgente de este ángel. También las mujeres quedaron sobrecogidas (Mt 28, 5). No es de extrañar que la primera palabra en las apariciones pascuales sea casi siempre: *no temáis.*

Cuando se está inmerso en una noche cerrada, es difícil pensar que habrá luz más allá de esa oscuridad. Lo normal es que no nos baste con que nos lo hayan dicho, aquí pesa poco el argumento de autoridad. Ni siquiera nos resulta suficiente la propia experiencia, saber positivamente que hemos salido más o menos airosos de otras situaciones parecidas. La desesperación puede ser tan terrible, el dolor tan agudo o el abatimiento tan profundo, que la razón y la voluntad a menudo no nos bastan para afrontar las verdaderas crisis. Hace falta algo más: la fe. La fe la trae el ángel. El ángel rueda la piedra para sacarnos de nuestra oscuridad.

Hoy la fe está muy denostada. Se confunde con ingenuidad infantil o con una piedad obsoleta y sentimental. Casi nadie comprende ya el coraje de creer, el temple que implica confiar. Pocos entienden que la esperanza sea una virtud, la equivocan con un simple talante optimista o con una mera actitud positiva. Una virtud, sin embargo, es siempre fruto de un cultivo o de un entrenamiento. Esto implica una escucha, un descubrimiento, una disciplina, una perseverancia...

Lo que debe morir en un adulto para que pueda nacer en él la verdadera esperanza es precisamente la piedad edulcorada y la devoción pueril. Pero no es fácil vivir sin emociones reconfortantes, como tampoco lo es seguir adelante sin agarrarnos a las ficticias promesas de la magia o las de los falsos profetas, cada vez más numerosos.

Salir corriendo hacia el amado no es, desde luego, algo meramente espontáneo, sino la hermosa consecuencia de una historia de amor. ¿Quién de nosotros puede decir que ha vivido una historia de amor desde su principio hasta su fin? ¿Cómo va a bajar del cielo ningún ángel si nadie quiere terremotos en su vida? Hay un ángel, sin embargo, que quiere sentarse encima de la piedra que te oprime.

Otros evangelistas no hablan de terremotos ni de losas, sino de unas vendas en el suelo *y de un sudario que le había envuelto la cabeza no en el suelo con los lienzos, sino enrollado en lugar aparte* (Jn 20, 6-7). Este detalle tan concreto –enrollado y en un sitio aparte– da credibilidad a este testimonio.

Al reparar en este sudario y en estos lienzos, Simón Pedro vio y creyó. Sólo eso: ver y creer. Pero ¿qué vio realmente? Ésta es la cuestión. ¿En dónde se apoyan, a fin de cuentas, dos mil años de cristianismo? ¿En un sudario enrollado, en unas vendas desperdigadas, en una cámara mortuoria con la piedra corrida? ¿Será posible que la clave de todo esté al alcance de cualquiera, pero que sólo unos pocos la pueden ver?

El sudario y las vendas, por prosaicas que sean, no son realidades insignificantes. Son la prueba física de esa historia de amor: lo que queda –materialmente hablando– del amado difunto, lo que testifica que ese hombre ha sido amado hasta el final. Las formas son el acceso al fondo: la visión del sudario y de las vendas es en verdad la visión del poder del amor.

Hasta entonces no habían entendido la Escritura: que él había de resucitar de entre los muertos (Jn 20, 9), termina diciendo este texto. Es decir, que unos pequeños signos –una venda, un sudario– es lo que abre la conciencia a la fe. La Palabra se abre gracias a los signos. Por humildes que sean. Gracias a que son humildes.

La oración contemplativa produce siempre en quien la practica este maravilloso fruto del ver y del creer. Pero es preciso sentarse a meditar con la misma pasión con que corren los discípulos hacia el sepulcro de su maestro. Hemos de aproximarnos al vacío de nuestra vida con el mismo fuego con que estos testigos se acercan a su Amado muerto. Y, sobre todo, hemos de aprender a ver, en los pequeños signos cotidianos –un sudario, unas vendas...–, la huella de una Presencia amorosa, tan discreta como arrolladora.

La fe es una suerte de visión, no una simple suposición intelectual. La fe es ver esperanza en la desolación. Ver y saber que lo que amas no puede morir.

102. El jardinero
El maestro no parece un maestro

María estaba frente al sepulcro, fuera, llorando [...]. Dio media vuelta y ve a Jesús de pie, pero no reconoció que era Jesús. Le dice Jesús: Mujer, ¿por qué lloras?, ¿a quién buscas? Ella, tomándolo por el hortelano, le dice: Señor, si tú te lo has llevado, dime dónde lo has puesto y yo iré a recogerlo. Le dice Jesús: ¡María! Ella se vuelve y le dice (en hebreo): Raboní! (que significa maestro). Le dice Jesús: SUÉLTAME, QUE TODAVÍA NO HE SUBIDO AL PADRE. *Ve a decir a mis hermanos: Subo a mi Padre y vuestro Padre, a mi Dios y vuestro Dios.* (Jn 20, 11; 14-17)

Así que hay alguien junto a mí, a quien yo tomo por jardinero, que es mi maestro. Alguien que está esperando mi pregunta: ¿Dónde lo han puesto? ¿Dónde está lo que busco? ¿Sabe usted algo? ¿Puede darme alguna indicación?

Quienes nos van ayudando en la vida siempre están ahí. A veces nos morimos sin darnos cuenta, otras tardamos décadas en dirigirnos a él –o a ella– para formularle nuestra pregunta.

El asunto es que el maestro no parece un maestro. No va en absoluto de maestro, sino de jardinero, es decir, de alguien sencillo que se dedica a cuidar plantas y árboles para que crezcan y puedan dar frutos y flores.

El asunto es también que ese maestro anónimo dice únicamente una palabra: nuestro nombre: Simón, Araceli, Elena, Alberto... ¿Hay en nuestra historia alguien que de verdad haya dicho nuestro nombre? ¿Alguien de quien podamos decir que nos ha conocido de verdad, en nuestra identidad más genuina y personal?

¡María!, exclama Jesús. *Raboní!,* le responde la mujer. Cuando damos con nuestra identidad, descubrimos al mismo tiempo a quien nos la otorga. El descubrimiento de Dios es correlativo al de nosotros mismos.

Hablar de Dios suena hoy como algo inoportuno y trasnochado. Pero nuestro olvido de Dios es, en último término, un olvido de nosotros mismos. Para conocernos, hemos de mirar a lo invisible.

Buscamos a alguien, a veces desesperadamente, que nos conozca y a quien conocer: una voz que diga Luis, Olga, José Carlos, Patricia... Que alguien diga nuestro nombre es el mejor regalo que pueden hacernos. Es la manera para empezar a ser, para crecer en el ser. Para aprender que somos un milagro. Sólo a quien nos conoce y nombra podremos llamar maestro con fundamento.

Claro que el maestro dice nuestro nombre y luego se marcha. No permite que nos colguemos de él, no nos da explicaciones. Ya puestos, dime más cosas, quisiéramos nosotros. Pero no. En nuestro nombre está todo lo que nos hace falta. Sólo es preciso saber que somos conocidos para emprender la aventura del conocimiento. Pero esa aventura, que no es otra que la de la vida, hemos de hacerla con el maestro lejos: los padres se quedan en casa y los hijos se marchan en busca de su propio destino. Nos conviene que el maestro se vaya y que el padre dé paso al hijo, para que también éste pueda llegar a ser padre alguna vez.

Es justo tras este reconocimiento del maestro por parte de María Magdalena cuando el Resucitado dice: *Noli me tangere,* no me toques. *Suéltame, que todavía no he subido al Padre,* es decir, no te agarres a tu experiencia de Dios. Suéltala si quieres crecer de verdad. No te identifiques con ninguna imagen ni con ninguna idea por hermosa que te pueda parecer. Despréndete de todo para llegar al verdadero Todo. No hagas tres tiendas ante tu particular Tabor. No te instales al calor de tu gloria recién descubierta. Si encuentras a Buda –se dice en el zen–, mátalo.

Este no agarrarse a la aparición, este soltar la propia iluminación, es una constante en todos los relatos pascuales. A los caminantes de Emaús, por ejemplo, se les abren los ojos en la fracción del pan y, acto seguido, es cuando desaparece ese misterioso forastero con Quien poco antes habían estado conversando. Tras bendecir a los suyos en el camino de Betania –otro ejemplo–, Cristo se aleja de ellos ascendiendo al Cielo. Pero unos y otros, los de Emaús y los otros discípulos, van luego corriendo a proclamar a los cuatro vientos cuanto han visto y oído. La condición de su gozo no se cifra sólo en haber sido testigos de una aparición. El gozo también se cifra en haber sido testigos de una desaparición, de un soltar la experiencia tangible.

La desaparición –el no agarrarse– es la condición de la libertad. No agarrarse a lo que sucede es lo que permite que lo que sucede sea auténticamente humano: una invitación, no una imposición. Ausencia y presencia son las dos caras de la misma moneda. Se hace realidad lo que Jesús había advertido: *Os conviene que yo me vaya* (Jn 16, 7). *Se alegrará vuestro corazón, y vuestra alegría nadie os la podrá quitar* (Jn 16, 22). Nada que todavía no haya subido al Padre debe retenerse. Todo está en proceso de subida. El riesgo de encontrarse con la luz *(Raboní!)* es creer que la subida ya ha terminado para ti. ¡Sigue subiendo, sigue subiendo…!

A los discípulos –concluye diciendo este texto– se les abrió entonces la mente y, por fin, pudieron entender las Escrituras (Jn 20, 9). Con el conocimiento de nuestra identidad –otorgada por nuestro nombre–, podemos releer nuestro pasado y entenderlo bajo una luz más certera. La dicha que produce entender el propio pasado, comprender que está dotado de un sentido y de una dirección, es muy honda y misteriosa. Se comprende que nada ha sido arbitrario o fortuito. Que todo ha obedecido a un plan, no simplemente racional, sino divino. Ha sido un plan dúctil pero firme, flexible pero riguroso, pensado y amado por Alguien que gobierna la historia cual invisible soberano.

Cuando recibimos nuestro nombre, entendemos nuestro pasado. Y entender el pasado ayuda a confiar en el futuro. Nace entonces la confianza necesaria en que todo, absolutamente todo, se conjura para que cada uno sea quien está llamado a ser. El mundo entero es un entramado de asombrosas sincronías. ¿Cómo no sucumbir ante toda esa belleza de la que formamos parte en una medida tan generosa como precisa?

¡El jardinero, Dios mío! ¡Y todo empezó con un jardinero que pasaba por ahí! Todo empieza siempre con uno cualquiera con quien nos cruzamos: un compañero de trabajo, por ejemplo, o un viejo amigo del colegio, una chica con quien se entabla una conversación…

Por mi parte, de ahora en adelante quiero llamar a cada persona que encuentre por su nombre: reconocerla, recibir sus preguntas, acompañarle el tramo que le corresponda. ¿Cómo no dar el nombre a cada uno, habiendo yo recibido el mío? Tú eres Pablo; tú eres Marta; tú, Juan; tú eres mi amigo Abraham… Todo empieza cuando recibimos la palabra que somos.

¿Dónde han puesto a mi amado?, eso es lo único que hay que preguntar. ¿Dónde está Aquel o Aquello que mi alma anhela aun sin yo saberlo?

Mujer, ¿por qué lloras? ¿Dónde está tu corazón? Ésta es siempre la pregunta oportuna, la única necesaria para que se abra el ojo de la fe.

La respuesta que aquí se da es también exacta: *Porque se han llevado a mi Señor y no sé dónde lo han puesto.* Porque no sé dónde está mi norte y porque ignoro dónde buscarlo.

Apenas nos hacemos ya preguntas, preguntas de verdad. Pero la madurez de una persona se mide, precisamente, por su capacidad para formularse las preguntas justas –y para mantener la tensión de la ignorancia. ¿Qué debo hacer? ¿Qué camino debo tomar? ¿Dónde está aquí la verdad? ¿Cuál es mi yo más auténtico? ¿Adónde se han llevado a mi Señor? ¿Dónde lo estoy buscando?

No es cuestión de que la luz no esté –como tantas veces pensamos–, sino que no sabemos distinguirla. Los sentidos naturales tienen acceso a la verdad, pero están cerrados hasta que sucede lo único que puede alumbrarlos: la llamada del maestro, la voz de la conciencia.

103. La llaga
Sumérgete en el costado abierto del mundo

Al atardecer de aquel día, el primero de la semana, estaban los discípulos con las puertas bien cerradas, por miedo a los judíos. Llegó Jesús, se colocó en medio y les dice: Paz a vosotros. Dicho esto, les mostró las manos y el costado. Los discípulos se alegraron al ver al Señor. Jesús repitió: Paz a vosotros. [...] Tomás (que significa Mellizo), uno de los doce, no estaba con ellos cuando vino Jesús. Los otros discípulos le decían: Hemos visto al Señor. Él replicó: Si no veo en sus manos la marca de los clavos y no meto el dedo por el agujero, si no meto la mano por su costado, no creeré. A los ocho días estaban de nuevo dentro los discípulos y Tomás con ellos. Viene Jesús a puertas cerradas, se colocó en medio y les dijo: Paz a vosotros. Después dice a Tomás: Mete aquí el dedo y mira mis manos, TRAE LA MANO Y MÉTELA EN MI COSTADO, *y no seas incrédulo, sino creyente. Le contestó Tomás: ¡Señor mío y Dios mío! Le dice Jesús: Porque me has visto, has creído. Dichosos los que creerán sin haber visto.* (Jn 20, 19-21; 24-29)

Esta revelación sucede ocho días después de la anterior, es decir, una vez más el primer día de la semana. Queda así de manifiesto que se trata de una nueva creación, de un nuevo comienzo. Pero hay una diferencia, puesto que en esta ocasión los discípulos estaban reunidos: sólo en comunidad se descubre la vida. No hay luz sin los otros. La reunión es la condición de la aparición.

Pero es una aparición que sucede con las puertas cerradas. Siempre que tenemos miedo, las puertas de nuestro corazón están cerradas. Las cerramos a lo que nos produce pánico o inseguridad; pero, una vez así, también lo están –lo queramos o no– a lo bueno y constructivo. La confianza, por contrapartida, abre las puertas de nuestro corazón. Ésta es la alternativa que, a fin de cuentas, se nos presenta a cada minuto: o vivimos cerrados o abiertos, o confiamos en el mundo y en los otros o tenemos dudas y reservas. O pensamos que este universo es nuestra casa o somos extraños en tierra extranjera. O el sentido o el absurdo, no hay más.

A puertas cerradas indica que es Él quien nos busca, mucho más que nosotros a Él. Alguien entra sin que le hayan abierto. No es un fantasma, pues tiene cuerpo. No es un difunto, sino precisamente alguien muy vivo. Es una presencia real, si bien distinta a cualquier otra. Es, definitivamente, más real que las demás. Es la realidad misma.

Pero ¿sucedió esto verdaderamente o es tan sólo una forma de explicarlo?, se preguntan muchos. La resurrección –ésta es para algunos la cuestión decisiva–, ¿es un mero fenómeno de conciencia de los seguidores de Jesús o acaeció –cómo decirlo– también externamente, a ojos vista? ¿Es algo que sucedió sólo dentro o también fuera? Todos los que se formulan esta pregunta están claramente fuera. Quienes están dentro (de la vida) saben que el fondo no se separa con tanta facilidad de la forma, sino que se revela (sólo) por su medio. No hay Cristo sin Jesús. En la historia está el germen de lo eterno, y ahora, tras la resurrección, en lo eterno está el germen de la historia. La pascua es el viaje de vuelta de la navidad.

Jesús entró –leemos– y, poniéndose en medio de ellos, les deseó la paz (Lc 24, 35-48). Resulta revelador este ponerse en medio. No sólo en el medio físico, sino también y sobre todo en el medio de nuestro corazón. Él es nuestro centro, el factor de la unidad. La comunidad cristiana sólo sobrevive si está centrada en Él. Ésta es la perspectiva desde la que nuestras preocupaciones se relativizan y nuestros miedos se disuelven. Es en nuestro centro donde lo real nos espera. Desde allí gobierna, con infinita comprensión, lo que sucede en las periferias.

Y es capital también su deseo de paz. ¿Qué es lo que quita el miedo? El saludo de Jesús: *Paz a vosotros*. El saludo de Jesús es nuestra salud. Escuchar Su voz amorosa disipa nuestras temerosas vocecillas, que siempre nos acobardan y empequeñecen. El miedo y la paz no pueden coexistir. Nuestros temores revelan la enfermedad de nuestras almas.

El primer fruto de la consciencia es la paz. Estamos tan poco acostumbrados a esta paz profunda de la que aquí se habla que, cuando nos visita, reaccionamos con miedo y con dudas. El miedo es la resistencia del corazón, la duda es la resistencia de la cabeza. Ambas barreras deben ser sorteadas o derribadas. Para esta demolición hay un doble camino: tocar y mirar, purificar el tacto y la mirada.

Ante la estupefacción de sus discípulos, el maestro les dice: *Ved mis manos y mis pies: ¡soy yo mismo! Tocadme y mirad, un espíritu no tiene carne ni huesos como veis que yo tengo. Al decirles esto, les mostró las manos y los pies* (Lc 24, 35-48). Con este mostrar sus manos y su costado, es como si Jesús les dijera: ésta es la senda que conduce a la paz. Tu luz está en el más profundo centro de tu sombra. Si quieres huir del cáncer de la sospecha y de la duda (que no son más que resistencias a la vida), mete las manos en las heridas de los hombres y húndete en el sufrimiento ajeno. Ningún camino espiritual verdadero te aleja del mundo, sino que te enseña a mirarlo con ojos nuevos y a hundir tus manos en él.

Tomás pide ver porque no sabe que está viendo. Pide meter las manos en el costado de su Señor, porque no sabe que ya está dentro. Ignora que el mundo es el costado abierto de su Señor. Nuestra búsqueda de la vida indica, en última instancia, que estamos fuera de ella.

Nuestro problema radica en que, aun viendo las llagas del mundo, somos incrédulos. ¿Por qué? Porque no metemos nuestros dedos en ellas, porque permanecemos fuera, como si se tratase de un espectáculo: una representación, pero no la realidad. ¿Qué le ha pasado al hombre para que no crea en lo que ve? La fe cristiana sostiene que Dios se hace hombre para que el hombre vuelva a la realidad.

El miedo y las dudas son sustituidos entonces por la alegría y el asombro. *¡Mi Señor y mi Dios!*, exclama Tomás al comprender que él es Él y que el dolor, ningún dolor, tiene ni tendrá nunca la última palabra. En un segundo lo ha comprendido absolutamente todo: la llaga en que vive el mundo, la posibilidad de sanarla, la Fuente de sanación.

¿Crees porque me has visto?, le reprocha entonces Jesús. *¡Dichosos los que creen sin haber visto!* (Jn 20, 29). Incrédulo es quien se cierra en su micromundo; creyente, por contrapartida, quien está abierto a lo que es más grande que él, a lo que no se puede comprender ni explicar. Las dudas –más avivadas por la mente que por los hechos– se disuelven ante la realidad, ante la deliberada pasión por la realidad.

La práctica de la meditación silenciosa es un ejercicio de entrada consciente en las propias heridas. De sumergirse en el costado abierto del mundo. De vivir apasionadamente (con pasividad –receptividad– y padecimiento) el misterio del propio ser.

Quien da la paz está llagado. No hay paz sin llagas, ésa es la revelación. La paz no es un estado idílico, ajeno al sufrimiento, sino la vida de quien lo ha atravesado y superado. La revelación es aquí que en lo más profundo de nuestra conciencia hay heridas. Que el más profundo centro de nuestra conciencia tiene historia, pues eso significa la llaga.

¡Señor mío y Dios mío!, exclama Tomás con su mano en el costado de Cristo. ¿Por qué me revelas esto a mí y no a tantos otros que lo merecerían mucho más y que podrían estar en mi lugar? Su resistencia ha sido vencida, finalmente es un hombre de fe.

La fe no es una intuición trascendente, una esperanza borrosa o un deseo indefinido. La fe es una forma de conocimiento, distinta a todas las demás y sorprendentemente respetuosa con la naturaleza humana. Es tan hermoso creer que casi resulta triste la idea de tener que dejar de hacerlo al llegar a la visión beatífica propia del más allá. Creer es la mejor forma de saber: la más humana, la más dulce, la que da más espacio al ser. La fe no es una operación individual, sino que nosotros somos el espacio donde tiene lugar ese movimiento del alma.

Señor, si te manifestaras con rotundidad –como tantas veces querríamos–, no habría historia: todo sucedería de una vez, no habría un antes y un después, no habría un crecimiento en la madurez ni una progresión en el amor. ¡Estás enamorado de la historia, Dios mío! Eres un Dios al que le gusta la pedagogía. Eres un Dios enamorado de nosotros y construyes con cada uno, cual divino estratega, una historia de amor.

Cuando padecemos una llaga, el mundo entero se concentra para nosotros en nuestra llaga y todo lo demás se aleja hasta que prácticamente deja de existir.

Éste es el primer mensaje de la llaga: entra en tu dolor, date cuenta de tu precariedad, mira de una vez por todas lo que eres. Con esa mirada comienza todo un itinerario emocional o sentimental que, en el mejor de los casos, dará paso a un itinerario espiritual.

Los sentimientos del corazón humano ante la llaga pueden resumirse en estos tres: la indignación y consiguiente protesta; la huida o la búsqueda de una solución pragmática; el abatimiento o la resignación.

Lo primero que suscita la llaga es la sorpresa. La llaga parece intolerable, en especial cuando nos toca personalmente. Como si no tuviera derecho a existir. Como si nosotros tuviéramos que quedar exentos de su flagelo. Todo aviso previo es inútil. El mal no tiene carta de ciudadanía en nuestra alma hasta que irrumpe. Antes es sólo una teoría. Cuando llega, despierta la rabia y la protesta, la humillación ante la propia impotencia.

Tras esta primera fase, y mucho antes de que asome la aceptación, a todo herido se le abren dos posibilidades: o se determina a luchar contra la llaga o decide ignorarla, como si fuera a desaparecer sólo porque no la atienda. Procuramos resolver los conflictos o escapar de ellos. Nos cuesta simplemente convivir con ellos: asistir a su nacimiento, desarrollo y desaparición.

Pero hay heridas –las del alma– que no se dejan resolver. Reaparecen una y otra vez, por mucho que las queramos esconder o maquillar. El herido queda entonces abatido. La instalación en ese abatimiento es lo que llamamos resignación.

Es en este momento cuando puede comenzar el camino espiritual de la llaga.

El camino espiritual ante la llaga tiene también tres fases: la mirada contemplativa (dejar que las cosas sean); el descubrimiento de la llaga del mundo (el salto del dolor personal al universal), y la compasión (la entrega del propio sufrimiento como dinamismo redentor). Todo esto suena a música celestial a quien está inmerso en las fases emocionales de la llaga.

La mirada propiamente contemplativa es siempre fruto de una llamada a la interioridad. Consiste en mirar la llaga sin reaccionar, es decir, sin secundar las emociones de cólera, confusión o pesadumbre que puede suscitar. Contemplar supone un añadido al simple mirar: se procura imprimir benevolencia y ternura a esa mirada interior. Es así como se trabaja contra el rechazo natural. Es así como se empieza el trabajo de redención o sanación espiritual.

Quien mira su propia llaga con amor descubre que no es sólo suya, sino que es la llaga del mundo. La mirada amorosa es necesariamente unitaria. La verdadera solidaridad ante el sufrimiento ajeno es imposible sin haber penetrado a fondo en el propio. La esencia del mal es el aislamiento, pero si ante el mal se actúa con amor, ese aislamiento que le es propio se va resquebrajando hasta dar lugar a la comunión.

El dolor del mundo suscita compasión en quien realmente sabe verlo. La compasión no es un movimiento de condescendencia hacia quien sufre, sino de asunción del dolor ajeno y de –y eso es igualmente importante– ofrecimiento del propio. La llaga revela a quien así se comporta su raíz más profunda. Y se descubre entonces, en medio de la tribulación, la verdadera alegría.

104. La pesca
Dios es, aunque los hombres no seamos todavía

Aquella noche no pescaron nada. Ya de mañana estaba Jesús en la playa; pero los discípulos no reconocieron que era Jesús. Les dice Jesús: Muchachos, ¿tenéis algo de comer? Contestaron: No. Les dijo: Echad la red a la derecha de la barca y encontraréis. La echaron y no podían arrastrarla por la abundancia de peces. El discípulo predilecto de Jesús dice a Pedro: ¡Es el Señor! Al oír Pedro que era el Señor, se ciñó un blusón, pues no llevaba otra cosa y se tiró al agua. Los demás discípulos se acercaron en el bote, arrastrando la red con los peces, pues no estaban lejos de la orilla, apenas doscientos codos. Cuando saltaron a tierra, ven unas brasas preparadas y encima pescado y pan. Les dice Jesús: Traed algo de lo que habéis pescado ahora. Salió Pedro ARRASTRANDO A TIERRA LA RED REPLETA DE PECES GRANDES, *ciento cincuenta y tres. Y, aunque eran tantos, no se rasgó la red. Les dice Jesús: Venid a almorzar. Ninguno de los discípulos se atrevía a preguntarle quién era, pues sabían que era el Señor. Llega Jesús, toma pan y se lo reparte. Y lo mismo el pescado.* (Jn 21, 3-13)

Es tras una pesca fallida cuando Él se les aparece. El punto de partida es, pues, la experiencia del fracaso. Al principio, como en el resto de las apariciones pascuales, sus discípulos no le reconocen. Están demasiado cegados por su propio fracaso.

El maestro anónimo les invita entonces, justo cuando comenzaba a amanecer, a echar de nuevo la red. Es tras la noche que se abre el día. Deben seguir apostando, no claudicar. Se trata de repetir lo que han estado haciendo toda la noche, sí, pero con una renovada confianza. La red, de pronto, se llena de peces. La esterilidad –¡quién iba a decirlo!– da paso a la más inesperada fecundidad. Esta transformación, esta insólita abundancia, es el signo que permite que la vida sea reconocida.

El discípulo a quien Jesús amaba lo había intuido, por eso exclama: *¡Es el Señor!* Es Juan quien le ve, él tiene el carisma de la visión, él es el místico. En cuanto Pedro oyó aquello de labios de su compañero, se puso un blusón –se nos dice– y se lanzó al agua. No se lo pensó, o muy poco, pues se ató la túnica antes de dejar la seguridad de la barca. ¿No es raro? ¿No tenía que haber hecho lo contrario: desnudarse para sumergirse o sumergirse sin más, puesto que ya estaba desnudo? Como Adán en el paraíso, desnudo ante Dios tras su pecado, así se sentía Pedro ante Jesús, despojado de todo tras su triple y vergonzosa negación. Ahora, en cambio, se pone la ropa, se ciñe, se prepara, empieza a entender que se le brinda una nueva oportunidad. Por eso se viste y, en un segundo, recupera su dignidad. El coraje para la aventura, el abandono de lo conocido, sólo es posible cuando hemos intuido dónde está la verdadera vida. Nada es imposible cuando tenemos fe.

Pero ¿qué es lo que Pedro siente –aún sin pensarlo– mientras bracea rumbo al maestro? Que Dios no quiere al hombre cuando es bueno y le rechaza cuando es malo, sino que Dios es amor y que, por ello, no puede negarse a sí mismo. Sabe por fin que Dios es, aunque los hombres no seamos todavía. Ésa es la otra orilla a la que por fin llega y donde ese Amor le está esperando. Juan es la visión, pero Pedro es la pasión y la acción, hermosamente unidas en este episodio.

Luego comen todos juntos en la playa, frente a un fuego. Sólo comiendo juntos, sentándose a la misma mesa y festejando la unidad, se abre la mente de los discípulos. Sólo cuando se comparte se disipa toda reserva y la Palabra se hace realmente comprensible. Nadie se atreve a preguntar nada. Cualquier palabra habría profanado aquel momento tan especial. Es el momento de su investidura. Ahora pueden ser testigos de la vida y pescadores de hombres. El relato concluye en esta eucaristía improvisada ante un fuego en el que calentar la esperanza.

La barca se identifica con nuestro yo habitual, que suele moverse en la superficie. El lago, en cambio, es la conciencia, a cuyas profundidades se nos invita a entrar. Meditar es echar las redes en el lago de la propia conciencia y esperar.

Para que esta espera sea fructífera y la pesca pueda ser milagrosa, para que encontremos en nuestro interior el tesoro que somos, son precisas tres condiciones.

Primera: ir en la barca con otros (algo que nuestra generación, por ser muy individualista, tiende a olvidar).

Segunda: fiarse de la voz que nos impele a intentarlo una vez más. Porque meditar es un acto de respuesta a nuestro ser más profundo. No meditamos por iniciativa propia, sino porque escuchamos y obedecemos un imperativo interior. ¿Para qué seguir pescando? Ya hemos echado muchas veces la red y no hemos pescado nada. ¿Para qué seguir meditando? Parece lógico preguntárselo. Ya he practicado la meditación durante varios meses o incluso años y no ha sucedido ninguna de todas esas maravillas que me auguraban.

Tercera: la zozobra de la red va precedida por fuerza de esa misma red vacía y de la consiguiente frustración. El éxito es no sucumbir ante el desaliento del fracaso. Encuentran quienes buscan, pescan quienes perseveran, se descubren quienes arrojan las redes de su atención a su interior. Si la conciencia no se estrecha (la red vacía), no se podrá expandir más tarde (la red repleta). Pero, vacía o llena, la red, la barca y el lago… ¡son siempre los mismos!

La llamada no es a ser fecundos, sino a pescar. La fecundidad viene por añadidura, es el regalo –no el resultado– con que se rinde homenaje a la vida del pescador.

Lo que se pesca es hermoso porque está vivo.

Y es sorprendentemente abundante, casi exagerado. No existen las personas iluminadas que sean moderadas. La exageración es la condición del amor.

Lo que se pesca está dentro de nosotros. Somos nosotros, en realidad.

Y, lo que es más importante: lo que se pesca es alimento con que saciarnos. Nos nutrimos de la consciencia.

Todos los meditadores del mundo sabemos que es dentro, en lo profundo de nosotros mismos, donde nos espera la vida. Sabemos –porque lo hemos visto– que la conciencia es un océano: turbio al principio, claro después, lleno finalmente de peces de todas las formas y colores. Un océano tan oscuro, tan luminoso.

105. La nube
Somos la meditación de Dios

Después los sacó hacia Betania y, LEVANTANDO LAS MANOS, LOS BEN-
DIJO. *Y mientras los bendecía, se separó de ellos subiendo hacia el
cielo. [...] Una nube se lo quitó de la vista. Seguían con los ojos fijos
en el cielo mientras él se marchaba. [...] Ellos se volvieron a Jerusalén
con gran alegría.* (Lc 24, 50-52; Hch 1, 9-10)

Ante la partida de su maestro, los discípulos no se entriste-
cen, sino que se quedan tan contentos. Para entender esta
extraña alegría hay que saber que Jesús les dejó un don y
una tarea. El don es el Espíritu. La tarea es ser testigos de
todo lo que han visto y vivido.

Aquella despedida, de todas formas, no fue como cualquier otra. La diferencia radica en que Jesús no se marchó sin
más, sino que, mientras partía, levantó las manos y los bendijo. Se fue de este mundo bendiciendo, entregando su energía y abriendo un camino hacia el cielo.

Desde sus manos hasta nosotros hay, pues, una estela
invisible. Es por esa estela por la que transitan, desde entonces hasta hoy, todos los buscadores del espíritu. Es una
senda que Él ha abierto con su vida y con su muerte para
que la recorran todos los peregrinos. Es un camino de lo
terrestre a lo celeste, por el que Él mismo nos ha precedido.
Así que la senda entre Dios y la humanidad ha quedado
abierta. Nadie podrá ya nunca obstaculizar esta apertura.

Este último gesto de Jesús (sus manos extendidas, las mismas manos que poco antes había extendido sobre la cruz) es

una hermosa síntesis de su vida. Pase lo que pase entre los hombres, las manos del Hijo siguen extendidas sobre nosotros. Su influjo benéfico permanece en medio del estruendo del mundo. No estamos dejados de la mano de Dios.

Luego, según dicen, vino una nube que envolvió la figura de Jesús y que la ocultó a ojos de sus discípulos. Era la misma nube luminosa y misteriosa de la transfiguración, la misma por medio de la cual Yahvé guio a su pueblo por el desierto en la Antigua Alianza.

¿Qué es una nube? La forma más inaprensible de las formas de lo natural. Lo que hay entre el cielo y la tierra. El seno del agua que da la vida.

La nube nos dice que Jesús no se va, sino que se oculta. Nos dice que Jesús entra en el misterio de Dios, de donde ha venido y al que vuelve. Esa nube es, para nosotros, la nube del no saber, de la que tanto hablan algunos místicos cuando se refieren a Dios como la tiniebla luminosa. Para Él, en cambio, es la nube del retorno a la Patria y al Amor.

Padre Nuestro que estás en los cielos y que viajas en las nubes, rezo hoy. Porque si la idea del cielo me consuela, ésta del tránsito me consuela casi más: tomar el mismo medio de locomoción que Él, dejando tras de mí una senda abierta, para que puedan recorrerla otros. Viajar en una nube, ¿no es hermoso?

En el credo católico se dice que Jesús se ha ido para «sentarse» a la derecha del Padre. De manera que Él, ahora, en su trono divino, está sentado. Está en su *hesychía*, como dicen los griegos: en la suprema quietud y en una paz inmortal. El significado de la palabra griega *hesychía* es quietud, pero hay filólogos que relacionan este término con *ésthai*: estar sentado.

Sentado junto al Padre, quieto al fin tras la agitación del mundo, el Hijo del Hombre medita, es decir, está atento a nosotros. Desde ese asiento contempla el mundo amorosamente y –porque ésa es su misión– sigue redimiendo sus sombras. Cristo, junto al Padre, peregrina hacia el corazón de la criatura. Acompasa el latido de su ser al nuestro, para que al nuestro no le falte vida en medio de la confusión y del caos que todavía impera en la humanidad.

Nosotros podemos estar en nuestro aquí y en nuestro ahora porque Él está en el suyo. Su estar sentado y en paz, su plenitud, es lo que posibilita que también nosotros podamos (a)sentarnos verdaderamente (en Él). Él es nuestro asiento, el ser de nuestro ser. Meditamos para sentarnos a su lado, en su trono. Pero no es un trono de olímpica indiferencia y superioridad, sino el trono del amor, es decir, de la Atención suprema.

Si Dios medita, si está atento a nosotros, es que no se ha ido a ninguna parte, sino que se queda entre nosotros como Señor de las partes: en ellas y por encima (y por debajo) de ellas.

En Dios, donde Él está, puede verse todo. La cercanía de Dios da la visión del mundo más completa y exacta. Nos llamamos a nosotros cuando creemos estar llamando a Dios.

Su irse es un venir (*me voy y vuelvo a vuestro lado*, Jn 14, 28), un respetuoso y exquisito modo de cercanía. Su presencia es tan sutil como sólo puede ser el verdadero amor. Por eso precisamente están tan alegres los discípulos ante la marcha de este Amigo: porque marchándose y quedándose al mismo tiempo es como invita a disolver esa tensión entre presencia y ausencia en la que siempre nos debatimos. Su ausencia es tan palpitante que se parece demasiado a la presencia. Basta que en esa ausencia se invoque su nombre para que la consciencia pueda experimentar y saber lo que es. Él, por su parte, siempre está diciendo nuestro nombre. ¿No es todo, absolutamente todo, un camino para escuchar esa voz?

Epílogo

Empecé a escribir sobre la luz en una época en que me ahogaba en mis propias tinieblas. Quizá deba ser así: la luz nace en medio de la oscuridad. No deja de sorprenderme, sin embargo, que el caldo de cultivo de lo luminoso sea precisamente lo sombrío (aunque el evangelio –como la vida misma– lo demuestra una y otra vez). *Lo contradictorio es el criterio de lo real*, escribió mi admirada Simone Weil. Tal cual. Nosotros, en cambio, tendemos a simplificarlo todo, puesto que no aceptamos el carácter polivalente de la realidad.

Los libros cuajan y sellan cambios personales, ésa es la condición para que estén vivos. Esta *Biografía de la luz* empezó a ver la luz en un momento para mí particularmente tenebroso.

El camino de la vida –como el de la escritura– hay que hacerlo de noche; es al final del camino cuando se comprende que era un camino de luz. Luz y noche son una misma cosa: las dos caras de la misma moneda. La luz es la sombra alumbrada. La sombra es la noche en espera de luz. Escribir «noche» es, qué duda cabe, poetizar la experiencia del fracaso. Porque aquí debo confesar que cuando empecé a escribir sobre la luz la vida me sonreía, sí, pero también que me sentía muy desdichado. Más que eso: experimentaba vergüenza y confusión ante mí mismo. Vivía –como siempre, pero más– en una flagrante contradicción: mis libros se vendían más que nunca y estaban en los escaparates de las mejores librerías; ganaba dinero y firmaba contratos de traducción con prestigiosas editoriales extranjeras; la red de meditadores que había creado se expandía y multiplicaba por todas partes, y cientos de lectores me escribían a diario manifestándome su afecto y admiración. Sin embargo, mientras todo esto sucedía, yo me escondía para llorar en mi habitación.

Los dolores de espalda que me afligían eran tan intensos y persistentes que no podía sentarme a escribir ni a meditar. Mi cuerpo dinamitaba mi trabajo con la palabra y con el silencio, obligándome, en el mejor de los casos, a aflojar en mis dos disciplinas –la poética y la mística–; en el peor, a rendirme y claudicar. Era desesperante, nadie podía ayudarme.

El dolor de la artrosis facetaria –ése fue el diagnóstico– solía comenzar en el hueso sacro y en las lumbares y se extendía luego a las caderas, desde donde bajaba hasta las rodillas, llegando en ocasiones hasta los tobillos. O ascendía a las clavículas, para pasar de ahí a las cervicales, ramificándose a veces malignamente hasta los pectorales. Ni decir tiene que me convertí en un especialista en la musculatura humana. Quería conocer el nombre de todo lo que me dolía en la vana esperanza de que, conociéndolo, terminaría por vencerlo. Nada de eso: mis conocimientos técnicos del cuerpo humano sólo sirvieron para incrementar mis dolencias.

El dolor es en buena medida una invención, quizá la más lograda y sofisticada de la imaginación humana. Habitualmente nos lo creemos hasta el punto que morimos por su causa. Como a un polluelo hambriento, al dolor se le ceba una y otra vez, prácticamente siempre, hasta que se convierte en un auténtico monstruo. Y, ¿quién nos librará entonces de ese temible monstruo?, nos preguntamos. Nosotros, sus creadores, nos hemos convertido en sus víctimas. Tu dolor es, en gran medida, el castigo que te infliges porque no sabes ser, esto es lo que hay que entender. Te castigas para justificar tu no saber.

Para salir de aquel infierno, me agarré a la oración y a la escritura, como siempre he hecho. La idea de que pudiera volver a publicar algo más o menos decente me resultaba cada vez más lejana. Había perdido fuelle, como escritor estaba acabado. El reconocimiento del público me había sentado mal, muy mal. Había muerto de éxito y, por ello, había sonado la hora de hacer las maletas y largarse. Puse en cuestionamiento treinta años de intensa dedicación a la literatura y, como consecuencia, empecé a pasar las noches en blanco, sin dormir.

Yo había tenido problemas con el sueño desde los veinte años; esos problemas se agravaron a los cuarenta, cuando durante una década fui capellán hospitalario y tuve que pasar noches enteras velando a moribundos o acompañando a familiares de difuntos. Ahora bien, aquellos insomnios del pasado eran un juego de niños en comparación con los que tuve que afrontar después. No conciliaba el sueño, era demasiado desdichado como para abandonarme y dormir. Nadie puede dormir si no tiene la conciencia tranquila. Sólo duermen bien los que se han reconciliado consigo mismos o quienes no tienen conciencia alguna.

Lo peor era esa lluvia fina y plomiza que lo recubría todo de tristeza: ese manojo de huesos que tenía que poner en movimiento cada mañana, esa pesadumbre continua que me dejaba sin fuerzas, y ese color gris del que de repente se había teñido la vida. Dejé de reír, ya no hacía bromas, me convertí en un tipo taciturno.

Mientras todo esto sucedía (así es la vida), impartía conferencias en las más diversas instituciones civiles y eclesiásticas sobre las virtudes de la meditación en silencio y sobre sus frutos y beneficios. Tuve que publicar un libro titulado *Entusiasmo* para hundirme en una depresión. Tuve que estar en la noche más negra para escribir *Biografía de la luz*.

La batalla contra el monstruo no la vencemos normalmente hasta que está a punto de devorarnos. Hemos de llegar a ese extremo, o al menos muy cerca de ese extremo. Es penoso tener que sufrir tan larga e intensamente, pero a la paz del corazón suele llegarse en medio de un gran pánico, cuando parece que ya no lo soportarás más. De pronto, en medio de esas tinieblas, te das cuenta de que has dado el salto. Hablar de salto, como del resto de todo lo demás, es, desde luego, una metáfora. Quiero decir que perseveré y continué sentándome a meditar cada mañana, aunque no hubiera pegado ojo. Y que continué escribiendo, aunque todas mis palabras me parecieran absurdas e infantiles. Yo estuve ahí, me mantuve aguantando mi propia estupidez. Aprendiendo a poner la espalda recta. La espalda es, por supuesto, una metáfora. Quizá haya sido para mí –y lo siga siendo– la gran metáfora en la que leer la historia de mi cuerpo y de mi alma, que son la misma.

Hay que permanecer en la noche, confiar y continuar trabajando. Sólo así se abre el día. El trabajo no es otro que el de mantenerse en la confianza. Tener éxito –hoy lo sé– es perseverar en el fracaso. De dónde se sacan fuerzas para ello es un misterio. Algo –Alguien– me sostuvo. Me abandoné. Bajé los brazos y me rendí. Todo estaba a punto de comenzar, pero yo no lo sabía...

Ninguno de mis esfuerzos por la luz se ha malogrado, todos ellos han contribuido a que de pronto, milagrosamente, se desatara el nudo que me apretaba en mi interior. De pronto, estaba en la luz; en un instante había descubierto que el monstruo es una ficción y que lo único real es la luz. Es de esto de lo que, en última instancia, he querido hablar en este libro.

PABLO D'ORS
Jerusalén, 2020

Índice general

III. PROMESAS DE PLENITUD

IV. CONDICIONES DEL DISCIPULADO

V. ENCUENTROS CON EL MAESTRO

VI. TERAPIAS DEL ESPÍRITU

VII. TRAMPAS DE LA MENTE

X. METÁFORAS DE LA IDENTIDAD

XI. PASIONES DEL ALMA

XII. DESTELLOS DE REALIDAD

Pablo d'Ors
Andanzas
del impresor Zollinger

*Un entrañable aventurero busca
su destino y, tras mil y una
peripecias, lo encuentra cuando
vuelve a casa.*

Pablo d'Ors
Biografía del silencio

*Un meditador se sienta
diariamente en silencio y quietud
y va constatando cómo su vida
se transforma.*

Pablo d'Ors
El amigo del desierto

*Un hombre fascinado por
los paisajes desérticos descubre
el magnetismo de la soledad.*

Pablo d'Ors
Sendino se muere

*Una doctora se enferma y no
se agarra a la vida, sino que
la entrega.*

Pablo d'Ors
Contra la juventud

*Un aprendiz de escritor se
encuentra de pronto dentro de
una novela en medio de una
ciudad fantasmal.*

Pablo d'Ors
El estupor y la maravilla

*El vigilante de un museo
se asombra ante la belleza
de lo más pequeño
y cotidiano.*

Pablo d'Ors
Entusiasmo

*Un joven que simplemente
partió como un lunático,
siguiendo un deseo indomable.*

Pablo d'Ors
El estreno

*Un homenaje tan cómico como
melancólico a siete grandes
narradores de nuestro tiempo.*

*Edición de lujo con ilustraciones
de Miquel Barceló a un libro que ha
conquistado miles de corazones.*

*Un disoluto aristócrata
se convierte y emprende una
insólita y atribulada carrera
en busca del verdadero amor.
(Próximamente)*